기려수필

송상도 宋相燾 1871~1946

본관은 야성(冶城), 자는 성소(聖韶), 호는 기려자(騎驢子)·미헌(眉軒)·연파(蓮坡)이다. 경상북도 영주 출생으로 송학영(宋學永)의 장남이다. 어려서부터 한학을 배웠으며 탄당(坦堂) 김영주(金永胄)와 동정(東亭) 이정호(李正鎬)에게 수학하였다.

그는 김영주 선생에게 명나라가 망한 뒤 성명을 숨긴 채 나귀를 타고 돌아다니며 순절지사의 사적을 모아 세상에 전한 기려도사(騎驢道士) 이야기를 듣고 1910년부터 30여 년 동안 애국지사들의 행적을 모아 《기려수필》을 편찬하였다. 광복 후 간행 계획을 세웠으나 그 완성을 보지 못하고 1946년 76세로 세상을 떠났다.

1986년 건국표창, 1990년 12월 26일 건국훈장 애국장이 추서되었으며, 그가 심혈을 기울여 편찬한 《기려수필》은 1955년 국사편찬위원회에서 한국사료총서 제2권으로 간행되었다. 1987년 영주에 '기려자 송상도 지사 추모 기념비'를 세워 그의 숭고한 정신을 기렸다.

이 책은 2010년도 정부재원(교육과학기술부 인문사회연구역량강화사업비)으로 한국연구재단의 지원을 받아 연구되었음(NRF-2010-322-A00022).

This work was supported by the National Research Foundation of Korea Grant funded by the Korean Government(NRF-2010-322-A00022).

기려수필 4

망국의 한 기록을 꽃피우다

騎驢隨筆

송상도 지음

문진

차례

기려수필 1

기려 수필 2

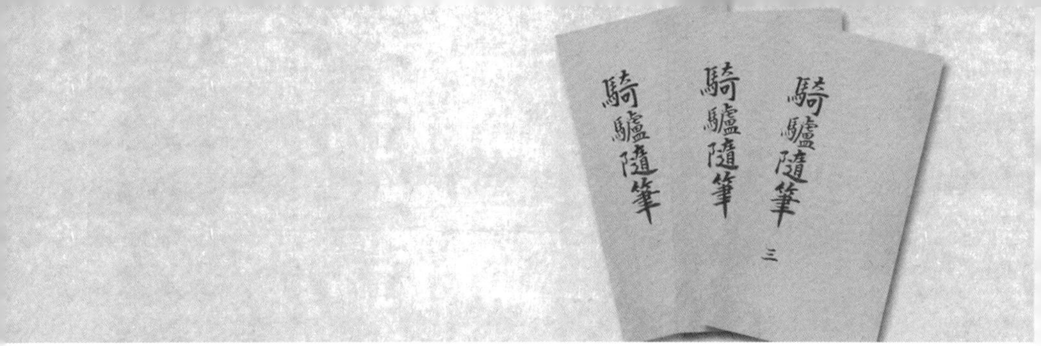

기려수필 3

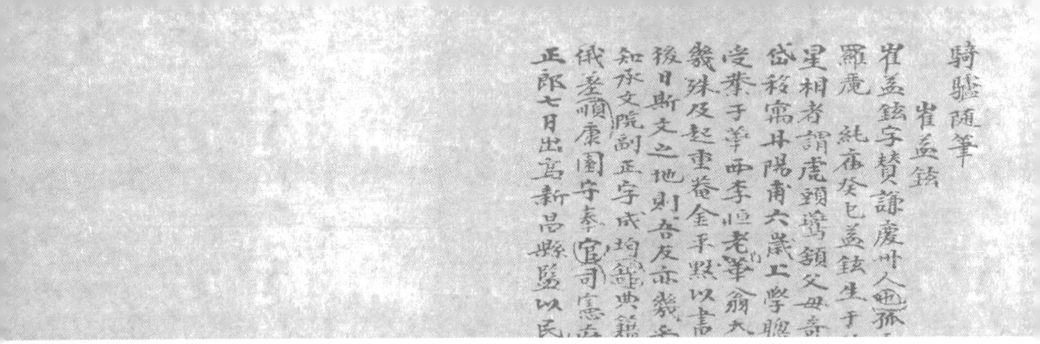
騎驢隨筆
崔益鉉

일러두기

1. 이 책의 번역 대본은 1955년 국사편찬위원회에서 간행한 한국사료총서 제2권 《기려수필》이며, 독립기념관에서 소장하고 있는 《기려수필》과 대조하여 오자와 탈자를 바로잡았다.
2. 독립기념관 소장본의 수정 지시를 반영하였다.
3. 수록 순서는 국사편찬위원회의 간행본을 따랐다.
4. 구두점은 국사편찬위원회 간행본의 오류를 바로잡아 쉼표와 마침표로 표시하였다.
5. 원문에 빠지거나 판독할 수 없는 글자는 ○으로 표시하였다.

騎驢隨筆 1

騎驢隨筆序

從古忠臣節士, 遭邦國革命之秋, 殺身而成仁, 自靖而秉義者, 各求其心之所安, 而無負秉彝之天衷而已, 曷嘗有意於垂名而求知哉. 然而後之君子, 必載之銅管, 編之野史, 惟恐其不章焉. 蓋不惟褒其人尙其節, 實有以明人紀於旣晦, 而勸忠義於來後也. 惟其興亡之形判, 而向背之勢分, 則凡爲勝國盡節者, 皆當世之所諱惡也. 以是危忠懿烈, 率多湮沒而不傳者, 百世之下, 寧不爲之深悲而永歎乎. 我東乙庚之變, 亘古未有之恥也. 脅約之成也, 自夫公卿搢紳, 下至閭巷匹庶, 莫不腐心痛哭, 或抗疏爭執, 終蹈鼎鑊, 或激倡義旅, 力戰殉身, 或剖腸濺血, 控冤於列國會盟之席. 某文之出也, 有不食而死者, 有蹈海而死者, 有伏劍者, 有飮藥者, 有逋之海外矢圖匡復者, 有俘縶天剿誓死罔僕者, 不可以更僕而數計也. 雖其死生殊跡, 隱顯不齊, 而其義理志節, 咸卓然有軒天地爭日月而自暴於天下萬國者. 迺狡虜者, 欲瞞蓋天下之耳目, 輒爲之沈抑其聲烈, 禁毁其文字, 上口泚筆, 禍患隨至, 於乎, 可勝痛哉.

吾友冶城宋聖韶相燾甫, 慨然悲之, 冒萬死犯駭機, 歷湖關畿嶺數千里, 積歲窮年, 傍搜詳摭, 或撮其狀傳, 或手記實蹟, 不拘存歿幽顯, 惟取明白表表者, 彙次爲若干卷, 名曰, 騎驢隨筆, 蓋以皇明騎驢道士自況也. 編旣成, 屬相翊訂正之, 因責弁首之語, 余雖萎劣, 亦宗國遺民也, 義其可辭. 於乎, 自大防旣壞, 而遺君後親之徒, 接踵而起, 以忘讎趨利, 爲事理之當然, 而不復知成仁就義之爲何事. 矧有能躬犯危艱, 跋涉險遠, 圖所以表章偉蹟, 而垂示於無窮哉. 惟審於義利, 而愛惜倫綱, 不畏一己之禍, 而恐沒忠賢之名者, 方能之. 聖韶之心, 固若是已矣. 昔皇明之季, 有一士人, 晦其名姓, 騎驢遍天下, 收摭義烈之蹟, 人目之爲騎驢道士. 其賢於人, 遠矣. 雖然, 當時死綏, 如范景文汪偉諸公, 人皆贊誦, 無所諱, 北朝君臣, 又從而表揚之, 則爲明之騎驢子, 易矣. 而爲今日之聖韶, 難矣. 聖韶誠賢矣哉. 所可痛者, 我韓雖困斃不振, 土地之方百里者三十, 黎庶之以萬計者千數, 豈乏尺寸之刃, 又豈無謀國禦侮之一丈夫哉. 顧胇壬竊柄而國是顚倒, 蜂蠆入袖而忠良束手, 以我太上之明聖, 而終不得伸朝夕薪膽之志, 以諸公之義烈, 而又不得小伸擎天洗日之衷. 或殉或去, 或囚或隱, 生靈塗炭, 大運傾覆, 豈不誠千古遺恨耶. 逮夫鼎湖之龍御莫攀, 民心之思漢愈切, 大洋西東奔走號呼, 萬國之公論始發, 而向之奸宄之徒, 亦知所懲艾, 則諸公成就之功, 於是爲大, 而祖宗五百年培養之澤, 亦可以大驗於是矣. 孰謂綱常大義之無與於治道哉. 雖然微此編, 通國卓犖之蹟, 散見於草茅, 幽潛之節, 寖遠而湮晦, 終無以會通而發揮之矣. 此編之作, 豈偶然而已哉. 其將値山河再造之會, 而登諸太史之編, 使天下公傳而顯誦之耶. 余固老矣, 而將少須臾無死, 拭目以俟之.

永嘉 權相翊 序

凡例

宋相燾

一. 終古忠臣烈士, 每出於危亂板蕩之時, 聖朝五百年之間, 如壬丙日汗之變, 端廟禪讓之際, 實國勢岌業之秋也. 當是時, 立節死義者, 亦嘗無慮, 而此篇之所以斷自太皇丙寅者, 宗祊不祀之禍, 自丙寅洋擾而始.

一. 立殣死節之散在八宇者, 不有收摭, 合爲一篇以傳之, 則其爲北者, 在南不知, 其爲南者, 在北不知, 其爲東西者, 亦然, 苟不會通廣布天下, 以爲揄揚, 則無以使世人, 勵風敎而勸忠義, 余之所以汲汲於此者, 乃明末騎驢道士之爲也.

一. 世臣舊閥之有苦忠殊節, 其他義烈之所凜凜卓卓者, 必載之國乘, 撮之野史, 不爲泯沒, 至於草茅遐賤之徒, 傳無其家, 採無其人, 必腐化窮鄕, 雪鴻無跡, 可不爲嘆惜乎. 是以, 此若之人, 尤爲收摭, 以寓春秋闡幽之意.

一. 不論行狀傳文及日錄, 皆隨所得取之, 而只有人口聞, 無文字可據者, 詳採得其事實, 自爲文錄之爾, 然草次塗聞, 不喪實者, 甚難, 其有文者, 雖或喪實, 是人自爲之, 非吾所爲, 其自文者, 不可以不謹愼, 故言之者, 無誠信, 採之事, 不詳實, 斷不爲錄, 以犯杜撰之譏.

一. 有擧義立殣者, 有却金拒稅者, 有絶粒仰藥者, 有上疏請討賊者, 有爲書罵奪國者, 或死或不死, 而其心則乃一也. 今不可以生死爲存拔, 故竝皆取之, 且此篇之所分其死生, 各爲壹編者, 非優劣而各之, 但區別其死與生而已.

一. 不必取處義時一節事, 平日言行, 有足以可範於人, 可稱於世者, 盡皆書之, 以爲一傳事實.

一. 各傳之下, 皆書著作之人, 使覽之者, 知有所來處, 其或自文者, 顧余非人, 不敢書名, 以自居諸家之列, 各傳末, 或述其己意者, 則每下按字以別之.

一. 通八宇無遠近皆搜輯, 則先後殉節者, 必多貴賤男女之不齊, 而大義是天賦之性也, 豈可貴賤男女之有間哉, 故至微至賤者, 而皆無間畢錄.

一. 抄列諸人, 但以時歲先後爲序, 或有繼世名節, 或有同義做事而行蹟不多者, 或有因時事名見者, 幷附於首見人之下, 如鄭鏞基附於鄭煥直,崔世翰附於李韓久之下, 恭任附於宋秉璿之下之類.

一. 諸家文集中, 或嘆其節死而有詩若文者, 切取以錄之, 如宋秉璿傳末, 書韓愚山之哀恭任詩之類.

一. 各傳末, 有史家評論者, 竝取之, 而其曰野錄, 曰太史氏, 曰論, 曰厚山子, 曰金澤榮者, 但取其本文規例, 不敢擅自改之, 以一例斷, 權繼述傳末有余按一節, 安重根傳末, 有右傳中一條, 本書皆低一字書之, 故亦依其例書取.

一. 世之爲獨立運動者, 可謂無慮, 而其目的, 但彊土之復而已. 不有爲李氏而起者, 故己未以後, 諸義士篇首, 書己未二字, 以爲別錄, 而如柳臣榮,金道洙諸公, 亶爲太皇而殉, 故書上篇之末, 不以書己未以後.

李是遠

李是遠字子直, 別號沙磯, 定王別子德泉君諱厚生之裔也. 德泉君邃禮好善, 世比之河間東平, 謚曰積德. 後多名人, 至孝敏公景稷文忠公景奭兄弟最顯. 孝敏生孝簡公正英, 孝簡生戶曹參判大成, 累世爲卿大夫, 勳勞著王室, 名節耀當時. 參判生進士眞偉, 進士生匡明, 坐伯父事, 謫邊郡以終, 用公貴, 贈吏曹參議, 是遠曾祖也. 祖忠翊, 贈吏曹參判, 始參議, 自京師, 徙于江華, 尋遘家難, 與諸昆季流邊, 門戶幾不支. 參判公有高識至行, 爲世所重, 中轉徙不常, 旣老, 復歸江華. 考勉伯, 進士, 贈吏曹判書. 妣曰, 贈貞夫人, 靑松沈氏, 領議政壽賢玄孫也. 正宗十四年, 是遠生. 是遠生有異質, 甫成童, 學已成. 純王乙亥, 擢庭試甲科第一人, 卽授成均館典籍. 先是, 參判公遭家不造, 畏約無窮, 已猶激昂不少挫, 博通三敎, 道德文章, 皆過古人. 尤有至行, 嘗徒跣數千里, 省參議公暨本生考于謫所, 春而北, 秋而南, 風雪瘴癘, 數十年不廢. 世謂參判公, 碩而不食, 其後必振. 判書公承家學, 屢雋場闈, 厪成進士, 流離困頓日甚. 至是, 是遠大闡, 是遠起家於震業之餘, 早歲, 蜚聲藉甚, 昔之不悅者, 未憖也, 而是遠又以直道不阿附, 壯元十年, 始補館職. 丙子, 拜司諫院正言, 督學湖南. 甲申, 出監泰川縣, 民有訴者, 抱令牒徑至前, 絮語如家人. 未幾, 吏無游手, 民無遁情, 邑以大治. 丙戌, 拜弘文館校理. 丁亥, 選知製敎, 拜成均館司成司憲府掌令, 督學嶺南, 還拜通禮院相禮. 戊子, 又督學嶺右. 公前後三試士, 至公無私, 毋敢以關節通者. 己丑, 有廷獄. 公爲問事郞, 執筆書囚供, 有風之使改者, 怵以危語. 公不爲動, 囚伏階下, 數仰見氣色, 輒變辭冀以自解. 公注其辭於傍, 而淡墨抹前所書者, 卽引病出, 公剛直多類此. 庚寅, 上疏乞補縣養父母, 得康翎縣. 時判書公, 有疾少間, 趣公赴謝. 公甫至京, 而判書公歿於鄕. 公奔歸, 以是爲終身痛. 服闋, 拜弘文館修撰, 兼侍講院弼善, 上疏略曰, 臣家貧親老, 志在逮養, 陳章乞縣, 妄徼恩澤. 臣天奪其魄, 不自知獲罪神明, 大禍將迫, 輕離病父, 未返面而竟戴星, 靦然食息, 以至今日, 自視可厭, 人將謂何. 臣聞人有恒言曰, 資父事君. 又曰求忠於孝. 臣今悖謬如此, 將何所藉手, 抗顔淸朝. 殿下亦奚取於豚魚之冥頑, 以累日月之明乎. 乞命選部, 刊臣仕籍, 俾臣卒養偏母. 先是, 有申石泉先生者, 名綽, 公戚叔也. 嘗以別試赴殿, 考甫唱名, 而奔父喪. 旣免, 遂引罪矢志, 累官至下大夫, 終不出. 公心懿之, 及遭喪, 卽欲援申公以自處, 嘗於沈夫人側, 微見其意. 夫人曰, 吾久安於貧, 不甚願汝作官, 勿以吾難之也. 公始治疏. 時大饑, 輔臣請遣儒臣剛明者, 巡行郡國, 察民隱. 癸巳, 有旨命公爲京畿御史. 公慨然曰, 往役義也, 不可辭, 吾爲國家盡職, 止此矣. 卽日就道, 屛驛騎, 徒行十閱月, 邃峽絶嶼, 無所不至. 衣弊衣, 混甿隷間, 詢問風俗, 州縣設賑, 輒託饑戶, 持瓢乞糜粥, 以試其稀稠厚嗇, 而察吏之能否. 遇貪橫者, 卽露踪出, 不意封其廩而逐之, 威聲大行, 諸所彈擊, 皆重卿大師及有依附爲勢者, 曰, 是不可不亟也. 時人爲之語曰, 八軺軒十駿馬, 言被劾多貴豪也. 他如戢奸猾, 櫛逋欠, 鉤弊瘼, 嚴明洞剴, 錙銖無低昂. 尤留意於糴政軍制, 指陳便宜, 明言利害, 多見採納. 將復命, 題詩山寺云, 我欲將心誓佛前, 是心非屬自家邊. 按廉若有欺心事, 願佛早加誅殛焉. 有臺官尹錫永, 受慍者嗾, 詆公欲陷之. 上知公直, 事得已. 憲宗, 初以久次, 特陞爲同副承旨, 不就. 春川府使缺, 號難治, 朝議屬之公. 時純元后臨朝, 命吏曺促公之官. 公以狀辭, 命下, 理復命以責補例. 公往視事, 歲大歉無米. 公集有馬者, 出官錢販米, 以五馬爲一隊, 計道遠近而課先後, 不問贏餘, 民以無饑. 糴舊欠三萬六千斛, 公上愆滯萬計. 先是, 有開城人, 鬻蔘於春者, 立約契願斂錢, 佐府緩急, 公乃與監司李輝正議, 收其錢, 且請賞於朝, 不旬日糴完, 公上畢. 然監司故無請賞意, 公促之不得. 開城人, 忽懊恨, 假諸蔘商名, 愬公于趙相國寅永, 謂府使抑取且乾沒. 相國入其說, 委監司, 監司貌敬公, 內畏相國, 卒罷公, 馳書謝之. 公竟以此竄延豐, 趙相國尋愧悔, 乃白公無所失, 宥之, 罪愬者. 然公自是十數年不復仕, 以終沈夫人世. 己酉, 以純元后壽齡, 晋公嘉善階, 拜漢城府右尹. 是歲, 后復臨朝, 迎哲宗于江華. 卽位明年, 除開成府留守, 再上疏辭, 不許. 蓋上在江華, 聞公名, 欲首用之, 后亦素賢公, 及聞上言益信, 故有是命. 公陛見, 后詢公家居甚悉, 且爲公道, 所聞於上者, 褒諭甚盛. 士大夫, 動色相誦, 以爲近古所未有. 公亦欲少自試, 以報上, 侃侃不肯俯仰. 開城産蔘, 譯人買以蒸之爲紅蔘, 貨于中國, 名曰包所. 朝廷收其稅, 歲有常, 踰者以犯論, 法久弛矣. 公至, 亟發令糾之. 譯人群起而譟, 將徙蔘包于京師, 開城人洶懼, 公上疏陳其事. 趙相國方提擧譯務, 疑公之惎已也. 乃上箚, 論公不能鎭人心, 上爲罷公. 數日復拜公如故, 相國意亦稍解. 然公竟辭去, 包仍不徙. 時有誣獄, 十年不白. 公閱其實, 卽解械縱之, 一府人, 歎公神明, 其人歸爲壇於家, 朝夕禱祀公. 蔘商前愬公於春者, 憂懼欲死. 公聞之曰, 騃可哀也, 吾忘之久矣, 因善遇之. 壬子, 拜承政院左承旨同知經筵義禁府春秋館事. 甲寅, 上敎曰, 故留守南履炯, 居官淸白, 前參判李是遠常稱善, 予甚嘉之, 其授李是遠都總府都總管, 錄南履炯孤, 遂進公資憲階. 後累拜刑曺判書知經筵春秋館事. 乙卯, 除咸鏡道觀察使, 三疏辭不允. 丙辰, 陛辭. 上曰, 卿大用器也, 豈特一藩任哉. 公益感激自勵, 甫按事, 劾奏前南兵使李根永貪虐狀. 根永者, 貴戚姻婭也, 所之橫甚, 莫有問者. 至是乃抵罪, 人皆快之, 公亦徑遞. 戊午, 御史其孫洪承裕, 憾誣公. 上曰, 此監司所至, 皆有善政, 何臚列至是. 承裕惶汗不敢對. 人謂公盍辨之. 公曰, 聖上洞燭無遺, 奈何與小兒輩呌呶爲. 及議讞惟, 云負國恩萬萬. 金吾議, 徒以耆老許鍰. 未幾敍拜刑曹判書, 累諭勉出, 不膺命, 投畀安山縣, 數日宥, 拜漢城判尹, 諭益嚴, 辭益力, 命譴罷公. 時年七十, 故事, 正卿七十, 入靈壽樓圖其象, 以配于先王御容, 公獨不與, 竝辭護軍秩祿及耆社月廩. 太上元年甲子, 拜知宗正卿府事, 累拜司憲府大司憲議政府左參贊禮曹判書. 乙丑, 特旨拜吏曹判書弘文提學藝文提學同知成均館事, 諭促赴朝. 公曰, 吾平生, 不敢以官職自居, 奈何以趨走爲恭, 而不思廉防乎. 乃以病辭. 上知其不可强而許之. 丙寅, 特旨晋正憲階. 是歲秋, 洋人入江華, 陪都失守, 都有長寧萬寧二殿奉肅王英王御容, 至是遷出境, 京師戒嚴. 時公患痢, 數月方在牀. 子弟涕泣請少避. 公蹶然曰, 是何言也. 吾累世居此土, 聖主所洞燭, 國人所共知. 吾雖無似, 備位上卿, 古所謂卿大夫者, 詎不敢以無官守自解. 且國家承平日久, 一朝有不幸, 悉鳥獸散, 無爲縣官一死者, 他日史氏書曰, 某年江都陷, 某官某官走, 卿大夫某亦走, 天下後世, 謂何如也. 或請勤王. 公曰, 所謂勤者, 舍夷而急病也, 今都城尙無虞, 而吾棄家往, 是逃難也, 何勤王之有. 乃哭辭先墓, 手抄遺疏. 弟郡守公請曰, 兄願化厲殲賊, 弟當執鞭從之. 公曰, 無乃過乎, 郡守公曰, 弟之殉兄, 猶兄之爲國也. 公許之, 遂相與仰藥, 言笑晏如, 而不及家人事, 惟云小醜當自滅, 毋遽避也. 少須正席而臥, 遂皐復. 公生正王己酉, 時享年七十有八. 遺疏曰, 同治五年九月十八日, 將死臣知宗正卿李是遠, 百拜上言于主上殿下. 伏以天塹失險, 我先王兩殿御容, 蒙塵播越, 臣民哀痛, 呼天罔極. 臣世居此土, 厚蒙國恩. 今當妖氛晦塞, 異類隳突, 宜其肝腦塗地, 血肉糜爛於鋒刃矢石之場, 而所居涯僻, 病又沈綿, 宛轉床席, 蠢動無路. 今與仲弟前郡守臣止遠, 飮藥自盡, 以此報國, 是何分義. 但願身爲厲鬼, 使醜類自殲焉. 臣聞古人有言曰, 多難興邦, 殷憂啓聖. 又曰, 無敵國外患者, 國恒亡, 安知今日之難, 不爲我東方興恢之機會乎. 宰相多讀書, 朝廷足武臣, 禦侮折衝必有其策. 以殿下英明特達之資, 得人委任, 何患乎撥亂返正, 廓淸腥穢. 臣聞丹書又曰, 敬勝怠者吉, 怠勝敬者滅. 魯論曰, 節用而愛民, 爲治之道, 不在多言, 顧力行何如耳. 臣雖不敢自比於尸諫, 豈無芹曝之愚衷乎. 伏願殿下, 一念一慮, 一政一令, 必也參倚於敬怠之分, 而以節用愛民爲制治之本, 鑑先王之成憲, 熙聖學而行仁政, 則環東土億萬蒼生, 心悅誠服, 人懷敵愾之忠, 直節正氣, 撑柱宇宙, 外至之邪穢, 何敢螮蝀於太淸乎. 惟聖明淵然澄省焉. 臣無任憂憤崩迫之至. 疏徹, 上大震悼, 停朝下敎曰, 此故知宗正卿李是遠遺疏也. 危忠卓節, 凜然如生, 兄弟捐軀, 爲國殉難, 成仁取義, 非有素講於中者, 何以辦此. 一字一涕, 萬萬興晝. 其兄特贈大匡輔國崇祿大夫議政府領議政兼領經筵弘文館藝文館春秋館觀象監宗正卿府事, 其弟特贈嘉善大夫吏曹參判兼同知義禁府宗正卿府事五衛都總府副總管, 幷施綽楔之典, 庀葬之需, 令宗府擧行. 嗣子, 待服闋調用, 以樹百世之風聲. 又曰, 李是遠兄弟, 卓然樹立, 有辭天下, 其令致祭, 賜謚忠貞公. 歿後旬餘, 我師入江華, 大捷於鼎足城, 賊衆悉遁去. 時諸道兵應募者, 聞公喪, 相率來弔, 哭聲震地. 皆云, 我公乃如此, 我輩尙可惜死乎. 詔使至義州, 聞有難, 甚憂之, 及聞公事, 嘖嘖曰, 東國有人, 無憂矣. 公頎而癯, 疏髭炯瞳, 望偉而卽溫, 學問以眞知篤行爲本, 其於忠孝天性也. 公家居, 手緯蒲以易錢物, 供甘旨無缺, 嘗侍判書公疾, 雪氷澡浴祈天, 還齧指出血以進之, 判書公霍然起. 後沈夫人疾, 連齧五指, 不得血. 居喪, 泣血茹素三年. 公平生言若不出口, 惟讀書, 至史傳忠義事, 聲出金石, 或雙淚迸落. 論古人, 必誦程朱, 恂恂繩墨, 間而獨喜節俠事, 激昻慷慨, 感慨不能已. 志士不忘在溝壑, 板蕩識誠臣, 此其所恒誦也. 是以人皆以爲李公伏節臣, 今果然. 所居屋, 編茅墍泥, 僅庇風雨, 或出游溝塍間, 簑衣篛笠, 過者不知爲宰相. 爲文章, 祛華就實, 尤用心於東國文獻, 網羅蒐輯, 粲然大備, 著有詩文稿十卷, 古今書鈔百餘卷, 野史鈔若干卷, 藏于家. 公弟監役公, 撰遺事, 世子貳師莘憩李公, 撰諡狀. 後建昌, 奉使中國, 與諸君子遊, 諸君子聞建昌爲公之孫也, 皆咨嗟感嘆, 趣觀公行狀. 客中無狀, 建昌略書以應, 自此公之名, 聞天下.

永嘉權璡夏, 號頤齋, 居奉化酉谷.

洪在鶴

洪在鶴, 字聞叔, 唐城人, 高麗太師殷悅后. 六世祖夏成, 隱居春川, 授司僕主簿, 不就. 猕佐之變, 率鄕兵勤王, 至嘉平, 聞官軍破賊而止.

其事雖微, 其忠義, 有自來矣. 憲宗戊申生, 幼而孝悌絶倫. 十一歲, 父龍塘公昌燮卒, 執禮如成人, 其事所后父洪雲燮, 恩義如一. 在鶴受龍塘公身敎, 以小學爲根本田地, 仍從兄思伯, 事華西李先生, 聞爲學之要. 又從余以及省齋柳公重敎, 講人心道心之說, 大體小體之辨, 遂屛絶外慕而從事焉. 雖其才知造詣, 不及思伯, 其專用心於內者, 盖難爲兄弟矣. 今上丙子, 洋寇以倭人嘗試朝廷, 時相以下, 小大敷同, 將惟其言之聽. 在鶴從思伯, 與徒友五十人, 抱疏守闕, 疏格不入. 崔參判益鉉, 同時進諫, 政府連箚, 竄之絶島, 而合從之約矣, 遂相與痛哭而歸. 頃之, 彼人設舘于我, 與之通商, 而使臣金弘集, 進黃遵憲之書. 大槩謂朝鮮欲保安, 日本當結, 諸洋當聯, 西敎當受. 又謂西學, 是生財之道, 智能技藝, 又由此出, 富强之術, 無過於此. 又謂俄羅斯, 北邊强國, 朝鮮不從渠約, 必被呑噬. 時相興寅君最應, 與諸閔意同, 信使往來不絶, 洋書輦載以入. 辛巳, 機務請迎師鍊敎, 上可之. 嶺儒李晩孫等, 率萬餘人, 相繼血爭, 皆得重究. 在鶴亦與思伯, 起關東儒生萬人, 與畿內兩湖之士, 抗疏不去, 疏凡萬言. 首言人所以異於禽獸者, 以其有五倫五常也. 古之聖賢, 繼天立極, 講明傳授者此也. 一或有違, 人類化爲禽獸, 而天地爲之翻覆矣. 所以洋敎一入, 我 正純憲三聖, 輒皆殄滅, 而不以貰者也. 今嶺疏之批有曰, 衛正斥邪, 何待爾言, 臣等未知殿下以爲孰邪而孰正乎. 孟子曰, 服堯之服, 誦堯之言, 行堯之行, 是堯而已, 服桀之服, 誦桀之言, 行桀之行, 是桀而已. 然則承薰家煥, 我國之洋也, 耶蘇三拔, 歐羅之洋也, 花房義質等, 日本之洋也. 我國之承薰家煥等, 先王則誅而鋤之, 日本之花房義質等, 殿下則容而接之. 非特容接, 一言之侵逼者, 竄逐如不及, 盡力而媚悅者, 爵賞如不及, 無乃與三聖, 一南一北乎. 我國之勢,殆哉岌岌, 而猶能因循挨過者, 良由列聖正風化立綱紀, 禮義廉恥以左支右吾, 孝悌忠信以前撑後亘也. 奈何自撤藩籬, 自壞長城, 而不之恤乎. 夫磨不磷涅不淄, 惟聖人能之, 不然必因物而遷. 今舉國之所服者洋織也, 所用者洋物也, 所流涎者洋技也, 安得不與之俱化乎. 又言今中西聞見之類, 許多邪書, 充滿國中, 名士碩儒, 淪胥以入, 更相稱美. 其言曰, 此彼國記事之書, 非滅倫敗常之敎, 只此一言, 已是陷溺之甚矣. 又曰, 讀此欲以廣聞見開胸襟也. 噫, 彼非六藝之科, 孔子之術, 則是純廟頒敎所言, 艷異博奇, 索隱行恠者也. 從古異敎, 其始莫不賜其似是之非, 終至於率獸食人. 況今洋胡心肝之所吐, 其似也分毫, 而其禍也山嶽, 以此爲廣見聞開胸襟之資, 何異飮鴆而解渴也. 至如遵憲之書, 未必是此人所爲, 恐殿下臣僚陷溺者之所爲也. 假如彼之所爲, 賫進天陛, 揚言朝班曰, 彼說符我心算, 是與自爲者有間乎. 如使使臣, 嚴於斥邪, 則彼安敢肆然售此乎. 如使宰執, 毅然持正, 則使臣又安敢肆然進此乎. 是使臣宰執, 非殿下之使臣宰執, 乃彼胡之腹心內應也. 猶吾朱陸之說, 傳敎無害之云, 延師習技之奏. 使臣以是進, 宰執以是勸, 殿下不能以尙方之劒斫其頭, 一二疏逖之臣, 力持正議者, 輒皆罰殛之. 臣等竊恐家煥承薰之鬼, 爲世宗師, 孔孟程朱之敎, 爲世大禁, 裂裳毁冕之禍, 迫于呼吸, 爲彼所制, 無變不有, 悔之何及. 因勸上, 奮發乾斷, 決戰守之計, 立志帥氣, 克己御下, 刑家及國. 收洋物洋書, 焚之通衢. 凡樂爲倀鬼, 倡橫議, 造飛語, 脅持上下, 誑誘遠邇者, 大者斷其頭, 懸之藁街, 次亦誅而絶之, 無使易種于我境. 凡都城內外及各處逗遛出沒之洋, 悉數驅除, 無令汚染禮義之俗. 凡扶正斥邪而得罪者, 隨其才德, 進之朝著, 罷機務之設, 復五衛之舊, 移內營之費, 厚軍卒之料. 止巫佛之禱, 絶俳優之戲, 革宴安之習, 致憂勤之實. 選任將相, 親近師友, 收召賢俊, 放逐姦幸. 裁省冗費, 禁止奢華, 廣開言路, 翕受衆善, 崇奬正學, 屛絶淫巧, 振肅綱紀, 變化風俗, 愛養民力, 修明軍政. 上下遠近, 精白一心, 持久如金石, 信實如四時, 則三軍之帥, 氣自倍, 八路之民, 心自固. 風聲震動, 倭洋可制, 而俄羅不敢加我以無禮矣. 疏成, 又因傳敎, 尾附千餘言, 逐條陳辨其言, 又加哀痛迫切. 至其結語, 極言頑鈍嗜利無恥之輩, 致誤上躬, 使之不事學問, 知不足以燭理, 心不足以勝私, 以至於此, 庶幾上心之開悟. 其忠肝義膽, 眞可以貫虹霓而摩星斗矣. 首尾六十餘日, 齋沐注香, 晨伏昏退, 夔夔恭畏, 如上前咫尺. 盛夏溽暑, 不失尺寸, 夜就舘舍, 必端跪誦經訓. 諸道之士, 始以年少易之, 至是莫不敬信焉. 虜使至, 上幸南宮駕還, 在鶴與諸生遮道進疏, 上不受, 避路還宮. 興寅大怒, 欲縛送司寇, 黨類亦或難之, 遂止. 諸生言久守, 財竭力盡, 奈何. 在鶴曰, 我卽死於此, 勿言. 乃致書前後竄逐人, 褒其旣往, 勉其將來. 又言科第奔競, 陷溺人心, 馴致西禍, 洊勸其各圖反經, 無蹈前轍. 又抵時貴閔台鎬以長書, 深責禍國之罪, 勉其善後之道. 閔得書切齒, 以示興寅. 於是, 諸疏始撤, 而政府喉院三司, 交章請戮. 遂命設鞫, 而興寅爲委官. 凡供辭府錄, 多不以實, 在鶴不省, 惟府卒私誦, 爲可信也. 問何以知彼之爲洋. 在鶴曰, 內有其實, 則外見其形, 彼服洋之服, 用洋之物, 行洋之事, 如之何其可諱也. 又問犯逼君父, 是臣道乎. 曰, 犯顔直諫, 臣道固然, 如公開門納賊, 汚衊禮義, 使君父卒罹禍害, 果臣道乎. 委官曰, 此倭而非洋, 國家續修舊好也. 在鶴曰, 假如公言, 獨不念德山事乎. 曰, 此我家事, 何干於汝. 在鶴厲聲曰, 沒覺如此, 顧據首揆, 國欲存, 得乎. 委官令指出邪徒所在. 在鶴曰, 邪學徧國, 豈勝指出, 今觀相公之身, 從頭至足, 皆洋物, 積相公之家, 自大至細, 皆洋物. 納洋於前, 護洋於後, 誠勤又如此, 苟非學洋, 寧至於是. 又問疏中斷頭之說, 指誰而發. 在鶴曰, 凡主張左右者皆是, 卽公輩其人也. 委官氣塞不能言, 撲地大喝曰, 施亂杖. 府卒側目私謂曰, 顔之厚矣. 就囚, 密相保護. 方三訊, 台鎬陰嗾判堂曰, 當如鷹鸇之於鳥雀, 不可寬也. 時思伯留京師, 以書自首曰, 今日之事, 兄根而弟枝, 兄源而弟流, 請分受其罪. 託湖儒裴鼎魯納之, 裴言委官怒甚, 姑少俟. 再託再還, 而思伯忽遘時疾, 不省其始終矣. 興寅曰, 吾行年七十, 不被人嗔責, 今爲鄕漢所折辱, 辭免委官, 而洪相淳穆代之. 在鶴比升車, 顔色自若曰, 立我毋欹, 君子立容德. 疏儒從傍號哭, 市民亦然. 在鶴曰, 我死於正, 何哭爲. 顧所識二卒曰, 毋哭, 吾爲若等, 訴之上帝, 汛掃蹄迹. 前數日, 府池赤沸, 魚爛死. 及出獄鑰閉不得開, 至碎以石, 行車雷起軸折, 易車至昭義門, 牛不進有頃, 門有磚石, 卒恐在鶴失魂, 爲之徐駈焉. 在鶴, 被淫刑, 指落脛碎. 枷鎖居獄, 每夜誦聖賢書, 至是, 亦誦小大學中庸若干. 下車, 裴鼎魯前曰, 公含笑入地. 在鶴笑曰, 平生所學, 不至臨死顚錯, 仍誦父子有親君臣有義五倫之目. 伏質曰, 正我頭, 君子頭容直. 遂就鍔, 年方三十四. 刑者投釼嗚咽, 士民塡市, 如哭親戚. 諸生與君族弟在文門人鄭友善等, 董治喪事. 裴鼎魯賻錢二萬, 又有人暮夜賻五千, 匿其姓名而去. 柩歸春川, 朋友加麻迎哭者甚衆. 及葬輓賻哭送者, 至不可數. 時在鶴, 家貲籍沒. 朝士數人, 私室爲嗟惜語, 皆被收竄, 余亦尋遭彈劾, 安置絶島, 前後同禍者, 項背相望, 而夫人之嚮背乃如此. 噫, 彼邦彦南仲輩, 果何人哉. 配昌寧成氏, 無育而殁. 再娶安東權氏, 生一男, 曰鍾萬, 二女, 幷幼. 始在鶴會諸生於原州, 諸生推爲之首, 在鶴不得辭. 方寫疏, 或以辭多切直, 欲刪改不聽. 親黨患之, 急走人, 報母夫人黃氏. 孺人曰, 我婦人, 設令妄發, 公宜開喩以理, 今反以禍福刼我, 欲誤我兒耶. 或報在鶴追免疏首, 孺人驚曰, 此死生所繫, 豈宜讓人, 將遣人訶之, 尋知爲訛言而止. 凶聞至, 惟仰天一痛而已. 噫, 豈聞范母之風者歟. 其生兩郎, 任天下常經大義也, 宜哉. 舜瑞亦能寬抑, 不犯西河之失, 吁亦賢矣. 鍾萬時方四歲, 一日與群兒游, 忽俯伏哀哭, 良久, 乃止, 在鶴就死之日也. 豈父子一氣, 自然有感通者存歟. 在鶴嘗言天生斯人, 有濟世之責, 今犬羊久據神州, 未有能出而驅除者, 天無其終於此乎. 謂思伯曰, 我國風氣穉弱, 難以有爲, 惟西北, 稍可與用武. 廢四郡, 介於二道間, 土沃地廣, 闢之, 可以鍾得才傑, 宜盡室以徙, 講道牖俗, 務農訓戎. 積以歲月, 萬一可爲汛掃華夏之基矣. 思伯, 壯其志而不許. 盖雖出於好勇而不知裁, 卽其氣像意思, 有非鄕曲秀才所能攀脚板也. 噫, 在鶴以忠信篤厚之質剛毅直方之性, 兄弟同心, 從事師友. 遠宗朱門, 近法華陽, 敬義挾持, 門路旣正, 方寸炯然, 無自私自利之累. 其立志也, 不安於小成, 其用功也, 不騖於虛遠. 其在疏廳, 手寫聖賢格言, 嘗自檢省, 無非切人身捄人病者. 故其所存所發, 磊磊落落, 如靑天白日, 使其壽命靈長, 敬義之功, 日進而不已, 則天德之所達, 又烏可槩量也. 顧乃遭時不祥, 止爲陳東一流則命也. 然語其所以爲功, 則獸蹄鳥迹, 盈天下, 久於左袵者, 恬不爲異. 一隅禮義之邦, 亦且淪沒於其中, 而昂昂乎廊廟之上, 薦紳之列者, 泯然與之俱化, 自爲兄弟婚媾而莫之知恥矣. 倘非草莽韋布, 出而爲野戰之龍, 則我國何以暴白於天下後世哉. 然則君之成仁取義, 正所以爲堯舜三王而死, 爲孔孟程朱而死, 爲三綱五常詩書禮樂而死. 內而愧千里讎人之役, 外而愧中國衣裳之裔, 上以答祖宗培養之意, 下以爲七日來復之基也. 彼或以一事一義, 忼慨以殺身者, 烏可同日而言乎. 嗚乎, 天高地下, 日月照臨, 亘萬古而無虧, 斯其爲勵志先生之墓也歟. 其先進朋友祭挽, 稱勵志先生, 若前輩長德, 而人無異辭, 以殉道也. 父龍塘公, 娶平海黃氏, 生二男, 長在龜, 字思伯, 經行名節, 今爲士林高蹈, 在鶴, 其次也.

君子曰, 韋布之士, 犯出位之戒, 伏闕言事, 死而不悔, 必也變之至大, 而義之至重, 不可以常法拘者也. 故歷選古今, 在宋惟有陳東, 在今惟有洪君. 然陳公所遭, 特夷夏易位之際, 土宇存亡之判, 洪君所遭, 乃人獸交戰之際, 斯道存亡之決, 而陳公在太學首善之地, 秉天下大同之論, 洪君以外國草莽之賤, 抗天下已成之勢, 所關益大, 而功益高, 所處益艱, 而節益偉者也.

清風 金平默

白樂寬

白樂寬, 字景敎, 號秋江, 藍浦人, 以勝朝三重大匡文憲公諱頤正爲鼻祖, 文科兵曺參判弘洙子. 憲廟丙午, 生于藍浦之五常里. 自幼志氣卓異, 性剛直, 常謂人曰, 人不涉難, 智不明, 不觀名山大川, 正猶墻面. 二十東遊金剛, 觀乎扶桑, 又南遊赤壁東萊等地, 觀其前烈. 素淸貧, 朝出耕, 夜歸讀古人書. 長篤于學, 以忠孝爲本領, 每讀伯夷傳出師表, 音節忼慨, 成徹夜不止. 丁丑, 日本與我有和漸, 樂寬與其兄樂允議叫閽. 未幾, 樂允遘疾沒. 庚辰, 和議牢固, 殊音異服, 日接踵至, 廟堂婞婀苟息, 無長算. 樂寬蹶然起曰, 吾可以死矣, 束裝赴京, 或止之. 樂寬曰, 孟子有訓, 吾君不能謂之賊, 雖匹夫野人, 豈可無一言, 而只謂之不能乎. 遂詣闕上疏, 極論和事之非, 以廷臣之忘讐賣國, 比之於李林甫秦檜, 言甚危切, 逮囚捕廳, 禍將不測. 會有邦慶, 仍下敎曰, 無事投狀, 誠極駭惋, 特爲放送, 樂寬痛哭而歸. 至辛巳, 發書道內士林, 爲聯籲計, 擧畏㥘, 無應之者, 遂獨行至淸州, 有士人韓洪烈, 亦以此意發書. 樂寬與語大悅, 乃會一道同志之人, 聯章進伏, 久未蒙批. 樂寬奮然曰, 宵霄小不斥, 而先斥外寇, 不可也. 私製一疏, 專以奸臣之壅遏爲言, 諸人力沮之. 樂寬怒曰, 公等碌碌, 不足與議大事, 遂棄歸. 壬午五月, 賫疏上南山, 擧烽火. 疏略曰, 臣之此擧, 不無出位之嫌, 而魯論曰, 亂臣賊子, 人人得而誅之, 今之廷臣, 不爲亂賊者, 幾希矣, 學孔孟程朱之書, 而喜耶蘇瑪竇之敎, 食父母邦國之穀, 而衣倭洋法美之服, 出于正而入于邪, 仕于此而役于彼, 變華爲夷, 營私害公, 致誤聖明, 至於此極. 又曰, 夫倭自壬辰敗歸之後, 抱冤積忿, 援結諸洋, 誑誘中國, 窺我有釁, 于玆有年矣. 觀我朶頤, 莫售其旨, 迺以讖言, 流於國中曰, 以爲亡朝鮮者, 院也, 蓋院祠者, 崇德報功之所也, 講學明道之地也. 此乃列聖朝, 經邦衛道之深謀遠慮者也. 苟有利國家衛聖道者, 在在旋表矣. 殿下幼沖之初, 權臣獨斷, 陷於不經之言, 而皇廟聖祠, 忠院義宇, 一倂毁撤, 此何異於周禁檿弧而速亡, 秦防胡奴而自滅也. 于時有骨肉大臣, 乘時而起, 壅蔽聰明, 煽動內外, 以爲院將不利於國家, 衆口鑠金, 積毁燒骨. 故親親之義掃如, 厚厚之道蔑如, 武衛之手下親兵, 以此而設焉, 預建太子之議, 以此而忽焉, 遂啓丙子之和事, 廷臣之知其謀者, 莫敢開口, 卒以誤國, 以我堂堂千乘之國, 冊封元良, 何賴於義質, 而區區若是, 忍其不共戴天之讐, 充其無厭貪虎之慾, 惟請是從, 惟令是行, 如恐不及. 若殿下千秋萬歲後, 東宮邸下, 代理寶位, 則義質言必稱吾家所立, 此言何以塞之. 詩曰, 其儀不忒, 正是四國, 父子兄弟, 足法而後, 民法之也, 亂亡之基, 未嘗不由於此. 故始而崔益鉉爭之, 以爲講和之議決, 則殿下之事去矣, 終而洪在鶴, 以爲耶蘇之書行, 則人人敗常, 家家亂倫. 一言之未合上旨, 而身陷大戮, 嗚乎慘矣. 正臣進者, 治之表, 正臣陷者, 亂之機也, 曾謂聖朝之群臣, 一無漢代之辛慶忌者, 忍使殿下, 有殺士之名於天下後世, 可勝歎哉. 又曰, 夫國家者, 太祖之國家. 今以殿下一身, 顚覆太祖之國家, 甚非所以奉承丕基之道也. 今殿下上思祖宗之付托, 下察億兆之仰戴, 兢兢業業, 夙興夜寐, 無怠無荒, 邦乃克昌, 不此之爲, 但以自衛一身之道, 廢先王之法, 竭生靈之血, 於所厚而薄, 於所薄而厚, 招外寇而備內亂, 於計, 不亦疏乎. 夷狄本五帝所不能臣, 三王所不能制. 故九經之中, 孔子不言其可懷之術, 今以殿下之德, 內不能親親, 而外交天下萬國, 臣恐不徒昨年之變, 復生於陽平臺城, 巴蜀漢北之患, 不出三年而目覩也. 是故崔益鉉洪在鶴許元栻劉文植洪時中黃載顯李晩孫金祖永金錫奎韓洪烈申櫰, 俱以非分, 不避刑辟, 而直言極諫, 此皆憂國忠公之臣, 尊聖衛道之士也, 不惟不用其言, 竄之流之, 禁錮終身, 獨與衣洋衣服洋服技洋技學洋學者, 眩惑心目, 顚倒胃脾, 取夷狄之法, 而加之先王之敎之上, 授義質之官, 而加之群臣之列之右, 臣乃知殿下之心, 不在此而在彼, 不斥邪而斥正. 堯舜率天下以仁, 而民從之, 桀紂率天下以暴, 而民從之, 少焉, 太學諸生, 爲義質頌德, 朝廷大臣, 必請爲義質攝政, 當此之時, 殿下雖有自衛一身之心, 豈可從也. 前後左右, 無非義質之人者, 許之則國亡, 却之則身危. 然則講和者, 非殿下之福. 田子方曰, 國君失其國, 未聞有以國待之者, 殿下一失千乘之國, 誰復有以千乘待殿下哉. 又曰, 今廷臣之言曰, 彼器械精利, 舟船輕疾, 天下萬國, 無思不服, 今以褊小之邦, 何以當之, 以此恐動殿下, 此徒知誇彼之長, 而不知誇吾之長. 此兵家所忌也, 在法當誅, 而且利於水者, 不利於山. 夫青邱, 山川險阨, 人民强悍, 加之箕子敎之以仁賢之道, 俗尙節義焉. 往在高麗, 以隋煬之强唐宗之盛, 俱不免狼狽而歸. 致于本朝, 日本累入寇, 而輒敗走. 至宣廟中年, 又有大入寇之徵, 李珥趙憲, 俱陳預備之策, 而朝廷不用. 故及至壬辰, 秀吉以百萬之衆, 蔽海而來, 燒火我宮室陵寢, 嗚呼痛哉, 尙忍言之乎. 車駕西遷, 將欲內附, 幸賴皇明之極救, 亦有臣李恒福李德馨李舜臣郭再佑等, 皆中興輔佐之最著. 論介月仙, 以遐方賤妓, 猶有向國之誠, 能斬勇賊之首, 而摧其前鋒. 惟政靈惠, 以山中僧徒, 亦知保君之心, 以一番越海討賊, 歲貢女皮三百, 欲以滅種, 復以三百, 代番萊館. 仁廟之間, 胡汗稱帝, 金尙容金尙憲洪翼漢尹集吳達濟俞棨等, 以義斥之, 以策禦之, 朝廷不聽. 故胡兵猝至, 勢無奈何, 含冤忍痛, 乃有下城之擧. 嗚乎, 誰爲此計. 世所謂崔鳴吉者也. 于時, 有林慶業, 適守義州, 未及赴亂, 乃於中路邀擊, 無不一當百, 胡汗大驚, 乃以國書示之, 慶業痛哭而收兵. 由此觀之, 青邱之謀臣猛將烈士勇夫, 無世無之, 而天下之强國也. 彼之器械精利, 舟船輕疾, 適足爲資我之用, 何患之有. 今者義質之智謀勇略, 不及隋煬唐宗秀吉胡汗遠矣, 而廷臣之主和者, 壬辰功臣之後, 丙子斥和之孫, 不念厥祖之被堅執銳冒刃踏棘, 以佐中興之事, 乃陷於賭賂, 以無稽之言不詢之誨, 間人骨肉, 亂人家國, 此輩非特爲殿下之罪人, 乃厥祖之罪人也, 非特爲厥祖之罪人, 乃鳴吉之罪人也. 鳴吉當丙子之亂, 知胡兵之難敵, 自被衆讟, 涕泣而建城下之議, 畏天而保國, 至今爲三百年之利, 而當時淸流, 以爲陷至於不義, 討之不容口, 書之史冊, 使爲後世公論. 故臣嘗遊京師, 得此說于名臣巨家, 言惟在耳, 忿膽未息, 此輩獨不記乃祖乃父丁寧之告戒乎. 初, 黃遵憲, 亦義質之黨, 與初誘我國也, 以爲結日本通美國親中國, 以防俄羅. 日本我之百世讐也, 初無可結之義. 美國遠在遐域, 連而何爲. 中國我已服事三百年, 別無加親之道. 俄羅在無釁, 有何相應之慮. 今聞魚允中, 使于中國, 請以五年一貢, 此果加一層別親之道乎. 三百年服事之例, 一朝倍之, 中國得無搆釁之理乎. 舊有仇讐之嫌, 而今有蚷蛩之相依, 蓋義質擧兵入寇者, 久矣, 而畏中國, 復如大明之來救. 故今以是謀, 使之成隙, 兩國兵連而疲弊, 則渠於此時, 坐收漁人之功之計也. 若盡從義質之計, 必也國亡而後已, 與其死於夷狄之手, 不若死於王章之下. 故臣所以請誅廷臣之倡身和議者, 以勵其餘. 伏願廓揮乾斷, 去邪勿疑. 昔大舜誅四凶, 而天下咸服, 成王誅三叔, 而王室久安, 齊威王烹阿大夫, 而强於諸侯. 今廷臣之中, 有四凶焉三叔焉, 有阿大夫焉, 罪人黜伏, 然後王室可安, 人心可服, 敵國可退. 疏撤, 被囚壯禦營, 移秋曺, 旋承命具格拿囚禁府南間. 六月軍變, 諸亂軍破扃譟曰, 囚正人, 欲殺之乎, 請出. 樂寬曰, 吾以王命囚, 請出以王命乎, 否死不出. 亂軍擔舁公, 走東別營, 環立請下令. 樂寬, 始知爲軍變, 大罵, 且曉喩以義理. 俄而亂軍散去, 樂寬還往禁府自現. 亂定, 有敎放出. 繼聞參判公病亟, 蒼黃走歸. 八月, 禁府都事, 奉命來拿, 銀鐺鐵鍱, 顔色自若. 參判公下堂送之曰, 爾死得所, 夫何恨乎. 愼無以老父爲念. 都事握樂寬手, 灑涕賦詩誦之. 旣就囚月餘, 推鞫者三, 踰二朔, 有濟州牧圍籬安置之命. 樂寬至濟州六朔, 更命拿囚禁府鞫訊, 供辭明正, 引大義無回撓, 竟被極典, 八月三十日也. 是日, 天陰霾, 臨載車, 揚揚如平時, 婦孺輿儓, 觀者塡塞, 咸泣謣嘖嗜曰, 忠臣死矣. 至是, 家人未及知. 從子南徹, 九月, 始入京, 有義士, 多出錢布, 以斂而歸葬. 初被拿, 樂寬謂家人曰, 我死之後, 幸爲我埋于漢陽, 使後人知漢陽有樂寬之墳焉. 先是, 爲書及錐說上大院君, 其略曰, 張玄, 晋藍田人也. 耕于田, 得一錐. 或曰, 此毛先生囊中物也. 玄喜藏之. 時胡氏, 處中夏, 晋偏安一隅, 玄乃自薦于謝太傅, 四就而四見黜, 喟然歎曰, 錐哉錐哉, 昔在毛先生, 十九人目笑之, 今在吾, 一世面笑之, 言不聽, 計不用, 去似去矣. 錐答曰, 不然. 毛先生, 始遭目笑, 終乃掉三寸舌, 却秦强趙, 今欲議天下事, 非太傅不可, 盍更薦錐以圖功乎. 玄從之, 復謁太傅. 太傅與玄及錐語, 大悅之, 俄而符堅傾國入寇, 錐進奇謀, 以太傅侄子玄爲將, 大破堅兵, 凱還論賞, 太傅, 以錐爲上功, 欲爵之. 諸將多短之曰, 錐之長, 不滿三寸, 謀不出帷幄, 而遽重賞之, 恐天下笑晋之無人也. 錐在傍笑曰, 吾與富貴而屈於人, 寧貧賤而輕世肆志也. 且錐羈旅之臣, 非張玄, 無以進, 請以封錐之爵, 封張玄, 功名之際, 錐不敢居也. 太傅曰, 錐可謂不背本矣, 乃以玄爲上大夫, 封三萬戶. 於是, 秋江子方夜讀出師表, 歎後主之妄自菲薄, 不能有爲, 誦杜子美出師未捷身先死, 長使英雄淚滿襟之句. 壁上有一錐, 竊聽之, 翩然下曰, 何獨蜀後主也, 今南京有後主者, 吾以北方, 不可和之議干之, 五就而五見逐, 道不得行於中州. 故括囊口, 乘桴蹈東海而來, 欲因子而見東國之謝太傅, 使秋江子, 獲躡張玄之後塵, 以就功名, 可乎. 秋江子驚異之, 因作詠燭詩曰, 夜深玉女柳花淚, 歲晏金莖承露盤. 縱使雪膚焦爛盡,赤心未遽死灰寒. 遂與錐入漢城, 手執鷄二卵, 菁三大本, 以贄于時宰, 解曰, 錐, 推也, 推此知彼也, 世之窒而不通者, 錐能絜短長貫而通之也. 卵, 土音與難同, 且字與卯近, 卯, 東, 日也, 鷄, 酉也, 酉, 西洋也, 因此二難而有累卵之危也. 菁, 無憂菜也. 爲今之計, 建皇廟于華洞, 復書院于列邑, 增軍額于四方, 以之講明義理, 修文事儆武備, 三者具, 則可無憂矣. 觀其文, 蓋欲以縱橫方略, 伸大義立奇功以顯名, 非第以溝瀆爲小諒者也. 以公之志氣才術, 未見施用, 卽只槁黃於畎畝, 人且歎惜之不置, 詎意休明之世, 以言而死, 抱恨茹鬱, 奉累貽笑, 乃至於是哉. 雖然非國家意也, 伏讀兩次敎辭, 可以仰度也. 悲夫, 世道之險巇, 權貴之媒蘖, 斯無論已, 竊又慨於民心之不淑者. 余謫海南, 與濟州相望, 土人言, 公在濟, 幾週年不雨, 禾稼焦赤, 人或比之東海三年, 一州大恐, 咸咎公, 而無如何也. 濟船之發, 必候順風, 動淹旬朔, 否則漂溺比比焉. 方公之被拿將行, 風不利, 樂寬謂禁隷曰, 嚴命不可延晷刻, 則不可計生死也. 禁隷及舟師, 皆瞠而不應. 濟民群聚齊進曰, 公言是也, 促行船, 其意謂公去則天雨也. 船行幾覆者累, 而僅得迫, 人以是責濟民. 答曰, 焚厄是急, 沈屈遑念乎. 責者毆其人而罵之. 夫上之濟濟者如彼, 下之蚩蚩者又如此, 侮伐之來, 有關氣數, 非人力所可挽回, 而馴至於今日也歟. 竊見公之先君子, 素著義方, 臨難不變, 有滂母之賢, 諸胤孝友, 俱不愧於椒山之有補亭, 夜臺春回, 庶有望於來後也. 將行匪所, 道過本家. 金吾郞曰, 公之老親在堂, 而歸期茫然, 使得永訣, 以雪終天之痛. 樂寬, 於是入家, 留一日. 臨行, 樂寬曰, 茫蒼哉, 是行也, 何日復見, 相視痛哭. 金吾郞, 亦爲之泣曰, 向日之行, 有死無生, 而擧家自若, 今日之行, 猶有萬分生道, 而反爲哭泣, 何也. 樂寬曰, 向日之自若, 爲公也, 今日之哭泣, 爲私也. 有六男一女, 南徹南遠南埰南周南循南逑, 女蔡奎榮.

語曰, 君仁則臣直, 夫君仁而臣不直, 其害足以亡君之國, 若朝無直臣, 而野有直民, 亦可有以變亡爲存, 而君受其利焉. 然不直者在上, 直者在下, 其勢必不能全. 故利歸於國, 而身任其害. 唐之衰, 鄕谷一男子, 以十字投匭而死, 宋之南遷, 陳東歐陽徹, 聲明大義, 論用事大臣以死, 古今一轍, 良可哀也. 我國家, 以仁累立國, 重熙累洽, 垂五百年, 聖明臨化, 群生化育, 而湖右布衣白樂寬, 以直言伏刑西市. 於乎, 斯豈但公之不幸, 實國家之不幸也.

李耕稙

李耕稙字威穰, 號莘夫, 韓山人, 稼亭後, 蒼谷顯英九世孫, 明成皇后內弟. 蒼谷官吏曺判書, 仁廟丙子起義旅, 得捷于砥平, 及南漢失守, 痛哭自刎不果. 庚辰與金淸陰尙憲徐晩沙某, 被拘瀋陽, 後不屈釋, 謚忠貞. 公以贊成鼎溥季子, 出爲參判喜溥后. 憲廟辛亥, 耕稙生于淸州修身面海村里. 爲人中身, 圓額豐下, 疏眉美髯, 或者以爲氣像如秋月浮空. 自弱冠時, 有操持, 終日端坐, 不妄言笑. 太皇丙子, 筮仕童蒙敎官, 始自靑山, 歷典三郡, 皆有聲績. 乙酉登第丙科, 翊年特授弘文副修撰兼文宣傳. 自是以後, 淸顯華要, 無不踐跻, 後又爲黃海忠淸全羅京畿四道伯. 黃海是海陸參錯, 利弊多端, 時又有民擾, 故特有是命. 公至, 見勅庫罄竭, 每分徵列邑, 乃曰不袪此, 一營爲逋盜之藪, 一省爲漁獵之場, 始革破. 試增廣, 遂至公, 老宿儒一無遺, 士論至今稱之. 十月移錦伯, 及歸, 省內民士咸遮道, 願公小留. 時首揆鄭範朝上奏, 特命因任. 全羅本吏猾民奸, 田軍糴邸魚鹽楮竹等弊, 無不爲民巨瘼. 公爲完伯, 其淸愼嚴惠, 一如海伯時, 甚得民心. 至癸巳, 東匪數千, 嘯聚參禮驛, 其勢猖獗, 全省騷動, 中外疑懼, 遣營將金始豐曉之. 旣而解散, 而慮或更肆, 上拔本塞源之略. 廟堂不施行, 耕稙歎曰, 恐國家自此有事矣. 明年甲午, 東匪更起, 八路皆搶攘, 考績若無殿而最, 例免官, 而公務爲寬容, 乃以此爲啓. 廟堂還下啓本, 使改正以聞. 耕稙以爲吾不能大行懲創, 只爲循例, 則徒增迎送之弊而實無益. 遂不改而上, 仍蒙譴罷. 又出爲畿伯. 是府近京, 素號難治. 耕稙一守正, 干謁請囑, 幷皆不聽, 故人不好之者多, 尋移弘文提學. 時開城有民擾, 閱月未靖, 幾致大亂, 特除松京留守兼管理使, 蓋前任藩臬, 累有茂績, 故有是命. 甲午移敦寧府事, 又歷協辦內務府事兼奎章閣直提學. 六月二十日, 倭寇率兵犯闕, 諸臣莫敢出入. 時耕稙在家聞變, 痛哭赴闕, 倭兵阻當, 耕稙手被鋒鏑, 小不顧, 排入問安. 當是時, 內有隣賊犯闕之變, 外熾列邑東匪之亂, 物情凶凶, 雖王室肺腑之親, 皆懷顧瞻, 或謂公以全保計, 耕稙笑曰, 吾聞仕危邦者, 無可去之義, 人臣若平常無事時, 有能恬退全身, 則不失其美名, 而亦有補於風敎也. 今宗國危亂, 君父孤住, 而吾將退去, 則豈人臣之事君以忠乎, 聞者咸服. 自是之後, 國勢大變, 官制更張, 耕稙拜王后宮大夫, 涉險履艱, 密贊紆謨, 扶顚持危者多, 而功在隱微, 故人不能知之也. 乙未閏五月, 移宮內府協辦兼署理大臣, 旣而解. 七月, 陞資憲大夫, 尋移宮內府大臣. 八月二十一日夜, 侍衛在宮內. 是夜深更, 宮殿已靜, 月色如晝, 忽有報日兵踰宮垣闌入, 彼婦寺如戚臣輩, 皆見幾稍稍出去, 惟耕稙小不動, 須臾凶黨逼殿, 日兵從之. 耕稙起身掩闥, 大叱曰, 爾輩雖無道, 夜深敢作此無禮之行乎. 日兵以釰擊之, 斬其頭, 入北挾門, 遂作極變. 曺操殺董貴妃, 豈有加此哉. 賊出見耕稙, 尙無頭立門, 乃捽出之. 於是僵月臺上, 血迸如注. 亂旣定, 家人收之, 葬于淸州栗峯山. 丁酉贈大臣輔國崇祿, 謚忠肅. 己亥贈議政府議政, 上震悼不已, 前後皆致侑. 耕稙平生喜怒不形, 雖當創卒, 未嘗有疾遽之容. 甫十歲, 先考見背, 故每諱辰痛哭, 其哀如袒括時. 凡國有事, 知無不言, 言無不盡, 皆有密箚. 才經乙覽, 旋卽抹去, 家人或不可, 公曰, 吾以近臣, 敢留此以彰君父之失. 每陳奏, 上雖不能盡從, 輒嘉其忠直, 曰某也忠實豈弟淸愼人也. 嘗聞人有恬退讀書者, 便欣然曰, 如吾者恨不早知有此個樂事. 有一男三女, 男升珪官侍從, 出係伯父判書公, 遂取郡守孝稙之子禹珪 爲子. 居常衣不重襲, 食不重味, 質本淸弱多病, 晩年又數寢疾. 事親孝, 自公而退, 則不離親側, 飮食藥餌起居之節, 每躬自撿省. 與伯氏憲稙, 共躋台列, 而不命坐命退, 不敢坐不敢退, 事之如嚴父. 雖絲毫之事, 無敢自專, 必稟承可然後乃行. 上祭曰, 臨危授命, 殺身成仁, 志軒兩儀, 義炳雙耀, 歲寒孤松, 疾風勁草.

按人臣之死節者, 其一死非難, 得其地爲難, 雖有其地, 無忠義亦不能, 故見危授命. 身擁大兵, 而若有勢急, 其降其亡, 多如恐不及. 公侍衛宮中, 手無寸兵, 變出倉卒, 鋒鏑當前, 而起身掩闥, 獨立抗賊,死且不避, 毅然殉節, 如公可謂得其地矣. 其忠義, 又動天地貫日月者矣, 昔晋嵇紹, 遇害血濺御衣, 左右請浣, 帝曰, 此稽侍中血勿去, 帝之此言, 不但不忘其稽紹, 實爲萬世人君勸忠者法. 今之耕稙, 卽古之稽紹也, 未知吾太皇, 使月臺之血, 其不去亦如晋惠乎. 然有賞有罰, 是國之大防也. 公爲道伯, 執死生出陟之柄, 而其考績務爲寬容, 一無殿而最, 省內守牧, 果皆爲召父杜母耶. 苟不然而然, 吏之貪汚者, 恣行無忌, 何以勸善懲惡也. 爲政之失, 大矣, 爲民之害, 極矣. 國家賞罰之防, 非公壞之耶. 以公之節, 而不免有此失, 古人所謂人非堯舜不可盡善者, 是公之謂也.

李興宰

李興宰, 字允起, 延安人, 其先以唐宗室新羅中郎茂爲始祖. 入本朝, 樗軒文康公石亨, 大顯于英陵盛際. 月沙文忠公廷龜, 爲宣仁朝名臣, 而以文章聞天下. 是生白洲文靖公明漢, 又傳靑湖文肅公一相, 文肅曾孫曰, 判中樞文簡公鼎輔. 自文忠至文簡, 四世典文衡, 國朝五百年, 僅一二數矣. 哲宗辛酉, 生陰竹釣堤里. 幼穎悟, 連失怙恃, 辛勤成立, 因以失學, 每自爲恨. 篤於孝友, 事繼母, 承順無違. 撫愛一弟, 及其早歿, 則哀痛忒甚. 孀婦歸本家, 道路稍遠, 而必數數往見, 劃給錢財, 使之寓心焉. 其本家, 亦不贍, 未免其消融而無一言輒復與之.

允起累遷栖屑, 晚寓槐山之校村. 勤儉治家, 頗立産業, 養老奉先, 甚有條理. 乙未, 聞壺極被弑, 杜門三月, 或適野, 則必戴篛笠曰, 國母遇害, 賊臣追廢, 吾縱不得服其服, 何忍以玄冠. 及 上被勒剃之辱, 因有僞勅削令, 國中洶洶, 興宰聞之, 絶粒二日, 入山痛哭, 氣盡而死, 實十一月二十六日也. 無子, 以族姪完承爲嗣. 興宰雖身短而貌不揚, 姿性慈諒而精密, 耿介而峭直. 不廣交遊, 不苟取與, 堅確有莫奪之志. 余於允起, 齒先一歲, 而以其姊壻, 呼之以兄, 亦謂余爲粗辨義理, 推重過分, 而或論事不合, 則必棘棘不下, 亦可以見允起之有性氣而難諧於世者矣. 念昔乙未肇夏, 余訪允起於陰城山中. 時有黑服之令, 允起悲憤之, 却食以經日矣. 余寬譬, 勸以酒而對之飯, 若剃髮之變, 則余雖在座, 亦將何辭而回其所執之正也.

金福漢曰, 世之不樂成人之美者, 多以允起偏慈在堂, 徑先溝瀆爲訾, 而是不知大防者也. 若恬然於毁形爲獸而自諉曰, 我有母, 不可死, 果成何如人哉.允起以布韋之微, 辨之早, 斷之決, 以不負上帝之衷, 先王之澤, 有光於先祖, 雖擧世皆獸而允起人也, 擧世皆夷而允起華也, 豈不足以有辭於天下後世者歟.

安東 金福漢

李鳳煥

李鳳煥, 字汝岡, 號晦谷, 全州人. 成宗大王十三男寧山君恮九世孫, 是生祥鏡信璋, 三世皆封君. 居楊州, 嘗師事華西李恒老, 及沒, 又受業于金重庵柳省齋. 中年登剡爲繕工郎不仕. 嘗遊嶠南, 過丹陽之來山, 見其泉甘土肥, 歎曰, 此足爲隱遯者棲息, 遂與其弟東煥, 同來居焉. 居楊時, 歲大侵, 四方嗷嗷, 鳳煥曰, 吾之所收, 比前頓減, 而一村皆阽於餓莩, 義不忍獨食, 分其半恤之. 平生蔬食不厭, 衣不華美, 雖冬月, 不設衾褥. 人或言自奉之太薄, 則曰, 吾若自謀溫飽, 豈有餘力, 可以賙助於姻婭知舊之有婚喪也. 常曰, 我國自有布帛, 何必舍此而取彼哉. 終身不着倭洋之物. 歲乙未, 逆臣泳孝, 自日本來, 以薙髮令國中, 一時守牧, 莫不聞令卽剃. 又欲勒平民, 禍色皇皇. 晦谷曰, 此何變也, 以吾東禮義之邦, 遽有此夷狄之變乎. 吾將不死, 不得保其髮. 遂爲文, 告先廟及重庵省齋兩翁之靈, 仍絶食七日而卒, 丙申正月八日也. 體幹甚偉, 性剛果, 有三男, 在浩在榮在億.

松史曰, 晦谷歿後, 不幾日, 柳毅庵麟錫倡義旅于堤州. 於是, 州郡撤剃令. 人之論晦谷者, 或曰, 若小須臾無死, 則可以與國人共免其辱, 同全其生, 聞風隕身, 太涉輕儇, 未免浪死之科. 甚矣, 人之覓疵也. 當初剃令之到郡也, 可謂禍色迫頭, 豈料毅庵之擧義, 而撤其剃耶. 君子蹈義而行, 義固當死, 則其死如鴻毛, 豈如苟求生活者之低回觀望耶. 有低回觀望之志者, 雖當死而終不能勇於必死也. 且今國運大否, 上自朝廷, 下至閭巷, 賢人君子, 皆次第零落, 天不慭一老, 則如晦谷之仁厚剛明守正不撓者, 雖欲生, 得乎. 晦谷, 可謂知天也夫.

咸平 李載烈

柳麟錫

柳麟錫, 字汝聖, 號毅庵, 高興人. 於于夢寅十世孫, 九代祖蘿月堂于埠, 自漢師移居于春川冠湖, 甲申, 麟錫又移堤川之長潭. 憲廟辛丑生. 體幹不踰中人, 志倜儻, 有果敢. 省齋重教之從侄也, 甫上學, 從省齋, 受學於華西李恒老門, 華翁一見, 稱仁不可勝用. 旣而又師事省齋及重庵金平默, 兩先生亦大期之, 麟錫亦以三先生自期待. 雲庵朴文一嘗抵書省翁曰, 深賀道統之傳, 不出家庭之內也. 及省翁沒, 門下進者, 皆以所事事麟錫, 同門諸賢, 亦多處門生, 遠近莫不慕仰以斯文宗匠. 越丙子, 講和之初, 告重省兩先生曰, 朱子曰, 國家存亡所繫, 雖韋布可言, 今日之事, 非特國之亡也. 麟錫雖不敏, 請與二三子遵義. 兩先生曰, 可矣. 乃命門生四十, 共陳疏, 初擬麟錫爲疏首, 更以洪在龜爲之. 自後一國章甫如李晩孫金祖永白樂寬之徒, 相繼苦叫, 是蓋麟錫爲之倡焉. 甲午, 泳孝等賊, 挾倭兵, 至脅君父變舊章. 乙未夏, 矯制毁法服. 時堤川郡守金益珍, 曾以倭酋通辭, 督迫特甚, 示以加禍, 一境危之. 麟錫謀同志曰, 從此衣冠之會永絶, 當亟會士友, 一者行講習禮. 朱庸奎徐相說大喜, 速四郡士友, 一講春秋, 一行飮禮. 先是, 國母閔氏見諸賊所爲, 痛前見欺, 勸上謀去. 八月, 弘集吉濬等, 同倭賊三包婁弑國母, 矯制廢黜, 判書李景稙立殿庭, 罵賊死之, 兵使洪在羲率兵攻賊而死. 冬十一月十五日, 又勒剃上髮, 降矯詔, 遍及列郡, 擧國惶惶, 莫知攸爲. 判書李寅應監役李鳳煥士人李興宰, 亦發憤死之. 於是, 麟錫倡義擧于湖左, 畿南湖西嶺南及關東, 相繼而起. 先是, 麟錫聞群賊弑廢國母, 勿令臣民服喪曰, 吾豈不服, 以實讎賊. 遂服之. 又會士友, 議處變三事, 曰擧義掃淸也, 曰浮海去守也, 曰自靖致命也, 俱無不可, 令各行其志, 吾亦從心所欲而爲之, 遂決浮海之行. 時砥平士人李春永安承禹起義旅至堤川, 使門生徐相說李弼熙申芝秀李範稷, 先應焉. 後安承禹等, 會越中, 更請麟錫主之, 麟錫時持母服, 又率門生, 方作浮海之行, 固辭. 衆泣曰, 伯禽居喪伐戎, 孔子以有爲許之, 況此大道方滅, 居喪且不得, 宜權輕重. 且人心物議, 不可不副, 不得已遂許之. 以爲越中可自守, 不可用武, 乃進拔忠州, 退據堤川討倭, 以爲先除亂賊黨與, 誅金奎軾權瀟等四人. 至丙申四月, 爲賊黨張基濂所敗, 中軍安承禹及從事洪思九死之. 麟錫悲憤, 退至丹陽, 告殿牌及聖廟, 欲以致命, 衆苦諫, 麟錫又自語曰, 旣仗大義, 但以此自裁, 則固無憾於潔身, 永無及於復讎, 乃止之. 衆議西土多强勇精技藝, 當往募再振. 至則所謂觀察及郡守者, 皆出兵相迫, 容無其地, 乃出疆入遼, 遂至懷仁縣. 縣宰徐本愚謂帶械入境, 爲干法禁, 若存留軍械則當好. 稟上憲及收, 只給銀子六十兩錢三百弔, 請令軍卒回國. 麟錫不得已至波瀦江邊, 解送義旅二百十九人, 義旅終日痛哭, 不忍別焉. 丁酉秋, 除參奉不受. 上仍遣徐相懋金璉植二人召之, 特奬忠義, 諭旨懇惻. 來使亦言機栝新變, 賊黨漸退, 上亦不能無感激, 雖不可深信其必然, 而子産見欺, 不害爲智. 故以出壃臣, 拜命徼上之意, 體伊川赴西監之用情, 不敢其全然無動. 於是, 入壃, 至楚山境上, 上疏言聞命不能暫留一刻, 入境, 不敢更進一步. 又申復讎保華之說, 仍還潭上, 闋其祥禫. 戊戌春, 復入遼, 仍措置耕讀, 要以保中華一脈. 其保華之道, 只在乎讀書講禮. 送李弼熙, 求夫子像於魯之闕里, 夫子七十二世孫衍聖公孔貽, 使豐德子送一本. 建一室以安之, 春秋享祀, 又以朱子影幀及我東靜退栗沙尤五先生與華重省三翁, 次第從享, 略如滄州釋菜儀. 遂與同志, 或講會焉, 或飮禮焉. 丙午, 再出春川, 刊華東續綱目, 以傳世, 因更入, 乙卯正月二十四日, 病卒遼東.

昭義新篇

李春永

李春永, 字友三, 號槐隱, 德水人. 居砥平, 澤堂先生植九世孫, 性慷慨有大節, 早孤力學, 不治産業, 膽勇過人. 甲午, 倭虜禁闊袖衣, 國人風靡, 獨春永穿道服依常日, 過倭陣前, 顧謂安公下沙曰, 吾蟻視蠻酋, 然飭躬儒雅, 無一點麤氣. 事母夫人, 孝勤備至, 家雖不贍, 濟恤甚多, 人稱之. 乙未之變, 與友人安承禹, 共起義旅于原州之安倉. 先是, 孟監役英在, 因防禦土匪, 設契養火炮, 由是, 砥邑多善炮, 及東匪之起, 孟發炮討之, 以功除砥平縣監, 至此變, 小無意. 春永勸其麾下金伯善等, 以大義激之, 得其兵四百餘人. 入原州, 留數日, 乃發向堤川, 捉郡守金益珍及丹陽郡守權璛淸風守徐相夔忠州觀察金奎軾等囚之. 璛之子, 請倭兵數百, 至丹陽之長滙, 遂擊之, 一戰大破, 義聲乃振. 于時, 孟英在憾誘奪其炮兵, 卽報于觀察及京司, 以李春永安承禹大逆不道十字, 揭通衢, 密遣其部下李敏玉, 外托附義, 內懷凶計, 欲誘其軍, 敗其義. 敏玉者, 卽春永之族親也, 承禹之外戚也, 皆信之, 受置軍中. 方李春永徐相烈之召募南向也, 敏玉亦隨之. 誰知敏玉暗暗誘諸軍, 使之離畔乎. 及到豐基, 一軍散盡, 遂良貝而歸. 時, 都軍務安承禹在堤川, 收土兵數千, 引軍住越中, 敏玉聞之, 到越中, 欲復逞奸計, 事覺, 遂正其罪而斬之. 初, 長滙之役, 雖得大捷, 戰士皆砥平人, 怨其獨勞, 不食夕餽, 譁然相亂, 因請宵踰竹嶺, 分兵自壯, 然後可以有爲, 不然軍勢單弱, 終必見敗, 不如早散. 大將李弼熙中營李春永然之, 仍夜南向. 師次豐基, 爲敏玉所欺, 軍多道亡. 弼熙以爲春永卽砥之巨室, 亦其素所拊循, 遂以兵委之, 共還歸越中. 時, 都軍務安承禹議衆, 推柳麟錫爲大將, 春永又爲中軍. 及移軍住忠州, 春永嘗以爲鳥嶺, 乃湖嶺要阨, 據而守之, 可以進取, 而嶺之下安保有倭站, 累使人偵探. 先是, 把守將洪大錫, 擊有酒幕賊破之, 賊走可興. 春永聞之, 欲迎擊, 率兵數百, 至達川, 賊已走矣, 追之不及. 夜, 四軍, 遂趣安保, 大將慮其疏虞, 發令召之, 春永已徑至安保. 戰事方殷, 春永依大樹, 將六穴炮以射賊, 炮辟戾不發. 春永持炮與從事洪選杓曰, 此何故, 乍回其身, 暫出所面樹外, 忽面中飛丸死之. 沿道士女, 皆以爲公要全我頭髮, 竟以其命致之, 莫不痛哭流涕, 時, 年二十八.

【 朴貞洙 倡義錄 】

安承禹

安承禹, 字啓賢, 號下沙, 順興人. 文成公裕之后, 丙子淸流翊贊公光郁九世孫, 世居砥平之上石里. 承禹隱居好學, 早登省齋柳重敎門請業, 深被先生奬許. 嘗入寧越, 謁魯陵, 失聲痛哭, 數日不能定情. 甲午夏, 聞倭兵大至, 將向京師, 陰與同志, 謀起義. 會東匪大熾, 擧國有壓卵之勢, 恐徑泄害事, 遂寢之, 而已在紺岳山白蓮庵, 聞倭酋犯闕, 勒行開化, 又失聲痛哭, 奇節多類此. 乙未之變, 與同郡李春永, 糾合義旅, 得孟英在兵四百餘人云云. 李春永徐相烈之召募南向也, 李敏玉亦隨之云云. 承禹在堤川, 聞南報, 莫知其故. 際倭兵猝至, 方欲對戰, 軍兵聞南報亦皆逃散. 承禹憤歎, 往見毛山沈判書相勳, 請同義, 相勳不肯, 承禹大叱無義而歸. 至酒泉, 募兵得百餘. 時, 柳麟錫方以浮海之行, 至平昌, 適與承禹相見, 乃謂曰, 南報軍散, 未知何故, 而今君聚衆至此, 足爲基本, 自後更不必推讓於人, 君須主之. 承禹奉陪共還越中, 及到, 衆至數千. 於是, 李春永等諸人亦來會, 承禹曰, 我等若自立爲大將, 則恐非推讓之道, 不若推賢爲之, 推麟錫爲大將. 安保之役, 李春永死之, 承禹爲中營, 與士卒同其甘苦, 朝夕不設案床器皿, 雖飢困頗甚, 二飯之外, 無一勺更飮. 時有以酒麵魚肉餽者, 承禹皆謝而不受曰, 此共一軍則可受之, 獨食則吾不忍下咽. 又曰, 我之所以資軍需者, 皆出於民, 誠事勢之不得已也. 公用之外, 一縷一粒, 不可濫費, 嚴立紀律, 秋毫無犯. 自丙申二月以後, 列鎭諸將, 種種勝捷, 斬獲甚多. 自是, 軍威日壯, 衆議上疏以明擧義. 承禹曰, 若治疏, 而奸賊假君命, 要罷軍兵, 則奈何. 今日之義, 惟以討賊復讐爲主, 事成之後, 當自就縶理, 以請不先聞之罪可也, 遂寢之. 時上再三宣諭, 勸以罷兵, 卽以大義不受. 丙申四月, 張賊基濂率京兵數千, 來擄忠州之黃岡. 十三日, 賊兵至城下, 承禹欲挺身出戰, 左右止之. 承禹曰, 吾與春永, 共倡大義, 不幸吾友先亡, 豈可以苟苟輕重乎. 背城一戰, 雖馬革裹尸, 吾無怨矣. 遂誓于衆曰, 今日之事, 可謂沈船破甑之秋, 決一死戰, 有先退者斬. 乃發東北山城兵, 陣于南城, 大戰良久, 更設伏于西堡, 自手劍督戰, 賊兵退走古場林南塘里, 因風縱火, 煙焰漲天, 飛丸如雹. 於是, 西堡兵齊發挾攻, 會狂風從西南起, 折木拔屋, 天又陰霾, 雨脚如箭, 繩火盡滅, 耳藥皆濕, 一軍罔知攸爲. 西堡兵先自潰散, 各守兵皆號哭紛散, 南城兵亦退. 承禹擊劍歎曰, 天亦開化乎, 胡爲以忍也. 時, 淸兵呂國安等, 銳戰殺賊兵三十餘級, 賊又退走. 國安等追之, 丸絶, 大呼持丸來, 賊聞知, 復回軍追擊, 國安等亦退走. 承禹憤不自勝, 投石以抗賊, 因大呼曰, 倡義中軍安某在此, 汝欲殺我, 速來, 確立城上, 深衣闊袖, 隨風飄揚, 中丸右脛, 爲賊所禽. 基濂諭以化意, 承禹大罵曰, 倀賊基濂, 汝亦以忠肅後裔, 何甘作讐夷, 破君滅國, 又屠戮我良忠也, 定名正罪, 萬戮猶輕, 今吾爲汝誅, 此非天乎. 堅執手旗, 臂斷不釋, 罵不絶口, 爲亂挺所害, 時年三十二, 聞者莫不流涕. 門生洪思九, 又竝命死之. 參謀朴貞洙李榮奎, 冒刃收屍而還, 貞洙號晦堂, 素有望. 先是, 淸人呂國安等數十來赴, 承禹諭以華夷之分及我東尊明大義曰, 公等雖衣淸服, 淸本是華人, 則當以華人自處, 共擧義討賊, 以明大義. 國安等, 欣然頷之. 每出戰, 多有戰功, 至是, 又有此殺賊之功云.

倡義錄

洪思九

洪思九, 字又容, 南陽人. 慶尙觀察薰從孫, 聖裕子. 聖裕兒時, 家人與成氏約婚, 後聞處子目眇, 欲退之. 聖裕曰, 旣定而退, 非義也, 遂娶之. 生二子, 思九卽其次. 太皇戊寅, 生思九于順興院邱里. 思九長, 娶尙州成氏. 初家甚熾赫, 一朝蕩拆, 思九遂累遷至砥平上石里居焉. 登安下沙承禹門受業. 爲人聰明秀麗, 性又正直, 自幼無戲言邪視. 安貧養親, 撫愛弟妹, 孝友備至. 博涉經史, 筆法佳妙, 料事可仗, 眞奇才也. 思九見人家有花圃集, 乃曰, 吾雖傍裔, 無此冊甚愧, 日見歸誦書, 及出義旅, 竟未畢而止. 至今尙在巾衍, 無一字落誤, 筆采瓚然可觀. 初, 其師承禹擧義堤川, 思九爲從事, 忠州之役, 以病不赴. 及再擧, 思九至堤川, 晝夜同幹周旋左右. 南城之敗, 承禹中丸仆地, 一軍皆散, 獨思九幾人在側護衛. 承禹勸思九去曰, 我爲將領, 當死卽死, 不可苟免, 君與我相殊, 同死無益, 須速去以圖後計. 思九曰, 生同扶義, 死同死義, 素是志決. 況師門當死, 門生豈可獨生, 將帥臨危, 從事亦可獨免乎. 承禹再三勸去, 而思九確立不動. 俄而賊犯承禹, 思九匿鈒左杖, 回身右擊之, 斬一賊. 群賊不遑發砲, 以鈒擊之, 斷一臂. 思九罵不絶口, 賊又斷一臂. 思九又罵之不已, 賊砲殺之. 人咸曰, 洪之門, 花圃又復生. 時, 思九年十九. 適家人避亂在外. 翊日, 叔父星七歸家, 聞義旅敗, 大驚往視之, 有七屍, 其第三, 乃思九. 見兩臂皆斷, 額傍有彈穴, 慘不忍見. 星七遂收屍而歸, 往成氏紿曰, 今賊退無事, 侄婦可歸. 成氏至家曰, 叔父何紿人至此. 見夫屍責之曰, 丈夫死國, 雖爲之忠, 棄母而死, 亦可爲之孝乎. 竟不哭. 請速煮米飮, 家人乃皇皇而進, 成氏勸其姑曰, 死者已矣, 哭之何爲, 願飮此鎭定, 與姑共飮自若. 自此姑畏之, 不敢更號泣. 喪畢, 姑就寢. 至夜半, 見其婦不在, 心動索之. 婦入挾室自經, 舌目俱出. 姑大驚急解懸垂, 米飮至半餉方甦. 及甦, 有聲如坼. 姑曰, 爾死吾何爲. 成氏謝曰, 渠無狀, 妄擧至此, 姑恕罪, 更不作此妄擧. 由是事姑益孝, 一不以悲哀現色. 時, 成氏年十八. 及葬, 李都事道轍, 借先山以葬之, 堤川士林, 又發文, 自忠北一帶, 以至襄干, 醵金得一千七百餘兩. 往某里買宅, 使夫人姑婦居之. 成氏曰, 吾旣不下從, 當治産祝螟, 爲亡夫繼絶, 遂痛加收拾. 尙州之五臺, 乃成氏淇川. 日, 成氏往尙州, 自堤至尙, 遠可二百餘里. 是以成氏留尙半年. 一日, 夜夢姑死, 成氏大驚, 急至家, 姑果病累日, 至是有少可. 成氏說夢告來由, 皆稱之以孝感. 翊日, 姑因死不起, 遠近士林皆會相, 初終盡情禮, 雖富人不能過也. 葬, 成氏與媤弟隨喪, 前後不一哭, 至下纏亦不哭. 弔者皆怪之曰, 夫人雖不哭姑墓, 歸路必哭夫墓. 及歸過夫墓, 又不哭, 至媤叔墓, 乃一場哭, 如不欲生. 後隨親庭, 搬抵黃澗. 日, 成氏謂媤弟曰, 吾當乞螟, 叔往各處族親家, 以觀其昭穆及爲人. 洪至平澤花圃宗家承旨某, 有子三人, 其末最良. 成氏大喜, 遂與媤弟, 共至平澤. 留數日, 不發說其養子, 擧自己歷略, 言之甚詳, 主人聞而壯之, 待之益禮. 一日, 謂主人曰, 此來非汗漫, 乃乞螟, 請借一子. 主人內外大駭曰, 此何言也, 遂拒之. 成氏因席藁絶粒, 晝夜不移其處. 令公憂之, 亦絶食數日. 淑人金氏大懼, 誘成氏萬端, 成不聽. 日忽天雨, 簷溜如瀑沛, 成氏小不動. 金氏至承旨所曰, 成六日不食, 又冒暴雨, 其爲人不得子必死, 此將奈何. 令公默然良久曰, 吾與子, 引入室. 金氏謂成曰, 令公許之, 請入去. 成氏曰, 然則與我幾子. 金氏曰, 吾兩人皆許之, 從心所欲. 成氏曰, 伯仲已冠, 願與我以季, 遂起入. 成氏絶食, 凡六七日, 精神動作如常. 自是之後, 其子日親近成氏, 其情如所生, 皆異之. 成氏更留一朔而歸.日, 令公送子來成曰, 吾有緊急, 請借錢五千兩. 成氏驚曰, 吾之所有, 不過若干, 而今與之, 不能鞠人子, 若不與, 不與子, 爲之何哉. 思一計乃上書, 略曰, 今垂敎, 非借錢, 恐兒飢, 試我之有無. 吾雖貧, 率人子而不飽之哉. 須令公勿憂. 各具令公內外衣服一襲, 付其子納上. 後數日, 成氏上平澤, 不入其家, 送媤弟, 探其動靜, 果令公無意. 成氏慨然曰, 今日之事, 非裁判, 無究竟, 欲裁判而恨無據. 適其兒某, 將一章書與之. 此兒之母, 金氏歸寧, 細述其成氏事一遍, 其父判書公允植聞之, 感其義烈, 勸其壻與養子之書也. 令公見之, 弃舌盒, 兒竊取此書, 暗與成氏. 以此觀之, 雖螟嗣, 非血脈, 可不謂之天倫乎. 成氏得書大喜, 遂決意裁判. 令公曰, 吾訟而見奪, 不若釋然, 遂許之. 於是, 成氏始得子, 及長率賢婦, 以爲塡窠. 今移居忠南之沔川云.

按兵敗倉卒, 追兵在後, 則雖走而死, 大氐人情, 率皆易走, 而思九屹然獨立, 其不動如山岳, 勇哉思九. 噫, 彼基濂, 以忠肅後裔, 不能趾美, 事讐媚賊, 殺害忠良, 至此之極. 惟思九是花圃先生之傍裔, 其英風勁節, 輝映當世, 膾炙人口, 以光傍先, 若繼其家烈. 故人咸曰, 洪之門, 花翁又復生. 於乎, 天之賦人, 必無善惡, 而基濂何其慝也, 思九何其壯也. 蓋南陽之洪, 國之大姓也. 夫人成氏乞螟, 其爲穆者必不一, 而惟花翁之後, 爲思九嗣, 吁, 亦異矣. 有子者貧, 而無子者富, 有子者窮, 而無子者達, 乞螟疏族, 有所不易. 況花翁之家富, 而思九貧, 花翁之家達, 而思九窮, 孰謂其螟之可祝也. 非成氏不可得矣. 初,成氏欲下從, 乘夜自經, 爲家人所救, 竟不就, 豈其烈之不足也. 尊姑在堂, 無成氏, 則奉養無人, 君子絶世, 無成氏則率養無人. 故成氏更無意殉死, 善事其姑, 以終其孝, 又乞其子, 以塡其窠. 此夫爲忠臣, 妻爲孝婦, 然則其輕重得失, 豈如一時判命, 不過爲一節之善也. 於乎, 成氏眞賢哉賢哉.

金百先

金百先者, 砥平人也. 爲人魁梧, 有氣節驍勇, 力能超屋. 家勢寒微, 雖不學而能曉大義, 不拘小節. 甲午東匪猖獗, 擧國搶攘, 砥平尤甚, 百先與鄕人孟英宰討平之. 英宰以功, 得宰砥平, 蓋百先之功居多, 而百先不與焉. 乙未八月, 日賊弑國母, 百先大憤怒, 見郡守孟英宰, 諭以擧義討賊. 英宰不應, 百先厲聲罵曰, 今日賊是吾東萬世之讎也, 所以擧國黎庶莫不痛迫, 皆欲討賊. 汝以食祿, 無意復讎, 抑獨何心. 時英宰有炮兵四百, 此百先與英宰, 討東匪時皆指揮親兵也. 百先諭之曰, 吾與公等, 俱爲草澤, 雖無食祿, 吾衣吾食, 莫非君賜, 當此罔極之變, 不思所以討賊復讎以報其涓埃乎. 兵皆感激左袒, 百先遂擧義. 至是, 聞砥平士人李春榮·安承禹等, 亦倡義堤川, 以其兵往屬焉. 李·安將卒, 皆踴躍喜曰, 將軍至, 事無憂矣. 及柳毅庵麟錫更擧越中, 百先爲先鋒將, 忠州之役, 大軍至城下, 門閉不得入. 夜, 百先超東門入城中, 殺閽者, 開城門, 大軍因入城, 則賊兵自北門遁去, 義旅立斬僞觀察, 仍據城中, 義聲大振, 此皆百先之力也. 賊兵自忠州退屯可興, 百先引兵三百, 追擊之, 連戰連勝. 至四五日, 百先度衆寡不敵, 報本陣曰, 有援兵若干, 賊可滅, 請送兵多小. 中軍安承禹不送之, 百先果以不敵, 竟敗北. 百先回本陣, 見承禹大怒, 拔劍欲殺之, 承禹劫避去. 大將麟錫曰, 軍中無此法, 勿爾也. 於是百先知其有不可, 自解帶與之曰, 願以此縛我治罪. 及被縛, 麟錫欲行法. 百先哀乞曰, 願貸一縷, 以效微忱. 麟錫不聽, 臨刑, 百先曰, 吾有老母, 願一見而死. 麟錫又不聽殺之, 遠近聞者莫不爲冤. 自是之後, 物情慘惔, 軍容更不振. 後承禹與張參領基濂, 戰于堤川之邑, 因兵敗而死, 義旅遂頓挫無餘地. 大將麟錫出疆, 至遼解兵. 乙卯, 余收拾其義旅事蹟之次, 行至砥平之三山洞, 見李進士鍾萬, 論柳毅庵擧義之實. 語及百先事, 鍾萬曰, 百先本砥之平民也, 平日相語, 曾不尊敬. 及起義, 百先率軍兵數人, 騎馬至家, 見威風凜然, 吾自起立迎之, 不知敬語出口, 以爲尊敬. 且其居與三山不遠, 故嘗聞之, 每夜天陰, 則其里中路, 百先宛然騎馬有疾馳聲云.

按金百先以麾下犯上, 論其罪則固罪矣. 然安承禹不死, 百先又自知不可, 仍解帶請罪, 此非所以改過與無過同者乎. 當是時, 東匪搶攘, 擧國爲之騷動, 是以所謂守牧到處莫不牛酒相迎. 吾知百先其爲人雖魁梧, 不過一砥之平民也. 生長其士夫武斷之鄕, 其在平日, 不得其志者, 必多矣. 然則百先見此東匪猖獗之勢, 宜若犯匪逞快, 而不但其不犯, 反討而滅之, 使砥之一境爲安堵. 又乙未之變, 百先勸孟英宰擧義討賊, 而英宰不聽, 百先奪其軍擧其義, 以爲謀討賊復讎.

此其胸中, 有一端天彝也. 至是百先其拔劍雖妄動, 及其悔過, 旣以解帶請罪, 其爲將者, 當待之以敬畏, 施之以仁恩, 諭之以忠義, 制之以師律, 以若干笞罰, 有其懲而無其殺, 則百先雖暴戾强猂, 其彝衷所同, 亦必感激而思服, 暴戾者化以爲順, 强猂者變以爲柔, 可作之干, 作之城. 且賊兵在前, 我弱而賊强, 雖尋常徒卒, 自糾合不已, 使其勢爲益張, 而況雄如百先, 勇如百先, 不過以一時無妄之罪, 不恤其改過, 何殺之無惜, 有乃爾也. 此其個裏必有委折, 恐兵權之見奪也, 猜麾下之立功耶. 不然, 憤其見辱於平民耶. 本擧義爲討賊也, 可興之役, 百先有請援而安承禹不送兵, 百先敗北, 使義旅挫其銳鋒, 其忿怒或無怪, 秉大義而欲復讎者, 不討賊而先殺將, 棄其干壞其城, 堤川之敗, 不亦宜乎. 孟子曰, 國人皆曰可殺然後殺之, 柳麟錫之殺百先, 國人皆爲冤, 其咎果安在也, 吾未可知也.

又曰, 右金百先之實蹟, 大槪如是. 而昔乙卯秋, 余往砥平之上石里, 見李貞奎所撰倡義錄, 則其中如柳麟錫·李春榮·安承禹·徐相烈·羅時運等諸人之蹟, 皆昭詳記載, 而至金百先不但其不載事實, 至於姓名三字, 沒而不載, 此非所以可歎可惜者乎. 余從他所得聞其歷略, 載之如右, 以寓此發微闡幽之意也.

羅時雲

羅時雲, 安定人, 居關東之平昌, 故壬辰義士壽天后也. 壽天事, 詳見鷹岩志. 時雲素豪爽, 慷慨喜施, 身健有膽氣, 善射炮, 受炮法者甚多. 每會獵, 見時雲田蕪, 必力加鋤治, 以見爲師之意. 安承禹引兵入平昌署, 時雲爲都領將, 每聽承禹辭旨, 輒竦然耳之. 及至忠州, 有疾還家. 旣愈, 家人知舊, 無不止之. 時雲慨然曰, 旣以許人, 托疾居家, 豈義也哉. 揮袂而作. 可興之役, 時雲深入賊陣, 殺賊甚多. 有頃, 忽有二賊, 大呼而前, 時雲射斃之. 又有賊潛身麥田, 從暗射之, 丸中左肩. 時, 諸軍悉退, 雲獨被執, 賊縛欒之. 雲大罵曰, 汝處日本, 吾豈越海害汝乎. 汝若免誅, 可謂無天. 然吾兵敗而死, 夫何怨尤. 賊殺而焚之. 其子汝實, 往可興, 發積屍之瘞, 而賊焚之. 故竟不得收屍.

倡義錄

朱庸奎

朱庸奎, 字汝中, 號立庵, 受業于省齋門. 自關北之丹川, 來居堤川. 少以時文鳴世, 累擧, 不利有司. 時, 毅庵翁避辛巳擬職, 遁入麟蹄雪岳山中, 庸奎適與相見, 又師事, 薰煮數十年, 大爲士友所推重. 薙髮之變, 見士友泣曰, 貞女爲强暴所辱, 不亦爲失節乎. 其志潔如此. 乙未, 同士友議處變, 先欲浮海之擧, 見毅翁起義, 乃共義周旋, 爲參謀. 忠州之役, 爲杖劍助戰, 中賊丸而死. 先是, 手草激文, 激百官而動八路. 善屬文, 義旅文字, 多出其手. 子鉉九仗義復讎, 發憤致病而死. 及死, 體上有腐黑, 便若其父丸瘡, 人歎其異也. 毅翁祭曰, 坦坦德容, 優優文學. 有師門之器重, 致士友之信服. 一切世味, 不容毫髮於心.

倡義錄

徐相烈

徐相烈, 字敬殷, 號敬庵, 達城人, 故將臣文裕曾孫, 爲人剛毅端潔, 才氣過人. 太皇朝, 出身武科, 見泰西人穆麟德參仕籍, 遂恫哭出城. 往見金重庵柳省齋, 折節師事. 後, 挈家入潭上, 薰煮有年, 造詣精深. 乙未, 與李弼熙諸人, 在潭上, 聞砥平李春永起義至堤川, 共赴義爲軍師. 大軍至丹陽, 聞賊兵據長淮, 往擊之, 殺得數十餘級. 仍踰竹嶺召募, 至豐基, 士卒多道亡, 大將李弼熙與李春永, 共還歸. 相烈獨引殘兵, 至醴泉. 會剛福等七邑軍, 主其盟, 斬郡守柳仁馨. 使元容正, 作盟辭五條, 一曰, 毋黨逆, 二曰, 毋變華制, 三曰, 無以死生易心, 四曰, 毋携貳自私, 五曰, 毋玩寇不進. 因伐尙州胎峰賊, 竟不利退. 入豐基, 爲書與安承禹曰, 烈德不孚惠, 威不彈壓, 以致山陽之敗云云.

還到永春, 大將柳麟錫, 差爲中軍. 相烈以召討自任, 固辭不受曰, 欲往兩西, 更募强勇, 若不得, 則亦當出壃, 以爲後圖. 行且上書曰, 如或中路, 遇賊而戰死, 亦所甘心. 且李安諸友, 已歸泉下, 苟且爲生, 誓心不欲者也. 丙申夏六月, 至狼川, 吏迎款甚摯. 相烈疑之, 卽欲行陣, 吏以餽餉方進, 懇留之. 相烈愈惑, 乃縛致首校, 嚴刑極問. 吏乃直告曰, 果受本官指揮, 欲陷義旅. 相烈大怒, 卽分兵設備. 旣而炮響四起, 飛丸如雨. 相烈不勝憤恨, 先屠府中, 出迎賊鋒, 勢若壓卵, 士卒死傷者如草靡. 相烈仰天歎曰, 此天之亡我也. 於是, 部下崔兢七請退避. 相烈曰, 吾豈小丈夫然者, 臨死而懼, 見賊而走乎. 手一劍, 獨立抗賊, 飛丸叢集, 遍身如蝟毛亂刺, 其慘禍, 人不忍見云. 時, 永興璿源殿上, 霜降如雪, 乃相烈殉節之日也. 初, 朝廷聞公篤學, 特除宣傳官, 相烈不出. 趙參判東熙, 語李校理東宰曰, 吾謂此友不出, 果然. 張基濂亦殫公, 謂閔泳琦曰, 徐某不可伐. 其見重於人如比. 毅庵祭曰, 名武俊傑, 儒門模楷. 心如青天白日, 行如雷迅水赴. 銖視牙纛, 勇退入山. 善說義理, 風動來友. 每痛哭於國變, 氣菀發瘇.

倡義錄

李範稷

李範稷, 字輔卿, 省齋門人. 爲人短小精銳, 力學好義. 甲午倭變, 往見關東伯閔亨植曰, 公憂分責重, 當思報國, 今賊兵充拓, 必指日變作, 何爲不討賊之計. 亨植曰, 公是儒士, 故有是言, 王人便似束縛, 那得行此事. 範稷曰, 公縱然伯關東之二十六郡, 眞可矜之人也, 咄咄而歸. 乙未之變, 與同志議處變曰, 今日之事, 非死則獸, 爲獸而生, 不若不獸而死, 無義而世, 不若擧義而鬼. 及李春永起義至堤川, 範稷先人往赴, 廣募士卒, 誅殺賊黨. 勒削甚, 世稱一天安者, 而義聲著國中. 丙申, 軍敗, 議往關西, 以爲募兵更圖. 中路被賊黨所執, 罵不絶口, 至死不屈. 時, 同死數十人, 或有怨悔者, 範稷自若曰, 到此用怨悔何益. 毅庵祭曰, 君子曰事難踐言, 言死而有踐, 斯人也.

倡義錄

李晉應

李晉應, 號直軒, 全州人, 居春川. 爲人沖和質實, 兼以孝友恭謙, 有所不爲, 跡無甚露, 不事强辨, 內明有優. 嘗錄師門言行, 恒誦服膺, 特揭服堯服桀之訓於座右, 誓不受裂裳毁形之辱. 至乙未, 痛弑國母剃上髮之變, 挺身赴義, 視死如歸. 軍敗倉猝之際, 人導生路則曰, 丈夫擧義, 焉可苟免, 拂袖不從. 毅庵祭曰, 君子曰克柔克剛, 斯人也.

倡義錄

金慶達

金慶達者, 春川炮丁也. 素以孝友, 聞於鄕里. 凡父祖曾高弧日, 必薦時食, 人服其至行, 稱爲金孝子. 及開化, 見外寇變作, 常懷忿歎. 時, 柳公重洛起義春川, 慶達應募而赴加平之役. 將軍孟英在出戰, 未及成列, 中丸而死, 戰士皆奔潰. 慶達獨立不動, 殺賊兵四五人, 力竭爲賊所禽. 賊誘之曰, 黨我, 可免死. 慶達大罵曰, 吾之所以赴義者, 本爲報國保形, 不幸被執, 死固吾分, 柰何改志. 遂挺身受丸而死. 聞者莫不壯之.

《 倡義錄 》

金福漢

金福漢, 字元五, 號志山, 安東人. 文忠公尙容後, 獻簡公時俊八世孫. 生於哲廟庚申, 爲人軒昂有慷慨. 太皇庚寅, 蔭寢郎入侍直, 壬辰, 登別試文科, 除校理及兩司. 癸巳, 除司書, 陞通政, 爲大司成刑曹參議. 甲午, 除承旨. 六月, 倭虜犯闕, 變舊制易服色, 遂棄官歸, 決杜門自靖. 乙未八月, 諸賊協倭虜, 弑國母, 又矯令剃髮. 福漢憤然與同志李偰安炳瓚諸人, 請州牧李勝宇, 共起義爲討復計, 糾纏未成, 反爲李被陷. 翊年正月, 押上京拘裁判獄, 至三月, 以特旨蒙放. 俄除成均館長中樞院議官, 上疏以讐虜未斥逆賊未討, 辭不赴. 乙巳冬, 聞勒約成, 告家廟, 與內兄前承旨李偰, 扶病上京, 疏請斬址鎔齊純完用等諸賊. 囚于獄一朔, 始還家. 丙午, 閔參判宗植, 乃擧義于洪州, 日人疑福漢有管攝, 押上囚漢城警廳. 補助員丹羽賢太郞問曰, 昨冬陳疏緣何事, 且誰與同來. 公有名譽的學士, 乃無隱以實. 福漢曰, 請討五賊而復國權, 與吾內兄李承旨偰, 同爲之也. 曰, 李承旨李某耶. 曰, 然. 曰, 此時與閔宗植議疏事耶. 曰, 然. 旣議疏事, 則亦或無擧義之議耶. 曰, 無議. 曰, 果無隱否. 曰, 吾亦乙未擧義之人, 今何至欺情. 曰, 乙未擧義, 是何爲. 曰, 欲復國母之讐也. 彼曰, 乙未之變, 歸咎日本過矣, 而大韓臣子則義理當然. 又曰, 乙未之擧, 誰與同事. 答曰, 與洪州觀察李勝宇同事, 而旋卽反覆, 爲李被陷, 事因不成. 彼曰, 同義擧, 而乃自反覆, 李眞無狀人也. 福漢曰, 自乙丙來, 只以潔身自靖, 爲究竟法. 故今春, 公州府補助員正富久太郞之來問也, 亦曰, 不欲與開化, 志莫變也, 不得倡義擧, 力不及也, 上疏言事而無效, 誠未至也. 於此三者, 吾之心事可知也. 彼曰, 李某今在何處. 曰, 昨冬, 得病於冷獄, 今閏四月, 逝矣. 彼嗟惜久之曰, 李某, 吾亦見之, 而難人亡矣. 以爲福漢痿癈有疾, 揮一溫突處之. 其見敬服如此, 尋得釋. 丁未, 東匪餘黨, 以平日忌惡, 嗾日人, 又被囚于公州獄. 至中路, 咆哮恐喝, 棰楚甚毒, 因以炮欲殺之, 賴人懇乞, 得不死. 庚戌變後, 不欲生人自齒, 深閉門不出, 只以枯死窮山, 爲自靖計. 壬子, 以不服明治之喪, 巡査來詰問. 福漢曰, 仇讐之服, 何可服也, 竟不服. 乙卯, 本郡守林淵相來傳倭道長官名啣, 致慇懃之意, 勸受之. 福漢嚴辭叱却. 今在洪城郡山水洞.

李偰

李偰, 字舜命, 號復庵, 延安人. 文康公石亭, 以文章顯, 默齋忠定公貴, 西峯忠靖時昉, 以忠義勳業, 父子相繼, 爲仁孝兩朝名臣, 偰乃其嗣. 哲廟庚戌, 生于結城之花山, 長出爲世父氷庫別檢祖謙后. 始有娠, 金孺人, 有胎敎. 及生, 容貌淸雅, 才德聰敏, 至晬而乃能言. 七歲, 讀周興嗣千字文, 書揭孝當竭力忠則盡命八字于壁. 又有寒軒母坐吾不安之句. 及讀朴世茂童蒙先習, 至諸葛亮扶漢文相報宋, 輒慨然曰, 我亦當以此爲法. 丁卯, 遭魚令人憂, 嘗糞刺股. 戊辰, 荐丁別檢公喪, 又斫指進血, 前後居廬, 一遵禮制, 朞不食菜果, 三年不御酒肉, 不見婦人面, 任情哀戚, 羸損日甚, 終至淚枯眼眚, 爲一生貞疾. 養素族兄偉重庵金公平默皆貽書, 戒以不勝喪, 而終不改焉. 及還鄕, 閉門讀書, 破壁冷突, 竟日危坐, 疏糲常不繼, 而晏如也. 人以一味胡椒及寒水石稱之. 戊寅, 倭賊來, 聲言修好, 朝廷設館待之, 反罪斥和者. 偰以爲主和賣國, 自此始矣. 乃構疏投進, 以韋布不上, 識者恨之. 壬午, 中生員覆試. 戊子, 擢謁聖應製. 己丑, 中殿試, 放榜日, 特除弘文館副修撰. 庚寅, 除修撰副修撰, 以在外遞. 四月, 赴神貞王后哭班,除校理司諫院正言. 八月, 差因山玉冊差備官, 俄除司憲府持平. 辛卯, 又除修撰副修撰兼西東學敎授殿試對讀官, 又除修撰. 時, 有東宮南面受賀之命, 李參判容元, 疏陳不可, 語多不審, 嚴旨栫棘于絶島. 兩司合啓, 玉堂聯箚, 請置極刑. 偰稱病不參, 恐喝四至, 偰不動. 癸巳, 除校理修撰中學敎授掌令, 尋還校理, 竝不就. 甲午, 除副應敎司僕寺正. 又除應敎. 時, 東匪作亂, 連陷郡縣, 道臣及守令, 皆望風奔竄. 偰疏論其剝民釀禍棄城苟活之罪, 因附陳捄急之方, 一曰, 亟降哀痛之詔, 以示悔悟, 二曰, 急施賑恤之政, 以安散亡, 三曰, 益嚴宮禁之防, 以絶奸細, 四曰, 廣開求言之路, 以收群策, 五曰, 勿恃援兵之助, 以緩武備. 疏凡再呈, 而喉院沮格, 因大臣筵奏, 特命捧入, 令廟堂査處, 趙弼永等施竄罷之律. 俄除執義司諫, 時, 倭寇勒請二十七條約. 偰憂憤上疏討之, 又格於喉院, 未幾, 特授承政院同副承旨, 尋陞右副承旨. 至是, 賊勢日熾, 群凶爲其腹心, 創獨立之說, 勒定國是. 偰復疏論, 又未徹. 翌日, 倭寇犯闕, 施五條約. 偰旣累疏不入, 倭又環圍宮禁, 有出入者, 必得賊標, 然後乃通. 偰恥之, 遂棄官, 痛哭出城. 總理大臣弘集, 密遣人致意, 偰嚴辭斥之. 及歸, 築小壇于家園, 每吉月聖節, 章服北望拜. 乙未秋, 允中吉濬等, 引倭三浦梧樓, 弑國母, 冬勒剃上髮. 偰痛憤, 不欲生, 擬抗章討賊. 會一二同志, 與州牧李勝宇, 爲倡義討復計偰亦與焉. 勝宇旋卽附賊, 陷諸人于警廳, 威脅迫問, 無所不至, 偰不慴不撓. 翌年春, 押上京獄. 三月, 以特旨放. 甲辰, 倭賊有借地之請. 偰欲爲格通告八方, 冒死叫閽, 竟爲人所止. 內部大臣李容泰奏曰, 李某孤忠可奬, 除安州郡守, 促命赴, 不就. 乙巳, 倭賊勒約五條, 於是, 閔公泳煥趙公秉世死之. 偰聞報號痛, 遂舁疾上疏, 略曰, 噫, 彼倭賊, 陰狡奸黠, 一變於甲申, 而有劫駕之厄,再變於甲午, 而有犯闕之禍, 三變於乙未, 而有弑逆勒削之擧, 四變而有甲辰借地之請, 馴致今日, 而保護之說肆行, 則變已極矣, 國將亡矣, 可勝痛哉. 古今天下, 豈有不亡之國, 不死之人, 惟我聖明, 以晉敬瑭宋建炎爲深恥, 必以大明毅皇爲法, 群下則以長樂老許平仲爲深恥, 必以文天祥之燕獄爲歸宿, 則亦可以歸拜於祖宗在天之靈, 而永有辭於天下萬世矣. 又尾陳小貼子, 論五賊調印之罪. 疏入, 爲倭所執, 拘警務獄. 補助員渡邊問曰, 諸大臣皆謂之逆, 何也. 㑽厲聲叱曰, 引賊賣國, 非逆而何. 相詰良久, 乃曰, 臣各爲其主, 於汝倭何關. 辭氣凜然. 臘月晦, 見放, 一朔冷窖, 處之裕如, 而自是宿疾添. 越翌年正月, 痛哭還鄕. 病日以革, 乃自度不起, 力疾構遺疏, 囑門人進呈, 仍却米飮藥物, 至數十日, 精神爽朗, 惟以不能殉國報主爲恨, 竟以閏四月二十九日, 卒于何許堂正寢. 知舊門人加麻者十許人, 比含斂, 目猶視而不瞑, 見者異之. 疏入, 上爲之感歎. 㑽天姿峭直, 心事坦夷, 至義所當爲, 則有莫奪之勇, 與人談論, 風韻弘長. 親有奇疾, 嘗齊沐虔禱, 立見效. 弟嘗病淋, 取飮其血尿, 欲爲分痛. 其族弟無歸而育於家者, 撫恤如同氣, 及歿, 躬往百餘里, 祝族人使有后. 戒子侄, 每曰, 好生惡死, 物我無間, 毋折方長, 毋害人. 又曰, 吾家傳授之法, 惟公而已. 與朋友交, 以信義爲主, 交際往還, 如兄弟者, 至規過責善, 或沒顔面. 嘗㑽字下, 必加點爲犬, 豈非松山趙公改名之意, 而且以犬能戀主, 終身不食其肉也. 有二男, 長秉厚, 內部主事, 次秉孝.

安東 金福漢

李世永

李世永, 字佐顯, 德水人, 忠武公舜臣後. 中世, 家牙山. 大父奎悳參判, 父敏夏內禁衛將, 母淑夫人平康蔡氏, 夢白額虎入懷, 生世永, 時太皇帝己巳五月也. 七歲上學, 十歲隨父上京第, 十三出後三從叔父水使敏哲, 十六從梁判書憲洙學, 十七居母平壤趙氏憂于安城, 翼年奔水使喪于京. 己丑, 上命選朝紳子弟學列國語, 書下世永, 入英語公院迫之, 乃就. 庚寅承重王父喪, 翌年承王母喪于牙山, 壬辰喪本生父, 甲午喪繼母金氏. 時東學徒作亂, 誣世永以天主之黨刑之, 捩脚幾殊, 且掘其親墓. 世永與同郡士人李鳳學立儒會, 自爲約長, 捕其巨魁, 撫一境. 乙未會朴昌魯·李相獜·鳳學·安炳瓚等于大興鳳首山城, 講時事. 八月金弘集等挾日賊, 弑王后閔氏, 脅上改新政. 十一月世永釋衰擧義兵, 入據洪州, 推觀察使李勝宇主之, 自與鄭寅羲軍定山. 勝宇潛與日通, 捉金福漢等數百人囚之. 寅羲往公州, 爲具完喜所敗, 世永獨脫走鴻山, 復起兵. 旣上遷俄公使韋貝館, 誅弘集等, 命諸路義陣罷兵, 世永乃解歸, 然逆黨尙猖如. 丙申. 復與黃載顯·李寬·金弘濟等, 擧兵藍浦, 尋敗散. 除軍主事, 不就. 約紳士伏閤請還御, 不報. 妻父金在殷以義兵鎭撫都指揮下原州, 選世永參謀己事, 往拜遯志洪公在龜于橫城, 講華夷之辨, 公命名其堂以義. 尋聯同志, 疏請復明成后讎. 光武元年丁酉上卽皇帝位, 陞世永七等錄軍功簿, 秋任陸軍參尉補親尉衛第一聯第一隊, 又聯疏請復讎. 己亥陞副尉. 四日直隆武亭, 夜有砲聲暴動. 上移御嗽玉軒, 調兵扈衛, 世永請每聯發一中隊護門外, 上允之. 命祗受暗號, 付各隊, 已而捕國炳吉等.

五月德國親王遊覽金城之金鑛, 世永奉命率本隊迎送, 還駐洪陵, 移補親軍一大隊副官階正三品. 庚子輔國趙秉式等, 請淳妃嚴氏爲皇后, 世永與李文和·李鳳學·李建哲等, 抗疏斥之. 夏補憲兵隊副官, 進養兵說. 壬寅補中隊長, 冬陞正尉, 署理憲兵隊長. 癸卯以事停職, 時日俄交戰, 與蔡光默等, 疏論時事, 投書政府, 斥李根澤·權重奭·吉泳洙等弄權病國狀. 甲辰歸定山鄕第, 自號古狂將, 漁樵以終身. 乙巳十月日本伊藤博文以兵脅上, 受保護, 大臣朴齊純·李根澤·李址鎔·李完用·權重顯等, 締結交印, 遂設統監于我國. 世永與閔宗植·蔡光默·安炳瓚·朴昌魯等, 謀建義. 丙午春赴大興閔宗植陣, 爲參謀長. 四月據洪州爲中軍. 尋敗被囚于忠南警府. 該使金嘉鎭, 問何以擧兵, 世永供曰, 道亡國亡, 安有家不亡人不亡之理乎, 問宗默何在, 曰知固不言, 又不知所在, 遂押送于京. 日警視丸山重俊, 問何以稱兵, 世永歷擧日本對我國構釁之罪, 以明其擧義. 尋移平理院, 竟以流終身配黃州. 丁未李完用·任善準·趙重應·宋秉畯等, 附日賊逼上, 傳位于皇太子, 勒定七約, 散我兵隊. 捉世永等, 囚日隊營, 旋押置鐵島, 尋解歸. 戊申與弟昌永及李相獜等, 設誠明學校, 自爲長, 奬敎蒙士. 己酉設大韓支協會于殷山. 庚戌日人勒合我國, 廢皇帝爲李王, 使兵問, 世永曰我生一日, 有一日之辱, 曾豚犬不如, 何問爲. 辛亥日人以世永爲郡參事, 遣書記岡野滿辰督出仕, 世永不應.

外史氏曰, 余嘗悲古忠臣志士, 當興亡之際, 誓心圖復, 視隕首湛族如素有而起而躓而無悔也. 或不終厥志, 至身名俱塹坑者, 又往往焉, 其能卒有所成, 赫然如白日之復升于天者, 蓋萬而一焉, 於乎世永.

星山 李承熙

安炳瓚

安炳瓚, 字穉圭, 號規堂, 順興人. 文成公裕后, 五世祖國柱, 曾祖璟良. 事親孝, 親病, 俱有雪菜氷鯉之感, 哲宗朝, 旌其閭. 炳瓚生於甲寅, 居洪州化城. 性亢直, 不與世苟合, 每讀書, 至古人節死處, 必擊節歎賞曰, 大丈夫當如是矣. 甲午, 爲洪州校任, 時, 東匪起, 與觀察李勝宇, 謀討之. 乙未, 聞削髮令, 遂痛哭, 與金承旨福漢李承旨偰, 共擧義, 推勝宇爲盟主. 未幾, 勝宇反覆, 遂被執拘獄. 炳瓚以爲擧義不遂, 恐削辱之難免, 卽拔刀自刎, 列窓紙納指刎處, 以血書志士不忘在溝壑, 勇士不忘喪其元, 寧作斷頭鬼, 不爲剃髮人. 投與守卒, 叱持此告若帥. 帥受而不敢讀, 府中人相顧愕眙, 無人色. 炳瓚, 絶而復甦, 有物在頷下, 知其爲倭藥, 以手揮去曰, 死耳, 此物寧可近耶. 時, 注米飮, 亦却之, 同囚者曰, 命旣不殊, 不見其尊大人乎. 炳瓚乃不却. 因押上于京, 裁判長李範晋取供, 炳瓚曰, 窮居讀書, 粗解義理, 自昨秋國變以後, 忍痛含寃, 繼而有削髮之令, 華夷無分, 人獸無別矣. 吾雖愚昧, 不欲與讎賊俱生, 擧此爲討復計, 而志事未成, 旋致僨敗, 自忍不殊, 苟廷今日, 非幸而辱. 旣而有特旨蒙放. 於是, 京鄕士友多來餞, 勝宇亦來. 炳瓚謂勝宇曰, 今日之物論, 吾不知. 而後日則必存在矣. 勝宇面赤不能答. 時, 朝廷議除洪陵主事, 不受, 卽還鄕. 丙午, 又與閔參判宗植, 謀擧義未克, 被執于本郡合川, 卽押上于公州, 觀察署理取供, 炳瓚曰, 國運不幸, 往年冬, 又有所謂五條約成, 吾諸人不忍憤忿, 思欲復討, 而其運何哉. 敗則必死, 固所素料. 言甚讜直, 少無屈撓. 冷窖數朔, 處之晏如. 倭人稱之曰, 烈丈夫也. 其弟炳琳, 與閔台同事, 逮囚于漢城獄, 凡九朔而放, 人以孔氏兄弟稱之. 丁未, 又被土倭之傍啮, 與其弟, 共拘幽于公州, 遭辱無比. 壬子, 倭主明治之殂, 以死自誓, 遂不服.

洪陽日記

李根周

李根周, 字文若, 號淸狂, 全義人. 其先得淸江濟臣潛窩命俊爲名族, 結廬于洪州龍鳳山下, 因世守. 哲廟庚申生, 狀貌端莊, 性又强果. 家貧, 嘗與二兄根夏根商共肆, 勤而自給. 庚辰, 析產, 俄而曰, 有碍讀書, 復合眷. 公州之芙蓉庵, 乃荒涼廢寺, 深在窮山, 又無居僧, 豺虎魑魅, 嘗白晝往往, 而根周往獨處, 三日一炊, 懸髻樑間, 讀書以終歲. 年三十餘, 遊金剛俗離諸山, 又徧訪當世大人先生而歸, 歎世無人焉. 乙未, 群賊弑國母, 又敢上髮. 根周憤惋, 爲書州牧李勝宇, 激勸義擧, 與前承旨李偰金承旨福漢等諸人, 謀糾合, 令列郡鼓起. 居數日, 勝宇反覆, 陷諸人于獄. 先是, 根周省親往沔川, 聞變忿歎曰, 吾與諸人, 激倡大義, 誓同生死, 今諸人被陷, 以獨免爲幸, 非義也, 欲自見就囚. 兄根商曰, 君身無官守, 堂有老母, 豈不聞父母在, 不許人以死乎. 欲止之不得, 乃曰, 世間事, 皆劫於死不敢, 若無懼, 何所不爲. 今君聚同志幾人, 背城一戰, 幸而得勝, 捄出諸囚, 則庶可以伸所志, 如其不勝, 反爲所獲, 伏於斧質, 亦不失爲大丈夫事, 何必以區區自見, 就囚於匹夫之手而受辱哉. 根周然之, 仍往瑞山泰安等地, 召募義旅. 至是, 自上有詔特放, 乃止. 然每以不共禍爲歉歎. 丙申, 往靑陽, 與趙水使義顯, 更謀擧義, 義顯又被執, 根周歎時不可有爲, 因屛跡唐津界. 丁酉, 遭內艱, 哀毁過禮, 因成哀疚. 庚戌秋, 根周聞變, 卽自裁而九月十三日, 乃伯兄根夏回綱也. 會親戚故舊, 盡歡而罷, 愀然謂根商曰, 自聞合邦, 卽欲自裁, 以申吾志, 而吾之所以延此日者, 爲吾兄稱慶也, 今死何恨焉. 吾有膂手一釼, 卽走京, 斬賊魁幾人頭, 自頸北闕下, 庶可雪志, 而積病在躬, 不能自力, 爲之何哉. 根商曰, 爲大臣而死, 其死有令名, 君不過一韋布, 雖死, 人無知者, 其死不其徒乎. 根周笑而曰, 自古立節者, 執吾可死之義而已, 安有其名之知與不知而爲死生乎. 九月二十三日, 沐浴剪爪, 帶阿侄弼魯, 往眞木亭, 沽酒買果, 操文告親山與山神, 諭弼魯還家, 大書尊華攘夷斥邪扶正八字, 揭墓木, 自經亂刎而死. 家人見弼魯獨還, 大驚往視之, 已無及, 但作文律詩及告訣兄弟妻子親戚書幾頁, 在其傍. 夜, 日韓巡査來, 見刺刀有血赭, 皆驚歎之, 盡取其遺書而去. 爲書託宗族里人曰, 我死, 不欲埋彼地, 願諸君, 勸吾家兄以火葬. 家人不遵, 葬先兆下, 及下繩, 大雷風雨, 下如注. 人異之, 以爲不火葬之致也. 根周好孟子書, 每讀至熊魚章, 輒擊節歔欷. 與人論時事, 慷慨敢言, 怒髮衝冠. 世檮昧或竊笑, 而觀泰一子問答及節義歌數篇, 可以知其心云.

〖家狀〗

權玳一

權玳一, 字宗五, 安東人也. 世爲鄕吏, 有聲稱, 爲人忼慨, 有奇節. 三十一年甲午, 南賊入宮闈, 擧非常之變, 旣而脅國中, 改典章, 易服剃髮, 逆臣承其旨, 操切甚急. 玳一時居所後父憂, 憤惋不自勝, 語其父曰, 國事至此, 兒不忍與讎賊俱生. 顧父老矣, 倖有二兄, 願父勿兒思也. 父於悒而許之. 玳一遂與同志謀, 飛通遠邇, 激倡義旅. 鄕之士大夫, 亦不謀而起, 約束爲討復計, 時乙未十二月也. 翌年丙申春, 京兵至, 義旅窘敗, 左次于廣興寺. 玳一憂憤手拍地, 語營中曰, 丈夫擧義, 死則已矣, 奈何爲斂兵自全計. 卽自請爲前鋒, 率軍百餘, 往陣安奇後山. 士卒見賊兵漸近, 亡者過半, 玳一按劍曰, 亡者斬, 更莫敢動. 只以餘兵三十, 直犯賊陣, 殊死戰, 力竭死之, 時, 年三十八云. 丙申三月, 實玳一所後父禫期也. 其兄弟欲以祭中丁, 玳一遲之曰, 不孝死且無日, 宜趁此奠薦, 以伸情事, 否則, 吾其不及見矣. 遂以初丁行之. 未幾日, 果就死, 其委命之志, 素定於中, 可見也. 余旣次其始末爲傳, 繼又聞此事, 牽連書之, 以備事實云.

野錄曰, 於乎, 君子尙忍道乙丙事哉. 方讎賊之陸梁也, 以從違爲死生升陷之階, 中外刼刼, 無誰何者. 至於世臣舊閥, 亦且靦然顔膝之計, 而玳一以草野匹黎, 挺身獨倡, 鼓起義士. 及至兵敗事左, 又能益勵危憤, 捐軀以就義, 是其心有禍福死生者哉. 其有聞於睢陽常山之風者歟. 始鄕兵之糾合也, 余亦身入局中, 覩殘棊之一着, 而尋以病還, 未及與玳一相見, 其死也, 又不能收骨於蟲沙之中, 以慰英魂, 悲夫. 或曰, 玳一後父死不終喪, 有生父不終養, 身死而事不濟, 君子猶得以許之乎. 余謂玳一義士也. 未有義而遺其親者也, 若事之濟不濟, 天也, 天固不奈何. 惟憚忠盡悴, 死生以之, 以成就其義烈者, 卓然有以扶三綱五常之重, 則區區成敗之蹟, 豈所以論玳一者哉. 余切感夫兵興以來, 伏節死義者, 多在於不識何狀之人也. 是年秋, 府人權繼述, 又詈賊不屈死, 奇哉.

權繼述

權繼述者, 永嘉小胥也. 義旅起, 爲中營執事, 常以冒死力戰, 干主將, 主將奇之. 及兵敗, 入太白山下川平里, 混於平民. 一日, 京兵猝至, 執里人數十, 欲殺之. 繼述卽挺身出曰, 赴義者我也, 里人無與焉, 請殺我, 以贖里人. 京兵遂執之, 詰主將所在及各陣形勢. 繼述曰, 吾固不知, 雖知之, 豈肯向若輩吐告耶. 因忿詈不絶口. 京兵縛之, 到春陽站, 從容誘繼述曰, 人生貴自全, 何苦爲冒難速禍計. 且今嶺湖義陣, 殄滅殆盡, 汝守死, 獨何爲. 若從我者, 生且見用, 否則死無日矣. 繼述曰, 吾固知從汝則生, 不從則死. 然附讎賊以圖己利, 乃汝輩所甘心, 吾不忍爲也. 京兵怒甚, 拷掠甚毒. 繼述闔口良久曰, 吾有舌在, 若精神垂喪, 或遂誣服, 卽咋斷舌以示賊. 賊知其不可屈, 遂炮殺之, 捽尸棄之. 尸暴露屢日, 烏鳶不敢近. 賊退, 居民始撩以藁土云. 繼述年二十餘, 無兄弟近親可收葬者, 哀哉.

野錄曰, 余切恨夫東俗不廣, 草茅遐賤之徒, 往往有苦忠殊節, 而局於地, 湮晦而不彰也. 若繼述者, 蹟其心, 卽杲卿履謙之倫也. 苟畀之可死之地, 其所成就, 豈不益卓卓哉. 其隨遇盡忠, 從容以畢命者, 凜凜有餘烈, 尤足以愧天下士大夫之顔也歟.

余按古史, 魯莊公誄縣賁父, 宋人祀唐人衛士夫, 縣賁父御者也, 唐衛士邑卒也. 其所就又無巍功卓節之可記, 而當時隆褒之典, 至於如此, 蓋非獨酬其人, 所以勵風敎而勸忠義也. 自乙丙來, 以義殉國, 與湖關諸君子者, 徐烈士相烈李烈士春永安烈士承禹洪烈士思九, 其貞忠義烈, 固已籍赫人耳目, 當世士大夫, 莫不知之. 若兩權者, 地遠而身不颺, 重以亂離之餘, 朝廷多事, 不敢遽望有司之奏議, 而至若草野闡幽之論, 則誠有所不可以泯滅者. 余故次之如此, 以俟好義君子攷焉.

永嘉 權相翊

韓圭卨

韓圭卨者, 京城人也. 太皇朝, 出身武科, 官至參政. 乙巳冬十月, 日大使伊藤博文來韓, 倡保護約之說. 參政圭卨, 訪各大臣問其意, 皆曰吾國臣民, 若屈從於此者, 不可免賣國之賊, 雖死不爲. 圭卨曰, 諸公如此, 國家之幸也. 初五日, 東魁宋秉畯·李容九等, 組成一進會, 出宣言書曰, 據其保護, 維持獨立, 安寧享福, 永遠無窮. 圭卨歎曰, 此豈我人民之所可言乎. 乃令漢城府, 榜告中外曰, 近日所謂宣言書者, 措辭狂悖, 有非人民所敢言, 由是而輿情駭瞠, 胥動浮訛, 湙庸痛惋, 固當徹底查究. 使內部翻而諭各道列郡, 日使林權助, 累要繳收該訓, 參政拒以不聽. 十六日, 正三品李奭鍾及各道儒生, 疏論日本之毁棄盟約, 且請斬一進黨賣國之魁, 因被監禁. 十一月十一日, 伊藤陛見我太皇, 呈日皇親書曰, 要大東平和維持, 我韓日兩國, 非締此約不可, 固請不已. 上正色曰, 朕寧以身殉國, 決不可認. 伊藤恫嚇再三, 終不獲允. 十六日, 權助請參政以下各大臣及沈相薰于伊藤旅館, 又別請朴齊純, 然後伊藤言韓國關係及東洋大勢曰, 此條約不得不締之. 圭卨曰, 貴國與俄開仗, 我不能以兵相助, 而軍需輸運鐵道等工, 莫不奔走殫力, 其助雖微, 其意可諒. 且向之締議定書, 我損失雖多, 而猶保獨立, 貴皇宣戰之詔, 亦以此宣布天下, 故我人固信如四時, 豈意今日大使有此乎, 斷不可行. 十七日權助, 更請諸大臣, 要認條約, 參政又不可. 權助大怒曰, 此貴國之推諉習慣, 雖欲反對, 奉皇勅而來, 斷行乃已, 諸公以此入奏也. 完用曰, 此事不可不速決, 豈能遷延乎. 于是諸人欲入闕, 權助曰, 我亦入闕. 李根澤曰, 事係政府, 公使何入. 參政曰, 若公使入闕, 吾不可入. 諸大臣俱下階, 日憲巡擁諸大臣至闕, 權助已入待休憩所矣. 諸大臣謁上備奏, 仍開御前會議, 各大皆議否. 獨完用曰, 如此重案, 不准則幸矣, 若不得已而准, 將幾句改訂似好. 三四大臣曰然. 法大李夏榮, 袖出約章, 議改訂. 參政奮然曰, 改訂之說, 尤極妄發, 此言自我先發, 何以拒彼乎. 參政恐諸人食言, 乃更質, 亦皆一致否決曰, 寧有他辭. 參政奏曰, 改訂之說, 萬萬不可, 雖改若干句語, 宗旨自若, 臣不敢苟且. 仍問齊純曰, 公意如何. 曰我亦以改訂爲不可. 上復謂參政及列相曰, 十分愼之. 參政泣對曰, 今日之事, 惟有准否, 我國准亦亡, 不准亦亡, 人無不死之人, 國無不亡之國. 苟君臣上下, 同殉社稷, 雖亡亦有辭於天下. 若不然而亡, 遺臭萬年, 惟願確定聖旨. 齊純亦泣奏曰, 參政之言, 切實切實. 上愀然曰, 朕旨已決, 卿等愼之. 參政退休憩所, 權助問之. 參政曰, 亦否決. 權助怒曰, 公在首揆, 董率政府, 責任甚重, 臨此大事, 乃欲推托爲乎. 遂請宮大李載克曰, 參政不遵勅令, 不忠也, 直奏免官可也. 參政曰, 噫公使之辱我政府至此乎. 乃欲起出, 諸大臣留之曰, 旣承命協議, 豈可以日使之言而離席乎. 少頃, 伊藤長谷川, 率兵犯闕, 鎗炮刀劒, 森列殿陛, 直逼御座. 伊藤乃請見, 上辭以疾. 命參政, 謂齊純曰, 公主務大臣, 先言之. 齊純曰否. 又曰, 有命令乎. 伊藤曰好, 有命令可決乎. 齊純未及答, 參政駁之曰, 公何言之糢糊. 齊純曰不然, 大使其或誤聽. 伊藤曰, 此乃可也, 非否也. 參政謂齊純曰, 何不辨明, 齊純默然. 參政曰, 諸公言之. 閔泳綺曰否. 夏榮曰吾不可曰可. 完用曰改訂則當可. 伊藤曰好. 李根澤·李址容·權重顯皆與完用同, 乃要添入皇室至尊嚴一句. 伊藤問參政曰, 公若何. 參政曰, 御前會議, 吾已否決, 寧有異辭. 伊藤怒曰, 公處首揆, 不念宗社存亡乎. 曰任重故如是. 伊藤曰排日乎. 參政曰, 我非排日, 實爲兩國久遠圖也. 伊藤曰, 吾亦累歷首任, 多經難局者, 公何誤解至此, 幸勿固執, 免貽後悔. 參政曰, 吾雖身首異處, 此不可准. 伊藤乃請宮大曰, 今此協議否小可多, 事已歸決, 以此上奏. 參政知事已不幸, 乃欲面陳召伊藤, 君臣同辭拒之, 遂起入大廳後夾室. 旣而禮式官高義敬報曰, 日通譯鹽川要見. 參政乃出漱玉軒前庭, 鹽川突入執參政臂, 日憲兵士官等圍逼至休憩所西廂, 把守甚嚴. 有頃伊藤至曰, 公何誤解至此. 參政曰, 大使思之, 我國何嘗以自力爲獨立乎, 實由貴國倡之. 第以獨立聲名者, 十年之間, 我不能自修自强, 乃遭此變, 咎則在我. 然貴國自數年來, 剝我皮膚, 吸我膏血, 殆無餘地. 所存者但獨立之名, 今乃幷此而滅之, 是可忍乎. 伊藤曰, 我非有野心者, 但貴國無實力, 故不可不爲之, 不然東洋危矣. 參政曰, 大使嘗反對征韓論, 至天津馬關兩個條約, 大使非苦心於我之獨立乎. 以大使之德義, 有此今日之擧, 大是不意. 伊藤曰, 有勅令亦遵乎. 參政曰, 設有嚴旨, 我之殉國職也, 豈可遵乎. 伊藤曰, 若爾者, 公身先受禍. 參政曰, 吾志已決, 何論禍福. 因放聲大哭, 伊藤握手慰曰, 以公處地, 安得不然, 大勢大局, 不可不念. 參政曰, 此身可殺, 此心不可屈. 伊藤出議席曰, 參政雖否, 諸大臣皆可. 馳往外部, 奪印捺之, 遂撤兵而退. 於是參政始得出, 至內政部, 與參贊李相卨, 握手痛哭. 諸大臣亦至, 參政厲聲曰, 今已國亡, 公等安乎. 更責齊純曰, 何反覆至此. 皆垂頭默然, 但曰今日賴有參政一人. 參政乃蹶諸大臣上奏, 仍寢不報. 詔曰參政韓圭卨, 擧措失當, 免本官, 流三年. 旣而勿施流典, 但免其官. 後日人合邦, 擇判書以上, 皆封爵. 當是時, 受爵者至七十二人, 圭卨不受, 金奭鎭不受死之.

按事已至此, 五賊雖責之無益, 旣責之, 何不以痛責也, 豈其怵禍耶. 令人讀之, 氣悶氣悶, 然五賊之垂頭默然, 如見其小人情狀.

張志淵

張志淵者, 居馬山府元町, 號韋庵, 又號以崇陽山人, 太皇甲子生. 初, 中司馬後, 除內部主事, 未幾辭, 遂從事于皇城報社. 光武六年三月, 以藥王寺事, 羅壽淵南宮億二人, 皆入獄, 志淵爲社長. 初, 日人每撿閱報紙, 若有抵觸, 輒墨抹之. 故隻字半句, 不能自由, 況保護條約乎. 噫, 群賊一可, 全國賣去, 而事在一夜, 中外莫聞, 群情如沸. 於是, 志淵與社友謀曰, 報筆以直, 職雖細事, 當據實直書, 況今日條約, 係吾國存亡之大者. 若不以實暴之, 以日人之巧猾, 必藉口我君臣上下, 一致協定以欺天下, 泯其脅迫. 吾輩雖死, 其忍默過乎. 乃將其締約顚末, 大書特書. 又作論文一篇, 題曰, 是日也放聲大哭, 血淚滿紙, 滔滔數千言也. 然若由日人撿閱, 一紙莫發, 只觸其怒. 前日夕, 乃印萬紙, 使人走中外, 逐戶傳播, 痛飮徹夜以待之. 詰朝, 日警官等, 馳入其館, 押收報章, 封鎖機械. 逮志淵而去曰, 爾知違反撿閱之爲罪乎. 曰, 知之. 曰, 知之, 奚爲故犯. 志淵曰, 此吾職也. 吾行吾職, 死且不避. 警官遂不復訊, 囚之獄七十餘日乃釋. 申報旣暴勒約之實, 遂大暴. 於是, 放聲大哭一篇, 殆家傳而戶誦. 封閉至五月, 幾乎日墜虞淵, 萬衆闇黑. 幸而有大韓每日申報者出, 英人裵說主之, 日人其撿閱不能如韓人. 故直書其强壓之實, 峻詞攻駁, 畧無假借. 國人之熱血愈激, 學徒閉校痛哭, 敎人籲天悲泣, 商賈撤市狂呼, 儒生裹足投章者, 不可勝數. 及志淵出監, 又組成大韓自强會, 以爲盡力, 亦因禁解散. 往露領, 周覽其各方面. 性嗜酒, 其風致有足多者, 人以酒豪稱之. 志淵雖劇飮, 一生不以醉錯事. 觀其貌, 殊若坦率, 而處事極精詳,無論大小, 如有聞可參考者, 必記于曆, 細書而積者, 幾埋頭焉. 前往露領, 有持行書類, 而以譏禁不得. 故以紙綿衣裡而去, 遂宣布. 爲人又强直, 不與世浮沈, 見有不義不正之者, 每面駁無遮障. 是以不好之者多. 平生不阿附權貴, 故遊京師多年, 其所親知者, 不過前議政閔泳奎故李埈公而已. 二公亦愛其文章風流, 遇之甚重. 常以伉慨不遇, 又不長壽. 辛酉卒, 壽但五十八而卒, 甚可悲也.

按辛酉秋, 余往洛師, 物論以志淵之使酒沈醉爲批難. 夫爲士而端莊精一, 是謹飭者也. 顚倒淋漓, 是放狂者也. 謹飭之爲善, 放狂之爲非, 人所知者, 豈志淵不知耶. 吾聞志淵志士也, 其意不在酒, 在乎醉鄕者也. 今山河異昔, 所履所値, 無非吾志士之不欲爲者, 而惟醉鄕不然, 人有慷慨不平, 滿引三四大白, 因酩酊而臥, 則彼不欲履不欲値者, 皆化爲烏有矣. 然志淵以爲非酒不醉, 故醉鄕之樂, 得之心而寓之酒也. 昔, 石曼卿隱於酒, 當劇飮大醉, 則與布衣野老, 顚倒而不厭, 時則大宋自若, 天下崇儒, 風敎可尙謹飭, 而黜放狂. 歐陽永叔作釋秘演詩集序, 以奇男子許之, 況今日之志淵乎.

閔泳煥

閔泳煥, 字文若, 桂庭, 其號也. 驪興人, 系出高麗奉御閣稱道. 入本朝, 留守審言, 以節行著. 至中葉, 驪陽府院君文貞公維重, 誕仁顯王后, 寔肅宗之次妃也. 又四世僉樞端顯, 贈領議政, 生致久, 蔭輔國, 謚孝獻. 女爲興宣大院君夫人, 誕育今皇帝陛下, 入承大統. 考泰鎬參奉, 早夭. 生父謙鎬, 文科輔國, 謚忠肅. 母貞敬夫人徐氏, 始公之娠, 徐氏夢獲珠三枚, 又見諸長老公服, 至外舍, 羅拜于忠肅公. 以哲宗辛酉生. 幼而孝, 能恭敬, 聽長者指教, 口無妄言. 與群兒遊戲, 雖不協, 亦不露圭角. 今皇上丁丑, 筮童蒙教官. 明年, 魁人日製, 拜待教, 歷藝文檢閱說書文兼修撰東壁檢詳舍人. 辛巳, 陞三品同副承旨大司成都承旨. 壬午六月, 忠肅公遭軍變, 泳煥歸鄕第持喪. 制闋, 除吏曹參議. 乙酉, 陞嘉善, 歷工吏曹參判弘文館直副提學政府堂上協辦內務府總辦典圜局事開城留守. 丙戌, 爲畿沿海防御使, 內移漢城右尹總辦機器局商理局前後營使. 丁亥, 陞資憲, 判刑禮兵曹弘藝文提學左賓客兼察總禦壯衛二使內閣提學. 辛卯, 陞崇政. 是歲, 遭妣金氏喪, 服闋, 拜知敦寧督辦內務府事吏曹判書. 乙未, 爲特命全權公使. 八月, 遭國變, 公痛寃崩迫, 如不欲生, 惟韜晦是務, 不欲與聞朝政. 時或退處郊畿, 遺外名利, 然猶睠念宗國, 不忍決然遠翔. 有以仕宦言者, 一切謝不能. 四方饋遺, 幷却不受, 門庭如水. 進見無一言及於干恩, 而遇朝廷闕失, 輒盡言無諱, 或婉辭, 或鯁論, 或涕泣而陳之. 帝每虛心動聽, 觀者多竦然. 丙申, 御命赴俄京修賀, 及歸, 任議政府贊政陸軍副將軍部大臣. 丁酉, 任英德俄義法奧駐箚公使. 前往英國, 賀后帝御極六十年稱慶, 以使事未竣免官. 戊戌, 敍復拜軍部大臣, 移議政府參政, 又移內部大臣, 以協會不進, 被人覈奏免官. 旋又仍任, 尋移參政度支大臣元帥府會計局總長, 陞敍勳一等, 賜太極章. 又陞輔國兼憲兵司令官. 甲辰, 任內部大臣, 移學部大臣. 又移元帥府總長, 敍大勳, 賜李花章. 移侍從武官長. 乙巳, 任參政及外部大臣, 皆旋遞, 移侍從武官長. 冬十一月, 往鄕庄, 及還, 聞韓日新約成, 卽痛哭嘔血. 閉戶謝客, 臥四五日. 時, 元老趙秉世率百官聯疏, 請治諸大臣署可者罪, 仍請繳銷其約. 公遂奮然起赴, 再三聯疏. 二十七日早, 暫還家拜母, 招諸子使前撫背曰, 何當見汝成長乎. 仍趍闕. 是夜, 趙元老被門黜押去, 公代爲疏頭. 上命退再三, 公對以死不敢奉命. 須臾, 又遣傳旨曰, 卿等不退, 壃土可復, 宗社可安乎. 泳煥歛袵對曰, 臣等所陳, 倘蒙允從, 壃土自可復, 宗社亦可安. 若臣言無效, 請斬臣頭, 以謝天下. 翊日平明, 詔令法部並拿懲, 蓋某公使之迫請也. 遂相率胥命于平理院, 日暮, 始分揀焉. 於是, 衆情拂鬱, 論議張甚. 卽移疏廳, 夜漏下十刻, 諸公會議疏事, 約明日再會而罷. 泳煥移館于隣舍, 揮諸人出曰, 我要眠, 公等且去. 惟一傔在傍. 泳煥知疏事蔑效, 流涕轉輾. 至昧爽謂傔曰, 吾將盥, 速取溫水來. 俟傔出, 乃抽刀自刺不殊, 更擴堅刺, 竟死. 猶手握刀, 勃然有生氣, 卽乙巳十一月卅日也. 時, 有大星隕于西天, 有鵲數百群, 噪于其第, 移時乃去. 裹屍還第, 道傍觀者, 莫不號哭失聲, 如哀親戚. 於衣帶中, 得遺書二片. 其一曰, 訣告我大韓帝國二千萬同胞. 嗚呼, 國恥民辱, 乃至於此, 我人民, 行將殄滅生存競爭之中矣. 夫要生者必死, 期死者得生, 諸公豈不諒只. 泳煥徒以一死, 仰報皇恩, 以謝我二千萬同胞兄弟. 泳煥死而不死, 期助諸君於九泉之下. 幸我同胞兄弟, 加奮勵堅乃志氣, 勉其學問, 結心戮力, 復我自由獨立, 則死者當喜笑於冥冥之中矣. 嗚呼, 勿小失望. 其二曰, 泳煥爲國不善, 國勢民計, 乃至於此, 徒以一死, 報皇恩, 以謝我二千萬同胞. 死者已矣, 今我二千萬人民, 行當殄滅於生存競爭之中矣. 貴公使, 豈不諒日本之行爲耶. 貴公使閣下,幸以天下公議爲重, 歸報貴政府人民, 以助我人民之自由獨立, 則死者當喜笑感荷於冥冥之中矣. 嗚呼, 閣下幸勿輕視我大韓, 誤解我人民之血心. 卽訣告各公使書也. 訃聞, 上大震悼, 詔曰, 以肺腑近屬, 際玆艱虞之會, 苦衷懇摯, 奮不顧身, 慷慨激烈, 遂以自靖, 忠魂毅魄, 可貫日星, 朕甚悵悼. 仍命宮內府, 輸送副器, 遣掌禮, 護喪庇葬. 贈上相, 賜謚忠正, 施旌褒. 成服日, 遣百官致祭, 存恤賻賵之典, 特出常品. 又令內部, 給葬地. 都下紳士數千人, 設弔會護其喪. 葬日, 卿士大夫及各國公領事, 臨棺哭訣, 各隊兵勇及江民市丁僧尼婦孺等, 皆持燈燭前導者, 數萬. 替次擔轝, 爭自先驅. 葬于龍仁捿鳳山. 有男範植方七歲, 餘幼. 公歿之二日, 趙元老亦仰藥逝. 洪公萬植宋公秉璿及主事李相哲武人金奉學, 皆次第就義, 視死如歸. 此雖出於忠憤之攸激, 不由人勸沮, 亦公有以倡之也. 嗚呼, 公可謂百代之義烈也. 求之千古, 能爲國爲民, 從容自裁如公者, 實罕有其四也夫.

贊曰, 公歿後, 其家人, 以所遺血衣釖, 藏諸夾室, 封鎖久. 至明年陰五月, 始開視, 忽有竹四本生堂室中, 枝葉參差嫩綠. 家人大驚奔走, 審視堂室. 板封無隙, 可生而能猗然挺出, 蓋化生也. 於是, 都人士女無不聚觀咨嗟, 摸繪歌詠. 嗚呼, 豈公精神氣魄, 有足動天地, 感鬼神者, 故能化生異物, 以表示忠誠, 而警動我國民者歟. 吁其異哉.

仁同 張志淵

趙秉世

趙秉世, 字穉顯, 號山齋, 故相國文簡公觀彬之五世孫. 性樸直忠勁, 不修邊幅. 初以蔭職登第, 歷仕內外, 所在有績, 拜相以直見重. 甲午解職, 歸加平鄕第. 丙申袖箚陳時務十九條, 戊戌復拜相, 固辭. 庚子入對極言宵小干政之弊, 因謝病歸. 至是, 聞日人勒締保護約, 大痛曰, 國已亡矣, 吾以世臣, 殉之固當. 輿疾入城, 請對哭奏曰, 國非一人一家之私有, 故有大事, 雖人主不得獨斷, 我祖宗成憲, 必博議于時原任大臣·二品以上及在外儒臣, 方可決行. 今日使所請五條, 是何等重大, 而一二臣僚, 不體聖意, 不遵國典, 擅自可否, 以國與賊乎. 其蔑法賣國之罪, 萬戮猶輕, 自主務大臣朴齊純, 以及各大臣之書可者, 亟正邦刑, 以謝公論, 即下詔勅, 繳消該案, 聲明于各國. 若未蒙兪允, 臣寧碎首天陛而死. 上謝以喉症不見, 不得已退出私邸, 遂率百官聯疏伏闕, 乃被日兵拘詰. 旣而回至表勳院, 謂諸人曰, 余此行, 固決意殉國, 而況受辱至此乎. 卽草遺疏, 藏之衣帶中, 又有遺書訣告國中士民及公函各國公使者, 遂仰藥而死. 初上疏以爭, 至于再三. 上傳諭曰, 卿等之忠愛憂悗, 其孰曰不然, 亦有所斟量者存, 相率還去. 猶固爭不退, 上乃施以免官門黜之典, 因伏大漢門外, 席藁待罪, 日憲兵數十, 突來拘貞洞派駐所. 疏略曰, 日使要請, 尙幸聖旨確然, 雖至累被困迫而終不之擾, 參政臣韓圭卨, 亦堅拒不准然. 但恐以彼之譎詐, 持此賊臣擅調之書, 爲藉口之端, 則蹂躪奴隷之患, 迫在目前, 宗社將邱墟矣, 生民將魚肉矣. 於乎痛矣, 齊純之罪可勝誅哉. 身爲主務大臣, 雖或陛下許之而使調印, 猶當以死爭之, 以報國恩, 以盡臣分, 可也. 乃自不體聖意, 擅自締約. 賣國之賊, 何代無之, 而豈有如此賊之甚者乎. 天下之事, 以正名爲先, 亟斬齊純之頭, 懸諸藁街, 其他諸臣之書可者, 亦皆拘拏, 克正邦憲. 疏上, 批有處分而快兪尙靳, 翊日又上疏曰, 切以爲宗社之存亡在此, 陛下之安危在此, 臣民之死生亦在此, 若因循顧瞻, 拖過時日, 則呼吸之間, 陛下事去矣, 臣等所以仰首申暴而不知止者也. 遺疏曰, 今宗社之亡, 非朝伊夕, 而陛下 只與四五逆臣, 諮諏周旋, 雖欲不亡, 得乎. 臣頑忍不死, 又爲狡虜脅持, 乃至辱國辱身, 非徒爲陛下之罪人, 亦爲死節臣閔泳煥之罪人. 訣告士民書曰, 於乎, 今日誠志士抹血飮泣之秋也. 秉世忠憤所激, 不揣力量, 將欲扶國權於已移, 救生靈於瀕死, 而事不從心, 大勢已去, 惟以一死報國, 惟我同胞, 各自奮勵, 以雪會稽之恥. 與各國公使書曰, 夫以弱小處列强之間, 得以自全者, 所恃者惟隣誼也. 今日本率兵犯闕, 勒要鈐約, 公法會通曰, 立約必俟國主兪允, 方可遵行. 又曰議約者, 或被逼, 其約亦可廢之. 伏惟各貴公使駐節弊國, 義勻同胞, 垂念隣誼, 矜惻弱小, 共同協議, 以復我獨立之權, 則秉世死當結草矣.

洪萬植

洪萬植, 字伯憲, 號湖雲, 南陽人. 懶齋命耉後, 懶齋以平安觀察, 丁丑虜亂, 勤王殉節, 諡忠烈. 父領相諡文翼公淳穆, 後出爲敎官淳敬後. 妣金夫人, 有娠八朔, 而生萬植於漢陽松峴第, 卽憲宗壬寅也. 萬植生而肌膚未完, 不能吮乳者幾日. 長氣宇端凝, 聰穎過人, 才受書, 聞輒成誦. 年八, 遭敎官公憂, 執禮如成人. 丙寅, 擢到記第, 尋入翰苑, 歷玉署, 陞銀臺. 出爲驪州牧, 有治績. 又歷三銓, 至吏曹參判. 甲申六月, 以衣服變制, 文翼公力爭之, 承門黜之典, 萬植陪而還梨湖舊第. 十月, 弟英植, 與玉均泳孝等, 謀不軌自爲相. 聞變, 文翼公以下皆自殺, 萬植亦欲自裁. 文翼公以出後無緣坐, 命勿死. 萬植卽自詣州獄就囚, 至翌年二月, 蒙放. 時, 驪民與官不相能, 思欲起擾, 而慮萬植受驚, 不敢發, 及萬植出, 乃亂作. 其莅驪時, 仁愛之入人深者, 亦可見也. 自經禍變, 家計蕩殘, 疏糲亦不繼, 惟饋奠之羞, 極其精備, 雖祈寒盛暑, 不脫絰帶, 痛隕擗踴. 持制踰禮, 且其情地, 以爲有異乎人. 至喪畢, 仍其素服, 棄廢巾網, 或言其過. 萬植曰, 吾豈崖俗者, 罪人情踪, 本自如是耳. 常痛恨彌篤, 寤寐以伸雪先冤爲志. 案上恒置傍祖耐齋公遺集, 愛玩景慕. 不惟其文章德行之爲軌範一世, 實以公先故抱恨, 蓋與萬植同其情地也. 每讀至籲冤章, 輒掩卷流涕曰, 公猶有此一路, 而吾今不如, 卽耐齋公之窮人也. 子孫少有過差, 必動色切責曰, 禍家子弟, 雖出人千百層, 猶恐不齒, 況出於人下乎. 每以趙柯亭尹梣溪勉戒之. 甲午, 有文翼公復爵之命, 付萬植同樞, 以恩命不知所出, 不敢膺承. 乙未, 除春川觀察, 屢督不赴, 亦不疏辭. 物論紛紛, 人或勸之. 萬植曰, 以畢生自靖, 是先親之臨終遺訓, 今神明森臨, 何可誣也. 又曰, 疏之一字, 非吾今日分內事, 何可自齒於人乎. 自八月變後, 尤無意斯世, 平居不勝悲憤. 且聞薙髮之令, 欲自靖曰, 綱常斁絶, 禮義掃地, 吾受辱而生, 不若溘然之爲愈. 於是, 朝廷收薙令, 乃止. 甲辰, 除海州觀察, 又不赴. 上聞萬植不祗受甲午復官, 勅曰, 故領府事洪淳穆, 旣復其官, 不待援例而職牒自在還授, 不必爲拘, 卽起膺. 仍書下復官誥命. 萬植遂感激恩造, 始上章陳情. 略曰, 臣父以忠孝二字, 爲一生本領, 而臣不肖, 不能爲役. 亡父每對臣不肖, 頌君恩, 勉臣分, 戒盈尙恬, 諄諄提飭. 及夫就閒而引年, 切祈曲遂其葆晩, 志未得就, 而身危於生前, 名僇於沒後. 抱恨千古, 卽是臣不肖之罪, 致之也. 臣苟能不替先訓, 不忝父敎, 禍將何由而至. 此臣萬古臣子所未有之痛, 而死生無所逃其罪也. 然臣所以死之未能與其不敢, 政以此痛之在, 而切冀一伸於孔昭之天, 以正之焉耳. 借臣以可愬之階, 臣雖今夕死塡溝壑, 可以有顔於亡父, 慰其苦抱. 萬植再疏後, 不敢偃居力抗. 故舁疾待勘郊外, 更陳三疏, 卽退出. 或言少俟, 萬植曰, 吾此行豈爲海察哉, 實謝恩也, 復有何望而更遲留耶. 未幾, 除贊政, 又上章辭曰, 從玆以往, 分甘邱壑, 沒齒自靖, 志願滿足, 而其所自悲者, 受恩際天, 效忠無地, 終不起. 每上章, 不具職啣, 但書以未死臣三字. 乙巳之變, 不勝痛憤, 以書訣族戚曰, 自顧冥頑, 胡延殘喘, 乃至今日, 忍見所不忍見, 殆禽獸之不若. 又戒子性謙曰, 吾自甲申以後, 宜死而不死者, 不止一再. 苟延今至者, 只以國讐未復, 父寃未伸. 故切冀天或悔禍, 吾今望絶. 不忠不孝, 豈可一日立於覆載間耶. 年老而疲癃, 手不應心, 況執守有異, 不敢自同平人, 亦無聲討之義, 惟有一死而已. 吾死之後, 依處士禮, 歛以素衣白棺, 書以湖雲居士. 雖祭奠如禮, 顧宗社顚覆, 不得血食, 吾豈忍饗之耶. 朝夕, 只以淨水爲奠, 以表我心. 遂恬然端坐, 仰藥而卒, 實十一月一日也. 上聞之震悼, 特贈崇政參政大臣, 諡忠貞. 命宮內部, 送喪葬具. 又致侑施綽楔之典. 京鄉紳士, 持文弔祭者, 三百餘人. 萬植以早失慈恃,爲平生至痛, 常語之輒下淚, 以其不克致孝者, 事所后母宋夫人及繼妣李夫人, 務盡敬愛, 順適無違. 嘗事議政公, 雖中夜, 必整齊衣冠, 然後謁焉, 其尊嚴如在君上之前. 有新物, 必薦于廟, 不薦, 未嘗入口. 凡遇齊日, 必致慤焉, 哀如担括. 先是朝廷設外衙門, 萬植往見閔台鎬, 力爭之曰, 內有政府, 外有各司, 爲治之具已備, 若先格君心, 立紀綱遏私幸, 絶奔競節財用, 守成憲一政府, 足以爲治, 而若不如此, 雖百衙門, 何補哉. 台鎬不聽, 萬植歸而憂之, 賦歸去吟三篇. 有二子, 性泰早夭, 性謙命爲英植后.

李漢膺

李漢膺者, 京城人, 昆陽郡守璟鎬子. 甲午之亂, 璟鎬以親軍武南營右領官, 討東匪, 中丸而死. 朝廷贈兵曹判書, 腏享奬忠壇. 漢膺自幼, 有才穎悟, 年十八, 畢業英語, 後爲英語教官. 二十九, 以駐英公使參書官, 赴英京倫敦, 俄陞署理公使. 先是, 漢膺聞日俄開役, 或恐其有害我韓, 電各國駐我公使, 請共會談判, 以爲備前途, 而無一人應之者, 遂歎而止. 初, 英日聯盟, 共尊韓爲帝, 而許日人以優權, 使韓人受脅制. 及克俄之後, 改前約爲保護, 宣布天下, 視韓人若無有焉. 外雖右韓, 而其實乃擠之也. 是以漢膺或入都市有購買, 則雖些少物, 英人輒受倍價而嘲之曰, 亡國之人, 安得同價. 凡公私交際, 其遇之每顯然以奴隷畜生, 是豈人所堪哉. 奉使人國, 能盡其使節者, 乃不辱其君命也. 漢膺之在英, 雖汗漫遊覽, 受此侮辱, 其血氣所在, 憤欲自殺, 況奉命之公使乎. 以此觀之, 人雖漢膺, 身是命官, 英人之侮公使, 非辱漢膺, 卽辱吾君. 漢膺若閉關獨處, 有時念五百年祖國, 一朝爲奸賊所誤, 在內而吾君受日人之制, 在外而吾身受英人之辱. 且海外絶域, 無與悟言, 度日如年, 山河異昔, 返命無所乎. 是以漢膺知不如無生. 乙巳四月九日, 遂仰藥以殉國恥. 其父子雙烈, 世人皆榮之. 該公館名譽代理領事摩賡, 報告我外部曰, 李公使因東洋之不平, 在外之交涉又難, 熱血愈激, 置身無由, 故以自斃. 將其屍及金時票金貨十一磅與遺書一片, 回送于仁川咸陵加洋行. 家人乃收而葬之. 遺書曰, 於乎, 國無主權, 人失平等. 凡關交際, 恥辱罔極, 苟有血性, 其可堪忍. 於乎, 宗社其將墟矣, 民族其將奴矣, 苟且偸活, 其辱滋甚, 豈若溘然之爲愈乎. 計決於此, 更無他言云.

太白狂奴曰, 李漢膺之死生, 卽吾族最近之第一點血光耳. 蓋吾族以吾祖神聖之化, 篤守倫敎, 崇尙禮義, 忠烈之血, 不絶於史. 苟無是者, 何以維四千餘年之國脈乎. 乃降至于近, 國難累作, 而殉義者少, 豈世衰道微, 風化移易, 廉恥盡喪, 名節大壞, 吾祖所遺之本來面目, 將不復現歟, 肆於光武九年五月, 漢膺之喪, 來自海外, 其可敬可貴, 不啻曇花現影. 繼而閔趙諸公殉焉, 而忠義之氣, 甚形激騰, 包胥之哭, 子房之椎, 豫讓之刃, 項背相望, 轟震世界, 以表吾族之大仁大義. 微斯人, 吾其獸矣. 孔子曰, 殺身成仁, 孟子曰, 舍生取義. 是以君子審其輕重, 不以死生, 累其仁義, 在世則不求名, 而令譽無窮, 離世則浩然乘化, 快樂自在. 若夫貪目前之富貴, 甘爲賣國禍族之極惡者, 亦非全無天良, 而但不勝其肉體之嗜慾, 抛棄仁義以陷于此, 在世則惡臭播天下, 離世則受永劫沈淪之報, 夫何大愚也.

金奉學

金奉學者, 黃海道黃州靑龍坊人也. 奉學在黃州, 爲微班, 而因家勢貧困, 往平壤, 編行伍, 爲鎭衛七隊. 後, 上徵爲侍衛隊上等兵. 性純實勁直, 有臨難死節之氣. 乙巳, 日人締脅約五條, 閔忠正死之. 奉學歔欷流涕曰, 世祿而殉, 其義固當, 吾亦軍人, 養成今已六載, 旣不能從戰立效, 又不能以死報國, 苟且偸生, 不亦愧乎. 然等死爾, 當殺賊而死. 與同志謀曰, 吾今把守闕門矣, 伊藤早晩必詣闕, 待此時, 吾欲殺之. 不意事洩, 奉學知難免, 飮藥而死, 時, 年三十有五. 於是, 上爲之震悼, 贈正三品通政大夫法部參書官, 勳四等. 施綽楔, 遣禮官致祭曰, 國事危迫, 忠憤激烈, 爲國大義, 爭光日月. 該大中兩隊長及二營尉官士卒, 又祭其墓盡愴, 觀者如雲, 亦莫不感激涕泣.

按謀殺事一條, 今年秋, 余往京城, 始聞于都下人李常學曰, 其時, 常學下箕營得聞云, 常學亦志士, 故不疑取之.

義婢

義婢, 軍部大臣李根澤饌婢也. 本月十七日夜, 根澤自闕還, 對妻孥語曰, 今日新約, 吾爲書可, 從此權威赫赫, 終身無替. 言笑揚揚, 毫無顧忌. 適有饌婢一人, 在窓下調饌, 聞其所言, 不勝其憤, 以饌刀擊俎, 高聲叱曰, 此漢如彼其凶逆, 而吾不之知, 使役幾年, 憤恨莫甚, 恥辱難洗. 卽起身而出. 根澤及其子, 大爲羞憤, 欲以捉治. 義婢出門大呼曰, 坊內諸人, 皆聽吾言, 所謂家主, 如彼其凶逆, 故吾以直言責之, 則反欲歐我, 願坊人救我. 聽者莫不快之, 又莫不切齒其根澤. 其家針母, 見義婢之爲, 亦出去. 後, 又有恭任事, 卽宋淵齋婢子也. 淵齋死, 恭任謂其母與其夫曰, 吾蒙主公之恩久矣. 今主公殉國, 吾爲主公殉, 以報其恩, 不亦可乎. 皆止之. 婢不聽, 遂一劍不殊, 因再劍而死, 年二十七.

記者曰, 自古忠義氣節, 男女無間, 義哉此婢, 烈哉此婢. 以廚下一婢, 能知忠逆之分, 一場大叱, 風霜噴舌, 足使奸凶心死, 而國人氣生, 皆知逆臣之當誅, 而忠義之當勉. 此實千古奇人, 千古奇事, 而彼針母者, 附驥尙義, 亦足嘉奬, 則滿廷髥婢, 不及此兩箇裙釵, 爲今日世道, 可潸然一歎.

宋秉璿

宋秉璿, 字華玉, 號淵齋. 其先德恩人, 尤庵文正公九世孫也, 守宗齋達洙及立齋文獻公近洙之侄也. 憲宗丙申生, 骨格頎秀, 異凡兒. 及長, 受學於世父守宗齋. 守宗齋沒, 以家學廢墜爲憂, 刻意劬經, 若有疑晦, 輒就質于立齋及內舅丹臺李公. 立志以遠大自期, 制行以高潔爲尙, 且守固窮之操, 自號曰東方一士. 鄭公海弼, 以中庸淵泉之義勉之, 又以淵齋爲標. 每讀書之暇, 抄出靜退栗沙尤五先生書, 如近思錄凡例, 名曰近思續錄, 以備觀省焉. 丙子冬, 薦拜泰陵參奉, 不就. 選入經筵官·書筵官, 遣史官傳諭, 上疏辭, 尋特除侍講院諮議, 承馹召之命, 又不赴. 戊寅, 下敦召之命, 未幾特下別諭, 復有召命, 辭旨愈隆, 皆不赴. 哲仁王后昇遐, 命製進輓章, 上疏辭, 因論王大妃及大王大妃當用衆子婦衆孫婦傳重之禮, 斷之以小功緦麻之服. 己卯, 有恩賜之典, 繼而有敦召. 庚辰, 除司憲府持平·掌令·侍講院進善·司憲府執義, 陞通政拜吏曹參議·成均館祭酒·同副承旨, 幷皆不赴. 辛巳, 承諭召之命, 上疏辭, 仍上八條封事, 嘉納優批. 壬午, 陞嘉善, 拜工曹參判·司憲府大司憲, 上疏辭, 兼陳軍卒之變, 又除特進官, 不赴. 癸未·甲申, 皆連拜大司憲, 亦不赴. 時有衣制變改之令, 秉璿上疏極諫, 有忤旨不蒙批, 自後杜門自靖, 絶意世事. 乙酉, 入沃州山中, 築棲碧亭於橫川之上, 朝夕講道, 樂而忘倦. 至是陞嘉義, 繼下召命, 上疏辭, 請禁邪教, 蒙優批. 辛丑, 以夫子位號與廟額改正事, 遣禮郎收議, 秉璿據皇明嘉靖中所行之禮獻之. 明憲太后昇遐, 議政李根命議定齋衰杖朞, 秉璿以爲聖上以繼統當服承重三年. 至純明妃喪, 以衆子婦服, 當服大功, 物論韙之. 乙巳, 秉璿聞變流涕曰, 吾自甲乙以後, 一以含默固守獻靖之義, 至於今日, 不可膠守舊見. 遂治疏極論賊臣賣國之罪, 上下批無採施之令. 又上疏, 請討逆還勒約, 上批以一羽儀. 秉璿將決意登對, 門人李道復等, 問處義之道, 秉璿曰, 儒臣出處與職任者不同, 然有此召命, 不可坐在. 但今行有辱身, 則是辱國, 斷不可以生還. 因告尤庵先生墓, 入京治十條封事. 一曰斬諸賊, 以正王法. 二曰進賢能, 以充部任. 三曰據盟義, 公判各館. 四曰立紀綱, 以定名分. 五曰派御史, 巡察民情. 六曰整財政, 以舒國用. 七曰尙正學, 以養賢士. 八曰闢邪說, 以遏賊黨. 九曰明法律, 以整詞訟. 十曰養軍力, 以備不虞. 遂登對, 秉璿又奏曰, 近日卿宰多上疏, 痛彼日酋無難拘執, 是賊眼中無陛下, 國亡之則已, 一日有其國, 則陛下豈可默無言乎. 上曰卿之所言, 非不欲聽從, 而時勢有異, 當次第留念. 仍下諭曰, 七十老人驅馳寒程, 不可久在筵中. 秉璿又奏曰, 今宗廟之危, 國家之亡, 迫在呼吸, 若不斬諸賊, 陛下雖欲坐此寶座, 何可得乎. 如臣之死生疾病, 固不足恤, 不準請, 則不敢退. 上曰當圖施爲. 卽起入內, 秉璿不得已退待宮府. 上遣秘書郎, 問起居, 兼賜食物曰, 天氣沍寒, 卽還私次. 秉璿口傳奏曰, 臣所陳箚子中第一條, 尤爲急, 願速行. 又請對, 上敎曰, 早晚緩急, 自有折衷, 何不靜俟. 秉璿奏曰, 臣旣到此, 不準請則不退. 方欲進伏天陛, 出平章門, 警務事尹喆圭進轎子曰, 此去天陛稍遠, 且夜深, 日兵之逼辱頗慮, 請東轎. 秉璿以爲然, 到一處, 乃南門外也. 秉璿厲聲罵曰, 爾何慢侮若是. 喆圭曰自上有陪還之命. 俄有日兵, 脅載車, 卽下太田車站. 秉璿曰, 吾一步而有一步之辱, 二步而有二步之辱. 遂入石南舊第, 作遺疏及告訣子弟門生及全邦士友書, 北向再拜, 正席仰藥而沒, 實十二月三十日也.

上聞訃撤朝, 加贈議政, 謚文忠, 旌其閭, 以第二等禮葬之, 門人弔服加麻者殆數百人. 秉璿嘗著政經論治國之大法, 名曰武溪謾輯, 與遺書二十四冊, 幷刊行. 無子, 以其弟都事秉珣之子進士哲憲爲嗣. 秉璿既沒, 汲婢恭任聞變, 悲泣廢食曰, 大監爲國殉義, 吾將從於泉下, 以服事役. 乃自刎而死. 後庚戌之變, 弟都事秉珣又死之.

哀恭任誄辭曰, 大臣固當爲國死, 九重恩深滄海涵, 丈夫固當爲國死, 一身責重乾坤參, 雙丫赤脚彼何娘, 不過宋氏之一藏, 井臼箕箒或不謹, 鞭背蟲蛆乃所當, 曉來汲水敲寒氷, 暮去拾薪登高岡, 胸中惟有一點義, 往往發露如錐鋩, 幸是家翁帝者師, 平生信義豚魚知, 潭翁只欲爲好主, 伯淳所使自不欺, 國家往年新約定, 好居盡壞一纖兒, 家翁聞之赫然怒, 天門披腹跪陳辭, 袖裡閃閃藏釼鋒, 內可殺賊外殲夷, 仰首籲天天無言, 石南雪夜悲風傳, 阿婢被髮哭廡下, 有淚入地聲徹天, 翁爲君王旣盡忠, 妾身獨不爲家翁, 滿腔赤血吐爲氣, 光怪稜稜如長虹, 死去吾當爲厲鬼, 盡殺諸賊如刈蓬, 妾身雖死死猶榮, 區區安用長偸生, 斬薙斷葱家有刀, 義重一死輕鴻毛, 隣婦催喚兒童走, 萬林蕭瑟起風濤, 此事分明古所稀, 聞者酸鼻誰不悲, 鄭婢讀書徒爲耳, 余成忠義竟何爲, 翁生與生翁死死, 願埋妾身翁墳嵋, 千秋萬歲翁有靈, 陟降左右監門庭, 首陽未聞有家奴, 文山墓前無樵靑, 傍人但贊婢無雙, 不識家翁感化功, 願將此事歌爲詩, 欲砭時人雙耳聾, 三千八百明廷士, 聞此孰不顙有泚.

韓愚山愈

李承熙

李承熙, 字啓道, 星山人. 北扉翁碩文五世孫, 寒洲震相子. 初, 碩文官訓鍊主簿, 英廟壬午之禍, 以宣傳, 引諫官排閤直諫. 背負王孫, 伏地抗天威. 及歸, 撤扉而北, 不與時輩接, 世稱北扉翁是也. 父震相, 天姿穎悟, 力學能文, 尤深於性理之工, 獎進英才, 一時名碩. 如郭俛宇鍾錫許后山愈尹膠宇胄夏, 皆出其門. 以進士薦都事. 承熙早襲家庭, 亦以文學義理, 爲世所推. 初, 母李氏夢大星入懷, 及生, 氣貌淸朗, 聰悟絶人. 三歲, 隨母夫人, 赴婦人會, 斂裨跪不動. 有問盍出遊曰, 袴不縫底, 立恐露體. 五歲, 上學, 日受百行文, 竟日遊嬉, 每朝而誦. 甫十歲, 淹博諸書, 詞藻已就. 及擧子, 屢中鄕解, 自是, 英聞遂噪如. 承熙乃曰, 道理在我, 名利外至也, 遂專精於性理之學. 父子一室講質論辨, 有所善則父不能以不資於子, 有所疑則子不敢以父而苟同焉. 家世甚貧, 無以繼啜菽之供, 左飧以奉親, 右粥共妻孥啜. 禁酒肉及茶不食. 遇饑歲, 食菜根及綿種之笮油而餠者. 日早起冠帶, 省父母, 率家丁, 出田野, 或易田或種樹. 及暇, 坐壟頭看書, 如是十年, 果大起庄, 用財豐儉得宜. 或遇饑, 倒廩以賑, 賴而活者, 甚衆. 自弱冠時, 志存經濟, 憂在君國. 丁卯, 當沖王初服, 上書興宣大院君, 請輔養聖德以臨兆民, 因奏五事, 曰聖學, 曰戶籍, 曰田制, 曰選擧, 曰制兵. 承熙自少至老, 不着洋布, 凡一切器用, 不近倭洋之物. 是先公之一生節度, 故承熙亦痛禁之. 己卯以後, 見朝著日非, 不復應擧. 李參判建昌屢書勸起仕, 每囑掌試者南下, 以遣吏示意, 而皆謝不應. 丙戌, 母夫人歿, 未殯而父公又正巾. 參酌禮意, 變得其宜, 飮食居處,執禮踰制. 旣免喪, 與許愈郭鍾錫尹冑夏諸人, 收拾其先公書印行. 辛未, 設坊約鄕約及義社條約, 皆增損於藍田紫陽之制, 規撫制作, 燦然備具, 擧而措之, 亦可施於天下也. 乙未秋, 日賊弑國母, 又剃髮甚急, 與郭鍾錫張完相姜龜相李斗勳, 爲文告各國公館, 請與共討日本, 文凡千餘言. 日人載其文於申報曰, 朝鮮賤人某等之文. 自丙申至辛丑五年之間, 刊行其理學綜要四禮輯要及曺南冥金東岡兩先生文集. 壬寅秋, 朴海齡等會尙州, 燒寒洲集. 承熙據新宮災, 素縞素冠服, 哭廟三日, 以理自遣, 待其必申. 癸卯十月, 朝廷擧遺逸, 除圜邱壇參奉. 上曰, 朕聞此人讀書好古, 徵之以新式官, 豈肯出乎. 因除章陵參奉. 翊年春, 遷肇慶殿參奉, 皆不就. 乙巳十月二十一日, 日公使伊藤博文, 與賊臣李完用等五人, 勒成新約, 宰臣閔泳煥趙秉世兵士金鳳學等, 死之. 承熙痛哭曰, 宗社亡矣, 吾雖韋布, 其可無一聲疾呼以聲明於天下乎. 遂作文告省內, 與同志數人, 先至京師. 時, 日人見有疏儒裝服者, 輒押囚鬼窟. 其談甚虐, 承熙不顧, 與同志三百餘人, 聯名上疏, 進伏閤外. 略曰, 陛下一國綱常之主也. 彼賊臣者, 以陛下臣子, 腸肚日國, 完用齊純址容根澤重顯等, 奉宗社壃土, 納之賊人, 此大韓綱常之賊也. 今不討之, 是陛下自滅綱常, 敎臣子以背君父也. 彼伊藤博文者, 潛結隣國之逆臣, 脅迫其君上, 肆行盜賊之計, 是則天下綱常之賊也. 此而不討, 則天下無君父也. 陛下宜下罪己之詔, 布諸一國, 以發起臣民忠義之心, 肆諸市朝, 著日使勒脅之罪. 疏入不報, 退歸華城, 再上疏請討逆. 聞已經乙覽而上無意還約, 遂痛哭而歸. 十二月, 日兵押而囚達狴, 威脅百端, 期欲其自首納降, 承熙毅然不屈. 初, 入監, 男女無分, 抵頂交跖. 承熙使之分男女, 各處一室. 整衣冠危坐, 終日看書, 若居室家. 丙午春, 聞京城設統監府, 自獄中爲書伊藤, 責統監之無名. 又書觀察, 請上報速殺, 皆不報. 夏四月, 始得釋. 是時, 達城人徐相敦, 倡斷烟, 欲以報國債, 擧國莫不輻湊. 星人士亦大會邑中, 請承熙爲會長, 曰, 某日, 吾晬辰也. 莪淚終天, 宗祊埸地, 安忍坐聽兒子輩設酌, 將其費以助之. 是時, 萬國開平和會于和蘭之海牙府, 公函朝鮮, 以致其禮, 日使伊藤從中勒停. 乃投書海牙, 以討伊藤之罪. 義不忍與讎邦, 共立於天下, 常欲浮海. 戊申四月, 拜辭先廟先壟, 遂自東萊, 乘舟歷關東大洋, 東北至海蔘威. 居數年, 故國流民及淸俄諸族之居海港者, 皆尊禮而服信之. 至是, 李侍郎相卨 自海牙至, 一見公以師禮事之. 柳義將麟錫, 亦傾心而敬重焉. 後, 移吉林之蜂蜜山中, 名其洞曰韓興. 與相卨諸人, 廣買荒田, 立定條約, 以待韓人之後來者成聚而敎育之. 庚戌, 聞合邦, 南望痛哭曰, 天下事去矣, 吾其死於道路, 爲鳥鳶之食. 封落齒落髮, 送之家中, 遺之以詩曰, 西登東蹈我今行, 歸骨鄕山詎易望, 爲將落髮偕封去, 埋近先阡自不妨. 於是, 聞中華革黨旣平, 袁少保世凱爲統領, 中華爲民國, 無復君臣之名, 而堯舜周孔之敎, 遂變而夷狄矣. 乃爲書總統, 明尊攘之義曰, 頃者諸公, 大言以倡曰, 滿之狄焉, 華其主乎, 以綱常之尙未吾若也, 宜由是而昭揭大經, 以詔五洲萬邦, 與之同趍乎一軌. 今其自立, 以爲中華之標幟者, 惟曰, 共和民國. 民國者, 西人所主, 無君之義也. 其說曰, 人生皆平等, 民與統領, 一可相訟, 有罪可刑. 由是而父不可專制子, 子不可姓於父, 男女平等, 悅則相合, 睽則十易夫而無傷. 曰三綱暴虐, 五倫狹窄, 此其南北而氷炭也. 今制中華之令曰, 西爾髮西爾服西爾政術制度, 是西而滅中華也. 滿之滅華, 其倫紀儀式, 尙有近者, 諸公痛哭流血, 而奪之, 還乃歡笑雙擎而奉之西, 抑何心哉. 又書孫中山文, 以責袁者責之. 又投書于海牙萬國之會, 論天下大勢, 請爲大同之治, 蓋亦欲使萬國爲一統, 而法堯舜之禪讓也. 癸丑夏, 自遼東之瀋陽, 入北京, 觀天子宮闕之壯, 謁大聖廟. 與中華士大夫, 共會于孔敎之社. 有李文治薛正淸龍澤厚陳煥章諸公, 見承熙衣冠有三古之色, 學術會百家之精, 皆愛慕之, 所在撤皐比. 或倣其緇布冠深衣之制, 或傳寫其所著文字, 又或筆談討論理氣心性之奧聖賢治平之要古今治亂之道. 欲擴張其孔敎, 遂與諸人, 議東三之省, 設其敎會, 通告合中東兩國之人, 大張敎事. 書康南海有爲, 論辨禮運大同之說, 作禮運集註, 以辨其謬. 又作民議公約, 上自神農黃帝堯舜禹湯文武, 下逮明太祖鄕約之制, 以及歐西上下議院之說, 論其古今近似者. 君不得以專制, 而通天下之智謀, 付天下於公議, 條列閭里社鄕省國議院之制, 蓋亦天下古今立憲者之一大議也. 又作中範二編, 論著天地萬物之理, 合東西毬大學問之頭臚, 折衷而取舍之, 歸重於中華之大一統. 甲寅二月, 自北京歷天津渡黃河至曲阜, 客孔少師祥霖家, 少師虛館而迎之. 論中華士氣之死國敎之衰, 相與歎息. 議於聖府大建圖書館, 儲天下書籍, 以之提聖敎, 更中國務之院, 請還聖府原屬土田之見奪於民國者, 爲立師養士, 昌明聖學之資, 少師深許之. 謁夫子廟, 取先公所著春秋集傳理學綜要四禮輯要, 三大帙藏之. 少師出車馬導東門. 謁周公之廟, 北迤聖林, 謁夫子墓, 西迤入子貢廬, 拜遺像, 其東拜伯魚墓, 其南拜子思墓, 至陋巷亭, 拜顔子像, 皆爲文告其志. 以爲滿中不可久居, 與少師約搬入聖府. 三月, 還北京留數月, 復還瀋中. 買田於蒲河之曲, 使子基仁, 躬勤農作, 以攬韓人同志, 且欲調粮, 入曲阜, 句管衆務, 以少售其平生之志. 丙辰正月, 遂卒于奉天. 初, 命基元曰, 國復吾乃返, 吾死, 你們必欲返葬, 尸可返, 魂必不返. 至是, 衆論紛紛, 基元竟以母命, 還葬州治東馬栗先兆下. 承熙性剛直, 其於一切毁譽憂樂利害得失榮枯死生, 都不干己事. 故雖事變交錯, 禍福立判, 不以私意雜之, 天理人欲大界頭, 斬釘而截鐵. 凜乎, 其不可奪其義理之肯綮. 未嘗舍己而從人, 不知者, 謂是爲好勝. 一冠十載, 用線而綴其弊, 一衣三年, 懸鶉擁體. 亂虱芒肌, 承熙常泰然, 春容燁敷, 所居數百里之外, 雖婦孺皆呼之以韓溪先生. 俄之極東總督, 亦聞名而敬之. 日人恐生事, 錄李相卨柳麟錫及承熙等十八人, 請總督押囚曰, 此皆賢人, 吾不敢焉. 後, 日人載申報曰, 海東高士李某, 預知時機, 去國而不知所終云. 其詩文雜著, 未寫百三十六冊, 曲禮內則章句禮運集註弟子職集解孔子世紀中史民議公約坊約鄉約音韻類表北京筆話家範女範閨儀蒙語類訓正蒙類語等略干篇, 又有通議二編, 其一未能成稿. 承熙生景陵丁未, 號大溪, 及去國, 改以韓溪.

按世之成仁取義者, 多殺身自靖, 而惟李承熙, 一朝遐翥, 優遊俄領, 遍觀三省, 至於燕京魯城, 無不遊觀. 此適足以資耳目之好心志之樂, 是亦爲之仁義耶. 切觀我韓之人, 自乙庚來, 或仰藥, 或伏劍, 或絶食, 輕軀命如鴻毛, 而其志不過主辱臣死, 不欲其僕妾之賤而已. 蓋承熙之學, 雖無觀諸人之激烈, 而其學亦出自罔僕矣. 昔, 殷之三仁, 微子箕子皆不死, 我東勝國之末, 杜門洞七十二賢及吉冶隱, 亦不死. 承熙與乙庚諸人, 其迹雖殊, 其志則乃一也, 何可以生死論也. 且承熙不但其爲我韓自靖, 在中國, 亦有可聲明於天下者. 彼袁孫之輩, 奪華於滿而奉之西, 則承熙學尊攘之義, 討其變夷. 康梁之倫, 反孔敎而宗如來, 則承熙設東三省敎會, 合中東兩國之人, 有以欲扶華脈於旣絶, 倡吾道於已失. 事鉅力綿, 縱不能見效於當世, 而其至誠苦心則視諸人, 可無愧矣. 何必其殺吾身, 然後爲之仁爲之義耶.

李建奭

李建奭, 字漢卿, 號醒石, 全州人, 孝寧大君后, 居黃澗郡黃巖里, 憲廟庚戌生. 乙未變後, 畿湖儒生, 見各道義旅, 皆被勦不振, 不可有爲, 乃上疏請復讎, 聲明其大義者凡三, 而上終靳兪. 丁酉, 使建奭爲疏頭, 又上疏請討賊, 上乃優批. 戊戌, 安駉壽權東鎭等, 謀作亂, 見事覺, 逃日本, 後, 挾日人歸國. 建奭又上疏, 誅駉等. 壬寅, 以功除主事. 癸卯, 日俄開仗. 諸儒又曰, 兩國相鬪, 不論孰勝, 俱被其禍者, 必我國. 建奭共聯疏, 以爲請自强之策. 乙巳秋, 日兵得勝, 伊藤爲大使來, 宣言其五條約, 中外爲之凶凶. 於是, 諸儒設十三道疏廳, 推承旨李錫鍾爲疏頭, 以抗其議. 上遣警務官諭曰, 汝等必被彼禍, 留疏頭一人, 皆歸家. 時, 建奭自外至, 李常學執其手, 使不坐曰, 有勅令散去. 建奭不聽, 與錫鍾共叫閽, 而已日兵來, 捕錫鍾建奭等五人而去, 囚司令部, 監禁六朔. 至是, 建奭吐血數升而死, 卽丙午四月十七日也. 家人檢其襪, 得遺書一片. 略曰, 於乎, 人誰無死, 死難其所. 吾死而不瞑者, 未誅國賊, 未復國權也. 嘔血臨死, 數字爲訣, 汝勿以哀爲孝, 以禮爲葬, 惟以繼吾志爲心. 錫鍾在獄中, 亦絶食, 以死自靖. 有日人在監者, 送密紙曰, 公之絶食, 是何意. 吾可死也, 公不必死也,愼勿爾也. 錫鍾曰, 願聞可死之意. 日人曰, 吾日本, 不幾年, 必有西禍, 此非韓人之所不死, 而日人之所欲死者乎. 吾曾以將官, 往在平壤, 以曲護韓人而得罪, 如是而不亡者, 安有乎. 後, 錫鍾得釋, 不欲居韓地, 挈家往海蔘威居焉. 辛酉春, 以壽終. 太皇朝登第, 官至承宣.

宋秀萬

宋秀萬, 字聖煖, 號醒菴, 礪山人. 泉谷忠烈后, 哲廟丁巳生. 太皇乙亥, 登武科, 歷部將中樞院議官. 性倜儻有大志, 不屑屑於生產之業. 乙未之變, 謀去逆臣, 事泄見逮. 屢經栲掠, 脛骨糜爛, 聲色愈勵, 久后得釋. 甲辰, 日人迫請山林川澤, 秀萬爲保安會長, 一直抗議. 日人發卒捕逮, 於日司令署, 詰問拒逆之意. 秀萬曰, 人民資生, 不但田土, 山林川澤之利, 不啻倍蓰. 今若請此, 則是欲我人之枯死也, 豈隣誼乎. 日人威脅誘說, 終始牢拒. 日人知不可屈, 遂放之. 乙巳秋, 日人將發五條約之議, 而恐秀萬等, 設會沮之, 執秀萬及許蒹等十餘人囚之. 至十月, 條約成, 踰三朔而乃得釋. 於是, 秀萬知國事之不可有爲, 栖屑山海之間, 要爲畢生之計云.

礪山 宋毅燮

崔在學

崔在學金仁濈申尙敏田奭畯等, 平壤儒生也. 至是, 伊藤勒締五約, 在學仁濈等, 以血書死守獨立四字, 檄告國人, 仍伏闕上疏. 日憲兵巡查等, 欲捕縛而去, 諸生怒叱曰, 我等爲國決死守獨立. 死則死耳, 豈受捕縛之辱於爾輩乎. 日兵以軍刀擊之, 諸生益忿奮, 以赤手捍白刃. 日兵圍之數匝, 尙敏尤健鬪, 踢日兵倒地, 帽子紛墜. 乃日兵一小隊馳來突擊. 諸生被刺受縛, 而罵不絶口, 又大呼大韓帝國獨立萬歲. 日兵以巾箝其口, 以刀打其背, 馳若風雨而去, 牢囚警廳七十餘日.

金河苑

金河苑李基範車炳修等, 基督敎人也. 諸人以義欲死守國權, 作警告文, 揭之通衢, 痛激演說, 觀者雲集. 日憲兵巡查數十, 揮釰突入, 蹂躪衆人. 河苑等, 冒刃直前, 厲聲大叱曰, 我等爲國家獨立而死, 死亦榮矣, 速殺我, 以額撞胸. 日兵以刀亂打, 諸人昏絶仆地. 觀者忿激, 亂投瓦石, 日兵向衆發鎗, 而猶不散去. 乃增派憲兵, 破市廛, 縛衆人, 拘致司令部者數百人.

奇山濤

奇山濤李鍾大金錫恒等十一人, 謀刺殺朴齊純李址鎔李根澤李完用權重顯等五賊, 事洩被逮處役. 時, 縉紳儒生, 或聯疏, 或發檄, 反對勒約. 被逮入獄者, 相望於道. 其知名者, 爲尹秉國尹斗柄丁明燮李偰金福漢李承熙張錫英李斗勳柳道性郭鍾錫金一濟崔東植宋秀萬許蒹柳鳳儀盧鳳洙姜允熙吳周爀等, 而餘不勝記. 於是, 日兵各守城門, 凡行人有爲紳士裝者, 輒被沮止. 如是者數月.

金台根

金台根者, 京畿水原郡農民也. 素有氣節. 乙巳秋, 日使伊藤, 脅上締五條約. 方歸國, 乘京釜車, 至安養驛, 台根欲殺伊藤, 擧石擊之. 伊藤不中, 但瑤璃窓破壞, 其聲轟震天地. 伊藤大驚, 不敢歸國回程也. 於是, 警官捕台根, 欲以重刑治之, 伊藤使輕勘, 笞一百釋之.

按台根之事, 與宋之唐衛士, 共相似, 而會稽守殺衛士, 伊藤不殺台根, 其爲人之大小有不同耶. 守乃劫禍而降賊者也, 伊乃脅人而奪國者也, 有大小固宜矣. 安重根殺伊藤, 台根不能殺伊藤, 重根與台根可孰勝云爾也. 以成功觀之, 重根似賢於台根. 然吾謂伊藤雖死於重根之丸, 而其符乃已到於台根之石也.

鄭在洪

鄭在洪者, 漢城人. 有氣槪, 素爲民會所推. 光武九年, 日本伊藤博文, 旣脅監我國. 在洪憤忿懷報讐之志, 乃投漢京所在美國青年會, 以自固而俟其便. 十一年五月, 博文來自日本, 在洪欲詐爲博文作歡迎會, 而因於座上殺之. 遂與會衆, 設一宴, 請博文. 博文疑而不至, 而陰事稍稍泄. 在洪知不能免, 歎曰, 吾安能死於讐人之手乎. 遂引刀自裁. 其幼子困遊于上海, 國人之在上海者, 見而憐之曰, 義士之子也. 相與出金, 以衣食之.

金澤榮

禹龍澤

禹龍澤者, 丹陽人. 自比安移居善山之海坪里. 初, 母金氏夢龍, 故名龍澤. 爲人魁梧傑傲, 相與語, 人多畏之. 太皇朝除參奉. 乙巳秋九月, 龍澤遊漢城, 聞外部大臣李夏榮, 許日使林權助所請內地河川航行之權. 往夏榮數之曰, 汝以東萊賤巫, 身爲大臣, 無小報效, 但賣國不已, 以至賣內地河川, 又將賣何物乎. 遂握拳批頰而去. 後, 家貧爲海坪面長. 時, 總督令各郡面, 報以忠孝烈. 龍澤曰, 報此三者, 忠臣當報李完用, 孝子當報張承遠, 烈女當報海坪市金仙娘, 其報與不報, 固不可知, 而遠近聞者, 莫不快之, 至今膾煮人口. 以是不一年, 落面長, 出入社會, 有名一世.

按壬戌秋, 余往南鄕. 有言龍澤者, 多不笑必爲狂. 噫, 彼之以端方自居者, 見夏榮之賣國, 皆怯怯無一聞, 而獨跖弛之龍澤, 往數之, 又批頰如嬰兒. 豈不誠大丈夫哉. 今擧國皆死, 惟龍澤是生者. 世之人, 苟揚之如雲霄, 躋之似天堂, 俾以助其氣, 則澌盡之我人, 可觀感快活之, 龍澤亦益厲, 而何目之狂人, 歸之笑料. 以爲又欲死龍澤也. 於乎, 從古忠志之士, 恒出於貧寒窮苦之中, 內而困身腹, 外而厄唇舌, 多不能全其節. 是以余觀龍澤之爲面長, 亦未嘗不爲之一淚也.

潘宗禮

潘宗禮, 字子寅, 中國順天府通州人, 或云天津人. 初, 宗禮遊學日本,及回國, 舟次仁川港, 聞日人脅韓, 締保護約, 且覩韓人被虐之狀, 涕泣哽咽. 適有同舟商人, 將閔泳煥遺書示之. 宗禮覽而泣曰, 忠臣, 但其死也晩, 捨身救國, 須及於未亡而圖之, 大勢已去, 濺血何及. 因念中韓脣齒也, 韓之旣亡, 中亦危矣, 而國民猶懵然無覺, 非以血警之不可. 乃列十四條時務, 托其友獻政府, 遂蹈海而死, 年四十三歲. 直隸省總督袁世凱, 聞而義之, 卽陳疏具聞于朝, 且爲文以弔曰, 吾子已矣, 同胞奈何, 諸君勉之, 匹夫有責. 又贈挽聯曰, 可憐志士輕生, 竟化怒濤撼大海, 願結國民團體, 共爲砥柱挽狂瀾. 於時, 有華人來自仁川港, 訪余述此事. 余聞而歎曰, 潘君固殉乎中國者, 然因吾國事而有此, 亦非血族之氣類相感而然歟. 乃賦誄, 投水以弔之. 其辭曰, 於乎哀哉有美一人兮, 於今之魯連, 性燕趙之慷慨兮, 每傷時而泗漣, 航瀛海而求珠兮, 拂若木而言旋, 次仁港而容與兮, 佳哉檀箕山川, 鳳凰出於是邦兮, 綿寶籙於四千, 藍中華之文物兮, 自昔敦夫血緣, 際寰宇之新鬪兮, 獨掩扉于桃源, 有長蛇其噴毒兮, 黑風簸而海翻, 六鰲死而三山漂兮, 哀仙種之不天, 鳥獸嘷而鬼神啾兮, 槿域忽其桑田, 嗟前轍之旣覆兮, 恐來軫之將顚, 噫吁乎神州聖族兮, 尙齁齁其沈眠, 盍舍身而贖衆兮, 我則後而孰先, 擲腔血而作雷兮, 庶可警夫聾頑, 條十四而披瀝兮, 瞻北極而呈玕, 詔魚龍使前導兮, 于以從夫屈原, 冀同胞之大覺兮, 閃閃揚其英魂, 獻一身於兩國兮, 焯千秋而永存, 聽海風之鼓浪兮, 恍乎白馬之怒奔, 仗君靈而籲帝兮, 挽天河而澄氛, 勖我人於無窮兮, 珮高義而勿諼.

張仁煥 / 田明雲

張仁煥田明雲, 皆關西人, 而仁煥居平壤府巖町, 高宗丁丑生. 田張兩人, 皆有忠義大節, 見國勢不振, 嘗欲有爲. 至乙未丙申間, 草茅人士, 各自擧義, 以爲討賊, 而所謂股肱, 媚事讎賊, 竊居勢位, 不顧國家. 明雲仁煥, 乃慨然曰, 今國勢至此, 吾當遊學米洲, 以湔國恥, 決然高擧, 遂渡米而去. 是時, 我人之在桑港紐育羅省加州及布哇各地者, 無慮八千餘人, 大底皆勞動者, 而其中有社會志士敎會信徒及學界靑年, 開辦報館, 建立學塾, 欲養成人材, 供獻祖國. 至是, 仁煥明雲聞米人須知分, 侮辱我祖國, 大忿怒, 遂炮殺之. 彼知分者, 乃米國之政治家也, 常窺我東洋, 經中國至日本, 以觀其大勢. 乙巳十月, 日賊勒約五條, 薦知分爲外交顧問官, 日賊之鷹犬也. 是以韓人皆怨恨之. 外人亦非難其日賊, 英人麥懇西特著一冊, 載韓國慘形, 傳播各國. 美人訖法, 出月刊雜誌, 駁伊藤. 英人裵說, 主大韓日報, 亦攻伊藤無餘地. 伊藤惡之, 使知分渡米洲, 請讚揚其政策. 於是, 知分至桑港, 將大韓事三條載新報, 而侮辱之. 同胞聞奮憤, 夜會共立館, 遣崔有涉文讓穆鄭在寬李學鉉等四人質問. 知分曰, 韓國有如李完用忠臣, 又有伊藤統監, 是韓之大幸福. 又擧太皇失德, 無所不至. 有涉等大怒, 以拳直衝其胸, 知分遂蛙張於地. 於是, 諸人各擧椅子擊之. 知分被傷, 鮮血淋漓, 有座客挽解之. 在寬等, 不勝其忿, 擧知分辱說及日本暴虐, 一場痛說而歸. 翊日, 知分將向華盛頓, 至玉蘭市驛場. 突有韓人田明雲, 出鎗射之, 炮丸不發, 明雲將炮柄奮擊之, 知分大驚且怒, 方與明雲共肉搏, 又有鎗聲, 起背後, 一丸中明雲, 二丸中知分,

亦韓人張仁煥也. 初, 兩人不相謀而偶値於此. 故明雲誤被中丸者也. 時, 米警送知分明雲於病院, 以爲療瘡, 捕仁煥囚之. 及審問, 法官請韓人之解西語者爲譯, 我人使傳道師梁柱三送之. 明雲曰, 初, 日本與俄開戰, 乃公言于世曰, 使韓之獨立, 永爲鞏固. 今奪我國權, 吸我財政, 佔我官職, 京鄕在在, 置憲兵巡査. 虐殺生命, 同胞魚肉. 故我來美國, 欲修學業, 獻身國家, 以扶顚濟危. 切觀知分, 通信各處曰, 韓人愛戴日本, 感服日人, 此誣衊極矣. 且知分食韓之祿, 而亡韓之國, 故欲殺此賊. 仁煥以韓之國文, 書贈記者曰, 日人對我韓爲不義行動, 皆世人所知. 今知分以韓之顧問, 反附日人, 使我同胞, 欲盡被日人之毒, 殺此我之讎賊, 若不殺此賊, 內地之父母妻子兄弟姊妹, 無以聊生. 故吾爲此擧, 欲殺身成仁也. 於是, 美人各報, 讚歎其韓人愛國熱曰, 此裁判, 使世界各國, 皆爲驚動注目. 又曰, 韓人此擧, 有騎龍升天之榮. 有一美婦人, 撫仁煥背曰, 是眇少者, 愛國若是其熱, 我人愛國, 亦如此人可也. 明雲入院卽愈, 得釋, 知分瘡甚而死. 美庭, 拘仁煥累月, 開公判, 欲以儗罪一等, 陪審官, 感其愛國, 甚至落淚. 乃判決于上等裁判所, 判事국시, 監禁以二十五年. 仁煥泰然, 往산큐엔리服役, 皆曰, 監禁之期, 雖如此, 以每年, 遞減月數計除之, 其實不過十五年. 且칼리포니아總督, 知仁煥之爲人端正, 似有特赦焉. 後, 仁煥稍減刑, 不過十年, 乃得放. 丁卯春, 始返國. 四月一日, 曺晩植金東元等數十人, 開宴又春館, 請仁煥慰勞. 仁煥歎曰, 今吾年已五十一矣, 半生西遊, 今還歸, 童貞見同胞生活, 尙爾窮困, 與昔日無異, 寧不悲哉. 又曰, 孤兒本無依, 故不恤不可得生. 吾欲往宣川, 以爲設恤孤之院也. 時, 仁煥尙不娶, 有才媛尹致福聞之, 自請婚, 仁煥遂娶之. 後, 又往桑港, 庚午陰四月, 偶病入院, 二十四日, 遂不起而

卒, 享年五十四. 朝鮮國民會長某, 送訃于平壤府巖町本家. 五月二十六日, 同胞會桑港, 爲社會葬. 尹致福, 時年二十一, 崇仁校卒業生云.

按丙午年間, 田明雲張仁煥, 射一炮桑港, 其聲轟震北米大陸. 其後, 諸義士之炮, 相繼而起, 內外各地者, 首尾凡十數, 而以其大者言之, 則哈爾濱有安重根, 南門驛有姜宇奎, 總督府有金益相, 日本之東京有金祉燮, 中國之臺灣有趙明河. 其中有或中或不中, 而此皆明雲仁煥倡之, 亦非所謂子房一椎, 喚起天下英雄者耶. 千古 無不亡之國. 故不幸我韓, 亦不祀. 然使今日無國之韓, 其重如鼎呂, 其炳如日月者, 田明雲張仁煥安重根姜宇奎金益相金祉燮趙明河等, 乃討賊復讎, 秉春秋於天下也. 是以世界, 皆謂之韓國亦有人, 吾韓之雖亡, 於此, 可以見國亡而人不亡也. 吾知其完用乃萬古之逆賊也, 伊藤亦萬世之讎賊也. 是以此兩賊者, 天人所共忿, 鬼神所陰誅. 痛彼知分, 雖日本之鷹犬, 我韓之蟊蠈, 然秉彝所在, 稱伊藤不讎賊, 道完用爲忠臣, 知分不失眞, 顚錯忠逆, 有如是哉. 此大禍將迫, 所以先奪其魄者也.

蔡光默

蔡光默, 字明叔, 自號龜淵, 平康人. 應敎忠衍后, 父東軾, 長於詩, 鳴當世, 人稱華南先生. 哲宗庚戌, 生于洪州梅坪里. 慷慨有大節, 事親以孝, 承順無違. 往在乙未, 內賊引島夷, 弑國母. 光默發憤, 約與友人朴昌魯安炳瓚, 激勸義旅, 詣洪州城擧事. 金承宣福漢李承宣偰士人李相麟宋秉稷李世永, 亦有約至, 以義諭州牧李勝宇, 發訓列郡, 頗有糾繾. 勝宇反覆, 陷諸義士于獄. 時, 光默以召募在外. 聞變, 卽奔京上疏, 請討賊. 疏凡十數度, 朝廷收議優批. 除內部主事, 不受卽還鄕. 至乙巳, 所謂五條約成. 光默慫慂與前日共事者朴安曁李晩植復起義. 推閔參判宗植爲盟主. 丙午閏四月, 入據洪州. 至是, 光默以厲臥浹旬, 閔台不知病, 檄招. 光默見檄, 蹶起欲赴. 子奎大諫曰, 父病尙谻, 詎可爲矢石所乎. 光默張目叱之曰, 殉國難, 卽余素執, 寧可家居, 死於兒女子手也. 遂舁疾赴. 奎大亦陪從, 與閔台共抗賊, 多斡旋. 至八日, 賊乘夜陷城, 炮丸如雨. 或勸光默避, 光默慨然曰, 旣倡大義, 何忍逃生, 父子俱死於鋒鏑. 金承宣福漢聞之, 嗟傷曰, 彼蔑學昧義者, 固不足齒, 而平日講究義理, 稍有識見, 而各自逃逭以偸活者, 視光默, 倘無赧恧乎. 當日, 昌寧成載平亦死之. 先是, 載平爲管餉監, 賊至, 人勸避, 載平堅坐不動曰, 我當重任, 抱此文簿, 將焉往哉. 遂死於賊. 載平牛溪先生渾后, 光默家人. 後, 尋屍, 竟不得, 以遺衣服, 招魂而葬. 死之日, 乃閏四月九日也.

順興 安炳瓚

金德鎭

金德鎭, 字景明, 號樂溪, 安東人. 洛圃先生重鎰九世孫, 太皇乙丑, 生于青陽郡三街. 丙午, 日人脅上內禪. 德鎭忿惋, 與前參判閔宗植士人鄭在鎬李世永朴潤植李容珪李相斗諸人, 共擧義于洪州. 及城陷, 被逮公州, 警視高橋淺水取供, 先問姓名年籍, 然後問擧義曰, 爾國有日本保護之功, 而反以我爲讎, 何哉. 德鎭曰, 痛矣, 大韓自來, 何代無爾國侵凌之禍, 　而至於壬辰掘陵之變乙未弑后之讎而極矣. 繼而昨年, 有十月之變, 忿惋痛迫, 尙忍言哉. 爲國報讎, 凡我同胞皆是, 豈其人勸而爲之也. 淺水曰, 汝言我敢爲虜, 且以爲無父無君, 何也. 德鎭曰, 伊藤弑爾君之父, 是讎賊, 當誅之不暇, 反以稱功臣而使仕之, 是可曰有父有君乎. 爾本男女無別, 又薙其髮, 安可以免夷虜也. 淺水默然良久曰, 爾國則削百會, 大小雖不同, 其削之一也. 德鎭曰, 爾疑我削, 視吾髻下. 彼相顧驚歎. 自是之後, 言辭稍敬, 常以志士稱之. 彼又問曰, 苟放還, 能復謀乎. 曰吾於此事, 必死而後已, 不必問也. 被逮數朔, 竟流于全羅道珍島, 至七朔始還. 及還, 遂杜門謝外, 綑草履以歲月焉.

柳濬根

柳濬根, 字舜卿, 號友鹿, 拘馬島時, 崔勉菴益鉉之所命也. 全州人, 大諫淸白吏軒后, 進士馨仲子, 居保寧郡鹿門. 哲廟庚申生, 早孤, 性豪橫不羈, 遊戱賭博. 晩更折節, 追隨遠近士友, 樂聞讜言, 嗜義如渴, 疾惡如讎, 慨然興感於古今人忘身殉節者, 殆欲與之同歸也. 光武壬寅間, 東賊之亡命者, 復籍夷敎, 嘯聚群凶, 恸脅鄕里, 勢急熱焰. 邑宰迫於民訴, 强拘而實羈縻之也. 濬根以爲春秋之法, 亂賊, 人得以誅之, 奮臂而起, 從者數百人, 直誅其賊魁. 旋曰, 吾非士師也, 身自就囚, 邑宰義之, 斡旋于法司, 竟亦無事. 丙午, 從戎于閔宗植之義旅, 在洪州城中, 城陷而義將以下, 率皆跳身遁矣. 濬根獨毅然被執, 數月牽獄, 抗義不屈, 乃與一二人士, 同被拘對馬島, 呵叱島夷, 四載如一日. 虜皆嘖舌, 甚加敬重, 全節而還, 見今在家食貧.

友鹿柳公墓誌銘

故義士柳公濬根舜卿, 以庚申仲秋之六日, 得暴疾, 卒于保寧縣鹿門里第, 距其生哲宗十年, 壽命甲子一周也. 士友相弔曰, 吾黨無人矣. 雖不知面, 而聞公之風者, 亦莫不咨嗟嘆惜, 甚者至有曰, 某公云亡, 國家之恢服, 無望矣. 公以一介布衣, 無祿位權勢之可以動人者, 而至於如此者, 實由於公之忠君愛國之誠, 尊華攘夷之義, 自然孚感於人而然也. 嗚呼賢哉. 公完山人, 晩號曰, 友鹿者, 勉庵崔公所命也. 系出完山伯濕, 至我朝大司諫軒, 選淸白吏, 縣監以昌, 公其八代孫也. 曾祖諱燧, 以孝贈童蒙敎官, 文行爲士友所重. 祖諱芝喆, 考諱馨, 中成均生員, 連世有行懿. 妣宜寧南氏, 禹采女, 有閨範. 光山金氏, 其考洛龜, 亦以女士稱, 公金氏出也. 在娠有夢龍之異. 公自齠齓, 抗直有性氣, 不欲屈於人, 而亦能篤於孝友. 十三, 王父卒, 以親毁病, 代以饋奠, 哭泣儼若成人. 翌年, 遭外艱, 生計剝落, 爲養偏母, 從事樵牧, 因以失學, 爲終身恨. 及長不羈自放, 往往出入於賭博之場. 金孺人泣而戒之, 公卽改不復爲. 公於伯氏, 初不知爲非禮, 偃臥吸煙. 人告之以不當, 瞿然謝過, 自是益盡恭謹, 事之如嚴父. 遘癘危重, 時方大雨, 川渠漲滿, 昏夜亂流而濟, 問宜求藥, 竟得差瘉. 邱嫂嘗病瘡受針, 悶其忍痛, 氣塞昏倒, 良久乃蘇. 季弟素抱羸疾, 至於難救, 則問方於五十里地, 朝往暮歸, 如是者旬餘, 而終求得山養之蔘, 有奇效, 人皆異之. 東匪之亂, 賊徒誘脅萬端, 而終不染跡. 難定後, 有匪魁二人, 又入西敎, 藉其勢, 掠奪民財, 一境騷動. 有鄕人冒書公名, 會集士民. 公初不知, 而及其不可止, 則乃挺身自當, 率衆請戮于官, 而終不聽, 不得已引亂賊人人得而誅之, 不必士師之義, 取兩賊, 與衆殺之. 此雖過中, 而亦可見濟民之仁心嫉惡之剛腸也. 嘗往湖南, 於山谷中, 遇强盜數十出而縛公及多數行客. 公不慴不撓, 隨機應變, 卒以自免, 而脫人於禍. 同患亂者, 至今稱頌. 公身在草野, 心懸魏闕, 及見危亡, 則痛憤如不欲生. 乙巳勒約後, 縣吏來徵租. 公怒曰, 自約成以後, 錢穀甲兵, 皆爲彼虜之有, 則汝輩賦斂, 將輸於何處, 因縛而鞭之. 吏走告本倅, 倅大忿怒, 發卒捕公入庭, 罵曰, 爾爲吾民, 縛官隷而不納稅, 豈非悖逆乎. 公正色答曰, 官爲吾君之命, 吏收土地之稅, 輸於讎虜. 吾則不納而守之, 以待吾君之徵發, 誰順而誰逆. 倅語塞, 因囚獄. 公衣冠端坐, 不食三日. 吏輩告倅曰, 此儒素剛, 視死如歸, 邑村之所知也. 若或自斃, 則豈非生事乎. 倅雖忿甚, 無如公何,乃釋之. 閔參判宗植, 擧義於鴻山, 行到藍浦, 遣人邀公. 公方病未蘇, 强起從戎. 倭虜藉王命, 誘使解散, 遣使相問, 義將送人, 則輒縛拘之. 義將, 使公往詰, 卽赴彼酋留陣處. 露刀示威, 公平心舒氣, 反復辨難, 彼亦口呆神奪, 遂縛解送所拘者. 入洪陽城也, 義將不聽人言, 杯酒送日, 未幾, 城陷. 義將以下, 皆越城而走, 公獨不離處, 及被執. 謂倭虜曰, 倡義者, 卽閔宗植與我輩數人而已, 他無所與焉. 虜亦義, 多所解縱. 及問, 公奮拳怒目曰, 吾爲國討賊, 何用問爲. 爾其速殺我. 虜亦不復問, 待之稍厚焉. 被拘于漢城警察也, 究詰窘辱, 非止一再, 而終不挫折. 公知必無幸, 欲不食, 而絶粒屢日, 聞將押送彼國, 欲一辨詰於虜主之庭, 强食而待之, 竟拘囚於對馬島. 在島四年, 征衣多過時不渡, 而終不着彼虜所與之服. 同囚者, 未免胥靡之役, 而公未嘗一日下堂, 擁一篲鋤一草, 叱夷虜, 如奴隷, 彼亦益加敬服, 不敢戱侮矣. 勉庵亦後先來拘, 公執小學請業, 纔二三冊, 而勉庵病革, 晝夜扶護, 有同子侄. 及沒, 哀痛殊甚. 還家, 以生子不告, 自本縣警署, 招致大加咆喝, 多日拘囚. 公矢死不許入籍, 彼亦知其終不能屈, 置之. 往歲之方喪, 公赴哭因山, 諸儒封章, 以公爲疏頭. 公不得終辭, 復爲彼所拘, 屢月處坎, 日講鄒經. 當時在囚者, 擧皆不得免薙頭, 而於公則不敢焉, 蓋畏憚其平日威望也. 京中若個章甫, 設八道公議, 勸起四方儒林, 欲少扶倫理. 本縣僉議, 推公往赴. 時, 沴疾方熾, 至任○郡, 虜輩例於行人施針, 謂以豫防. 公恥之, 卽徑還來. 未幾日, 遘疾暴卒. 時, 死於沴者, 虜必强取火燒之. 於公, 不得生意, 只勸其獨葬, 以電線, 報告于渠之本國及各處酋長, 其所畏忌, 有若金人之酌酒相賀於岳爺之死也. 葬于本里先塋某坐之原. 配驪興閔氏, 父曰洛鉉, 育一女, 適李輔善. 側出一男, 方六歲. 公雖不能讀書問學, 而以從祖兄四可公浩根, 有經術文章, 信服而尊事之. 聽其論議, 受其規責, 從善徙義者, 多矣. 國俗甚拘色目, 而公不計世論, 於本朝儒賢, 最慕尤庵宋先生. 是以義理明白, 言論峻截, 執守堅確, 有足以聳動人心者, 而至於忠愛, 則出於天性, 非勉强而然也. 饒於智而優於勇, 出謀發慮, 類多出人意表. 義所當爲, 奮迅直前, 雖刃鋸鼎鑊在前, 而若無睹也. 以公才志氣節, 若能展布, 則必大爲世道之重, 而遭時不幸, 歷變履險, 齎恨而沒, 足以隕志士之淚, 而其所樹立, 則天經地義之亘古今而不可易者也. 後有續紫陽綱目之筆者, 必大書特書, 而公之名, 亦將百世不磨矣, 此足以慰公忠魂於地下也歟. 余與公, 雖晩交, 而志同義合, 相視莫逆矣. 今遽失之, 實有百身之願, 而今四可, 錄公事行, 以書來曰, 舜卿之窆, 子不可不銘. 余雖文短病甚, 而何忍無一言於公之終事也. 乃敍次而爲之銘曰, 東郡之義, 中郎之節. 起自草野, 有此樹立. 百折不回, 屢入燕獄. 髭髮無恙, 虜亦畏服. 風動士林, 名播邦國. 蹟其終始, 磊磊落落. 未見係嬰, 天何奪速. 公則無愧, 生者之慽. 荒草寒煙, 墳于海曲. 氣蟠蒼旻, 下有毅魄. 故人作詩, 其筆如戟. 陵谷或遷, 此石不泐.

金志山 撰

崔益鉉

崔益鉉, 字贊謙, 慶州人, 孤雲先生致遠后, 先生以文章顯羅麗. 純廟癸巳, 益鉉生于抱川嘉莅里, 骨格非凡, 眼彩如星, 相者謂虎頭鳶頷, 父母奇之, 小字曰奇男. 丙申, 隨大人公岱, 移寓丹陽. 甫六歲上學, 聰慧絶倫, 一聞輒記. 稍長, 往蘗溪, 受業于華西李恒老門, 華翁大書勉庵二字以贈之. 後遘紅疹, 幾殊及起, 重庵金平默, 以書賀曰, 倘非天相間氣之男子, 爲後日斯文之地, 則吾友亦幾乎殆矣. 乙卯, 擢明經甲科, 尋付權知承文院副正字成均典籍攝記注, 八月差持平, 正言. 庚申, 除吏曹正郞, 七月, 出爲新昌縣監, 以民事忤道伯, 投印而歸. 癸亥, 參哲宗大王哭班, 拜典籍, 佐郞, 直講. 丙寅, 丁母夫人李氏憂, 服闋, 拜掌令. 因事入京, 卽治疏, 略擧時弊民瘼四條, 一停土木之役, 二罷聚斂之政, 三革當百之錢, 四禁四門之稅. 言甚切直, 上嘉納優批. 時言路塞, 此疏一出, 中外翕然稱鳳鳴朝陽. 以司諫權鍾祿彈被削, 尋敍特旨陞通政敦寧府都正及同副承旨, 有馹召, 竝不就. 俄聞有洋擾, 趣駕入城. 及歸, 又拜都正·承旨, 馹召, 上疏辭, 兼陳所懷, 封付縣道. 略曰, 政變舊章, 人取軟熟, 大臣六卿, 無建白之議, 臺諫侍從, 避好事之謗, 朝廷之上, 俗論恣行而正誼消, 諂佞肆志而直士藏. 賦斂不息, 生民魚肉, 彝倫斁喪, 士氣沮敗, 事公者謂之乖激, 事私者謂之得計. 京畿監司金在顯, 進雲宮, 大院君大怒, 使卽還送. 於是, 都下喧籍, 至聞大內, 日三下敎以探入. 大院君憤激, 貽書禁將梁憲洙曰, 台與崔令相好, 向來疏本, 使之改呈, 不然, 朝廷將不安. 梁連走急足. 益鉉曰, 言旣一出, 罪犯罔赦, 則嶺海斧鉞, 只待司命者處分而已. 俄陞右副承旨, 未幾, 特除戶曹參判. 益鉉將原疏以呈, 批曰, 此疏實出於衷曲, 且爲戒予之辭, 極爲嘉尙, 如此正直之言, 若有岐二者, 不免小人. 時大院君久秉政權, 威勢烜爀, 人無敢觸之者, 士大夫一種議論, 皆以爲今之言者, 處人君父子之間, 苟言之, 亂倫也. 由是十年之間, 一不聞讜言. 至是, 見益鉉疏, 深嘉納, 有此格外恩數. 一邊人摘疏中八字, 爲構罪之資. 益鉉上疏辭尾陳五條, 歷擧前疏未盡之懷, 略曰, 今日議者, 以政變舊章彝倫斁喪八字, 爲論臣之欛柄, 臣請得以申言之, 一皇廟之撤, 君臣之倫斁矣. 一書院之罷, 師生之義絶矣. 一鬼神出后, 父子之倫紊矣. 一國賊申雪, 忠逆之分混矣. 一胡錢之用, 華夷之別亂矣. 此數三條件, 打成一片, 天理民彝, 固已蕩然而無復存矣. 加之以土木願納之類, 相爲表裏, 而爲殃民禍國之資斧, 非所以變先王之舊章, 斁天下之彝倫而何哉. 傳曰, 疏辭多有語逼者, 豈有如許道理乎. 安置濟州. 乙亥, 始還. 丙子, 倭使黑田淸隆來請修好通商十三條, 朝廷議講和, 益鉉以爲此乃華夷人獸之大關也. 雖韋布亦不可暇計出位之嫌, 況忝在大夫之列, 雖名在罪籍, 何可不言乎. 遂持斧上疏斥和, 略曰, 臣切聞之, 和出於彼之乞憐, 則是强在於我, 而我足以制彼矣, 其和可恃也. 和出於我之示弱, 則是權在於彼, 而彼反以制我矣, 其和不足恃也. 臣不敢知今日之和, 出於彼之乞憐耶, 出於我之示弱耶. 我之宴安而無備, 畏劫而求和, 爲目前姑息之計者, 人皆見之, 雖欲諱之, 不可得也. 彼知無備示弱之實, 而與我結和, 則向後谿壑之欲, 何以充之耶. 我之物有限, 而彼之求無已, 一有不副, 則狠怒隨之, 侵掠蹂躪, 前功盡棄, 此和之所以致亂亡者一也. 一日結和, 則彼賊所欲, 在於交易物貨, 而彼之物貨, 類皆淫邪奇玩, 生於手而無窮者也. 我之物貨, 類皆民命所寄, 産於地而有限者也. 以有限之津液膏腴, 民命所寄者, 易無窮之淫邪奇玩, 蠱心敗俗者, 而歲必以鉅萬計, 則不數年東土數千里荒疇敗屋, 無復支存, 而國必隨之矣, 此和之所以致亂亡者二也. 彼名雖倭人, 其實洋賊也. 和事一成, 則邪學之書, 天主之像, 混入交易之中, 少焉師生傳授, 遍滿一國矣. 欲自捕廳譏詗捉誅, 則彼人之狠怒又加, 而講和之宿盟歸虛, 欲任之以勿問, 則將見其家家邪學, 人人邪學, 子焉而不父其父, 臣焉而不君其君, 衣裳淪於糞壤, 人類化爲禽獸矣, 此和之所以致亂亡者三也. 和成之後, 彼欲下陸, 交相往來, 或尋室而居於境內, 則我業已講和, 無說以拒之, 拒之不得而任之, 則財帛婦女之攘奪劫取, 惟意所欲, 夫亦孰能禦之. 且彼人面獸心, 少不愜意, 殺人越人, 無復忌憚, 烈婦孝子, 哀痛號天, 求爲復讎, 而在上者, 畏其失和, 不敢聽訟. 若此之類, 終日言之, 不可殫擧, 則人理蕩然掃地, 而生靈不可一日聊生矣, 此和之所以致亂亡者四也. 倡爲此說者, 動因丙子南漢事曰, 丙子講和之後, 彼此交歡, 千里封和, 至今保磐石之安, 今日與彼和好, 何獨不然. 臣以爲此與兒童之見無異, 丙子之講和, 害義大矣, 衣裳之人, 不可立於天地之間矣. 是故, 如文正公臣金尙憲, 忠正公臣洪翼漢等, 倡言排之, 九死不改矣. 然淸人志在帝中國而撫四海, 故猶能略效中國之伯主, 假借仁義之近似, 則是止夷狄耳. 夷狄人也, 故卽不問道理如何, 若能以小事大, 則彼此交好, 式至于今, 雖有不愜, 彼有寬恕之量, 無侵虐之患. 至若彼賊徒知貨色, 而無毫分人理, 則直是禽獸而已. 人與禽獸, 和好同群, 保無憂虞者, 臣未知其何說也, 此和之所以致亂亡者五也. 旣和之後, 藉曰, 彼此永歡, 沿海無警, 百姓安業, 邪敎不入, 雖有不愜, 保無生患, 臣愚意大有不然者. 異日中國秉春秋綱目之筆者, 大書其事曰, 某年某月, 洋人入朝鮮, 盟于某地云爾, 則是箕聖之故疆, 大明之東屛, 太祖大王以來, 用夏變夷, 制禮作樂, 彝倫丕敍之邦域, 一朝而沒於泰西之腥羶也. 不寧惟是, 自來操國柄主國論, 而倡爲此議, 如秦檜孫近之倫者, 類皆不勝其便宜宴安, 全軀保妻子之私計, 而爲此無狀之擧, 使其君父, 獨蒙惡聲於天下萬世也. 噫, 人臣事君, 宜在陳善閉邪, 納之堯舜之域, 而乃反以亂亡之術, 陷君於萬仞之坑坎, 非天下之至不仁, 胡忍爲此, 非天下之至不忠, 胡敢爲此. 臣竊痛心, 死不忍聞. 上命還疏本, 流黑山島, 己卯, 放還田里. 庚辰, 敍付護軍, 追榮祖曾兩世, 兼承芝軒公陞資, 俄入特進官抄啓, 甲申, 改官, 方易服色. 冬倭賊竹添進一郎與朴泳孝·金玉均·洪英植·徐光範·徐載弼等諸賊, 率兵犯闕, 謀害 主上, 殺戮宰相. 益鉉聞變, 驚惶徒步入城, 自外問安. 甲午六月, 倭賊大鳥圭介, 燒迎秋門, 率兵犯闕, 改革政治. 凡宮中貨寶, 盡皆輸去, 把守闕門, 朝臣詣者, 皆得標於賊, 然後入. 益鉉聞變, 蒼黃入京, 不詣闕曰, 無討賊勘亂之策, 而乞憐于彼, 吾不忍爲也, 遂痛哭而歸. 先是, 賊臣金弘集·兪吉濬·金允植等, 與大鳥相爲表裏, 大革政治, 稱開化, 迎大院君入闕內. 自丙子斥和以後, 常稱益鉉不已, 至是達禰前, 除資憲大夫工曺判書. 乙未, 上疏請討逆, 復衣制. 八月, 倭賊三浦梧樓, 與弘集·吉濬·允植·鄭秉夏·趙羲淵·張博·禹範善·權瀅鎭·李範來·李軫鎬等, 共弑后, 脅上廢黜, 至是復位頒恤, 益鉉入郡庭受服. 十一月, 又劫上剃髮, 仍大行勒削令于國中, 益鉉會鄕士, 爲復讎保髮之計. 吉濬等聞之, 押上拘留, 投書以脅, 益鉉答至死不變. 於是, 弘集·秉夏被殺, 又列郡人士, 擧義聲討, 朝廷收斷髮易服之令, 差各府郡宣諭大員, 命速登程, 公上疏辭, 因請討賊, 批不許, 又上疏不赴. 戊戌, 拜議政府贊政, 上疏辭兼陳時務十二號. 一, 開經筵以輔聖學. 二, 愼飮食以保聖躬. 三, 屛私侍以肅宮禁. 四, 審用舍以正朝廷. 五, 董百官以務實事. 六, 正法律以立紀綱. 七, 破民黨以遏亂階. 八, 禁起復以正風俗. 九, 節浮費以舒國用. 十, 整軍法以修武備. 十一, 討讎逆以明大義. 十二, 嚴華夷以立大防. 優批. 拜宮內府特進官, 上疏辭, 兼陳所懷, 不答. 庚子, 自抱川移定山. 甲辰, 密諭敦召拜特進官議政府贊政, 又別諭敦召, 竝辭疏者凡四, 而皆批不許, 遣地方官, 諭赴召. 益鉉至小谷, 遣秘書郞敦諭. 益鉉入對漱玉軒, 兼進五條袖箚. 一, 擇賢才以任政府. 二, 禁聚斂以保百姓. 三, 興學校以養人材. 四, 修信義以交隣國. 五, 正邦禮以捄末失. 因進言曰, 陛下試觀今日之事勢, 以爲將興乎, 抑以爲將喪亂之時乎. 如知爲喪亂之時, 知所以致喪亂之由也. 只以今日之民會言也. 挾恃强隣, 敢肆凶暴, 民心卽天心也. 民心之渙散如此, 則天心從亦可知, 豈陛下事天之誠, 或有未盡歟. 抑有司之臣, 不能對揚聖德而然歟. 今日之民心渙散, 皆由乙未以後, 無復讎之志, 無復讎之政故也. 如有復讎之志, 復讎之政, 則民心自固, 宜無今日之暴亂矣. 自乙未大變以來, 君臣上下, 若能小知復讎之不可不爲, 而加奮勵焉, 則今之國勢, 庶不至此矣. 顧擧國臣民, 皆爲俘虜魚肉之慘, 而莫之捄, 於乎, 天乎時乎. 思之至此, 只有溘然無生之願而已. 因放聲大哭, 退而待命, 上終靳俞. 又上疏陳情, 遣府郞諭以退去. 益鉉再陳不可去之義, 兼言借款日貨依附外國之非. 遣府郞諭還, 遂還納批旨. 弘文學士南廷哲, 請用其言, 上賜米錢, 固辭不受. 乙巳除京畿觀察, 上疏辭, 兼陳所懷. 長谷川好道逮拘司令部, 未幾得放. 益鉉至西江, 欲治疏, 又被小山三已所逮, 拘明洞憲兵隊所, 再明, 遂押送定山. 十月, 伊藤博文引賊臣朴齊純·李址鎔·李根澤·李完用·權重顯等, 勒成五條約. 時, 子永祚, 爲顯陵寢郞, 棄官而歸. 益鉉始知之, 卽陳討賊之章, 遣地方官傳諭, 無採施之令. 又上疏申前請, 與鄭艾山載圭, 會遠近士友, 擧拚死叫閽, 賊遏之, 未得上京, 遂決擧義之計, 致書李判書容元·金判書鶴鎭·李觀察道宰·李參判聖烈·李參判南珪·郭俛宇鍾錫·田艮齊愚, 勖以同赴國難, 皆不應. 益鉉嘆曰, 無可與計事者. 辭家廟, 訣家人, 往湖南, 與林樂·安炳瓚等八十餘人, 入泰仁, 乃擧義旅, 遠近皆翕然響應, 馳檄告列郡, 以爲鼓起, 寄書日本政府, 數棄信背義十六罪. 自井邑谷城, 行軍至淳昌, 全州觀察韓鎭昌·淳昌郡守李建鎔, 率倭兵來擊. 益鉉使炳瓚出迎擊, 而已諜者告非倭. 益鉉招炳瓚曰, 苟我是, 以我伐我, 吾不忍爲也. 遂致書曰, 爾若倭, 當刻下死戰, 同胞相殺, 何可忍乎, 願爾等速退. 隊兵不聽, 放丸如雨. 義士鄭時海, 中丸死之, 衆軍皆散. 益鉉知事去, 謂左右曰, 此吾死地也, 諸君皆去. 願從者有二十一人. 是時隊兵, 知益鉉不退, 合軍圍往, 首尾進擊. 益鉉命炳瓚曰, 吾輩必死乃已, 錄姓名, 貼壁上, 各依錄序坐, 當明白死可矣, 諸人各穿廣袖衣, 更結纓, 拱手背壁竦坐. 時流丸亂入, 衆恐犯益鉉, 皆欲環坐蔽障, 益鉉亟止之曰, 不必如是, 各宜列坐, 得正以斃, 不亦可乎. 忽暴風雨大雷電, 隊兵皆愕然乃止. 是夜風雨如晦, 屍在房中, 無燭可明, 濡血可蹀, 衆皆和衣踐血而坐. 會李道淳·林相淳, 自外將粥酒而至, 始觀之, 皆逃去. 唯炳瓚·高石鎭·金箕述·文達煥·林顯周·柳鍾奎·趙愚植·趙泳善·崔濟學·羅基德·李容吉·柳海容十二人在, 鍾奎治鄭喪而去, 偵探梁在海, 聞變還, 復成十二人. 於是, 賊兵攔入, 益鉉誦孟子浩然熊魚二章, 賊押上京, 是時日暈三匝. 益鉉每夜誦離騷經·出師表等篇, 及入京, 囚司令部, 卽乙巳春, 被拘處. 益鉉笑曰, 老去如鷰, 重尋舊館. 倭勒脫冠巾, 益鉉叱却之. 時洪州義士八十餘人, 先被拘在此, 憲兵方欲勒刺, 聞益鉉至, 驚曰, 崔大官來, 皆走. 由是義士皆得免. 晝則看周易, 夜則誦書, 不得食者, 凡數三日, 聲益爽朗. 至七月, 倭宣崔某對馬島監禁三年, 炳瓚二年, 石鎭·濟學, 加囚本署四個月, 箕述等九人, 竝杖一百放送. 時益鉉眩暈不省, 至馬島, 囚于嚴原衛戍營警備隊內, 欲脫冠巾, 益鉉大聲叱却, 彼擧劍爲欲刺狀, 益鉉披胸大喝速刺. 至是, 氣息奄奄, 顧謂炳瓚曰, 書生無軍旅之責, 八十非從戎之年, 然吾所以爲此者, 圖所以聲大義於天下, 而事之不濟, 擧義之日, 已知之地, 至此食其食而不從其令, 亦非義也, 從此吾可不食乎. 遂絶食. 作遺疏, 授炳瓚曰, 君卽生還, 進呈吾君, 以表吾志. 因謂衆曰, 吾蘗由自作, 累及諸君, 慙負多矣. 各贈五言一絶. 翌日, 倭大將來勸食飮曰, 監禁食費, 皆自韓政府來, 故吾等不過監視而已, 願進食, 爲國自愛. 炳瓚及諸人引古義陳諭, 涕泣不已. 益鉉不得已而曰, 爲君等更食. 乃强進. 隊長又來曰, 前日非要剃髮, 而舌人乃致誤, 一日, 益鉉早起曰, 吾平生未有夢作, 今忽得之, 未解其意. 仍誦諸略曰, 乘桴夫子嘆, 蹈海魯連風, 二者同不同, 請詢日邊翁. 諸人或無冠露髻而坐, 益鉉命製緇布冠戴之. 仍作一絶時, 命各和之. 仍有浮症, 因舌捲便秘, 自是以後, 不識言語. 丙午十一月十七日庚戌寅時, 遂卒于獄中. 前夕, 有大星隕于東南, 光芒亘天. 翌日, 治喪奉于修善寺. 癸丑日夕, 招魂登船, 港居諸倭, 執燭相隨, 莫不悲泣, 乃泊于草梁港, 皆撤市號哭. 商務社員千餘人具大轝靈車, 以帛書春秋大義日月高忠八字, 揭竿以迎柩, 安于一乃軒, 請自擔治喪. 及下陸, 金永圭·權順度, 扶柩呼先生, 號泣曰, 此大韓船, 大韓地也. 津頭男女老少萬餘人, 皆呼號先生, 哭聲震地. 時, 雲陰雨細, 雙虹橫貫東南, 爭持奠誄哭者, 晝夜不絶, 以至各學校男女諸生徒, 皆拍地痛哭, 如悲親戚. 本府妓飛鳳·玉桃·月梅者, 以國文爲誄奠哭. 梵魚寺僧奉蓮, 率僧徒致奠. 草梁寡婦三人, 戴奠物四十里以來曰, 大監祭需, 不可戴倭車. 及成服, 家家揷白旗擧哀, 列國人亦皆流涕被面. 始喪, 嚴原警備隊長賻錢二百兩, 永祚不受. 至昌原, 倭人十餘人, 自馬港來, 欲劫轝載火車, 遂以義拒之. 及到昌寧, 憲兵少尉平田鐵次郎, 持長谷川好道令來, 又欲劫轝, 終夜劇戰, 平田亦屈自戢. 乃還葬于魯城郡, 門人知舊加麻者, 三百餘人. 沃溝·抱川·定山·泰仁·谷城·咸平五郡, 皆建祠以祀. 又配海州華西先生影堂, 刊行文集二十二冊. 益鉉好名山, 如金剛·俗離·頭流·漢挐·牛耳, 無不遍觀. 有三男, 永祚 參奉, 永學·永福.

年譜

林炳瓚

林炳瓚, 字中玉, 號遯軒, 系出平澤, 麗朝門下平章事謚忠貞, 其鼻祖也. 至我朝英廟時, 有諱致榮, 戊申之亂, 捉賊魁白弼永兄弟, 策二等勳, 太皇朝, 贈內部協辦, 寔公五世祖也. 考諱榕來, 贈戶曹參判, 號南谷. 哲廟二年辛亥, 擧公于全北沃溝縣大寺里南山第. 甫三歲學語爛熟, 日至里塾, 見讀書, 歸欲受書. 父奇之, 敎白首文, 一讀輒誦. 父恐其才勝, 至鳥官人皇而止. 年五, 學五言唐音, 仍成五古數句, 皆稱神童. 戊午九月, 公隨父往先墓祀, 見其父與諸宗人, 皆言笑自若, 而至再從祖廷弼兄弟不相語. 夜, 歸問其故. 父長吁良久曰, 汝欲聞之乎. 初, 吾家貧爲吏役, 久任吏房. 彼爭之, 兄弟三人, 誣陷營廷, 拷掠無比, 此非刻骨者乎. 公徐曰, 勿論是非, 祭先祖而乃相阻, 不共爲周旋, 靈若有知, 其心可安乎. 不過區區爭任, 而相持至此, 這間之有是非且置, 今日之有未安, 果何如. 且彼强我弱, 持之無益, 若不解而成世嫌,則兩家不幸, 不亦甚乎. 彼之所爲雖極痛歎, 在父是已事, 願思之. 王母宋氏撫背歎曰, 此兒意見老成. 父亦奇之, 翊日, 帶公至廷弼家解之. 時, 公年八歲. 丙寅八月, 公赴全州試. 時, 奇松沙宇萬已嵬捷. 及公應擧爲魁, 諸儒以爲林年幼, 必借手, 非自作, 物論紛然. 府伯召兩人火作. 時, 奇年十九, 林十六, 亦得捷. 公翊年爲吏役. 戊子, 湖南大歉, 上命道伯恤民. 十一月, 公出錢千兩, 輔公賑, 又出錢三千兩租七十石, 恤貧族窮交. 至是, 各邑督田稅大同以米責捧, 米至石七十餘兩. 公憂之, 乃獻策于監司曰, 今徵稅以米, 其價日翔, 貧民不可以應, 啓請納代錢, 定一石以二十五兩, 則民不塗炭. 監司遂啓聞. 由是於焉過冬, 徵稅稍緩, 全一省, 賴以安堵. 時, 公方在完營戶房, 而其任賴本出自稅捧. 故公之任賴, 由稅緩不捧, 而亦不顧. 翊年己丑春, 南士薦其功, 臯司李憲稙啓請賞賜. 二月, 除折衝將軍僉知中樞府事兼五衛將, 貤三代. 至是, 上內下米一萬石以恤民, 公又出米千石, 納京賑廳. 監司啓公以賙窮恤貧爲己任, 七月, 以功除樂安郡守兼順天鎭管兵馬同僉節制使. 公至郡, 則戊子以後, 所捧稅米, 不過五分之一, 而戊稅米一石代是二十五兩, 則未納殆近三萬金. 且己丑, 年事小康, 米一石不滿九兩, 以戊稅計己稅, 則戊稅可謂倍己四歲. 如作己米納戊稅, 則己米三石不過代戊米一石, 而又徵己稅以米, 則是以一年之農, 納四年之稅也. 是以公見監司金奎弘曰, 舊使時, 啓請停稅而無報. 故乃再請代錢, 雖得蒙允, 然戊米價高. 故今以新代舊, 則己稅大同, 乃不停而自停矣. 今秋, 若又失稔, 則新舊兩稅, 幷不可捧, 啓請本色而不代錢然後, 可舒民力. 監司啓請, 遂發關各邑. 公又謂監司曰, 今雖啓請, 其蒙允, 亦未可知. 樂安依今日關飭, 以本色收捧, 及還官, 捧本色, 九月, 盡捧其新舊兩稅. 至是, 聞京江米直翔貴, 卽輸送京江, 欲爲商以上納. 左水使金東韻, 流言京中曰, 林某稅船, 至泰安破船. 上使韓山守申勝休査, 竟無事. 及上納不足有四千餘兩, 公乃斥土充納, 一不歛民. 樂邑自甲申以來, 邑逋有六萬七千餘兩, 米五千八百有餘石, 木四同有餘匹. 庚寅三月, 公盡淸算, 其不足者, 以捐廩助者, 又萬餘金也. 夏, 兼群山聖堂法聖三鎭官, 查新舊漕倉, 皆有聲績. 公之納稅及刷逋者, 前後至累鉅萬, 而民無濫徵, 村不見吏. 人皆悅服, 有以論萬人之傘, 公嚴禁不果, 民欲立碑, 又禁之. 及遞, 州民收取萬人衣襟曰, 此無傷於民, 結廡索而名曰, 萬襟索, 乃遮道願留. 後, 州民立鐵碑去思. 公自賦歸, 潛心學問, 教子弟以孝友, 立家道以儉約. 甲午, 東匪猖獗, 爭殺長吏. 五月, 監司金鶴鎭, 聞公之才畧, 啓請除武南營右領官不赴. 咸悅之邑, 舊有靈昭殿, 奉安孔子影幀. 至是, 公見世級滔滔, 斯道將喪, 又作靈昭殿, 往咸悅, 模聖像以奉安, 遂讀書其中. 十二月, 擒東魁金開南, 時, 避東匪來從者, 皆畏刼惴惴. 公曰, 後日死生, 吾自擔之, 皆勿憂, 將開南等六人送沁營殺之. 各邑又次第捕全奉準金德明等巨魁, 湖南平. 乙未正月, 慰撫使李道宰, 以功薦除任實郡守不赴. 慰撫使劃送米二十石, 公辭不受. 又劃送錢二百兩曰, 宗聖村民, 不犯邪道, 公又成大功, 若不施賞, 則有欠宣揚. 故朝家有賞典, 此非施於令公, 卽施於洞民, 切勿推却. 公感激, 與洞民受而設洞契, 以此每朔檢善惡, 春秋講信義. 十月, 聞明成皇后凶音, 率洞民望哭. 時, 官軍路逢行人問居, 宗聖則必無事. 是以他郡之人過泰仁者, 亦多稱宗聖居者. 有金承旨昌錫, 心生猜嫌, 與鎭衛隊長金漢鼎, 構誣陷謀逆, 上報軍部. 捉公及李秀民宋在龜, 囚全州獄, 及公判無實得釋. 戊戌, 軍部大臣沈相薰, 奏差全州沃溝臨陂金堤等七邑之査均委員, 辭不許, 乃査檢均田畓. 辛丑, 湖南大無, 設賑恤, 觀察使趙漢國, 請公監董賑恤. 癸卯九月, 自京送巡檢, 捉公囚全州. 此金連澤有陰謀, 自日本至京被逮, 以亂招者也. 初, 連澤在日本致書曰, 朴公泳孝聞公之名, 欲一見, 今送斧, 卽入來. 且曰, 今英日協議, 機會甚好. 公答不往, 此乃爲禍階也. 至是, 東匪爲日賊之鷹犬, 稱以一進會釀禍叵測. 公上書于觀察使李容植曰, 衛正之道, 莫如斥邪, 設鄕約立規模, 使愚民不得入其黨, 然後可以禁之. 觀察然之, 自爲都約長, 使公爲泰仁約長, 方欲發訓各郡, 俄觀察遞, 不果. 甲辰春, 日本出兵滿洲, 與俄開仗, 假道朝鮮, 掠奪無比. 是以任實全州各郡守, 皆致書憂歎. 於是, 公志擧義曰, 今外寇充斥, 大駕孤住, 身爲臣子, 豈可不扈駕, 將欲擧義. 乙巳正月, 使洞民先五家作統, 以備銃器. 適觀察有訓令本郡曰, 今番作統, 不可以戶爲之, 以人口爲之. 於是, 公發通, 送本守孫秉浩任實守林鏞鉉. 又上書于閔輔國泳韶李觀察容植, 勖以同義, 與諸同志方暗自謀劃. 十月, 賊勒約五條, 輔國閔泳煥議政趙秉世等, 皆死之. 公聞之, 乃大哭, 謂家人曰, 吾幼年失恃, 不得盡情禮, 今欲擇地緬奉, 追服廬墓, 以終餘年. 往沃溝, 移葬親山於鍾石山, 遂居廬山上. 蓋鍾石乃四面絶頂, 而人罕到其處. 是以公掘山腹, 藏兵器, 峙糧餉, 此謀擧義也, 非居廬也. 丙午正月, 崔勉庵益鉉, 致書請擧義. 公答曰, 炳瓚方在堊次, 不得抽身, 後日擧義, 謹當執鞭. 二月, 勉翁又致書. 公答曰, 敎直駕雲峯, 不敢曰不可, 而但雲峯生疏. 若徑往, 脫有緩急, 進退兩難, 莫若以全州爲據. 結其心腹, 然後往據頭流, 以爲進攻退守之計, 恐合便宜. 是月晦, 勉庵至, 相與語大悅曰, 從此大事, 惟君是託, 君其終始.

公曰, 我邦士卒無練, 兵器不利, 難以對敵. 且欲請援外國, 固無可恃者. 但平壤之役, 淸國散卒, 多歸間島, 若雇得此兵, 以爲聲勢, 庶可濟矣, 而雇兵之節, 先得其財, 然後可以擬議. 潤四月, 勉翁又來問. 公曰, 若無財政, 待秋擧事未晩. 勉翁曰, 君言非不是, 但國事日非, 且吾年朝暮, 早知不諧意, 則莫若前冬聞變日, 奔闕下致命, 以表吾志也, 乃泣下. 公亦泣曰, 命意如此, 不敢以成敗爲論, 當捨命擧事, 以共大義. 勉翁曰, 快哉言乎, 然則不須汗漫, 亟日擧可也. 十三日己卯, 公與勉翁, 往泰仁之武城書院, 設講會, 遂發論擧義, 願從者數十人, 直入鄕校爛確. 自井邑之內藏寺, 至淳昌, 蔡永贊金甲逑楊允淑等, 率砲兵數十而來, 午, 與日兵戰却之. 因往谷城, 更至淳昌, 兵仗若干, 軍需若干, 又前後會者, 五百餘人, 而强半是書生, 持兵仗者, 不過二百有餘人也. 翊日, 欲向潭陽, 是日曉, 光州兵至玉果, 送皇勅諭解散. 又全州南原兩邑兵, 前後合擊. 銃丸如雨, 鄭義士時海, 以中軍出戰, 中丸而死, 義旅皆大驚散去, 其不去者, 但十三人. 公與大將, 遂會盟同死. 至是, 見砲兵蔡永贊金甲逑, 持銃特立. 公曰, 公等何不去. 永贊曰, 臨戰而不顧大將, 各自逃生, 是無義, 願與大將同死. 公壯之曰, 公等眞義士也, 將陣中文簿, 負送本家. 俄敵兵捉十三人, 皆押上京城. 憲兵分隊長, 以暴徒取調, 公曰, 見國勢岌嶪, 吾與勉庵先生, 共起義. 汝安敢曰暴徒. 初, 吾欲往日本, 見汝帝, 說之以東洋唇齒之勢, 汝帝若不聽, 吾自殺, 暴白吾志於天下, 今已矣, 豈非恨乎. 六月, 宣告崔益鉉對馬島監禁三年, 林炳瓚監禁二年. 及勉翁絶食, 公亦不食. 勉翁曰, 顧余老朽, 無足可言, 如君前程尙多, 必有用處, 願勿爾也. 公曰, 今日之擧, 非獨爲師, 亦爲報國, 不聽. 洪州義士柳濬根李侙等九人, 亦皆不食. 至數日, 大尉中尉, 皆次第勸食. 於是,勉翁强進, 公又進食. 日, 勉翁謂公曰, 吾今死矣, 將有一疏, 君其待還, 爲我呈此疏. 且收吾骨, 歸埋故國, 竟卒于獄. 公遂收屍以返. 翌年丁未, 公又歸. 及至釜山, 商務社員金參奉永圭, 請斷煙以報國債. 公歸家, 與同志劉官五卓正浩等, 共盟斷煙. 至京上勉庵遺疏. 戊申四月, 除靈光郡守, 不赴. 宋楨鏞等, 構誣欲陷之, 日憲兵捉公囚天安, 十月, 得釋. 庚戌八月, 聞合邦欲絶食, 爲家人所捄, 不果. 九月, 太皇除從二品嘉善大夫, 命獨立義軍府全羅南道巡撫大將曰, 守城守宰, 任才擇用, 便宜從事. 使儒生李侙傳致, 侙來曰, 天意如是慇懃, 全羅一省之儒林領袖卽令監, 惟令監圖之. 公乃北向四拜, 敬受之曰, 今天聽無路, 何以奉來. 侙曰, 前參判金在淳李明九前侍從田鎔奎, 儒生郭漢一諸公, 得機密. 十一月, 日人賜其所謂恩謝金, 乃不受斥之. 各所長來勸不已, 公隨勸隨斥. 彼曰, 匹夫之志不能奪, 更不言. 壬子, 明治殂, 公不服, 囚京城司令部三朔. 癸丑二月, 參判李寅淳, 又奉密詔而來. 詔畧曰, 於乎, 朕以否德, 雖失先王之基業, 晝夜愚憤, 與內外臣民, 做謀設計, 期圖復國, 任卿以湖南大將之職, 三品以下違令者, 先斬後啓. 昌德宮又命曰, 特陞二品嘉善大夫林炳瓚, 命全羅南北道獨立義軍巡撫大將者. 公曰, 皇勅之下, 敢不如命. 但自顧愚庸, 恐誤大事, 遂上疏辭. 是月, 又有密勅. 十一月, 以擧義方畧作管見一冊. 甲寅二月十五日, 泣辭家廟, 遂上京. 三月二十三日, 拜受詔命, 與李明翔李寅淳金在淳郭漢一田瑢圭等, 共選定其各道各郡代表, 以爲謀擧義. 五月初三日, 又拜密詔. 二十三日, 同志金昌植不愼樞機, 事因發覺. 公不得已投書于總督寺內正毅, 請面會. 寺內以警務總監立花小一郞代來. 公畧述所懷. 閏五月, 又投書于總督及總理大隈重信. 二十八日, 見西署警視國友尙謙, 有答辯折之, 六月, 再投總督及總理書, 三日, 遂被逮西署. 於是, 公乃決意自裁, 拔佩刀刺項者凡六, 而因脥縛不命門不死, 但流血滿地. 巡查大驚, 奪刀張掌, 掩刺大叫. 於是, 日人叢集付藥. 公曰, 吾今不殊, 當絕食不水穀, 警部進食, 皆却之. 詰朝進米飮, 亦不食. 巡査置米飮避身, 似有覘視, 公心笑之. 第三日, 警部及監董, 競來勸, 亦不食. 十三日, 以保安法違反, 配巨文島一年. 公至乃曰, 吾絕食十日而不死, 是或命耶, 更進食. 乙卯六月, 又加一年. 翊丙辰五月二十三日, 卒于島. 柩返, 操文致奠者, 相屬不絕. 水陸千里, 時又盛暑, 而至家啓棺, 顔貌如生. 冬, 葬于回文山亥坐原. 初, 副室李氏, 聞勉庵凶報, 大聲痛哭曰, 先生喪事, 未知何由, 而令監亦不生還, 吾生將何爲, 欲往對島. 家人皆以爲不可, 李氏曰, 然則吾當下從, 遂絕食二十五日卒. 及公還, 爲文祭之, 又立碑. 公有二男, 長應喆, 次能喆參奉. 應喆高宗辛未生, 進士文科, 除校理承旨. 丙午, 父與勉庵擧義, 一切封疏幷各國投書, 使應喆爲擧行. 是以應喆逮囚京監一朔. 父擧義, 應喆以親命至京, 與前參判李明翔李寅淳等, 共籌策. 上又下密勅, 二月五日, 仍奉勅而還. 十日, 又上京, 除北三道宣諭使, 應喆至黃海道宣諭. 及歸京, 捉囚三朔. 自是之後, 知時事不可有爲, 歸臥河淸山中. 河淸乃立院享勉庵, 又以公配之, 院庭又立碑, 名曰倡義紀念碑.

按龍者, 其德正中, 其變無常, 見則時降膏澤, 以潤萬物, 潛則不得風雲, 困於螺蟻, 公其非歟. 公自一變而爲鄕吏, 二變而爲郡守, 三變而爲學者, 四變而爲義兵, 非龍豈有爾也. 取公之歷畧, 以大易乾卦之六龍觀之, 公之一變, 卽初九之潛龍也, 公之二變, 卽九二之見龍也, 公之三變, 卽九三之惕若也, 公之四變, 卽九四之或躍也, 公眞龍也歟. 初, 公莅樂安不一年, 刷邑逋數十餘萬金, 而民無濫徵, 村不見吏, 樂邑大治. 及歸, 杜門讀書, 潛心聖賢之學. 丙午甲寅間, 又擧義以爲欲討賊復讐, 前後皆敗於未然, 徒以爲俘. 於乎, 公旣變潛在田. 雖有降膏澤之才, 不能得風雲之勢, 其德落方所而不普施, 殊可惜也. 切觀公嘗立朝, 以如公之才, 若內施杜私門而强公室, 修政敎而攘外寇, 以扶顚濟危, 則國有苞桑不拔之業, 公無對島巨文之辱, 而天門深邃, 九五之大人不利見, 但龍戰于野, 其血玄黃. 此非所以困於螺蟻者乎. 然治化周旋, 不過彌綸一世之功, 節義樹立, 能扶倫綱萬世之重. 以此而見對島之囚巨文之流, 則在其身雖蹇屯, 在大義之聲, 天下後世, 不害爲大有大畜. 是以人皆悲公, 吾乃榮公.

梁漢奎

梁漢奎, 字文贊. 梁爲南原著姓, 高麗兵部郎中諱能讓寔鼻祖. 冠冕奕葉, 至默齋諱祐, 官版圖判書. 罔僕我朝, 三牌不起, 時人以東國夷齊稱之. 厥後, 降爲胥吏, 猶以家風純篤聞于鄕. 高祖與益, 贈掌樂院正, 曾祖山奕, 贈戶曹參議, 祖思濬, 贈戶曹參判. 壬申西變, 謀奮義, 無應者乃止, 人惜之. 考孟錫, 武同知, 孝義上聞, 三世追榮, 後, 贈戶曹判書特恩也. 妣貞夫人坡平尹氏宗吉女, 以憲廟甲辰十月二十日生公. 背有月文, 乳名曰月瑞. 容姿魁梧, 風力絶人, 輕財好施, 人一得御公, 鄙吝自消. 太皇十九年壬午, 聞有軍變, 稟于府使沈宜斗, 將欲募丁壯三百, 直赴京討亂軍, 沈沮之, 不果. 二十八年辛卯, 爲宣略將軍副司果, 翌年壬辰, 陞通訓大夫草溪郡事兼內禁衛將, 俄加通政. 自是, 感激恩遇, 輒思圖報涓埃. 三十一年甲午, 有東匪之亂, 公將欲謀起兵討之, 竟事洩而止. 翌年乙未, 逆臣敢剃上髮. 自是, 太阿之柄, 已倒於日賊之手. 公沫血飮泣, 如不欲生. 散家財累萬金, 糾合同志, 四方好義之士來附者以千數. 於是, 蓄弓矢炮丸, 深藏僻處, 禱名山大川, 以圖擧義. 四十二年乙巳, 日賊勒約五條, 京城設統監府, 中外惶惶, 莫知攸爲. 於是, 公決意擧義, 以丙午十二月率嶺湖義士千餘人, 晦日夜, 衆推公登壇, 至鷄鳴入城. 公仗劍而前, 直襲鎭衛隊, 盡奪其兵器, 追擊之. 倭警部中丸而逃. 於是, 衆銳氣水湧, 乘勝逐北. 公忽中丸仆地, 乃向衆而訣曰, 吾今死矣, 國事罔極, 願諸公勉之, 言訖而卒. 握劍在手, 勃勃有生氣. 時卽丁未正月朔朝也. 賊覺亡回擊, 所奪兵器皆見奪. 遠近同志不知, 晨夜赴陣, 及至皆痛哭而歸. 家人殯三日, 賊疑之, 掘而見, 顔貌如生, 怒目不瞑, 尙有射人之氣. 時, 方賊詗尙嚴, 而會奠者傾數郡. 後, 移葬于蛟龍山北麓向癸之原. 有男五人, 曰相烈, 曰相浚, 前淑人朴氏出, 曰相學, 曰相穆, 曰相德, 後淑人朴氏出. 女二人適于寧川李原默全州李桂弼. 公號愚拙軒, 性孝, 親疾嘗糞, 祝天願代, 丁憂, 三年廬墓. 累世先阡立表, 敦宗睦族, 咸得其心. 先是, 勉庵崔公擧義湖南, 府兵襲擊崔公于淳昌, 漢奎適入市中, 大呼曰, 若等, 敢有害崔大監耶. 聞者壯之. 及崔公被執上京, 至中路, 遣人致書于梁, 勸速擧義. 初, 同郡進士朴在洪, 亦被執, 張拳大聲言滅倭討賊, 自全州至京, 辭氣益烈, 賊不敢問, 嘖嘖吐舌, 俄配珍島, 未幾宥還.

金顯奎

金顯奎, 金海人. 居金海, 勇力絶人, 有將才. 乙巳, 以忠義感動人士, 興兵討賊, 入蔚珍佛影寺. 軍容已成, 方約出戰. 紀律嚴明, 有犯法不小假借. 時, 有朱姓人在陣中, 憚其威猛, 夜率暴兵, 直入幕中, 亂炮向射. 顯奎方臥, 連受五炮. 徐起號曰, 吾欲興兵討賊, 而爾輩殺我, 何故, 是亦天也. 言訖而絶. 是時, 大星隕屋角.

全州 柳寅植

李國善

李國善, 字君直, 初名逸善, 後改今名. 禮安人, 翼襄公藏后. 太皇丙戌, 生于安東郡苧谷里. 年九, 出爲根明后. 居湖西之報恩郡求仁橋, 爲人軒昂有氣節, 家貧, 學書不成, 遂服田. 養偏母以孝. 光武十一年, 日人脅上內禪, 國善憤然不自勝. 於是, 聞金雲路倡義旅于俗離山中, 遂帶槍而往. 雲路見其膽勇, 奇愛之, 軍中諸務, 莫不相與之斡旋. 時, 賊兵來據三山之邑, 雲路欲擊之, 引軍至帳內. 其家人, 以爲兵死地也, 恐有變, 夜往見語歸家. 國善不從曰, 吾旣許人, 義不可歸. 家人遂誘之, 引之帶還家, 納諸室中, 鑰扊扃. 翌日視之, 乃蹴破其門而去也. 及老姑城之役, 衆軍見賊兵漸近, 皆而不前. 國善以炮擊地曰, 賊兵在前, 不戰而懼先, 此將何哉. 自爲前驅, 挺身督戰. 時, 居人有餽酒者, 勸往飮. 國善曰, 方對賊陣, 有飮恐見失, 辭不往. 人懇勸, 國善乃往飮數大白, 登城力戰, 中丸死之, 實丁未七月日, 時年二十二也. 親戚率錢若干爲拮据. 無子, 復乞螟于芋谷里云.

李相卨

溥齋, 韓季議政府參贊李相卨之號也, 字舜五. 名家望族, 幼而岐嶷, 長有骨氣, 學博修勤. 且稟精忠. 累世公卿, 家勢恒赫, 少年宰輔, 譽望蔚藹. 自奉儉樸, 持心素坦, 少無紈袴態度, 愛士下人. 無聲色嗜好, 飮酒善談論. 風采灑然, 天賦篤厚, 才思飄逸, 深究窮討, 少不自饒. 八九歲, 學力頗深, 世稱神童. 湛深儒理, 詣厚禪典, 且習數學到奧, 爲時權威. 竝會英俄文語, 研諳法律, 是皆自習而無師承. 其品學蔚然, 爲士友指南也. 年二十四, 登文科, 歷淸顯. 三十五甲辰, 日人要求我山林川澤拓荒利用之權, 公遂上疏爭之, 遂罷, 爲世所稱, 光武嘉之, 任以司法副大臣 法部協辦. 三十六乙巳, 爲政府參贊. 其冬, 伊藤博文率兵入闕, 締要約, 公爲敵阻, 不能參席, 遂上書請不裁可. 據國際法則, 敷陳切宜, 中有一段警語, 不許亡, 許亦亡, 與其等亡, 無寧殉社, 以無負列朝列宗付畀之重云云. 及聞要約勒成, 公憤胸割裂,熱心沸焦. 更思補救, 不外乎擧國抗爭. 先從朝臣, 激起輿論, 遂與趙公秉世閔公泳煥相議. 趙公自鄕上來, 卽進宮設廳, 封事請廢約誅賊. 當時疏事, 寔公爲樞. 及趙公被日兵所逐, 閔公亦因拘命, 參疏者, 俱出宮外待命. 司 平理院 敗公所期者, 太半失望. 公於待命法院之時, 痛哭叫號, 幾不欲生, 衆人强拉曳歸私第. 公以酒和淚, 永夜飮哭, 欲爲爛腸, 家人環勸不聽. 其翌晨, 聞閔公殉國, 遂奔至鍾路街心, 痛哭演說. 自引不能謀國, 以至于斯, 對國對民, 罪宜萬死, 且力號國亡民滅之眞理, 以頭撞地, 流血昏厥. 全城人心, 方以閔公殉國, 悲憤鼎沸, 又見此公如此, 無不痛哭叫呼. 擔肩到表勳院時, 參疏諸人, 遵閔公約會集于表勳院, 賡續治疏. 方讀閔公遺書, 神情飛越. 繼聞李公亦死, 衆皆筋漲血. 市民擔李公, 至門外, 日憲兵把守, 只許出而不許入. 市民一聲喝呼, 如潮衝進, 日兵披靡. 舁公至一室, 則面目盡破, 四肢硬直, 幾殊而僅胸有小溫. 衆人灌救得蘇, 懇勸不必輕生, 責重後死, 公泣不成聲. 衆人護送至私第, 公自此不出門, 在家養息. 翌年丙午春, 與李東寧鄭淳萬等諸同志, 潛離祖國, 向滬轉海蔘威. 歷煙秋, 見李範允 曾爲義兵將. 到延吉六道溝龍井村, 時, 韓人僑居者, 不尠. 公遂定駐此地, 設一學校, 名瑞甸義塾. 日課子弟, 村人腦舊, 不暗新敎育, 稍有煩言. 公自費支用, 竝共書冊誘讀, 村人始洽然. 延邊韓人子弟敎育, 實此爲嚆矢. 翌年丁未春, 海牙平和會議開, 光武帝, 密命公, 持國書往海牙, 摘發日本之背約, 竝布勒約之無效. 公受命, 遂與李儁登程. 其俄都, 偕李瑋鍾 駐俄公使李範晉子, 範晉不肯撤歸, 仍留彼中. 至海牙, 因列國不許其列席, 公痛論其不當, 安有所謂公理, 亦無如何. 只與會外講演, 頗受同情, 不過是況也, 永歎而已. 李儁, 因憤成病而死. 公遂遊歷英都, 越大西洋. 翌年戊申, 回海蔘威居焉. 蓋因僑民不少,且俄國戰敗後, 方思報復, 積極籌備, 公意後日必有一機, 所以致力于此方. 其後庚戌, 祖國竝名義而被呑倂. 公遂糾合同志, 組一會, 聲彼之惡, 鳴我之冤, 爲少數無恥者沮戲, 會仍無成. 竝爲日人所欲甘心, 强要俄引渡 公以前海牙事件, 受闕席判決死刑故. 俄當局遂送拘捕公及李範允金佐斗李圭豐等七人. 時形頗險, 公在獄中, 吟有獄中十二泣見志. 俄廷, 以其擾亂治安爲名, 放逐于伊爾庫司克 卽蘇武牧羊之北海濱. 翌年辛亥, 赦還. 日與同志, 硏討時事, 欲有所作爲, 而每因物力中止. 公家素饒, 而去國時, 擧皆賣來用之, 困於資, 已久矣. 當地人士, 四方來會, 間有以地方立異者, 暗鬪不少. 公日夜努力, 而與心相違者, 多矣. 與李東輝等, 組勸業會, 刊行勸業報, 欲藉此集力量, 而未三年, 歐戰起, 俄廷, 封閉各團體, 勸業亦因被解散. 公積勞成祟, 得吐血症. 至丙辰夏, 甚劇, 延至丁巳春, 捐世, 時年四十八歲. 公每痛素願不遂, 恒負咎自誦. 非但不欲自炫, 竝與跡而不欲留. 公知易簀有期, 親自搜出其平日著作盡付于火. 且願死後, 葬於火而未燒遺骨, 碎成微粉, 飄揚空中, 不使一撮灰留後. 沒後, 同志李東寧等, 忍痛遵行遺敎. 公之文章, 遒勁成彩, 而無一篇傳於世.

豐城 趙琬九 著

李儁

李儁者, 咸南北青人也. 爲人强勁, 富於冒險, 有百折不奪之氣, 與人言, 其酬酢徑庭直發, 種種多危怕, 人畏之, 皆不欲其願交也. 乙未, 除法部主事. 冬十二月, 上播俄公館, 密令殺諸賊. 於是, 弘集秉夏皆殺死. 時, 張博爲法大, 儁知禍迫, 與博越宮墻而走日本, 後, 四年歸國. 儁嘗與李承晩鄭順萬諸人, 組成青年會, 誓以死報國. 至乙巳, 與獨立協會相合力, 欲矯政府, 以遏日人, 及獨立會敗保護約成, 儁等仰天歎曰, 國已亡矣, 將何爲哉. 諸人曰, 事至此, 生無可爲爾, 皆欲以死自靖, 具藥刃于前, 論以齒爲序而死. 時, 儁最長, 遂不刃不藥, 因出外去不還. 於是, 皆覺亡, 相與譏罵而散. 未幾, 爲平理檢事, 諸人見之, 數其無義. 儁曰, 吾豈惜死者, 但恐徒死無益, 吾輩皆死, 誰其爲事. 是以不死, 生而爲事, 至事不如意, 然後死亦未晩也. 至是, 上聞列强會和蘭之海牙府, 開平和會議, 痛其勒約, 以參贊李相卨爲上使, 儁爲副之, 密送海牙控冤. 丙午四月二十日, 相卨與儁發京城, 由咸鏡道至海蔘威, 乘西伯利亞火車, 至俄京彼得堡, 與我公使李範晉之子瑋鍾, 同行抵海牙. 時, 俄委員鼐利圖厚伯爵, 爲平和會議長. 相卨等三人訪之. 俄政府曾以我密使事, 有訓電議長, 幸得相見, 而認參會, 非議長之力所能及也. 是以相卨等歷訪英米佛各委員, 懇求參會. 且對和蘭政府, 說明其乙巳條約, 無韓皇兪允, 則我之外交, 日本無可奪之理, 而乃勒取, 故韓皇特派我使節來, 以爲控冤. 又見俄申聞記者於伊利及透馬斯等, 聯合其各國申聞團, 開國際協會, 瑋鍾登壇演說, 擧日人之强壓迫害事, 痛論數時, 血淚縱橫, 聽者莫不悲憤. 七月五日, 相卨詣平和會議, 呈三條控詞, 一政事萬幾, 日人不待韓皇承認, 擅自施行, 一日人仗陸海軍, 壓迫韓國, 一韓之法律及風俗, 皆自破壞. 初, 韓之自主獨立, 貴各國非相與公認, 以爲欲修好者乎. 乃自千九百五年十一月十七日以後, 日人以兵逼我, 强奪其各國國際交涉之權, 又我之法律及政權, 盡皆殄滅無遺, 今, 各國當以據公處斷, 何由而使日人背棄公法, 勒奪我國際交涉, 致令弊國之全權使節, 不得參列於斯會也. 故吾等祗承皇命, 泣告于貴總統代表, 特施扶弱濟危, 使弊使等, 特爲參列, 容收申訴. 各委員等, 見此控辭, 雖諒其苦衷, 而未有以處之, 相視無言而退. 儁憤劇, 遂割腹濺血而死, 一座皆驚歎, 而又不許參會. 相卨瑋鍾, 皆走之美國.

相卨者, 慶州人, 號普齋, 居忠北鎭川郡草坪里, 判書圭祊曾孫. 相卨爲人方正, 自幼好讀書, 家蓄萬卷書, 博學今古, 兼通西文, 才望冠一時. 性孝, 善事父母, 居喪不脫絰帶. 太皇朝登第, 歷敭淸顯, 官至參贊. 未幾, 遇乙巳勒約之變, 與參政韓圭卨, 共抗議, 而以官卑無御前參會之權, 但密贊圭卨, 以爲脅約抗議之援. 及脅約成, 相卨痛哭出府, 歎無望挽回, 方欲以死自靖, 適聞該約未經奏准, 滿心慰幸, 以爲國家之計, 猶有何爲. 卽上疏曰, 夫該約, 准亦亡, 不准亦亡, 等亡, 無寧決旨殉社, 斷行牢拒, 不負我列祖列宗付畀陛下之重. 亟依參政臣所奏, 凡從可之諸大臣, 一幷懲判, 克正邦憲, 不然, 雖被誅戮, 不願與賣國之賊, 竝立一朝. 陛下以臣言爲非, 須斬臣以謝諸賊, 以臣言爲是, 斬諸賊以謝國民. 至是, 閔輔國泳煥與大小臣僚, 共上疏, 請討賊, 相卨亦與焉. 及泳煥死, 相卨至鍾閣大街, 對人民演說曰, 從此以後, 惟我同胞行將殄滅, 今日之弔, 非爲閔氏, 實爲同胞, 遂痛哭而歸. 翌年秋, 有海牙事.

按人臣之爲行人, 而能盡其職者, 乃不辱其君命也. 然則李儁等奉使海牙, 不能參會, 而徒殺身, 是亦謂之善使耶. 於乎, 初, 日本與群賊, 强奪其外交, 勒約其保護, 肆然公布曰, 此皆韓讓之, 韓准之, 以欺天下, 制我皇上, 且如嬰兒, 其窮凶極惡, 無所不至. 此環東土臣民之所切齒腐心者, 而一人無聲討暴白, 以洩其忿恚. 惟儁, 遠使海牙, 剚腹濺血, 使世界各國, 皆知其我之痛冤, 皆知其彼之勒脅, 若儁者, 眞萬古之忠, 豈以不參會爲辱命耶. 然法大張博, 乃國之賊也. 初, 儁不與博共走, 博亦與弘集秉夏共爲肉泥, 而況儁以司法主事, 非徒不誅, 反爲護賊, 使討之者, 不得其誅. 海牙之死, 雖卓卓, 前日護賊之名, 其可免乎. 古人云, 論人觀晩節, 儁與博共走, 是初節也, 爲使致命, 是晩節也, 以其始而可不與其終乎. 且密使事, 其危恐何如, 其祕密何如, 而上不以護賊爲疑於命使之日, 儁又爲使, 無敗事而有殉節, 此一時輕陰, 不足以翳太陽也.

朴星煥

朴星煥者, 京城泮村人也. 星煥自乙未變後, 嘗懷報仇之志, 而日本之壓迫日甚, 國家之大命漸危, 星煥涕泣慷慨, 欲以一死報之. 丁未, 皇位見廢, 星煥欲於宮中擧事, 恐禍及君上而止. 八月一日, 長谷川召集各隊長, 星煥稱疾不往, 使中隊長替行. 初, 伊藤長谷川與完用,議解散軍隊, 使軍部派騎兵, 急召各隊長于大觀亭. 時, 旅團長梁性煥及侍衛聯隊長各部隊團長, 集長谷川官邸. 軍大李秉武, 讀解散詔曰, 上午赴訓鍊院擧行. 性煥大驚失色, 日軍四圍, 若抗之, 禍立至, 不得已回營, 面如土色. 於是, 韓兵各隊, 皆赴院, 而獨侍衛聯隊之二大隊不來也. 日武官命繳納佩劍肩章, 稱以酬勞恩金七八千元, 各次第頒給, 令散去. 韓兵憤不自勝, 或揮涕號泣, 或放聲大哭, 或扯紙幣擲地. 其歸也, 道旁觀者, 皆憤罵之曰, 汝等爲軍人, 徒飽國祿, 無一分報效, 而爲幾片紙所賣, 甘作人奴耶, 軍兵益憤忿焉. 至是, 星煥聞軍隊解散詔, 憤劇蹴床擊椅, 大聲痛哭, 慨宿志之未遂, 乃引鎗自射而死, 卽侍衛第一聯第一大隊長也. 初, 星煥忿慨曰, 國之所以有軍兵, 乃爲國警備, 今外寇充斥, 忽罷軍兵, 此非聖旨, 是賊臣矯命. 吾雖死, 不可承令, 因死之也.

按人畏死, 故皆不能擧事. 苟不畏死, 更有何憚. 今星煥毅然殉國, 視死如歸, 此不畏死者也. 固亦壯且烈矣, 而旣死之, 手握大兵, 何不擧兵攻之, 決一死戰, 如南相悳之磊磊落落也. 讀其傳, 未嘗不爲星煥一歎也.

南相悳

南相悳, 宜寧人. 父哲熙. 太皇辛巳生. 嘗爲軍部參尉, 視師侍衛營. 丁未之變, 軍部大臣李秉武, 承賊志解散軍隊, 參領朴星煥死之. 相悳不勝悲憤, 令軍中曰, 上將爲國死義, 吾安得獨生. 當與彼賊, 決一死戰, 上報國讐. 時, 部下尙千人, 各持銃刀, 方欲出營擊之. 俄而日兵上南門, 依壁而射. 相悳迎擊之, 日兵死者三百餘人, 賊將梶原亦爲我軍所殺. 梶原以賊之梟將, 嘗累捷於滿洲役者也. 至是, 日兵千餘犯營而入. 相悳拔劍爲號, 急令射擊, 我軍彈絶, 相悳又中丸而死, 餘軍各自散去. 丁未, 八路義旅之更起, 乃以此也. 相悳年二十七. 時, 我軍死者四十五人, 負傷者三十, 俘虜者五十餘人. 負傷者皆送濟衆院施術. 蓮池洞女中學校生徒會曰, 彼同胞乃爲國而殉, 吾輩雖女子, 不可不以義救之. 是夜, 往病院, 熱心看護. 又當日, 有半洋服一女子, 能通英日兩語, 冒彈雨而來, 向衆人曰, 吾同胞, 吾人若不救, 誰可救之. 躬自奔馳, 大索傷兵, 舁送病院. 又一看護婦, 親往戰場, 救護傷兵, 血痕遍身. 見者莫不感泣也.

閔肯鎬

閔肯鎬, 驪興人, 居京城, 初爲原州鎭衛隊正校, 爲人剛正有氣節. 是時, 聞伊藤擅解散其軍隊, 憤惋曰, 國無兵, 何以爲國, 此忠逆之判, 不可歛兵以自從. 以八月六日, 乃揮其兵擧義, 與堤川義師李康年, 合勢約攻忠州. 肯鎬出其右, 康年出其左, 中路爲賊突敗, 不能如約. 踰竹嶺至豐基, 遇賊大戰, 殺賊若干. 至奉化覺華寺, 偶病幾殊而生. 肯鎬轉戰湖嶺, 多斃日兵, 師行有紀, 甚得民心, 日人亦敬其爲人. 軍兵或有失紀者, 每以義諭之, 不使更犯. 到處會人民演說, 辭氣悲壯, 又不勝其憤激, 每泣下如雨, 聽者亦莫不感泣. 江原道觀察使黃鐵, 日黨也, 諭以禍福, 勸其解散歸順. 肯鎬答曰, 今皇帝傳位, 由陛下本意乎. 君父被脅而傳位, 同胞受辱而魚肉, 疆土屬於他人而臣民敢惜死乎. 若以爲外國莫强, 不可抗衡, 則是張子房不必報韓, 文天祥不必報宋, 豈理也哉. 夫人之有憤激, 只可以義理言之, 不可以强弱計之, 此吾所以倡起義旅者, 烏得曰興師無名乎. 今以村落之燒燼, 人民之離散, 皆歸咎義兵, 太亦不近, 此等無道, 是日人所爲乎, 是義旅所爲乎. 且義旅解散, 則國可不亡, 我民可不受困而享太平乎. 且君欲宣諭之, 宜單騎諭勅可也. 不此之爲, 率外兵而來, 此非誘殺之計. 肯鎬以爲原州, 久吾鎭拊, 服習其民心, 乃引兵至雉岳山下講林村, 爲休兵久駐之計, 不意賊攻之甚急. 肯鎬與戰不利, 爲賊所殺. 日人惜之, 題其墓曰, 朝鮮義士閔肯鎬之墓. 江華鎭衛隊兵, 有爲自强會員者, 至是聞軍隊解散, 聯合人民五百餘名, 襲擊日巡駐在所, 殺日巡, 又殺郡守鄭景洙, 以其爲日黨一進會也. 時日本大尉小倉, 率步兵二隊, 至月串上陸, 韓兵據岸射擊, 殺日兵五人, 又傷五人, 竟衆寡不敵, 遂退兵. 翌日又戰美敎會堂前, 日兵增一部隊來攻, 韓兵乃潰散.

李康年

李康年, 字樂仁, 號雲岡, 全州人, 孝寧大君輔后, 居聞慶大門. 太皇朝, 出身武科, 官至宣傳, 爲人磊落慷慨, 膽氣不凡, 文詞夙就. 乙未之變, 散家財倡鄉兵, 斬安東僞觀察金奭中等三人, 聞柳麟錫起兵湖左, 義聲大振, 引兵而歸, 爲遊擊將. 每出戰, 不避艱險, 親冒矢石, 殺獲甚衆. 丙申, 麟錫兵敗出疆. 康年擊劍痛哭, 後七月亦罷兵, 遂載摯師事麟錫, 在遼三年, 始還家, 閉門絶世, 讀心近以求志焉. 丙午, 群賊又脅上內禪, 丁未三月, 復起兵, 至永春之寶發, 猝遇賊兵, 士卒悉散. 康年憤怒, 拔劍突賊群, 賊惶忙發炮, 皆辟戾不發, 如是者三, 賊打折其炮曰, 此神助也, 自解圍而去. 又數里, 伏兵突出, 康年手劍迎擊, 被賊劍所傷, 頬肉如掌大斬落. 自後, 有一陷窩在面上, 雖無雅者, 一見皆知其爲李某也. 時, 群賊矯詔, 罷八路軍隊. 原州中隊閔肯鎬倒戈, 部下金尙台朱鉉三等, 率募兵而至. 於是, 康年更進次于堤川. 又賊兵來侵, 與戰大破之, 殺得十餘級, 仍與肯鎬, 約攻忠州. 肯鎬出其右, 康年出其左, 肯鎬中路遇賊窘敗, 康年獨擊之不克, 退至聞慶,聞賊兵在蘆野, 襲擊盡殺之. 翌日, 至唐浦, 斬賊將一人. 八月入永春, 移檄于伊藤博文, 進攻寧越, 拔倭站. 九月, 宣諭員洪祐錫, 率守備兵百餘而來. 康年使右先鋒白南奎, 設伏寺里峙, 大破之. 至丹陽, 又與賊大戰. 於是, 畿湖嶺諸賊幷至, 衆數千, 共戰至十三日, 乃力竭, 大喪其師, 與左先鋒河漢紹, 率殘兵, 退避加平之鑛岳山中. 又賊兵至, 與戰大破之, 軍勢復振. 戊申二月, 京倭猝至, 爲其所困, 自是頓挫, 將移陣往淸風錦繡山, 至寺幕峙, 遇伏兵被執. 康年有詩曰, 彈子太無情, 踝上止不行, 若中心腹裏, 無辱到瑤京. 入堤川, 賊欲治丸瘡, 康年叱却之. 凡一飮一食, 若賊來獻, 則皆罵而不食. 翌日, 至忠州, 召吏屬及居民曰, 汝知我乎. 吾之所以擧此者, 將欲討賊復讎, 不幸至此, 我則必死, 後日之擧, 亦必有愈於我者矣. 聖人曰, 人之生也直, 罔之生也, 幸而免, 豈不信矣乎. 若等直心居之, 聊以共太平. 聞者無不伏地痛哭. 有愈云者, 蓋指金尙台而言也. 至漢師, 囚司令部數日. 入平理院曰, 此何地. 檢事曰, 此朝鮮之禁府, 而今改名爲平理院也. 康年曰, 禁府, 本我之官府, 何倭酋在此. 檢事曰, 我亦韓非倭也. 康年曰, 果韓, 何髮剃而服黑也. 檢事默默. 康年厲聲曰, 我之所願承者天顔也, 所欲見者伊藤也, 何足與爾言乎. 檢事曰, 我亦體上意, 待傳旨, 然後決焉. 願公實告. 康年曰, 不欲與醜口言, 取紙筆書曰, 吾之所擧義者, 欲先斬五賊及七賊, 追滅倭賊, 上報國家之深讎, 下濟生民之塗炭, 不幸被執. 檢事曰, 所謂五賊七賊者誰也. 康年罵曰, 夫五七之賊, 愚夫愚婦而皆知之, 所謂官人者不知乎, 曾犬彘之不若也. 檢事赧然不能書. 康年曰, 何不速書. 張目視之, 怒髮衝冠, 眼彩如炬. 觀者皆吐舌曰, 曾聞李某之爲威猛, 今果然. 及再審, 判長謂檢事曰, 吾爲洋服, 洽受李某之責, 不免羞愧, 具帽帶而問曰, 公擧義軍, 何以食之, 財何以用之. 康年曰, 受野民之簞食而食之, 收國結而用之. 檢事曰, 以鄕曲居民, 稱以義兵, 竊食國財, 此非逆類乎. 康年怫然大罵曰, 汝所謂食祿之輩也. 國家今日, 當致身委命, 猶恐不及, 反附讎賊, 先王疆土, 使之盡奪, 禮義典型, 使之盡滅, 迫脅君父, 不使號令於國中者, 是誰之罪也. 國母被害之日, 君父受辱之時, 遐想聖明, 豈不曰, 八路三百之郡, 胡無一人義士乎. 又不曰, 孰能扶存宗社乎, 孰能爲我復讎乎耶. 當是時, 所謂食祿之輩, 皆晏然坐視, 惟以通間外戚, 自爲得志, 雖解爾節臠爾肉, 豈能盡贖哉. 余則生長鄕曲, 雖無官守, 想像其君心如此之切, 倡起義旅, 復雪爲事, 今販君賣國盜竊祿位者, 是逆賊乎, 體君心而欲爲復雪者, 是逆賊乎. 檢事赧然不敢復言. 九月十九日, 遇害. 柳麟錫出春川, 聞康年再擧, 歎曰, 此人必死, 至是果死之. 自起義來, 前後大戰, 凡三十餘, 殺得賊酋五十餘級, 前十二日, 告訣于同志曰, 處絞法以爲多殺人命, 掠奪民財, 豈多殺人命乎. 所殺者必倭酋之級類, 豈掠奪民財乎. 所奪者必倭酋之軍財也. 以此稱之曰, 多殺人命, 掠奪民財, 奸虜之誣害忠良, 豈不然哉. 十一月, 葬於堤川郡, 是日, 寒雨霏霏, 有雷作之異. 其臨死有詩曰, 五十年來辦死心, 臨難已有區區心, 盟師再出終難復, 地下有餘冒劍心. 先鋒河漢紹白南奎, 亦追後被執, 漢紹罵賊死之, 南奎不屈, 賊不殺之, 處役十年云.

金尙台

金尙台, 字景六, 號白愚, 三陟人. 三韓壁上功臣渭翁后, 太皇甲子生. 爲人魁梧, 有志槪. 丙申, 聞李康年擧義於聞慶, 杖劍而歸. 康年一見, 結而爲誼兄弟, 署爲中軍, 每出戰, 多有戰功. 時, 湖左帥柳麟錫, 起兵越中, 義聲大振. 尙台與李康年, 共往附. 及兵罷麟錫出壃, 尙台隨入遼薊, 師事三年, 始還家. 丁未, 又與康年, 再擧堤川. 戊申, 康年被執, 至忠州, 宣言罵賊曰, 吾死後, 亦有滅汝者, 此蓋指尙台而言也. 尙台獨引兵, 入據太白山中, 見賊勢熾張, 事不可濟, 遂解兵往聞慶, 匿山谷間. 日人榜有能捕金尙台者, 與五百金. 從事禹中守者, 自首曰, 與金免罪, 吾當捕之. 來尙台謂曰, 多召募, 峙糧餉, 可無憂再擧, 請還歸. 此乃平日心服人也, 遂信之, 還順興之安南里. 因見捉, 實辛亥五月日也. 日人捕尙台, 給禹不與金, 尙台罵速賜, 少無怨禹之色. 未幾, 往囚于大邱警察之獄, 訊至明年壬子者凡三, 而尙台獨立不懼, 皆一辭抗對. 日人知不可屈, 宣監禁三年. 尙台厲聲曰, 吾何罪, 奪巡査長佩劍, 欲擊之, 怒髮衝冠, 威風凜凜. 日人囚之獄, 尙台曰, 吾必不生, 等死已, 無若早自處, 不見辱於讎賊之手, 仍閉口, 不食垂絶. 日人庸器械飮之, 以延數日之命. 至七月二十八日, 遂餓死於獄中, 不粒者凡十三日. 尙台無子, 取族之子源基爲嗣. 源基返柩, 以康年遺言, 葬康年塚傍.

李麟榮

李麟榮, 居京畿道驪州郡北面橋谷里. 甫上學, 才穎悟, 不煩敎督, 文辭夙就, 遂爲一家之學, 遠近學者, 多歸之. 後, 移居嶺之聞慶. 乙未, 日人弑皇后閔氏. 麟榮欲爲之報仇, 與柳麟錫李康年, 共謀擧義. 丙申夏, 爲解兵, 翻然歸畎畝, 以耕鑿爲事. 乙巳, 日人又脅約五條, 四千年祖國, 一朝, 歸他人保護之下. 所以人心奮菀, 八路義旅蜂起. 有李殷瓚李求載二人, 擧兵關東, 衆數千. 二人來麟榮, 慨然陳時事, 欲推戴爲總大將. 時, 麟榮以父病謝, 殷瓚曰, 此國家存亡之秋, 公事急而私恩輕, 士生斯世, 豈可先私而後公也. 且有密勅, 累日懇勸不已, 麟榮遂慨然而諾. 往原州, 部伍皆衿佩儒紳, 又無資糧, 或有欲侵人米麥. 麟榮不可曰, 掠奪民財, 非義旅所爲, 豈忍爲之耶. 當討賊, 以籍其家爲糧器. 於是, 麟榮以爲原州交通不便, 不可圖大事, 進據楊州. 定其部署, 衆推麟榮, 爲元帥府三道總大將, 許蔿爲軍師. 各定其諸道義帥, 使閔肯鎬爲關東大將, 李康年爲湖西大將, 朴正斌爲嶠南大將, 權義熙爲京畿黃海鎭東大將, 方仁寬爲關西大將, 鄭鳳俊文泰洙爲關北及湖南大將, 相爲聯絡, 助其聲援. 傳格各道, 以爲鼓起, 遠近應募者, 晝夜不絶, 會者萬餘人. 於是, 欲進軍入京, 擊破統監府, 繳消脅約, 剋復國權. 先遣心服人, 潛入京城, 訪各國領事, 細陳其由, 以請其援. 軍師旣整頓軍旅, 準備其進發. 於是, 麟榮令各道義旅, 促一齊進軍, 自率三百人, 先至東門外三十里. 各軍未至, 日兵先迫, 相與奮戰, 不可抵敵, 乃退軍. 中岳深窖, 金角干之祈禱雖誠, 閑山戰退, 李忠武之家信忽凶, 大軍至驪州敗績, 父病奄忽, 凶音又至. 於乎, 男兒窮道, 蓋古今無異耶. 於是, 麟榮將全軍, 託許蔿, 遂痛哭而歸. 後, 三道義軍, 多來勸更起. 麟榮曰, 不忠於國者, 不孝於親, 不孝於親者, 不忠於國. 吾三年然後, 更起義旅, 掃蕩日本, 回復大韓, 則此非孝純而忠全乎, 遂不起. 然而三道義軍, 或傳格, 必以李麟榮三字, 聞者皆知其爲前日義兵之總大將焉. 時, 日兵及憲巡等所在, 散布如天羅地網, 無處可足. 麟榮知不可避, 遂變名時榮, 與老母匿尙州山中. 又恐其不意, 復移黃澗居焉. 但乞比羽之身骨, 唐兵之所欲噬, 謝疊山之足迹, 元人之所窮掠, 是以日兵突入其家, 遂被逮, 自太田押囚京獄. 及取調, 麟榮辭氣慷慨, 小無屈色, 擧日人之無信義, 罵不絶口. 日人以爲義士, 遇之甚禮. 麟榮在獄中, 吟一絶曰, 分明日月懸中州, 四海風潮濫○流, 蚌鷸緣何相持久, 西洲應見漁人收. 己酉七月二十三日, 遂不屈死之.

李殷瓚

李殷瓚, 全州人, 居原州, 太皇戊寅生, 義兵元帥府李麟榮中軍也. 丁未變後, 上密勅麟榮, 設元帥府于原州, 以麟榮爲元帥, 殷瓚爲中軍. 冬, 麟榮曰, 京城是賊窩, 不可不擊之. 與楊州義旅, 共合陣, 衆四千餘人. 十二月二十六日, 至東門外, 遇賊而退歸江原道, 至驪州, 爲賊所敗, 麟榮又遭父喪而歸. 殷瓚仍留楊州, 率其軍, 往來楊抱之間, 襲破賊兵, 奪其銃砲者, 數三十, 馘賊首百餘也. 己酉春, 知其勢不振, 將率兵入間道, 以爲欲養兵之計. 是時, 在京朴魯天申左均輩, 知其謀, 使趙壽淵誘殷瓚曰, 欲入間道, 必是養兵, 有資糧否. 其費不計多少, 吾自擔當, 請潛入京城議事. 殷瓚曰, 今元帥自驪州敗績, 避身在黃澗等地, 吾當往面議, 然後以爲左右. 壽淵曰, 然則與朴申兩人, 相遇於龍山驛甚好, 殷瓚然其言. 至龍山, 朴申來驛場暫話而去, 而已殷瓚被逮. 及審問, 檢事曰, 汝何故叛也. 殷瓚曰, 汝奪吾國, 故吾擧義, 欲以復國, 何謂叛也. 檢事曰, 汝國昔嘗事淸, 今乃事日, 有何不可, 汝爲此擧. 曰汝自稱開明人, 而實蒙狗皮者也. 我雖事淸, 淸少不侵害我國權及疆土, 但一年一次, 不過修信而已. 汝則奪吾國權, 戮我生靈, 使我疆土, 要作一植民地, 汝何自譬於淸乎. 檢事語屈, 不敢復言. 至六月二十七日遇害. 殷瓚臨刑, 顔色自若曰, 吾不可跣足而死, 持吾襪來也. 看守進者, 見非其襪, 乃却之, 彼又進, 又非, 殷瓚又却之, 如是者, 凡三四次, 而竟不能進. 殷瓚乃大罵曰, 以此觀之, 推人皆爾, 推事皆襪, 汝何以呑人國也. 乃呵呵而笑. 呼我人看守曰, 吾弟必在門外, 汝其傳吾言曰, 吾死當返葬舊山. 又呼典獄曰, 今我擧義, 欲以復國申大義於天下, 今爲汝所殺, 豈非天哉. 然汝國, 不知天下大勢, 呑吾之國, 必爲天下所猜, 其亡無日, 吾死, 吾目當不腐以見之也, 遂含笑就死. 看守語人曰, 前後吾見死刑者多, 其從容無如李某者. 及葬, 有鄭童來會葬, 葬畢, 諭其兵員曰, 吾欲爲大將報仇, 引兵往廣州. 左均不在家, 只有其子十歲兒在. 鄭童曰, 此賊種, 若遺之, 後日又爲賊, 害吾義兵, 遂殺之. 時人莫不快之, 讚歎其義. 後, 鄭童亦中賊丸而死, 聞者, 皆悲之.

盧炳大

盧炳大, 初名炳稷, 字相堯, 號錦園. 鼻祖諱穗, 唐德宗時, 率九子出新羅, 官平章事. 長子垓, 封光山伯, 因貫焉. 後諱嵩, 入本朝官右議政, 謚敬平. 至中葉有克愼, 號厚齋, 官僉正, 蘇齋守愼弟, 炳大厚齋嗣也. 睿陵丙辰生, 才穎悟, 七歲始上學, 稍長, 受業于許性齋傳. 時, 炳大尙未冠, 恐工夫不專, 不肯受室, 許公極奬詡. 丁丑, 丁外艱, 奔還, 因喪加冠, 哀毁骨立. 己丑, 除昌陵參奉. 乙未十月, 聞鄕校廢, 歎曰, 吾當爲聖人死. 卽日赴京, 與許進士運, 上疏極諫, 累日無批, 知事不濟, 欲得外援. 戊戌, 與同志數人往曲阜, 求見夫子嗣孫衍聖公孔令貽, 孔不見. 炳大以書責之曰, 以夫子家人, 何傲慢無禮至此, 孔驚謝款待. 及歸, 以書遺朝廷及太學, 竟無效. 己亥十二月, 返國. 有湖南人犯葬於校宮傍近者, 凡十八郡. 炳大痛之, 通告士林, 直斥官吏, 盡皆掘去, 物論快之. 乙巳冬, 五條約成. 炳大北向痛哭, 卽赴京, 見李判書容元曰, 今國事去矣, 如得密詔, 可有爲. 容元得詔, 有曰, 前參奉倡義臣盧炳大, 一依宣祖癸巳例, 賜奮忠靖亂二等, 以別薦特差祕書院祕書丞. 炳大卽日還鄕, 與同志若干人, 謀擧義, 爲人所沮, 事遂寢. 自後, 不勝憂憤, 徧訪域內義士, 以爲更圖. 丁未八月, 與金雲老宋昌憲前主事林容憲等, 入俗離山中擧義. 時, 應募者二百餘人, 解散京兵數百, 又來附, 不幾日, 衆至千餘, 推金雲老爲盟主. 進攻報恩, 獲二賊, 移住尙州淸溪寺, 賊兵卒至, 敗走淸州之米院. 又大戰, 獲五人, 米院四面受敵, 度不能敵, 乃分兵各散. 炳大歷湖南至星州, 與賊大戰, 獲十餘人. 退至居昌, 卒遇賊, 死傷者甚衆, 而所獲不過數人而已. 過牛頭嶺, 竟大敗, 至俗離, 餘者僅五十人. 戊申, 被捉報恩. 分隊長詰之曰, 汝擧義何事, 炳大曰, 汝我讎, 欲盡殲汝種. 曰, 同事者幾人, 曰, 我實主謀, 他何足知之, 曰, 何不惜命也, 曰, 擧事之初, 死已貼額, 速殺速殺. 賊張刑具, 不一杖, 爲進食物, 炳大叱却之. 初被捉, 邑市人莫不流涕. 至公州裁判所, 刑去一目. 炳大厲聲罵曰, 汝何苦刑至此, 卽欲自處, 遂絶食, 及垂絶, 賊每飮食之, 不果. 賊監禁十年曰, 此汝君命令, 吾無關焉. 炳大大罵曰, 犬羊漢, 吾君寧有是也. 庚戌, 賊以有慶赦, 炳大罵曰, 汝有慶, 我何放爲, 爭數日不出. 炳大歸復欲更擧. 癸丑三月, 又被捉. 至大邱, 以强盜監禁十五年. 炳大曰, 吾年五十, 何可得生, 遂絶食, 至二十八日, 吐血數升而死. 裁判長曰, 强盜盧炳稷不服, 月餘絶食, 吐血而死, 病名腦溢血. 炳大平日性慷慨, 每語時事, 輒下淚. 及死, 聞者皆歎曰, 炳大身體耎弱, 言論輕易, 行事多不拘, 或有面對直斥者, 若不能堪當者然, 以此, 人多易之. 今有此樹立, 相士甚不易也.

石昌文

石昌文, 字聖國, 太皇乙酉生. 爲人短小, 悍勇兼人. 初, 家貧爲商業, 丁未, 聞義旅在俗離山中, 棄其業往從, 每出戰, 殺賊甚多. 賊欲捕之, 出入常擁兵, 故不可得. 戊申春, 昌文有事獨行, 至五臺, 賊數十卒至.

昌文度不能敵, 挺身而走. 賊追及之, 包圍亂打. 昌文罔措, 出囊刀抗之, 奪二劍二銃皆折去, 力竭被執, 蓋悍勇如此. 賊用淫刑, 詰問其義旅所在. 昌文曰, 旣以見捉, 吾固死矣, 何可亂招以僇人, 自咋斷舌不言. 賊捉至郡殺之, 時年二十四. 居報恩熊洞里, 屍返, 擧家皆驚惶悲泣. 其妻自若, 無戚嗟色, 慰舅姑勸飮食, 喪斂之具, 皆盡情禮, 以爲無憾. 越三日夜, 從容自縊死, 年二十, 姓李氏, 星山人也. 爲夫家不幾年, 性孝友, 事舅姑處妯娌, 甚有婦道云. 昌文, 忠州人.

按勇士, 不忘喪其元, 夫有勇之士, 臨死隨其分而已, 其心安有隆褒. 昔有宋褒唐衛士, 立廟賜額, 此昌文與衛士, 雖不同, 其烈, 卽衛士也. 如有宋可立廟之不遑, 而空湮沒於草茅寂寞之濱, 於乎. 然彼衛士者, 其隆褒雖有之, 而亦有若昌文之婦爲之配耶. 詩云, 窈窕淑女, 君子好逑, 如李氏, 眞石烈士之妻也.

騎驢隨筆 2

李錫庸

李錫庸, 字敬恒. 淵齋宋公戒其不拙, 命扁齋以拙, 後自扁以靜, 誓以無妄之失. 系出全州, 新羅大司公諱翰寔鼻祖也. 後至高麗侍中諱端信·勇夫兄弟, 勇夫之孫穆祖, 諱安社, 卽璇派也, 公乃端信之后也. 麗季有諱文挺, 以判祕書監事, 追封端誠. 時國家崇佛, 廢學校, 又短喪百日, 端誠上疏斥佛·復校·喪. 至本朝有諱穆, 官南道兵馬評事. 時尹弼商爲相用事, 評事因天旱上疏略曰, 烹弼商天乃雨. 弼商又勸成廟崇佛, 評事又上疏, 目爲奸鬼, 由是直聲大振. 戊午史禍, 爲弼商所陷, 與金馹孫同禍, 時年二十八. 自是之後, 世有官冕. 父鳳善, 高宗戊寅十一月二十九日, 擧公于任實郡聖壽面三峰里第. 聰明絶人, 甫四五時, 從長者, 有以聞古人之奮激忠義身殲事, 不覺其終夜隕涕. 日公見其父執博具, 問何物, 父曰所謂骨貝, 卽雜技也. 公曰父爲雜技, 兒當何爲. 自後父終身不骨貝. 年八始受書, 一讀輒誦. 稍長常言將數萬大兵, 平定四夷, 又或言大鳴文章, 作國家律呂, 其氣槪嘗如此. 不潛思劇讀, 而天資穎悟, 文辭夙就. 甲午, 冬就外舅謙齋金公觀述門讀書. 翌年十一月, 聞倭奴勒剃之報, 廢書流涕曰, 此何變也. 壬辰二陵之讎, 未湔, 而今又八月國母之變, 臣子至痛, 何以申之. 君父之讎, 誓不共天, 則爲人臣子者, 寧不死而能復讎乎. 謙齋曰, 士不仕於朝, 則有逃亂之義, 汝何以有此言. 公曰滿腔子惻隱之心, 不可恝視君父之急. 至是知始有古人爲己之學, 日肆力墳典, 檢身繩尺, 跪坐數年, 脚毛盡脫. 性疾惡, 人有一不義, 卽訶斥不容, 人多不悅, 而亦不顧. 每年爲壯觀, 嘗北登南漢, 追想三學士之餘烈, 南遊晉陽, 弔侑三壯士之壯蹟, 彷徨鳴咽, 鎭日不克去. 所過或遇名賢墓·忠烈閣, 則雖忙迫, 必展拜讀其文, 咨嗟永歎, 爲著長篇·短牘, 自鳴其不平. 及行途未嘗入茶酒肆, 凡如娼妓一不接於目. 嘗懼其先大夫孝子公至行泯無傳, 乞得當世玄晏, 又伐石表阡. 其族親者有孤貧不娶·葬者, 則必娶葬之者, 亦不一焉. 時立齋宋相公及宋淵齋·田艮齋·奇松沙諸公, 設皐比講道, 公自徒步從學. 又如嶺之崔溪南某 · 許南藜愈 ·鄭艾山載圭, 諸公亦無不遍拜, 講義論文, 深被獎許. 辛丑二月, 又拜勉庵崔公勉翁, 問君以今世何事爲大義理, 對曰劈破開化四字. 曰此可以爲經綸一世之網領矣, 有此言必有此志, 則能有此志, 則雖暗聾跛躄之人, 且增氣百倍. 及退, 勉翁以詩勉之. 壬寅二月, 公拜淵齋, 淵翁論毅庵起復事曰, 倡義則壯矣, 但此一事甚恨也. 公對曰國有急, 而君不許赴私喪, 則無乃有不可赴之義耶. 推此義則毅庵之徇國家急, 而不顧私喪, 或可恕也. 曰毅庵旣不出身者, 而以出身自處可乎. 對曰是卽權也. 當天翻地覆上恐下懼之際, 肉食者皆倉皇戰栗而已, 此所以謀及藜藿也. 淵翁又論不赴私喪曰, 此雖不得已, 豈當於天理人情耶. 蓋未有薄於親, 而能厚於君者也. 於古非伊尹之於殷, 武侯之於漢, 設有私喪, 雖當權知國軍, 然求吾心之所安, 則使百官總已, 時遣人以聽, 而吾乃居喪自如, 然後庶幾於公私俱無憾也. 丁未, 日賊脅上內禪, 公聞之流涕曰, 吾雖一介寒士氏出, 自天潢六世以上, 皆國祿之臣也. 且先師二老次第殉道, 此讎未復, 先王之罪人也, 先祖之罪人也. 若不討此賊, 誓不還. 遂泣告父母曰, 父子主恩, 以義裁斷, 豈人情所可忍. 見今讎賊脅上內禪, 君民孤注, 凡有血氣者, 孰無討賊復讎之心哉. 不肖雖匹夫, 自以璇班, 方欲出門, 以圖復讎, 願父勿兒思也. 父喟然曰, 吾知汝有大志, 今日豈可相强, 只當謹愼無忝所生. 遂許之. 八月二十六日, 公爲文告先墓, 遂與同志會上耳庵, 規劃其方略, 收拾其武器, 傳檄四方, 以爲鼓起. 九月十二日, 往鎭安之馬耳山中, 遂登壇作誓師文激衆, 歌以勵義奮. 翌日直屠鎭安邑, 賊掘口源次郞中丸折臂而走, 得服裝 · 洋銃·時鏡·錢帛·紙物二十餘負及文簿·革袋等數千件, 皆燒之. 乃下令軍中曰, 凡我同胞所過, 無犯秋毫, 否者當法, 軍皆慴伏, 居民亦安堵. 翌日入龍潭深源寺, 龍潭義將金東臣遣人請合陣, 公方以勢孤力單遂許之. 時敵兵踵後, 而金無戰意, 只有矜色, 公知事不濟, 亟欲二之, 見金懇乞不已, 遂不二. 賊自鎭安敗後, 憚義兵悉衆, 出完府下來, 而金少無意於戰, 欲奪軍權, 龍潭·高山無賴諸兵, 皆推金爲將. 公憂之曰, 今日事敗, 湖南無義聲, 莫如分兵四行, 以募兵爲聲勢. 說利害, 至日中不決. 俄而賊兵潛山而下, 公麾軍衝擊, 殺賊十餘人. 至是金驚刼不戰而走, 衆心駭懼, 賊覘我之無援, 更自挑戰, 飛丸如雨, 義旅敗北. 砲將朴萬華, 憤不顧身, 直從賊從, 砲殺二人, 亦中丸仆地而死. 童子康哲圭 · 許天錫亦皆不幸. 公避身山脊, 賊丸中股臀, 僅得不死. 至是散軍會一處, 相持泣下曰, 恨不從李大將之言, 至此境. 莫不忿然曰, 公眞大將矣. 皆來附. 二十日, 過七峰, 路逢慈親, 母子相抱涕泣, 請還歸. 公曰爲國而出者, 不敢爲家而入. 遂拜訣. 晦日, 引軍入智異山中以休兵. 十月八日, 收率散軍從馬里山中, 經過蘆嶺, 欲急抵南亭洞, 中路有一野人從山谷中來曰, 賊在峰頭, 方俟來兵. 衆大駭, 乃尋左路從華岩里, 方欲山上忽有砲聲闖發, 俄從谷中來者, 乃賊偵而誘義旅向左也. 於是衆驚潰相先, 先鋒將安寬瑞, 獨發一砲. 公臥松間避身, 夜砲聲乍歇, 公乘時直上絶頂. 時安先鋒中丸手折·目盲·流血, 而至曉抵雜芳山, 囑里人調護. 自屯田里出陣于淳昌, 賊勢大熾, 衆寡不敵, 因潰圍而北, 入據長水府. 時値天寒大雪, 我軍襲擊賊壘, 賊果空壁而走. 戊申, 春進屯于南原, 數戰不利, 還軍任實, 大餉軍士, 夜三更擊殺三酋長, 餘皆逃竄揭文通街. 數倭十罪, 一曰睦仁資賊殺父, 二曰伊藤弑君奪權恃强脅隣, 三曰潛遣凶賊, 害我坤殿, 四曰離間大國, 五曰主張廢立, 六曰竊據疆土, 七曰毁我冠裳, 八曰奪我財權, 九曰窮兵黷武, 十曰納賂外邦, 抗拒公法. 又致長書于日帝, 喩以華夷大分, 君臣大義, 聞者嘖嘖不已. 自是或戰于全州, 或戰于南原. 天且淫雨無計可施, 徒憤抵敵, 我軍之死傷甚多, 乃歎曰天實亡義, 爲之何哉. 不得已掇拾散亡之卒, 據險自守, 因收鏖戰死者爲文祭之. 遂沐浴裁疏, 封付縣道, 以達皇上. 其疏大槪猝遇板蕩, 憤世之無人, 久在書窓, 一朝以刀斫案, 倡率同志, 歃血勤王, 始自昨年八月, 破釜持糧, 高建義旗, 前後鏖賊, 殆盈三級, 殺黨與者亦十餘, 我人之戰亡亦三十有餘人, 吁其痛矣. 至是臣李斗璜以時任完伯沮搪疏竟未達, 公不勝忿慨, 又上儲皇書略曰, 三千疆土, 統監虎視, 五百宗祊, 單于貓覘, 合邦拓植, 急先實施, 易種婚媾, 次第迫行, 所以致此者, 必有其人, 此乃上皇脚下登三台食萬鍾之喬木世臣家子孫五逆·七賊輩之所雄唱雌和也. 一片紙上, 五約七條, 是何物公文, 而率爾調印, 肆然予奪, 致使公麼黠虜得以藉口於萬國公判之場. 二千萬同胞含忠君死長之心者, 不得一跡於其間, 陛下前日燕閒之暇, 倘燭此青史之穢, 豈不動睿衷, 欲裂其紙乎. 臣則素非怕死, 亦非輕死者, 而妄意經綸天下者也. 百鍊勵精, 萬死奮力, 辭耆艾之親, 棄呱泣之子, 大小戮戰, 總十五合, 而賊衆我寡, 局勢益艱, 乃爲休兵待時之計. 道傍斫木白而書一絶詩曰, 湖南四月白花飛, 負國書生解鐵衣, 山鳥亦知時事去, 終宵訴我不如歸. 乃破兵. 其後有巡過者, 以四畏二字書斫木, 四畏之下, 又編細書曰其事可畏·其義可畏·其文可畏·其隱可畏. 初公有其姊適人, 早寡無育, 獨在媤家. 至是賊逮捕公甚急, 又捉致其姊, 詰問公之所在, 其姊曰, 吾卽適人之一寡婦, 舍弟擧義之日, 豈謀及我乎. 且古有聶政之兄, 不忍沒其弟之名, 以死自決, 設使余知弟之所在, 豈忍致死地乎. 因罵斥之, 賊稱善不已. 癸丑, 冬又欲再擧, 乃被執於本郡, 囚全州監, 尋押送大邱, 前後恐喝, 戮辱萬端. 公大聲叱之曰, 吾寧爲大韓之鷄犬, 不欲爲讎賊之臣僕. 獄中日誦庸·學·語·孟等書, 以自遣, 每公判, 罵賊之聲不絶於口. 嘗以死自誓曰, 文山·疊山, 先獲我心, 貽書於平日意中之人, 示以殺身成仁之義, 申托以身後之事, 又以書告訣其父母妻子及二妹與其子. 其書中有曰, 保髮歸全, 俯仰無怍, 死生榮辱, 何足道哉. 竟以甲寅四月四日遇害, 其子元泳收尸而歸葬于南原. 返柩之日, 顔色如常, 人皆異之, 士友挽誄賻者, 日不絶於道.

外史氏曰, 以匹夫而殫心盡力, 任萬古之大綱, 以儒者而枕戈執殳, 當一國之大變, 志決身殲於豺狼之窟, 能全生全歸俯仰無怍者, 我聞其語, 未見其人. 今讀李義士錫庸之傳, 於乎李君其庶幾乎. 或者以爲上無哀痛之詔, 下無致死之責, 而擅動義旅, 非儒者第一義諦也. 曰否, 君子之行與止, 時而已矣. 視今之世, 爲何等時節也. 宗國之亡, 猶屬第二件事, 彼旣禽犢我冠裳, 糞壤我仁義, 奴隷我士女, 魚肉我生靈, 是五百年小中華之極變也. 所謂冠儒服儒者, 長袖高坐, 自處以獨善其身, 則不免楊伯子之行, 而先聖先王之罪人. 於乎李君此擧, 可謂昭乎日月, 而不足以喩其明, 最乎泰山而不足以喩其高矣, 夫孰尙焉.

全垂鏞

全垂鏞, 字基洪, 自號海山, 系出天安, 而文平公文軾之後也. 中葉有諱斗, 爲眞寶縣監. 自是之後, 家世仍不振. 曰聖行, 曰慶伯, 曰萬業, 曰炳國, 卽高曾祖禰也. 妣慶州金氏, 以戊寅月日, 生公于任實縣南石村第. 長而能文, 善談論, 倜儻有大志, 時以觴詠陶寫性情. 癸卯春, 淵齋勉庵兩先生, 與多士會于臨陂樂英堂講道. 君慨然有詩曰, 樂英爲號義非輕, 山仰從知遠近情, 四海風塵無淨地, 可明何說答諸生. 其憂世諷刺之意溢於辭表. 丁未, 七賊之變, 擧國義旅蜂起, 將欲討賊復讐. 時, 李錫庸亦擧義於湖南. 戊申正月, 君杖策而至, 余相得歡甚, 愛其筆翰如流, 使爲記室, 常在左右. 且能卜筮, 判吉凶事, 無鉅細必與聞知. 時, 賊衆我寡, 戰數不利. 海山遂仗劍而南, 見湖南義將曺京煥, 得其卒數十百人. 未幾, 京煥戰死, 衆無所歸, 推海山爲將, 號令明肅, 義聲大振. 鄭參尉元集, 曾以京城決死隊, 謫在近地, 聞義聲, 脫身來付. 海山一見, 卽爲先鋒. 鄭感激知遇, 每戰必以身先之, 士卒勇氣百倍. 自八月率部下橫行于光州長城等數十郡, 而遇賊輒擊, 威勢漸盛. 與洪在道申昌學金汝晦沈南一諸陣, 後先分合, 得捷甚多, 而大峙之役, 人益壯之. 九月, 李錫庸乃休兵潛行, 至君所. 君獨拳益奮, 所向讐賊, 湖南義聲, 賴而不墜. 俄而鄭參尉亡, 海山由是曾無所恃. 賊又大張討伐, 一時潰散, 海山亦無如之何矣. 至己酉三月, 乃解兵還山. 時, 賊詗甚嚴, 物情凜然. 海山以健馬長傘, 白晝大都, 揚揚過市場. 賊不之疑, 而竟無事, 人皆服其膽畧. 入南原古萊山中, 爲學雇不過數月, 有俘卒與賊踵至, 縛其父母. 海山自避地卽旋曰, 勿以我故縛吾親也, 自就縛, 拘榮山浦. 過冬, 移囚大邱獄, 竟被害, 卽庚戌七月十九日也. 方在獄中聞父母訃, 號泣幾絶乃甦, 罔極哀痛, 而自引義裁抑. 備嘗千辛, 而無幾微見於色. 愛君一念, 時發於吟咏之間. 有感春詩曰, 夜冷夢回感昔年, 鍾鳴漏盡月當天, 春深望帝無消息, 忍向空山拜杜鵑. 其餞春詩曰, 風雪來囚仍餞春, 春光如夢復如眞, 月何偏小今三晦, 天不長留我兩親, 短笛西城催折柳, 孤舟落日送歸人, 有誰同此殘花屋, 杜宇終宵秉燭新. 前日之向大邱, 痛志事未伸, 又有詩曰, 白日呑聲江水逝, 青天揮淚雨絲飛. 旋自勵曰, 立志堂堂死不休, 丈夫平日讀春秋, 海東一片魯連月, 共我精神千古流. 嘗在陣時, 檄文畧曰, 天下之大義有三, 祖宗壃土, 雖一寸不可與賊, 小華人民, 雖一人不可爲夷, 自來道學, 不可墜地云云. 每公判, 唱言尊華攘夷, 其危言激談, 森嚴直切, 小無忌. 甚至賊竪忿怒跳躍, 當日入獄者例加勒削, 而獨於君不敢. 臨刑北首向闕三呼萬歲. 柩返, 婦人金氏卽日下從, 先鋒將朴永根亦同時死節, 其烈烈風聲, 足以扶綱常於天下萬世也.

史氏曰, 君之喪中作詩, 乃不得已也. 當太禍而不恤於心, 伸大義而不拘於禮, 此非古人所謂義之所在, 禮有時而變者耶. 使君而處其常,則是禮之執, 亦有必過人. 後之君子, 矜其情而不責備, 可也.

鄭煥直

鄭煥直, 字伯溫, 號東广, 烏川人, 剛義公世雅十世孫, 哲廟甲辰生. 性剛直英邁, 初學鍼法, 遊日下. 丁亥, 除北府都事, 戊子, 除禁府都事. 甲午, 有東匪警, 八路猖獗, 上命煥直, 爲三南參伍領, 往討之. 冬, 有北警, 上召之, 命送黃海道, 煥直背密詔, 單騎往. 時, 東匪群聚九月山中, 煥直諭以起金鑛役丁, 討平之. 乙未春還, 以功除太醫院別入侍, 尋調侍從臣. 己亥夏, 除三南檢察兼討捕使, 八月還, 復踐侍從班. 十一月二十日夜, 宗廟災, 宮中刦刦, 煥直召禁軍, 鎖四門及宮闥. 上特奇之, 命往觀火, 煥直入烈焰中, 侍廟主出, 安于他所. 時, 太皇及太子, 至火所, 煥直驚奏曰, 火出不意, 此非陛下所臨御, 願急避之. 煥直負太皇, 內侍羅時煥負太子, 潛避擧動舍. 及還御, 上愛之, 賜玉褙及金銀佩物, 又畵煥直像, 以親筆書而與之. 時有密議, 命煥直按脈, 因附耳而語, 以此煥直封其手持之. 庚子夏, 除元帥部委任兼三南視察使. 冬, 陞都察. 煥直至慶州, 以貪汚黜其尹, 方査得其囚徒籍, 有俸稅官, 以御命拏焉. 子鏞基往京師, 有嗛之者, 使此人以矯命者也. 於是, 上知之, 命上來, 復姸前職, 煥直自此無仕進意, 上疏苦辭, 上除中樞院議官. 乙巳, 煥直自京還, 與子鏞基及李韓久, 謀起義, 密召募於興海淸河等郡. 至東萊釜山港, 顧謂李韓久曰, 國家今日之變, 始萌於關市之初矣. 乃噓噫和前府使鄭玄德觀海詩一首. 丙午正月, 始還家, 煥直復上京. 鏞基與李韓久孫迺叔李景久起兵, 分左右隊, 使李韓久, 先入東大山中, 自引一軍, 住牛角. 詰朝, 有雀遺矢書床, 怪之, 令軍中, 以嚴備. 方午, 慶之營兵至, 鏞基欲以威信招降, 反爲所執, 往囚大邱獄. 囚者例剃髮, 又欲削之, 鏞基曰, 項可斷也, 髮不可削. 大聲叱之, 彼不敢. 日餽茶啖, 所陳皆日本, 鏞基不食曰, 吾豈以食讎賊所供億, 更以朝鮮進. 及質問, 鏞基大怒曰, 宗廟社稷, 可謂朝夕是急, 吾之擧此, 胡爲汎濫. 以雙拳拍椅子大罵, 義氣凜凜, 皆爲之動色. 八月, 始見放, 日人嘖嘖曰, 大韓有如此人者十人, 吾不敢覬覦云. 在獄中, 爲書與李韓久曰, 崔勉庵被執於湖南, 閔宗植敗軍於洪州可歎, 而大邱則方無守備, 若引千人來襲, 則可得拔城. 李韓久得書歎曰, 公忘身憂國, 至死不變, 眞可謂烈丈夫也. 丁未四月, 復起兵, 李韓久聞軍隊革破, 問討賊計. 鏞基曰, 智淺力綿, 但有死而已. 因發兵入北東大山, 衆推鏞基爲大將, 時, 衆四百餘人. 擊淸河, 獲賊一人, 至青松薪城, 又殺賊兵三人, 永川紫陽之役, 練兵將禹在龍等, 追獲其分派所長及賊卒三人, 遂梟首剖其膽, 與李韓久共嘗之曰, 五賊與伊藤, 亦如是肉矣. 翌日, 賊兵至丹溪, 火其本第. 鏞基回軍追之, 又殺一賊. 九月一日, 候者報賊兵大至, 遣左營將李錫練習將禹在龍等, 分三路伏兵於幕雀嶺, 密令曰, 賊兵若來宿于立巖, 汝等乘夜潛出, 又伏於廣川里上口以待, 吾當翌日未明圍攻, 賊必南走, 汝等絶路要擊, 則可得盡獲矣. 暮賊兵果至, 李錫等, 乃輕賊, 卽進兵, 未及圍, 後軍失炮, 衆皆發炮. 鏞基大驚其失計, 與李韓久等, 督兵進伏於立巖及院村等處, 夜深前隊呼曰, 賊無遺類. 鄭鏞基李韓久孫酒叔權奎燮四人, 入村舍, 方饁軍, 賊潛入, 皆中丸死之. 前日戊子, 鏞基無端身傾, 佩劍中折, 又暴風大起, 將旗二竿, 一時頭折落地, 可知其不祥之已兆於此也. 都察公煥直聞之, 大驚曰, 有子殉國, 吾固無憾, 然今日之讎, 公私俱深. 遂至秋田谷, 收散軍領之, 擊興海義興二城拔之, 獲賊兵三人, 遂至靑松斗坊里, 賊兵大至, 一軍驚散. 於是, 李錫率召募兵而至, 諸散軍皆會, 軍容更肅. 乃進擊興海及淸河盈德, 殺得賊酋二十餘級, 遂至良城里, 聞賊兵分三路, 一由淸河, 一由靑松, 一由杞北面. 煥直大驚, 引軍至金井里, 賊兵突至. 將卒相失亡, 入東大山中. 越七日, 方欲下山, 忽炮聲四起, 未及措手, 終爲被執. 罵不絶口, 一不屈膝, 賊將, 厚遇之, 與之齊馬而去. 至永川, 慨然有詩曰, 身亡心不變, 義重死猶輕, 後事憑誰託, 無言坐五更. 十四日, 往大邱, 十五日, 更還永川, 遇害, 時丁未十一月十六日也. 臨刑, 炮聲忽四起, 而遠近無警, 皆異之, 以爲天炮. 無收屍者, 日見居李潤五挺身而去, 歛而還. 郡守李仁善, 傳致公遺書于其子鎣基, 封面特書一死都無死五字云. 鏞基, 字觀汝, 太皇壬戌生. 爲人, 顙廣頷稍狹, 慷慨有奇節, 性含弘又善容人, 所居坊, 本巨洞, 而自後永之士林, 改之爲忠孝洞.

李韓久

李韓久, 字漢有, 驪江人, 晦齋先生十二世孫. 居延日郡芝坪里, 太皇庚午生. 早失怙恃, 只有一弟尙孩, 弟嘗爭戲, 或笞之曰, 吾母氏見背, 汝爲三歲, 孑孑至此, 今笞汝, 豈吾心哉, 因泣下. 弟病疽, 韓久常吮之以愈. 素貧不能堪, 性廉潔, 人之富貴, 視之以蔑如也, 日劬經爲事. 乙巳, 聞五賊之變, 與鄭鏞基謀起義. 弟純久諫止之, 韓久曰, 吾雖無位, 亦以五百年涵育之族, 可不憤惋. 傳曰亂臣賊子, 人人得以誅之, 今內寇外賊之變, 至此極矣, 豈有拘於位而莫之行乎. 吾當起義, 寧死於先王, 不欲爲黑齒之奴隷矣. 丙午四月, 起兵入東大山中. 聞鄭鏞基在牛角被執, 往見兵丁曰, 今日之義, 吾與此人共之, 誓同生死, 義不可獨生, 欲與鏞基, 同就禽. 兵丁曰, 吾亦韓人, 雖未先倡, 安敢害義士, 遂釋之, 不獲而去. 韓久引軍入周王山中. 又聞李景久被陷於藥谷, 率兵追至, 執手謂曰, 君其殆矣, 丈夫死義, 何恨之有, 相與涕泣. 要擊淸河, 至德星里, 賊兵突至. 韓久督兵, 上山力戰, 殺數賊. 翌日, 候者報賊兵破北陣, 申泰浩因追至. 韓久謂士衆曰, 吾等盡力擧義, 庶幾有萬一, 不幸鄭公被執, 又聞申氏已敗, 南北各陣, 所全者, 惟余一人而已. 寡固不可敵衆, 豈有可成之望乎. 苟不早散, 國事無益, 徒亂百姓. 且兵法曰, 乘釁不如後日更圖, 卽解送. 衆不忍破去, 莫不流涕. 丁未, 與鄭鏞基, 復起兵, 移陣住靑松之薪城. 夜賊潛入, 殺把守卒李致玉, 突逼陣前, 韓久分兵力戰, 殺三賊. 紫陽之役, 獲分派所長及賊卒三人殺之. 九月一日, 與鄭鏞基等三人, 至立巖, 中賊丸而死. 事在鏞基傳. 初, 與崔世翰, 相友善. 乙巳, 往見世翰, 諭以擧義, 遂結約而歸. 世翰未及赴陣, 韓久遇害, 世翰, 聞變而至, 痛哭而去. 戊申春, 因李錫入領部曲, 多有戰獲. 世翰以縞素爲葬韓久於竹縣山, 有挽詩. 世翰, 有一子, 亦被執而死. 其後, 戰數不利, 自度其不成, 遂解兵, 隱於長鬐等地. 辛亥秋, 又被執, 用極刑以招, 終不屈, 吟一絶曰, 漢王有大度, 何事招田横, 島樹同日死, 千古垂芳名. 又曰, 國破家亡已有年, 尙存一縷掛蒼天, 男兒從此知歸所, 殷有夷齊齊有連. 逮囚達城獄, 至今不見釋. 世翰, 字聖集, 曲江人, 太皇丁卯生, 世居興海郡.

李錫

李錫, 字士玉, 月城人也. 居青松烏頭山, 先世自慶州移居云. 太皇壬午生. 爲人短小, 有膽膂, 丙申, 聞鄕兵起, 迺荷炮而往, 時, 錫年十五也. 及兵破, 錫不事作業, 入山中, 獵猪兎, 則與同志, 日炙肉飮酒. 錫嗜遊賭而頗性介, 一不以不明强人. 乙巳春, 郡有賊, 警官立面炮以備, 錫又往參. 冬, 聞鄭鏞基李韓久二人, 擧義於慶之東大山中, 領其衆而往, 爲哨長. 每出戰, 雖死地不顧, 鏞基奇之, 陞左營將. 丁未, 錫與南錫文鄭純基, 召募於青盈等郡, 爲兵丁所執, 南錫文往大邱, 不屈死之, 錫中道逸歸, 鏞基戰亡. 其父都察公煥直, 領其衆, 署錫爲中軍. 又煥直遇害, 錫謂部下曰, 今主將不幸, 皆歸無所矣, 不其狼狽乎.

吾地微年淺, 又無知識, 欲與公等, 更求其人, 以敦大義, 常以中營自任, 不敢居將位也. 因縞素歛葬其前主將鄭鏞基, 酹酒失聲而哭. 嚴立紀律, 所過無得虜掠, 永慶長淸之間, 人多頌之. 後, 擊長鬐, 獲賊兵二十餘人. 至淸河, 又獲四賊. 欲屠蔚山, 遂引兵下去, 中路遇伏兵大敗. 迺喟然歎曰, 積苦兵間, 事無可成之道, 遍求一世, 又無其人, 爲之何哉. 今兵敗以後, 七零八落, 軍容頗殘, 不如散歸, 更圖後日, 卽爲解送. 衆莫不痛哭而去. 錫不勝其忿鬱, 自萊館上京師, 遊積月而歸. 因匿于三踰山下道平村中. 己酉七月, 與里人飮酒于肆, 爲賊被執. 錫歎曰, 前日主將, 常戒飮, 而吾不止, 今宜矣. 囚靑鳧獄月餘, 日人欲威脅服之, 拏出坐沙場, 守備兵環立, 試以虛炮. 錫曰, 殺之便殺之, 何庸虛炮, 罵不絶口. 至二炮三炮, 皆虛炮而不殺之. 顔色自若, 罵不絶口, 而不殺之. 押送大邱, 日人欲質問, 錫大怒曰, 吾之擧義, 爾所知也, 吾之同志, 爾所知也, 吾主將之皆遇害, 爾必知之, 吾不自殺, 則必死于爾, 吾亦知之, 爾亦知之, 更有何問, 擧卓子大拍地, 日人恐有變, 不敢問照, 而處三十年役. 錫在獄中, 自言久如此, 則其間必死矣, 雖不死, 年老不能擧義討賊. 因大呼曰, 欲殺我速殺, 何令人鬱鬱以也, 擧足蹴獄門, 鑰環俱絶. 共被囚者一人逃去, 錫竟被執遇害. 無强近, 其姊氏往收尸, 日人出錢八十兩給之, 以返柩, 錫有一妻二妾, 二人無子, 一人有一子, 無以自生將其子, 今再醮, 在竹倉市云.

李載允

李載允, 字聖執, 是爲渼石先生, 系出完山. 仁祖大王之第三男麟平大君諱滔謚忠敬, 麟平生福寧君諱栯, 福寧生義原君諱爀, 義原生安興君諱諔, 安興生參判諱鎭翼, 贈左贊成. 是生諱秉淳, 進士, 贈領議政. 議政生三子, 長房諱球, 爲恩信君諱禶后, 封南延君. 次房輔國諱導重, 季房蔭官諱彙重. 輔國生某官諱遠應, 配朴氏觀鉉女, 卽考妣也. 蔭官生某官諱尙應, 配柳氏命根女, 是本生也. 自南延君, 生興宣大院君諱昰應, 誕我聖上, 入承大統, 議政之門, 愈爲天潢貴冑. 公以哲廟己酉月日生. 少時倜儻慷慨, 擺脫綺紈家風, 或被酒使氣, 箝制豪强, 毆責不義, 權勢子弟, 皆畏避退劫. 丁丑, 登忠良科, 歷敭華要, 官至右承旨, 退以屛居, 以儒素自處, 患風祟, 亦累年. 甲午以來, 國家多變, 公聞輒流涕嗚咽, 如不欲生. 壬寅, 拜勉庵崔先生, 如柳靜春贄謁晦庵故事, 蓋服丙子斥和之大義也. 勉庵許以國士, 勸其讀書, 愈廣義理之路. 公喜曰, 今幸身就有道, 庶不枉過一生. 自是嚴立課程, 如小子初學, 潛心溫繹, 不得不措. 屋後建二楹, 妥孔孟遺眞, 瞻拜灑掃, 風雨不廢. 每日竦肩危坐, 或問得力. 公笑曰, 本善病, 不善坐, 數年來, 氣力稍强, 自然忘臥矣. 手不釋卷, 好學彌篤. 甲辰, 純明妃喪, 臣民服制, 以期年磨練. 公歎曰, 邦禮變亂, 胡至此極, 誓不受服. 乙巳, 五賊賣國, 上疏請斬諸賊, 辭極森嚴. 且臚列址鎔載克之罪, 毫髮無隱. 克則再從, 址則從姪, 而皆絶不相見, 此人情所難, 而亦不顧. 丙午, 勉庵將擧義旅, 命公乞援大國, 方啓行, 聞勉庵已敗且俘, 仍廢寢食曰, 彼雖狼虜, 焉能違天害正人. 出平日所賜手墨, 且拜且泣, 至欲籲天以代命. 及承訃赴喪也, 有人請乘火車爲速. 公辭曰, 彼車是讎車, 吾何忍乘此, 寧遲緩, 當步去也. 白巾環絰, 迎柩而哭之痛曰, 吾非爲先生哭, 爲宗社哭也. 先生扶植綱常, 與天地竝立, 何足深恨, 但吾家宗社, 失此柱石, 將何以扶持哉. 淚隨言下, 見者色怛. 將題銘旌也, 衆論以書判書爲可. 公正色曰, 書爵則依遺訓書參判可也, 不然只書先生可也. 一人固爭曰, 先師雖以參判自處, 然判書亦君賜也, 以臣而敢去君賜乎. 公曰, 君但知尊君, 不知尊道也. 孔子爲大司寇, 而門人有以大司寇稱之歟. 退溪先生, 爲右贊成, 臨終, 以退陶晩隱命書, 而當時必以右贊成書之歟. 盥手親題, 舍爵而書先生. 心喪九月, 奠哭如禮. 諸生有請速刊先師文集者, 公喟然曰, 使顔子而今日, 則抑亦先夫子之文章, 而後夫子之大讎乎. 丁未四月, 葬先師題主時, 又有書判書之論, 公以師門罪人, 責而退之. 六月, 上被迫遜位. 欲進伏天陛, 則倭賊堵立, 欲退經溝瀆, 則徒彰君惡, 彷徨跼蹐, 不知所爲, 連日痛哭於宗廟門外, 天聽邈然, 無如之何矣. 不得已作包胥之行, 與同門蔡相德, 轉向海州. 進士吳鳳泳, 捐家資千金而贐之. 至石潭, 拜栗谷先生廟. 間關抵豐川梧枝浦, 得淸人商船, 累日夜泊煙台. 風浪甚急, 人皆失色. 公端坐笑曰, 萬事前定, 懼之何益. 俄而風靜. 行過天津, 入北京, 館於福昌棧, 遣人請見袁世凱, 世凱价以張把總俊, 俊乃興宣在天津時侍側者也. 公致書屢千言, 勸以復華救韓之策. 世凱復使張俊傳言曰, 中國之亡, 迫在朝夕, 無暇救韓, 咄咄奈何. 且日虜探我動靜, 疑與貴國相通, 未能小答遠來之意, 甚悵然也. 公歎曰, 縱有申淚, 世無秦庭, 嗚呼噫噫. 與從者數人, 行十餘日, 還到鴨綠, 如窮人無所歸, 復回駕入花村, 拜夫子廟, 此卽毅庵柳公麟錫創之者也. 關西人士避亂者, 逐日往來相隣. 戊申, 先師再期, 遣松京人梁建泰, 操文替奠. 又致書同門, 勉以不失先師心法. 庚戌五月, 渡義州, 未幾, 隨華人王子安等, 又向瀋陽而去, 不勝去國之懷, 作詩以見志. 留德祥店, 一夜有一胡, 仗劍直入. 公徐曰, 爾欲持吾頭去者耶. 吾爲亡國大夫, 生之甚苦, 爾寧速持去也. 胡熟視良久, 匣劍而坐曰, 聞公與革命黨, 謀害淸國. 故欲殺之, 今見公動止, 似無此等事, 願安心就寢. 因起去. 時, 革命, 果有復華之議, 而公暗贊機密, 彼之不害, 亦天也. 八月, 聞韓日合竝, 泣謂從者曰, 吾羈旅他邦, 庶幾爲救吾君扶吾道地, 而今焉已矣, 欲自裁. 奉天陸軍李象賢, 知心者也, 適持酒來候, 見此大驚, 以古今大人處義之道, 萬端慰諭而止之. 山東華族數十人, 遣書曰, 若非貴國, 大明典章, 世無可睹之所矣. 仍請大明冠帶及栗谷擊蒙要訣華西雅言. 公大喜曰, 此皆復華黨人, 我孝宗大王及尤庵先生之志, 或可伸於今日而爲之兆歟. 乃出行橐中金冠朝服并要訣雅言, 送謝之. 九月九日, 移渾河浦, 前宵夢中, 誦張翰江東去之句, 不偶然也. 俄日虜來索舊館, 已行矣. 瑣尾流離之中, 每値先世諱辰, 必坐而達朝, 致如在之誠. 十二月, 遙有陵寢毁撤之聲. 公大號狂叫, 旋起旋仆, 積雪冷風, 衣裳顚倒, 皸瘃而自不知苦. 遠人亦不忍見, 皆至出涕. 蔡君相德, 飛書言其狀. 子及從弟, 奔走入謁. 公不之省, 百方寬譬而一不答. 恒言事若不成, 歸死夫子墓傍. 故紿云, 請去闕里, 公始頷之. 卽乘車, 瞑目不視, 渡浿江, 問此何地, 復權對魯境. 及到渼陰本第, 家人進拜. 公始覺見欺, 大責之曰, 吾何面目, 生還故國. 子而紿親, 吾豈有子乎. 生庭繼母夫人, 執手泣曰, 子棄我何往. 公驚起拜曰, 欲洗宗社讎辱, 控于大邦, 乞復讎之師, 事皆蹉跌, 不爲卽死, 反被兒們所欺. 且哭且嘯, 卽叩地叫天, 復如在瀋時. 被髮徒跣, 隨江上下, 逢人輒問闕里去路. 家人沮遏, 則堅臥不起, 時或默立視天. 辛亥夏, 子佐鎔, 奉公寓楊根歸兮村. 七月十三日早朝, 公盥櫛正衣冠, 笑語自若. 家人喜其狂止而不慮焉. 其友識之, 勸作數行文見志. 公曰, 辱國辱家, 而苟求知於人耶. 待子姪出外, 拜謁家廟, 雙手拍地, 地皆拳痕, 從容縊於後椽. 家人知而急救之, 一縷尙不絶. 十四日鷄鳴, 竟溘然. 遠近聞者, 莫不悲之. 淑夫人, 延日鄭憲永女, 圃隱先生之后, 有婦德而無育. 有二男, 佐鎔佑鎔.

史氏曰, 生於三, 事如一, 古今之通誼也. 自治敎衰, 此義晦塞久矣, 而惟公講之熟守之確, 不挾宗英之貴, 而從師於草野之中, 不忘宗社之危, 而憂君於萬里之外, 事之也以道, 殉之也以義, 試聚天下忱臣志士, 而論其苦心血誠, 則當今之忠且賢, 不推公而誰哉. 不億之麗, 膚敏祼將, 歷歷屈指, 而靖獻先王, 則公獨專之, 師道之廢, 羿弓反射, 往往接踵, 而不二所事, 則公實能之. 嗚呼, 仰足慰皇天祖宗與賢師之靈, 俯足以爲人臣與弟子之法, 其有功於名敎, 亦韙矣哉.

完山 李錫庸

按山河運氣, 一自推遷, 宗英之其麗不億, 而未聞其北地之哭, 只見其松雪之榮. 今有渼石公一人, 乃痛哭家廟, 從容就義, 是上帝愍天彝之殄, 以公爲宗英者歟. 初公以請援赴中國, 庚戌, 聞合邦之變, 不勝其忿惋, 痛哭顚錯, 及子姪給之, 舁還故國, 則或痛哭于宗廟, 或徒跣于江干, 其動止似病風. 故人譏之, 皆以爲狂, 公果失眞耶. 昔以父師爲奴, 其爲乖當, 亦有甚於公之所徒跣顚錯, 而箕子何以爲佯狂也. 爲人臣而有至誠惻怛者, 見祖宗之國, 一朝爲屋社, 則其撑天之忿注虹之氣, 有屈抑不得, 其擧之有乖當, 固無怪. 此公之所以至公之爲也. 然則今之有公, 非韓之北地耶. 丙辰夏, 余往定山之藏龜洞, 崔參奉永祚氏曰, 公死, 從姪址鎔來哭曰, 吾家不可無此叔, 未知此言, 何以出址鎔之口也. 以此觀之, 址鎔亦有其未泯者存耶.

安重根

安重根, 小名應七, 以其胸有七黑子也. 因以爲字. 其先, 順興人. 後, 居黃海道海州, 世爲州吏. 至父泰勛, 讀書拔成均進士. 泰勛, 好奇節, 太皇中, 起兵擊東學亂徒之在本道者. 重根幼時, 徙信川郡, 受經史於父. 十四, 以母趙氏命, 從本郡所在法國敎師, 受天主敎. 是時, 國中多各國人, 而日本人侵橫獨甚. 故國人多投西敎, 以爲庇依焉. 重根旣長, 英拔任氣, 不拘敎律. 好遊獵山中, 善用槍, 射小鳥輒落. 光武九年, 日人因克俄之勢, 遣其大臣伊藤博文, 統監我國. 重根憤然有恢復之志, 以關西風氣, 素號勇烈, 乃移居平壤之鎭南浦, 結納豪傑. 散萬金之財, 以興學校. 十一年, 伊藤脅太皇內禪. 重根聞而大怒曰, 日人已皆有我國乎. 欲縱火殺日人之在平壤者, 其友勸止之. 重根乃入京, 往民會中, 流涕說國家危急狀. 因之江原道, 糾義兵, 殺日人數百, 爲日人所執, 囚七日不得食. 旣而用計逸歸歎曰, 噫, 井深而綆之短也. 因自言曰, 淸西北間道及俄領海蔘威之間, 本國人不堪吏虐而逃僑者, 前後無慮數十萬, 而統監事出之後, 恥而避居者, 亦頗往往而有, 敎之皆兵也. 吾可往乎. 及行, 恐爲日人所譏執, 請敎師與俱爲若宣敎者, 歷間道入海蔘威. 西北間道者, 鴨綠江北沿江上下之地也. 始, 爲我與淸國之交界. 久後, 淸侵拓有我地. 故我人之居者, 服我服, 而納租稅於中國矣. 重根往來海蔘威間道之間, 結豪傑數人, 與誓報國, 爲作盟詞曰, 汝必出力, 復大韓獨立. 有渝此約, 卽雷火落於汝之頭上, 焚燒汝之身體, 且累及汝之五族. 向衆讀訖, 拔刀斬左手第四指, 以指血寫盟詞如人之數, 各懷之. 遂激起僑衆, 作義兵隊, 推衆中一人爲大將, 而己爲參謀中將. 率兵數千人入咸鏡道, 擊日人千里轉鬪, 多所殺傷. 至吉州敗而退還, 將圖再擧. 時, 日人以間道本韓地, 爭于淸者有年. 隆熙三年, 以兵脅淸, 責還間道. 旣而讓間道于淸, 請借淸滿州鐵路之權. 淸畏而許之. 各國聞而怒, 相與言曰, 我輩亦當分淸地, 以均沾利益. 淸國爲之大震. 當是時, 伊藤新解統監任, 欲與英俄二國大臣, 會于淸哈爾濱之港, 談所以操縱淸國之事, 九月, 從數人以來. 時, 重根在海蔘威, 聞而喜曰, 吾可以先除伊藤乎. 以告同盟人禹德淳 或云連俊, 德淳願從之. 德淳者, 京城東署銀匠也. 憤統監事, 走至海蔘威, 賣菸以爲業焉. 重根遂與德淳, 各帶槍向哈爾濱. 至布克拉厄齊亞之車站, 重根計以爲哈爾濱者, 俄人最多之地也, 欲察伊藤動靜, 非得我國人通俄語者以爲之輔, 不可也. 乃於本站, 求得咸南道元山人劉東夏者. 秘其事, 語之曰, 伊藤人傑也. 聞今將至哈爾濱, 吾輩盍往一觀乎. 東夏曰, 諾. 於是, 三人俱至哈爾濱. 旣而東夏以事辭. 乃更求得通俄語者洗濯商曹道先. 道先江原人也. 重根在旅舍, 作歌以見志. 歌曰, 丈夫處世兮, 蓄志當奇. 時造英雄兮, 英雄造時. 東風吹寒兮, 搖動漢水, 憤慨一往兮, 吾必反爾, 惟我同胞兮, 速恢大業, 萬歲萬歲兮, 大韓獨立. 德淳以俚歌和之. 旣罷, 重根與德淳道先, 同往蔡家溝, 以探伊藤來信. 始來時, 以資金垂盡, 囑東夏,代借金于我人住哈爾濱者. 旣至蔡家溝, 東夏覆曰, 借金不得. 重根策人多資少, 或誤事機. 乃謂德淳等曰, 公等可留此, 待我辦資. 遂獨還于哈爾濱, 則有報云, 伊藤以明日至矣. 重根乃晨起詣俄車站, 立于俄軍隊之後以待之. 重根本作西裝. 故俄人認爲日人, 而莫知爲我人也. 及伊藤至下火車, 觀軍容, 與重根相距未十步. 重根素未見伊藤, 惟嘗於報紙所載小像, 竊識之. 乃從容取槍射之, 三丸中右腹及背, 伊藤遂死. 重根擧手而舞, 大呼大韓萬歲. 日人囚之月餘, 移就于旅順所在關東法院之獄. 十二月, 法院長眞鍋開公判, 我國及中國西洋人會者數百. 先是, 我國人住海港及美洲者, 聞公判期, 爲重根, 募金七千, 請辯護士于各國. 於是, 英國律師德雷司俄國律師米罕依洛夫及西班牙律師等, 皆嚮應而至. 眞鍋計各國律師必捄重根, 是日, 宣言曰, 不通日本語者, 不得升堂. 由是, 德雷司等, 皆不得與於公判. 日本律師紀志見眞鍋所爲, 慷慨語眞鍋曰, 此判不公, 是墮損我大日本令名於天下也. 吾請辯護. 眞鍋亦拒之, 獨用心腹律師二人爲辯護士, 引出重根于庭. 重根爲人, 身長約五尺四寸, 鼻微隆, 眉目淸秀, 楚然儒也. 在庭, 意氣安閒, 以兩手橫交于胸, 數數引巾拭面. 眞鍋循律例, 先問姓名年籍然後, 次及伊藤事. 若何爲害我伊藤公. 重根曰, 貴國之擊俄也, 貴皇宣戰書于我, 謂將保護韓之獨立我國之人, 胥以心感. 乃克俄之後, 伊藤不遵貴皇之意, 貪功樂禍, 以兵脅我, 而敗我獨立. 此我大韓臣民萬世之讎也, 安得不殺. 眞鍋曰, 聞爾黨有義兵參謀中將, 是誰也. 重根扼腕曰, 所謂參謀中將者我也. 向使伊藤來稍遲, 我當精訓義旅以圍擊于哈爾濱殺之. 不幸訓未成而猝遇伊藤. 故吾不得已出於刺客之行, 豈非天哉. 數日, 眞鍋又引重根訊之. 重根曰, 夫伊藤之敗我獨立, 固吾讎也, 而又擅廢我太上皇. 夫伊藤之於我太上皇外臣也. 外臣亦臣也, 以臣廢君, 寧能免誅乎. 語至此, 聲益宏壯, 目光如電. 斥伊藤爲亂臣, 而叱之曰, 伊藤之罪, 上通于天. 伊藤之行我大韓皇帝之廢立如此, 墮我大韓國之獨立如此, 敗東亞之平和如此. 且又泝之昔日, 則我明聖皇后閔氏之弑謀, 伊藤實主之, 貴國之先皇帝. 眞鍋聞之, 大驚失色, 急揮手止之, 且令傍聽者退. 故其辭之終, 無聞之者. 其云先皇帝者, 謂伊藤行弑也. 訊至明年正月者凡六, 重根終始一辭, 少無屈色. 辯護士等曰, 安重根所言之主義, 皆是誤解. 雖曰復讎, 而實否也. 且我關東法院, 有裁判保護國之權, 則安重根當以死論. 論旣定, 眞鍋使人謂重根曰, 子若言誤解主義者, 生. 重根叱之曰, 汝等所謂誤解主義者, 何. 伊藤所爲, 背人道滅天理. 我之所爲, 踐正道行大義. 此義明明, 童兒皆知, 而乃謂我爲誤解乎. 夫汝殺我固當. 惟我生一刻, 則汝國有一刻之憂, 而眞是非之表白於天下, 必有日矣. 聞者咸爲歎息, 至有泣下者. 廷罷, 重根出, 英國德雷司重重根之爲人而惜之, 攬衣勸令再訴. 重根笑謝, 昂首入于獄. 明日, 日人宣其罪. 重根母率重根二弟定根恭根來訣, 不肯見重根. 但令定根等代告之曰, 嚮吾諭汝勿屈志, 汝今幸能遵守, 吾他日歸見汝父於地下, 庶幾有報辭, 吾訣止此矣. 日人以三月繯殺之. 重根時年三十二, 有二子一女. 初, 重根聞判期, 貽書二弟曰, 吾死不忍埋於日本人所監之土, 可埋之哈爾濱, 以表我之成志. 至是, 二弟如其言. 日人不許, 使葬旅順獄內之地. 重根不甚涉學, 然能操筆疾書. 其在獄中, 作東洋平和論數萬言. 死後, 各國人爭以萬金購其札. 德淳東夏道先三人, 重根被俘後, 又皆爲日人所獲. 公判之日, 德淳切齒而對, 亦頗慷慨. 日人處之監禁三年. 道先東夏皆言不知重根之情. 然日人亦罪之, 次於德淳.

論曰, 海州負名山面大海, 爲海西一大都會. 自高麗時, 出名儒崔沖, 號爲海東孔子, 而重根今又生于其地, 樹立天下閎大俊偉之節, 蓋亦地氣使云. 方統監事出, 先後立節者, 有閔泳煥趙秉世洪萬植許蔿李儁等諸人. 然或受國厚恩, 或承使命也. 若重根則一布衣耳, 其所爲顧不益賢哉. 或謂人臣之死於國者, 每出於志之不成, 而今重根之死, 能成其志, 使宇內之人, 胥以一驚, 如聞雷霆於深夜獨寢之中. 此前世所未聞也. 雖然, 彼其成亦天耳. 若其被俘二百日之間, 不屈志以生者人也. 斯其實難者矣.

右傳中西洋辯護士一節, 初, 以辯護士不請自來爲文者, 因滬報之畧也. 近考黃梅泉所錄, 以改之. 旣而示朴白菴, 則朴又加辨正, 幷及他事. 蓋朴素與安烈士, 同州相善, 又嘗見安弟所記錄, 故能特詳也. 玆依其言, 改印二頁.

甲寅 正月 澤榮

外傳, 安重根頗有膂力, 自幼少時, 有忠孝血性. 其居信川也, 父嘗借錢於淸商. 至期, 淸商來索錢不得, 詬罵而去. 重根自外獵歸, 聞之曰, 奴乃辱吾父耶. 挾槍追至安岳郡射殺之, 逃入京師. 時, 日本公使林權助屢求索於我, 剝奪國權. 重根忿欲殺之, 乃結壯士二十人, 約與共事而患其少. 乃往保安會, 見主會者, 通其情曰, 若於貴會, 加得三十人, 事可得成. 主會者危而謝之. 重根曰, 竪子不足與謀. 遂去海蔘威, 久而始歸. 及父死, 徙居平壤, 平壤勇俠之士, 皆重之而來歸焉. 重根素好飮酒. 及入間道謀擧義, 慨然斷之曰, 待我韓恢復然後, 始可飮也. 旣殺伊藤, 與諸連累人, 同繫日獄, 諸人或悲歎流涕. 重根笑曰, 諸君皆夫耳, 何忽自小如此. 每寢, 達夜鼾睡如平常. 或吟詩以自壯, 詩曰, 丈夫雖死心如鐵, 烈士當危氣似雲. 其餘無傳者. 在判場向裁判長眞鍋言曰, 彼連累諸人, 何與於伊藤之死. 殺伊藤者獨我也. 其弟定根恭根來見于獄曰, 他日, 可與嫂侄偕來否. 重根揮手止之曰, 區區妻子可復戀耶. 方其第五判也, 日人有水野者, 重重根而惜其死, 言于眞鍋曰, 今韓之形與吾國改革之初相同. 重根之爲此固也, 伊藤公有知必奇之. 子若殺重根, 是得罪於伊藤公也. 眞鍋不聽, 竟殺之. 重根之在獄也, 各國人寫其像者, 常守獄門外, 門開輒寫之. 日人亦慕其義, 爭買其像. 官司下禁令於寫眞館, 而不止矣.

禹德淳

禹德淳者, 丹陽人也, 父始榮. 曾以居忠北堤川, 來京城東署, 爲雜貨商. 憤統監事, 入海蔘威, 改名連俊, 賣煙草爲業. 日同志安重根來曰, 吾聞伊藤以操縱滿洲之事, 九月來哈爾濱, 吾輩可以除此賊, 回復其國權於萬一. 德淳遂慨然而諾. 共帶鎗, 至爾賓, 重根作詩以述懷, 德淳以俚歌和之曰, 맛낫도다맛낫도다, 寃讎 너를맛낫도다, 너를한번맛나고자, 壹平生에願했지만, 何相見之晩也련고, 너를한번맛나랴고, 水陸으로幾萬里를, 或은輪船或은火車, 千辛萬苦거듭하야, 露淸兩地지낼때에, 안질때나 셧슬때나, 仰天하고祈禱하길, 살피소셔살피소셔, 主

耶蘇여살피소서, 東半島의大帝國을, 내願대로救하소서, 於乎라奸惡한老賊아, 我等民族二千萬을, 滅亡까지씩혀노코, 錦繡江山三千里를, 소리없이뺏노라고, 窮凶極惡네手段을-中略-至今네命끊어지니, 너도冤痛하리로다, 甲午獨立씩혀노코, 乙巳締約한然後에, 오날네가北向할줄, 나도亦是몰낫도다, 德딱그면德이오고, 罪犯하면罪가온다, 네뿐인쫄아지마라, 너의同胞五千萬을, 오날붓터始作하야, 하나둘식보난대로, 내손으로죽이리라. 歌罷, 重根赴爾賓待之, 德淳在寬城子待之. 陰九月十二日, 重根殺伊藤被逮, 以重根事發, 德淳亦逮. 及公判, 德淳切齒而對曰, 伊藤是余不共戴天之物, 故余欲自初欲殺害, 而時有老母不能, 今母死不在, 伊藤所爲, 日益甚焉. 故不勝憤慨, 乃爲此擧. 又曰, 重根歸爾賓時, 吾借得彈丸, 與道先俟之, 若伊藤至, 吾當狙擊, 而時俄兵禁出入. 故竟失算, 更臥榻思後圖. 法官論刑, 重根以死告, 德淳以爲監禁三年也. 初, 德淳信耶蘇, 不篤信. 故不受洗禮.

李在明

李在明者, 平壤人, 幼失父. 年十三, 入耶蘇敎, 從西洋敎士, 赴美州, 以勞動得盤資. 隆熙元年丁未, 始回國, 以政治熱, 多結有志, 密謀復國, 蓋急進派也. 亦嘗奔走於中俄領土之界, 訪問同胞, 平居在衆人之中. 恂恂若言不出口, 人或易之, 而內甚悍. 至是, 統監曾禰免, 陸軍大臣寺內正毅, 繼爲統監, 而合並之說, 先騰報紙, 國人益懼不知所出. 在明與同志金貞益金丙祿朴泰殷等十人, 會夜學堂相議曰, 事急矣, 不殺國賊, 國將亡矣. 可奈何. 前此日人之勒締條約, 實由我國賊黨. 貪利賣國, 爲彼作倀, 故容易得手. 今吾輩先發制人, 急除賣國賊, 彼之勒約, 或可沮止, 救得國命於萬一. 政府之李完用, 一進會之李容九, 賊之首也. 殺此兩賊, 餘賊亦皆知危, 不敢附和締約, 救急之策, 惟此而已. 各懷利刃, 渡浿水赴漢城. 天寒木落, 山河蕭條, 壯士西來, 殺氣動天. 於是, 二人各察兩賊動靜, 適見申報, 有完用以追悼比利時皇帝, 往會手鍾峴天主教堂. 在明以爲此其時, 扮裝賣栗商, 煨栗于教堂門外以待之, 見完用出, 遮車抽刃, 而車夫捍之, 先刺斃之, 完用墜地, 因乘而刺之, 深入腰, 又亂刺其肩背. 因爲保護巡查所逮. 於是, 觀者雲屯. 在明顧謂左右曰, 今日吾爲同胞, 殺此公讎, 快哉快哉. 連唱萬歲, 請傍人燃草, 吸煙如常. 於是, 舁在明, 致完用邸. 農大趙重應, 問完用所, 來見在明曰, 爾乃果凶行者耶. 在明張目大叱曰, 汝是賊輩, 焉敢爾也. 及押去警署, 在明歎曰, 欲殺完賊, 余先就死, 寧不慨惜乎. 取調訊誰與共事, 在明昂臥對曰, 丈夫爲事, 何賴乎人. 吾十七八時, 已有此心. 若完用不死, 不能達目的, 我卽嚼舌死而已. 其語調頗凜凜. 其昂臥, 初被逮, 亦爲彼亂刺, 不能坐者也. 貞益欲刺容九, 日俟其便, 以在明事發, 亦被搜捕. 初在明, 欲殺完用, 貞益曰, 今日合並之倡, 是容九, 非完用, 當先殺容九. 在明曰, 不然. 締結新約, 使國家至此者, 全完用所爲. 乃不聽. 由是, 與貞益相齟齬不合. 訊問貞益, 慨然下淚, 取出懷中短刀曰, 余欲殺容九, 以爲報國, 今我被逮, 有此何用. 因投與警官. 公判, 裁判長塚原出示短刀曰, 此果爾凶行物乎. 在明厲聲曰, 是乃吾國賊刺義行物, 何以曰凶行. 又出小刀, 貞益亦曰, 果吾之欲斬容九者. 慷慨激昂, 辭氣悲壯, 在明在傍宛爾而笑. 完用入治院數月, 得不死, 在明以殺人置絞刑, 貞益監禁十五年. 律師安秉瓚曰, 被告卽一愛國憂世之士. 今日見國家至此悲慘, 熱血沸騰, 遂爲此擧, 世之有國者, 孰不其欽慕義理. 曩時, 張仁煥殺須知分, 美人用寬典不死, 伊庭殺大臣星亨, 日人不殺之. 願以此爲法. 塚原不聽, 在明乃控訴. 楠裁判長謂在明曰, 若有言, 又言之. 在明起立厲聲曰, 吾之所以欲殺完用者, 完用有八大罪, 曰乙巳締結五約, 廢外部而迎統監, 曰海牙密使事後, 完用與宋秉畯, 肆進榻前, 請其合邦, 因拔劍號令, 曰解散軍隊, 曰誘皇太子, 送日本, 使其幼沖, 換入精神, 無其來望, 曰勸太皇渡日, 作法國捕安南王爲亞弗利加洲太守, 又殺忠良, 倡合邦, 無所顧忌. 不殺此賊, 必亡我國家, 劉我民族. 故不勝憤慨, 欲除此賊. 今處我以絞, 吾死當幻生數十萬李在明, 將大禍日本. 及閉庭, 擧安南埃及二國, 大呼頓足而出. 又大罵法官曰, 汝法不公, 雖奪我生命, 不能奪我之忠魂義魄也. 其妻吳仁星, 亦大號曰, 國賊完用, 吾之家夫, 何罪死刑, 仰天大哭, 血淚滿面. 貞益本家貧, 寄傭于人, 服役之暇, 就勞動夜學堂受業, 佩服嘉言善行, 與在明, 共盟死國. 此兩人者, 微矣而奮義討賊, 欲救國命於垂絶. 犧牲其身, 如赴樂地, 轟轟其烈, 驚動世界, 尤不奇壯哉. 貞益年二十二, 在明少一歲, 風姿壯麗, 眼光炯炯.

按平壤乃檀箕古都也. 其後又爲幾千年大都會, 此非以地靈焉爾乎. 不寧惟是, 古有義鼠, 今有義士, 人與物雖不同, 其義之炳炳孤特, 實古今所罕有也. 然則平壤自檀箕已昔, 彼舟車闤闠之爲都會者, 不足以洩地靈之渟蓄磅礴, 又鍾得此義鼠義士耶. 二者不爲他, 而爲平壤甚異也. 然義鼠在國家中興之會, 有立廟之報, 義士, 當國家不祀之秋, 無此報, 悲哉. 且爲國除賊, 事不成, 而徒殺身, 尤可悲也. 然義士一劍, 足以寒群賊之骨, 成敗何足論也.

安明根

安明根者, 重根之從弟, 慷慨有氣節, 有乃兄之風. 至是日本實行合併, 憲兵巡査, 羅織嚴密, 道路以目, 莫敢偶語. 名爲愛國黨者, 將殄滅之無遺, 而自哈爾濱事發, 重根一家, 尤被鍜鍊, 憲兵巡査, 日叩其門, 探其出入, 詰其意想, 無異獄吏之監罪人. 然明根不以此少挫, 陰結壯士, 密辦武器, 欲於火車之要路, 襲擊寺內. 計劃旣定, 將不日行之, 而不意事洩, 猝被逮. 持入法庭, 對簿法官, 訊其所以. 明根曰, 爾不識在哈爾濱殺伊藤之安重根乎, 吾兄也. 吾欲繼吾兄之志, 殺寺內復國仇耳. 法官曰, 爾托以國事, 募集金錢, 取人之不肯予者, 非盜而何. 明根曰, 爾等強奪我二千萬衆抵死不肯予之邦國, 眞天下之巨盜. 吾欲除此巨盜, 以救吾國, 以伸天下之公理者, 奈何謂賊盜. 法官不敢復詰, 遂以謀殺未遂, 處終身役. 于時, 傍聽者曰, 與安義士, 可謂難兄難弟, 倂耀千古矣. 至是, 日人因安重根事, 欲滅愛國黨, 累起大獄. 于是, 又欲痛剿之, 金鴻亮金道熙高貞華李尙直李承吉朱鎭杓等百餘人, 被逮入獄. 又地方紳士之稍有財産及風力者, 雖名不掛黨籍,而亦以累逮捕, 海西一道之名門大家, 無一能免. 進士申錫忠, 松禾郡人, 七世同居, 家口數百, 饒財産好行其德, 遇凶歲賣穀, 減價以予之, 賙窮恤患, 澤及遠近, 雖以東學黨之恣行搶掠, 相戒勿入, 其懿行淳德, 處此末俗, 實鳳毛麟角. 至是, 日人忌其家聲, 誣以連累, 捕錫忠及其從兄某, 二人義不受辱, 倂自殺.

金舜欽

金舜欽, 字穉華, 豐山人也, 世居豐山之五美洞, 來寓甘泉. 身不長, 貌不揚, 志潔而行方, 學專而文雅, 內蘊純剛至正之氣, 外施淳謹撝謙之行, 粥粥若無能. 故名不出里閭. 一自奸宄招寇國步驗揑之後, 恒懷忿懣, 無計可施, 遑遑焉岌岌焉, 殆若無以爲命, 此非但慟五百年宗社垂亡, 憤幾千年文敎墜地, 尤傷心於變華爲夷. 及聞山林川澤, 盡歸於倭, 遂決魯連蹈東海, 夷齊採西山之志, 欲歸報於先聖先王先父老, 斷却食飮, 矢心畢命, 爲累日. 其媳亦孝婦也, 飯舊穀採吉更, 泣而進曰, 穀是未倭土之舊穀, 菜是無倭稅之新菜. 遂嘉其志而少嘗之, 認其瞞告而牢却之. 餓至二十三日, 言語如常, 神精不耗. 臨絕而作絕命詩曰, 萬古扶綱常, 夷齊乃得眞, 捐生義不食, 夙夜仰斯人. 又云, 何顧人非是, 只明義不義, 無論生與死, 自信適於志. 又云, 痛哭群蠻亂我東, 何時快見八垓同, 義師蕩掃倭酋日, 家祭無忘告乃翁.

和夷齊采薇詞曰, 陟彼蓉山兮, 採其薇矣, 招倭滅國兮, 明知其非矣, 先王先哲不能忘兮, 我可從歸矣, 吁嗟天兮, 運之衰矣. 又書遺戒曰, 我死後, 象設哭泣, 雖戒勿爲, 汝必不遵, 但下室饋奠及先世祭獻, 斷不可用土地所出, 平倭後復常禮, 以安吾泉下之靈. 奄然觀化於戊申九月二十八日. 呼皐之時, 無雲雨而天雷大震. 橫渠先生曰, 如水臨萬仞上, 要下直下, 無復有凝滯之在前, 惟知有義理而已. 今翁之所就, 亦如是, 眞可尙而可敬, 恨不得駕風霆棄濁世, 躡後塵於三淸之上, 遂瀝肝血, 綴其語, 爲先生立傳.

太史氏曰, 運値陽九, 民彝物則, 淪喪殆盡, 柱石之家, 詩禮之族, 貪利慾如飮食, 視義理如土苴, 不辨忠逆之判, 甘心夷狄之歸, 聞此苦忠大節, 輒娟嫉而惡之, 或譏浪死, 或誚無益. 又或强而曰, 難事. 這皆有未汨之良心, 而內懷愧恧, 外蔽利欲者也. 噫, 爲世道悲憤之極, 欲放聲而大哭之.

眞城 李中麟

金澤榮

金澤榮, 字于霖, 號滄江, 又號韶護堂主人, 系出花開, 居松都. 憲宗庚戌生, 幼學擧子文, 年十九有志文章, 遂廢之. 二十三, 遊平壤金剛,冬歸讀有光文, 忽然有覺之者. 自是文名大噪. 是時, 中國之南通州, 有張謇者, 乃名流也. 光武十九年, 澤榮往見之. 於是, 澤榮之名, 益高中國. 辛卯, 中進士, 甲午, 調編史局主事, 乙未, 調中樞院書記官兼內閣紀錄局史籍課長, 丙申, 辭歸鄉, 癸卯, 差弘文館纂輯所文獻備考續撰委員, 授正三品通政大夫, 乙巳, 兼學部編輯委員, 冬辭. 戊申, 見國事已去, 不欲居朝鮮, 挈妻子往南通州, 託張謇居焉. 其文章, 與康南海有爲, 齊其名. 嘗編纂有韓國歷史小史韓史綮校正三國史記崧陽耆舊傳重編韓代崧陽耆舊傳. 丁卯卒, 享年七十八. 文章冠一世, 而因韓史綮, 有世人雌黃. 又長於詩. 有二子慘折, 嗣子某, 在松京, 不臨終. 女適中國人. 居中國, 凡二十年, 謀生, 多有華人書店之助云.

洪範植

洪範植, 字聖訪, 號一阮, 豐山人. 慕堂履祥九世孫, 吏曹判書祐吉孫. 祐吉號藹士, 有文望, 謚孝文. 太皇辛未, 公生于槐山郡仁山里. 壬申, 隨判書公, 往咸山之營, 以痘疹幾殊更蘇. 才穎悟, 及受書, 不煩敎督. 戊子, 中成均進士, 癸巳, 遭母夫人尹氏憂, 哀毁踰制. 壬寅, 筮內府主事, 俄陞惠民署參書. 丙午, 陞正三品, 翌年, 調泰仁郡守. 至是, 日人捕義旅, 人多枉死者. 範植保救活者甚多, 時, 有全北第一治之頌.

己酉, 移錦山, 治南古有練兵場, 廢練已久, 居民起耕者, 可至數百斗, 又轉相賣買. 前政金宇植依府訓, 盡屬國有. 於是, 居民皆來訴其冤. 範植擧實報上府, 盡還給, 皆爲之頌德. 庚戌七月二十五日, 聞合併, 默然良久, 將其小妾, 託面長金漢根, 遂與使令金恩成, 詣客舍四拜, 欲自裁, 爲恩成所救, 竟不能死. 夜, 獨往祖宗山, 結項而死. 於是, 一府大驚, 擧火索之, 已無及矣. 判事朴瑢台郡書記韓昌錫, 董治喪事, 還其本家. 官民前後賻錢者, 多至五千. 邑婦金春仙李緣珠, 亦皆有賻. 有遺書五封, 在挾囊中, 日人皆搜去, 其家書一封, 後, 朴瑢台言日人, 覓而還之. 後, 家人, 繙閱其古篋, 得二人錄一冊, 乃記錄杜門洞七十二賢之姓名及事實者也. 有四男, 長命憙, 餘幼. 命憙免父服, 今往在中國之江南云.

按錦山之郡, 東有不二洞, 乃治隱先生罔僕之里也. 西有從容堂, 乃重峰先生殉節之所也. 其後五百年, 又有一阮事. 於乎, 未知其道德文章, 能與兩先生, 爲之相上下, 而世値板蕩, 至誠惻怛之志則乃一也. 蓋範植憂分莅錦, 初無討賊之擧, 又無就俘之辱, 雖棄其郡紱, 退伏田里, 以終餘年, 亦不害爲治隱, 而聞變當日, 乃毅然取義, 如重峰而不悔也. 然則與不二從容, 竝傳于世, 亘萬古而無虧者, 其惟祖宗山乎. 艮之象曰, 兼山艮, 君子, 以思不出其位. 範植之以錦山爲自靖, 亦非其以也歟.

吳剛杓

吳剛杓, 字明汝, 號無貳齋, 寶城人. 寶山君諡襄武公子慶后, 憲宗癸卯生. 性方正好義. 弱冠, 以親命贄謁全齋任先生, 先生使之學艮齋田公愚, 以卒業焉. 戊辰, 丁父憂, 三年不脫絰帶, 不飮酒食肉. 服闋, 日必冠帶, 以見家廟. 事偏母, 承順無違, 居家簡重寡默, 不以外物累其心. 乙巳之變, 聞而奮然曰, 爲人臣子, 此時敢愛生乎. 乃製疏, 請討賊, 使校任韓鼎命, 上觀察李道宰, 達于朝廷, 觀察拒而不納. 剛杓不勝悲憤, 求買鴉片, 淸商疑之, 慢賣以無靈者與之. 剛杓入公州明倫堂, 大聲痛哭, 遂服之, 幾垂絶. 鼎命捄而還家, 不知者, 以爲狂士也. 剛杓又欲長書討伊賊, 爲人所止. 自是, 忽忽無人世意, 常齎毒藥隨之. 丁未丁母憂, 年過六十, 執禮愈勤. 庚戌秋, 在明岡山中, 聞合邦之變, 大驚作絶命詞一章. 訪崔鍾和於錦洞書社, 相向而哭, 且曰, 吾將死於鳥川車站. 鍾和曰, 此非士子成仁之地. 剛杓曰, 然則吾可復往校宮乎. 卽往燕岐, 哭訣親山, 往淸州, 別其子炳瓚. 復還星田, 爲文告任先生廟, 與其弟純杓相別. 更訪余, 實十月十二日也. 時, 風雨酷寒, 衣裳甚薄, 余曰, 何不着綿. 剛杓曰, 亡國之俘, 無意溫飽. 翌日, 乃作遺書等篇, 爲袖而去. 余曰, 死節固美事, 能無悔乎. 剛杓曰, 求仁得仁, 又何悔乎. 余亦作詩贈之曰, 鳳凰之山鬱且峨兮, 爽氣千年同首陽, 錦江之水深且碧兮, 後人指點比沅湘, 悲歌一曲送君去兮, 秋風蕭蕭白日寒, 天下萬古此何時兮, 壯士一去不復還. 剛杓浪吟曰, 我若不死, 何以見故人. 送至山隅, 相泣而別. 卽入明倫堂, 付書于壁, 大哭一場. 守僕, 告直員李鼎珪, 直員曰, 可呼來. 剛杓大罵曰, 我非呼去者也. 直員出見慰諭之, 剛杓不聽. 直員以其書送本倅, 本倅又送于警務官. 至十六日夜, 結項於講學樓而死. 一府大驚, 彼人使村氓, 設燎經夜, 綻其衣帶, 盡搜其文字而去. 其中有一書曰, 艮齋田先生門人吳某, 餘皆未詳知. 是日, 乃郡守會, 聞者皆驚歎之. 或有涕泣者曰, 我輩, 爲吳某罪人. 吏胥輩大呼曰, 吳某, 五十三郡第一人. 彼人亦曰, 死可矣, 此可見秉彝之天矣. 有子四人, 炳瓚司果炳珪炳瑄炳瑨.

江華 崔鍾和

趙章夏

趙章夏, 字景憲, 號履齋, 師門任全齋憲晦所命. 世爲豐壤人, 豐安君灊八世孫, 仁祖朝, 以錄勳賜奮忠贊謨靖社之號. 丙戌, 又參勳盟, 陞嘉善封豐安. 七世祖伯耘, 又封豐昌君. 憲廟戊申生, 性剛直, 自幼動止有常處. 甫上學, 已知古人爲己之學, 便羞做對偶騈儷之文, 以讀書求志爲事. 聞全翁講道蘆濟, 齎摯登門, 深蒙奬詡. 丙子丁亥, 丁外內艱, 六年不脫絰帶, 師喪亦加麻期年. 甲午以後, 時變轉劇, 章夏常言金河西喟憑楚辭, 淚滿宋史曰, 此正今日之謂也, 噓唏不自勝. 庚戌七月, 聞合邦之變, 不欲飮食, 時飧松葉, 至月餘, 此蓋微寓古人採薇之意也. 及九月二十五日, 亦却松葉, 餓至十月二十六日, 改着深衣幅巾, 詰午巾小歛, 以手自正, 恬然而逝. 嘗大帶紳, 一葉題曰, 以髮爲節, 生順死安. 一葉題全齋詩, 二千餘歲宣尼學, 五百年來李氏臣, 要無困踣依前定, 從古元無不死人. 野愚徐公政淳曰, 景憲眞畏友. 篤守尹公致中曰, 景憲開豁人意. 艮齋田公愚曰, 任先生門下, 長德老成, 不爲不多, 而精義造約, 無如履公. 炳庵金公駿榮曰, 履齋早得全翁緖餘, 固窮守道, 壁立千仞, 爲吾黨矜式. 三泉洪公承運曰, 履齋淸修苦節, 想其氣像, 不覺中夜起立. 一生家貧, 蔬糲常不繼, 而處之迫如. 一不以非義易其操, 視富貴如土苴, 流俗所尙, 若恐浼焉. 又嚴於華夷之辨, 尋常慨歎於許衡吳澄之事. 比死, 作抱經枯死箴及絶筆詩一首以示志. 性不喜著述, 但書牘往復雜著數卷, 藏於家. 有二男四女, 男東孫東存.

家狀

李學純

李學純, 字敬實, 晦泉其號也. 完山人, 系出太祖康獻大王別子益安大君芳毅. 益安勳著王室, 其曾孫玉溪都正賢童, 端廟遜位後, 托病自廢, 李栗谷珥, 稱有大節. 憲宗癸卯生, 爲人豪俠不羈, 旣而悔曰, 吾止於斯歟. 乃飭躬修行, 專心於爲己之事, 務在實踐. 晩居連山之大明山下漢陽村, 語人曰, 天若不祚宋, 則吾其爲金華山人乎. 東匪起, 聞公名, 期欲勒入, 東匪數百人突入家, 惡刑其長子來修, 脅學純曰, 從己赦, 不從罔赦. 學純不之顧, 嚴辭斥之, 至欲仰藥, 匪徒知終不可屈, 皆敬謝而去. 遯巖院儒與沙溪後孫, 設學校於院中. 學純聞之憤惋, 與一二同志入院, 峻責其主事者, 因斧其所謂運動木, 終見其移去, 然後乃已. 爲文通告于太學及各郡鄕校, 辭旨嚴正, 讀者莫不竦然. 又製疏, 極言學術邪正之辨名實逆順之際, 而有沮格不得徹. 學純知世事之無可爲, 固守山樊, 與門生及村秀, 講明義理, 而尤嚴於華夷忠逆之分. 及至社屋而頒所謂耆老金也, 本郡憲兵隊長及面吏, 或招或誘, 累至再三, 皆堅臥不起. 遺一書曰, 李學純, 朝鮮國逸民也, 不幸癃耋之年, 國亡君辱, 不能出一戰之謀, 又不能立一死之節, 罪當萬戮, 而義不受讎國無義之餽, 如有復我者, 不入西山, 則蹈東海矣. 隊長拘學純于獄. 時學純沈病已數朔, 自此又絶粒抗斥, 辭氣愈厲. 隊長知不可屈, 誘其子來修, 使之力諫而受. 來修拒而不聽. 又說來修之弟來俊. 來俊曰, 若以吾頭易日王之頭, 則猶可許, 金不可從也. 孫旭則以爲吾祖雖死, 義也, 吾何敢受而累吾祖乎. 彼憤甚, 施酷刑來俊, 以脅學純. 學純厲聲大罵曰, 父子死死, 死何恨焉. 因取筆書之曰, 樂毅以兵劫王蠋, 而王蠋自頸, 王莽以印加龔勝, 而龔勝不食. 今讎國, 以金餽李學純, 而學純未知所以死矣. 又作詩見志, 端坐獄中, 浪讀大學中庸等書. 彼見公之年老病篤, 暫許留調於邑下客店. 是夜, 從容仰藥, 乃庚戌十二月七日也. 是夜館舍墻壁, 無故自頹, 有白氣亘天數丈, 天無雲而有雷作之異. 孺人密陽朴氏, 辛未以爲有強盜執手之辱, 服毒自決. 後來修以不入民籍, 累被威脅, 至有被逮於漢城之監獄而終不服.

安東 金福漢

黃玹

黃玹, 字雲卿, 其先湖南長水人. 至世宗時, 領議政喜爲漢京大族, 數世子孫, 或返居湖南. 有忠淸兵使進及司諫院正言暐, 有聲於宣祖仁祖時, 自後微焉. 父時默, 質直好義, 取豐川盧氏, 生玹於光陽西石村. 方其娠也, 盧氏行胎敎法, 雖一割, 必以正焉. 玹聰穎絶人, 未成童, 已能作詩驚人. 弱冠, 患鄕里闇陋, 北遊京師. 時李校理建昌, 文章冠薦紳, 國中名士自姜瑋以下, 莫不從遊. 玹贄詩以見, 建昌見詩大稱之, 由是名聲日起. 太皇二十年, 特設保擧及第試, 玹對初試初場策, 試官韓章錫, 見其文大驚, 擢爲第一, 旣而知爲鄕人, 改置第二. 及會試殿廷報罷數年, 自光陽徙求禮, 居二年, 以鄕貢初試生赴成均會試二所生員試, 而鄭判書範朝爲試官. 範朝緦弟主事萬朝, 素因建昌識玹, 而甚重其才, 見範朝言曰, 黃玹, 不得居前列, 是試猶不試耳. 範朝納其言, 選置第一, 蓋再擧成均而始諧矣. 當是時, 國家外憂日重, 而政事日謬. 玹無意進取, 遂杜門不入京師, 潛心文籍, 京師親友或貽書責長往, 輒答曰, 子奈何欲使我, 入於鬼國狂人之中, 而同爲鬼狂耶. 一時文學大官申箕善李道宰輩, 爭願結識, 而皆拒不應焉. 光武九年, 日本, 因克俄之勢, 遣人統監韓國. 先是玹友開城金澤榮, 以時事將危, 棄官走中國之淮南, 玹慨然有從隱之志, 數寄書以通意, 而貧無財貲, 不能遽決, 獨畵古之處亂世潔身者梅福管寧張翰陶潛司空圖梁震家鉉翁謝翶顧炎武魏禧等十人, 各繫以詩, 作屛以觀. 隆熙四年七月, 日人遂倂韓. 八月, 玹聞之, 悲惘不能飮食. 一夕, 作絶命詩四章. 又爲遺子書曰, 吾無可死之義, 但國家養士五百年, 國亡之日, 無一人死難者, 寧不痛哉. 吾上不負皇天秉彝之懿, 下不負平日所讀之書, 冥然長寢, 良覺痛快, 汝曹勿過悲. 書訖, 引毒藥下之. 明日, 家人始覺, 弟瑗奔視之, 問有所言. 玹曰, 吾何言, 但可視吾所書也. 因笑曰, 死其不易乎. 當飮藥時, 離口者三, 吾乃如此其癡乎. 俄而氣絶, 年五十六. 始盧氏有知人鑑, 常謂瑗曰, 死國難者, 必汝兄乎, 至是果驗. 玹廣顙疏眉目, 視短而右拗, 爲人豪爽方剛, 嫉惡如讎, 氣傲兀不帖帖於人, 見驕貴輩, 動面折之. 其於生平所好者之遷謫死喪, 徒步走千里存弔者爲多. 讀書, 遇忠臣志士困阨痛冤之事, 未嘗不汪然泣下. 學主乎通, 不喜從時俗講學者遊, 好考觀歷代史籍所載治亂盛衰之迹, 以及兵刑錢穀之制, 亦嘗遊心於泰西利用厚生之術, 思有以捄時之艱焉. 所作爲文章, 於詩尤深有蘇子瞻陸務觀之風. 卒之明年, 湖嶺士醵金刊梅泉集以行之, 梅泉, 玹自號也. 凡韓亡時, 與玹先後立節者, 又有錦山郡守洪範植判書金奭鎭參判李晩燾正言鄭在楗承旨李載允議官宋益勉監役金智洙武人全州鄭東植儒生連山李學純全義吳剛杓洪州李根周泰仁金永相公州趙章夏及宦者潘姓等凡十餘人, 而玹最以文學著.

金澤榮曰, 玹詩淸切飄勁, 在本朝藝院中, 指不多屈, 而其所詠古今人伏節捐軀之事者甚多, 莫不傾肝倒腸, 極其悲痛, 然後乃已, 非天性篤好而能然哉. 加羔裘於錦衣之上, 雖三尺之童, 無不知其美也. 以玹之文章, 而加之以姱節, 其光垂百世奚疑焉.

花開 金澤榮

朴炳夏

朴炳夏, 字文赫, 系出新羅王子, 中世有諱彦孚, 封密城君, 因貫密陽. 麗朝諱鉉, 三品糾正, 謚武烈. 至我朝, 諱忠元, 號駱村, 官吏曹判書, 謚文景. 諱自凝官校理, 於公爲十三世若九世祖也. 祖諱準珉, 以孝旌閭, 贈左承旨. 考諱明秀, 妣金海金氏, 以憲廟丁未十二月二十八日, 擧公于全南興德縣白雲里第. 氣質溫粹, 容貌端正, 年甫六七口無雜言, 手不雜戲. 常侍長者之側, 應對克恭, 人稱之曰, 此兒, 必不下於漢之黃叔度. 日, 母夫人病, 家人, 供米飮而皆不食曰, 某兒, 煮粥磨米甚精, 有適口. 由是, 公每煮粥, 如是者, 凡一年. 時, 公不過九歲. 公嘗手拱不出, 叔父顯秀怪之, 提而視, 以磨米手皆出血, 無全指, 而其拱手者, 恐人知而傷親志也. 及丁憂, 哀毁踰制. 十一, 與其兄炳臣, 共受學于祖考. 時, 臣才而夏鈍, 明秀嘗曰, 長兒可敎, 小兒不可敎, 祖考責之曰, 人之成就, 在德不在才. 後, 臣果早夭, 公乃成就. 公得新味, 必進其祖及考, 然後乃口之. 丙子, 丁外憂, 晝夜哀痛, 幾至滅性, 家人勸狗膏, 得無事. 後, 更啜粥三年, 或與人言, 語及其親, 則必潸然流涕. 隣里欲呈官褒之, 公禁不果, 但復戶. 甲午, 東匪猖獗, 全省不能案堵, 興尤甚. 公獨閉門歛跡, 講學益篤. 至是, 公厄陳蔡屢日. 有匪知者, 聞之, 送租一石, 公不受還之. 其人又送之, 公竟辭不受. 是歲十二月, 王師討匪至縣, 路經其門, 聞讀書聲, 踵門而見, 公整其衣冠, 凜然不動, 王師乃歎曰, 此是君子之家, 敬而退去. 公嘗曰, 牛是雖畜, 借其力而供粢盛, 又賴而爲命, 食其肉可乎. 終身不食牛肉. 庚子, 拜淵齋宋公, 參鄕禮, 有和詩. 癸丑秋, 贄謁艮齊田先生于薪田, 受朝聞夕可之訓, 仍標可軒. 庚戌七月, 往群島, 拜艮翁, 八月十一日, 聞合邦, 與先生共自警曰, 吾黨平日其所學者, 乃禮義也. 彼賊虜, 今勒奪我國, 吾肯作賊虜之奴隷, 而爲服事乎. 與其受辱而生, 不若潔身而死. 遂歸家. 十五日, 參薦新祭, 謂其子鳳圭曰, 吾與先生, 嘗有約, 更欲作群島之行, 聞先生已入旺島, 吾則往京城. 命夫人李氏, 趣治行李. 問其故曰, 有行吾不還. 夫人曰, 然則家貧子獨, 何哉. 公默然良久曰, 情或似然, 吾將更圖. 是日, 書以訣同志, 沐浴剪爪櫛髮, 仍絶粒. 家人大驚, 進食而終不聽. 至十八日, 誦抱經痛哭入山枯死八字, 戒家人曰, 吾死, 若爲如禮, 不知有何變, 卽爲埋葬, 勿成墳而爲平葬, 又無爲佛事. 十九日, 遂從容就義, 絶食, 凡八日. 門生金鏽炯曰, 公平日, 嘗謂余言備藥, 而吾不知之, 今見處義, 信以此也. 踰月, 權安于所居後卯坐原. 有一男三女, 男鳳圭, 女適瑞山柳炳根, 全州李弘烈, 黃州邊鎭東, 有遺藁一冊, 藏于家. 挽詩曰, 狷介在人間, 七旬一布衣, 童年養母疾, 誠孝世所稀, 父喪哀戚幾毁性, 鄕里剡薦告自沮, 及遭東亂益守正, 閉戶讀書感軍旅, 晩與歸山相觀善, 虛心服義出流輩, 自從邦國多亂後, 幽憤滿腔常叵耐, 孟秋叩梱涉滄溟, 師生相對心恐傷, 歸來忽聞山河改, 懷裏舊藥盡一觴, 告訣同志義森嚴, 氣殺讎賊意一快, 過中近名莫謾說, 朱魏二老俱有解, 賢者所長著力行, 夫人避嫌孰爲善, 匍匐賊庭誰家子, 視之不啻豚與犬, 靑邱一域等浮漚, 世皆如君何難復, 今我癃病那當死, 獨立西風淚盈斛.

田艮齋愚

鄭東植

鄭東植, 字敬必, 全州杯山里人也. 其先高麗延日君子皮. 父曰濟鎬, 司憲府持平. 東植幼有異質, 德器自成. 及長, 志氣豪邁, 有經濟四方之志. 持平公, 勸習弓馬之業, 東植自是遵敎業武, 以善射名於世. 上皇丙子, 中武甲科, 俄遷親軍別營哨官兼宣傳官, 復拜忠武衛左部將. 戊子, 陪王世子, 幸太廟, 世子甚器之, 寵錫之以帶劍馬杖之物, 陞訓鍊院主簿. 已而復拜首主簿, 除禦侮將軍訓鍊僉正. 時, 朝廷與倭講和, 禍機隱伏, 且權臣拔扈, 在下僚者, 雖有奇才壯略, 無所施爲. 東植乃奮然而退, 遂竄身荒谷. 每瞻望北闕, 只發樓下之歎而已. 庚戌之變, 東植遂仰天痛哭曰, 國罷君亡, 我安適歸. 顧吾兩世受國厚恩, 奄當此變, 一籌不抒, 苟全性命於讎虜之國, 不亦鄙乎. 夜不就寢, 作布告文討賊文及戒子弟諭宗族諸書. 早起謂家人曰, 今日, 吾當省掃親塋而歸. 又呼穉孫曰, 汝其勤讀聖賢之書, 期立門戶. 乃束裝而過益山, 見一親友語之曰, 吾欲一死報國, 從圃隱先生於泉臺之下, 吾死, 子爲我寫銘旌曰慕隱居士, 可矣. 蓋欣慕圃隱之意也. 言訖, 入完山府, 以討逆文, 送示按使李斗璜曰, 吾力不能保吾國, 耻不可逑. 死當爲厲鬼, 殲滅彼倭, 報我先王之深讎. 遂登拱北樓, 正衣冠, 北向自縊而死.

厚山子曰, 嗚乎, 我聖祖五百年養士之功, 可謂至矣. 是以及其垂亡也, 或廷請廢約而死, 或登對請討賊而死, 或擧義復讎而死, 或却金辭僞官而死. 其死雖不同, 其心皆出於至誠惻怛之意也. 然至若合邦變到地盡頭, 凡爲吾先王臣民者, 雖夫夫蹈東海, 不足以洗其羞也.

當日據義立憧者, 惟鄭東植洪範植李晩燾黃玹若而人而止, 豈不寂寥矣乎. 槪聞諸公處義, 或在家仰藥, 或在官自處, 而獨東植一人, 以在外散班, 聞變之日, 卽詣官府, 筆誅賣國之賊, 懸經於北門而死, 其死也, 尤從容取義者也.

星山 李道復

張泰秀

張泰秀, 字聖安, 號一逌齊, 系出仁同. 高麗時, 有諱金用, 官三重大匡上將軍, 是爲鼻祖. 至麗季, 諱安世, 號松隱, 尹德寧邑. 有大水, 公盡心疏瀹, 作萬歲橋, 有詩曰, 元氣雙分上古前, 興亡物色尙森然, 還鄕事遠丁千載, 治水功餘禹八年, 黃菊炯爛嫌白酒, 蒼髯偃蹇把高嶺, 宦遊只欲扶王化, 何用區區富貴全. 及聞我康獻大王登極, 遂棄官入杜門洞, 乃七十二賢之一也. 行過廣州秋嶺, 有絶命詞曰, 平生忠孝意, 今日有誰知, 一死吾休恨, 九原應有知. 康獻以龍潛故舊, 有累降玉札, 公竟不膺. 至純廟朝, 贈謚忠貞. 生諱仲陽, 官金海府使, 及除左尹, 亦罔僕不就. 臨歿遺命書前職, 有懷古詩一首, 傳于世. 曾祖諱友天, 贈左掌禮. 祖諱錫輔, 贈祕書監承, 號杏齋. 考諱漢斗, 號山淵, 除僉中樞, 贈嘉善內部協辨, 皆以公貴也, 有文集. 憲廟辛丑十二月二十四日, 生公于金溝郡西道里第, 初母夫人崔氏, 夢有雙龍飛騰北辰, 遂感而有身. 自是崔氏動靜飮啖, 必愼以胎敎, 及娩骨象不凡, 夫人嘗愛之曰, 果如夢事, 此兒必昌大家聲. 甫三歲失恃, 仲父諱秀三憐之, 使小室收育. 及成童, 見一新恩過門, 因白山淵公曰, 吾亦治博士業, 其立揚當如彼, 諸父兄皆難之. 公就伯氏進士公, 又曰, 吾家世寂寞, 遂立揚以顯吾家, 不亦可乎. 因晝夜劇讀. 哲宗庚申, 始得解, 將赴會, 有鳶來坐庭松, 久不去. 人曰, 必有戾天之應. 翌年辛酉, 果登丙科, 卽付承文院權知副正字, 俄除典籍, 幷肇慶廟別檢. 以本廟修改功, 幷道臣一體蒙恩, 除宣略將軍副司果. 自是由參上典籍 · 歷禮曹正郎 · 司憲府持平 · 正言·掌令. 丁卯 三月, 上與中宮, 展拜景祐宮及南延祠, 歷臨大院宮, 時公以別陪從隨行. 是月, 伯兄松澗公, 進士放榜, 公陪伯兄, 入闕謝恩, 尋拜掌樂院正. 己巳冬, 除梁山郡守, 公莅郡, 見邑樣凋殘邊備解弛, 憂之, 請營門, 得劃給錢五千兩, 公又出五千金, 設旗幟·頭甲·藥丸, 作軍器庫·書吏廳·官需庫·別砲廳, 選別砲軍五十以養之. 又造五巴船, 以備不虞. 初趙忠臣英珪, 曾莅玆邑, 當壬亂殉節, 州人, 乃設壇祭之. 至是, 壇在荊棘中不修, 公慨然興歎, 修其壇, 設三門, 使州人祭享如初. 治郡三載, 州人欲立銅碑頌德. 公曰此非頌德, 乃頌弊. 禁不立. 公去官五載, 鄕人士立去思, 後嶺伯金世鎬啓曰, 捐補設砲, 多有聲績. 上特除通政大夫. 壬申三月, 上幸松都之齊·厚陵, 時雨暴至, 軍兵及民人多死者, 諸臣亦皆散去, 惟兵判姜㳣及公, 獨扈駕隨行, 上大奇之. 六月拜兵曹參議, 是時, 上謁永禧殿, 公與判堂姜㳣, 亞堂李啓魯, 參知呂圭益, 承守宮牌, 共肅謝. 六月拜敦寧都正, 八月除大司諫不赴. 庚辰拜同副承旨, 兼經筵參贊官春秋官修撰官. 甲午, 除高山縣監, 時東匪亂作, 高益猖獗, 人皆危之, 言莫去. 公曰, 爲人臣子者, 豈可以安危爲進退耶. 遂赴任.

六月日賊犯闕, 脅上改憲章. 乙未五月, 有黑衣剃髮之令. 公將其俸, 散與高民, 遂棄官歸. 平日, 嘗欽慕陶靖節處義. 丁酉, 改築屋, 畵歸去來圖, 揭壁上, 以觀省. 又題其廳事曰, 惟精惟一萬變是監. 樓名望美, 仍自號南岡居士. 甲辰冬, 純明妣因山, 公以大轝別陪從, 拜中樞院議官, 參安園祭. 乙巳正月, 陞從二品嘉善大夫 侍從院副卿勅任官三等. 八月, 貤贈三世. 十月, 聞五賊勒約五條, 撲案大叫曰, 賊臣誤國, 從古何限, 其爲甚未有若此時者也. 庚戌七月, 聞合邦之變, 憤惋作詩, 曰犬馬猶能懷主德, 賊臣何忍賣君欺. 又有淚到孤臣流不盡之句. 自是之後, 不冠巾, 對人未嘗言笑. 八月省先壟痛哭而歸. 十月, 憲兵請公受恩賜之金, 來帖之背, 公卽書傷惠傷廉義不可受八字, 逐之. 翌朝, 數三日兵, 作威來脅, 公書忍見國破枉受讎金於義不可吾死不受. 二十九日, 倭三人又到, 以筆談曰, 元朝鮮兩班, 基礎高潔之人, 可以爲民之師表, 故自總督府, 承天皇命, 以表其德, 何爲不受. 公曰, 是無義之金, 所謂兩班者, 其可受之乎. 向有錄示, 汝勿多言. 翌日, 倭五六又來曰, 公旣犯律, 不可不結縛押上. 公大聲叱之曰, 余大韓重臣, 爾等何無禮至此. 欲奪賊劍以擊之, 賊驚而退. 及暮又來曰, 老人不可捉, 縛三子而去. 更作侵辱, 公不勝憤忿, 遂氣塞昏倒, 於是賊乃驚走. 有頃公蘇, 長歎曰, 吾有二罪, 國破君亡, 吾未能討賊復讎, 是不忠也. 名在奴籍, 吾不能潔身以辱先, 是不孝也. 吾於此世負此二罪, 死固晩矣. 遂絶食以死自靖, 因戒家人曰, 吾棺用白, 銘旌書大韓二字, 以表吾韓臣. 及殯, 埋大路傍, 立板書吾之自罪文, 使世人皆知我有此二罪. 十一月三日, 爲文告先廟. 六日, 卽我高祖忌辰也, 適我一縷不絶, 當備物奠獻, 以盡吾無窮之情, 及行祀, 須扶起衣服冠而坐. 十日全北觀察及警署, 送醫院長君塚英三郞, 診察, 公揮却之. 舌人島谷秀三郎曰, 自古及今國之興亡, 豈非天命乎. 以韓言之, 貴國太祖事, 亦如今日, 孟子視天命之改與未改, 公何自苦如此. 公乃擧筆大書曰, 爾君是弑父之賊也, 爾等是弑賊之臣也. 厥罪難容而猶不足, 又弑我母后, 辱我皇帝, 竟奪我彊土, 又以讎金乃辱我乎. 遂大叱之. 十五日夜, 戒其子曰, 我死勿東首, 以表吾志. 二十七日丁卯, 遂考終, 以遺命. 殯家後路傍, 次子榮學卽其傍, 廬焉. 翌年春, 葬于泰仁之沐潭山, 榮學又廬墓三年. 初輀至泰仁, 列郡賓士, 多操文致奠, 時會相者, 可數千人. 後南士發通, 請與崔勉庵, 同享泰山祠, 長子榮澤, 以不遑辭.

李晩燾

李晩燾, 字觀必, 號響山, 眞城人, 居禮安下溪里, 退溪先生后. 祖應敎家淳, 號霞溪, 以文章直道顯名當世. 父大司成彙濬, 號復齋, 達識淸望, 爲薦紳領袖. 出爲季父彙澈后, 憲廟壬寅, 生于禮安郡下溪里. 在髫丱, 已豐隆有巨人度, 長而强學, 常以立揚自勵. 丙寅, 擢廷試魁科, 卽付成均館典籍, 俄除兵曹佐郎. 及放榜, 賜樂以寵之, 連拜司諫院正言. 丁卯, 居大成公憂, 選入弘文館, 亦異數也. 服闋, 再授副修撰兼南學敎授, 尋拜文臣兼宣傳官, 自是歷敭淸顯. 所至棘棘有聲績. 其侍講及賓對, 或因文敷奏, 或進啓規勉, 務盡陳善格非之誠. 丙子春, 以執義被削. 先是, 日使黑田來請開港通商十三條, 朝廷許其六, 崔益鉉持斧疏爭, 兩司將合啓攻崔, 用無將不道語. 晩羲曰, 崔疏實直言, 豈合用此等句語, 手自抹去, 大臣媢之, 遂啓削之. 旋蒙盪, 敍復前職, 秋除梁山郡守. 是歲大饑, 梁尤甚. 赴任之日, 不御梁肉, 賑飢寬賦, 俱有著績. 時, 方伯聽猾守言, 欲幷取七邑漕稅米例留者, 以濟私利. 晩羲執不許, 且面爭之. 方伯怒喝甚. 晩羲, 卽解致印綬, 欲疏陳其由. 方伯卽摧謝許留. 隣邑皆賴之. 旣又築壞堰, 恤渰死, 修擧學政, 民欲伐石頌惠, 卽取其貲, 爲養士之需. 戊寅夏, 遞還執義, 連踐三司宿趼. 壬午春, 陞通政, 卽拜工曹參議, 尋遞歸. 時, 和議已成, 世變日深. 晩羲知進無可爲, 不復有仕進意. 冬, 復除工議, 尋除同副承旨, 皆不赴. 丁亥, 有捃摭者, 諷御史誣啓, 照遠竄. 時, 晩羲遭崔恭人憂, 例得收贖, 自是絶意當世, 惟以讀書求志爲事. 就柏洞先躅, 構小齋, 日靜處其中, 翻課經籍, 殆忘寢食. 甲午, 日兵犯闕, 以誑謀脅我, 行獨立之號, 改官方易服色. 晩羲草封事屢千言, 極言其不可, 尋以禁令, 不果上. 七月, 蒙敍. 乙未八月, 讎賊稔極逆, 明成皇后薨逝, 因脅上降廢黜, 傳旨不發喪. 晩羲聞變痛哭, 具白布巾服, 入英陽先兆下, 朔望登國思峰, 西向哭. 十月, 復國母位號, 行會發喪. 晩羲始出縣班成服, 卽日復入山. 十一月, 賊臣等, 又脅上剃髮, 禍機益深. 嶺湖人士, 倡義爲討復計. 晩羲爲本郡義將, 料劃未成, 爲京兵所罷. 乙巳十月, 賊使入闕, 脅請五條約, 五賊臣調印私許之, 相臣趙秉世判書閔泳煥死之. 晩羲時病大瘇, 不克赴闕, 卽裁疏投進, 大槪以爲亟正五賊賣國之罪, 肆諸市朝, 次質萬國公行之法, 前後脅約, 一幷還銷, 使宗社復安, 倫綱復明云云. 疏入遂留中. 晩羲曰, 吾以世臣, 國事至此, 其敢自齒於平人乎. 卽復入先墓下, 惡衣食, 罪廢自居. 丁末, 當宁受禪, 以百官加親授, 陞嘉善. 庚戌七月, 又陞資憲, 未幾, 讎賊等大擧變, 貶奪二聖位號, 脅取某文, 而布揭一國, 祖宗社稷, 至是而永殄矣. 晩黨適先墓, 失聲大哭, 製遺疏以告訣, 因絶食不御, 積二十四日而終焉. 方其俟盡也, 坦泰雍容, 神氣益淸, 知舊門人來訣者, 或哽咽揮淚, 或以大義致讚賀. 晩黨輒呵止之, 與之講論經禮, 如平昔. 令侍者, 拈韻有吟曰, 擧目山河異, 顧天那復階, 却慙匹夫諒, 無計報涓涯. 又曰, 胸中萇血盡, 心事更虛明, 明日生羽翰, 迢遙上玉京. 賊將媢之, 脅之以兵, 欲飮食之. 時, 晩黨已垂絶不能語, 忽蹶起大罵, 響震山岳, 賊失色巽謝而去. 遺命薄葬, 勿用大夫之禮, 因正席就盡, 於乎偉哉. 晩黨鍾河嶽之靈, 稟五氣之完, 天竅喩正路, 耳目涵義方. 早歲, 立心固, 以遠大自期, 而顧氣節亢爽, 居鄕立朝, 率剛直自遂, 作事應務慮大體而圖久遠. 凡世間曲謹小惠皎厲矯沽者, 咸曠然無當於心, 不悅者或相訾謷, 而晩黨亦不之恤也. 及中晩以後, 閱變熟而持養固, 讀書多而得力深, 淬礪變化, 德器成就, 易直而平實, 弘大而謙卑, 壁立千仞, 面折權貴, 而和氣旁流於隷僮細人, 默運機籌, 恢刃大手, 而咨詢周及於子弟後生. 至於困橫憂戚得失毁譽, 與凡宿介纖怨, 咸盪爲和風, 融爲甘雨, 而廓然無滓翳矣. 以故當昇平之日, 有朝政闕失, 可爭執者, 人惟曰, 李某當言之, 有儒林大議, 可否糾紛者, 亦惟曰, 李公當裁之, 論仗義旅討賊捍難者, 亦惟曰李公. 及宗社淪覆, 論殉忠義無所沮疑者, 惟曰李先生在. 赴車旣出, 哭且相賀曰, 先生果爾也, 擧一世翕然無異辭焉. 蓋家學旣正, 出而遊權杞泉承夏之門, 深有所啓發, 而其爲學也, 自得爲多, 不事標牓, 而惟務實踐, 常體復齋公頭容直之戒, 揭直齋二字於座右以自警省. 家居, 日冠服拜廟, 退而兢兢自持, 敦本而抑末, 尙儉而黜華, 布衣竹帶, 擧止裒如也.

嘗曰, 士貴立志, 志之旣立, 如一箇鐵柱, 撑竪在腔子裏, 上徹頭貫天去, 下徹足貫地去, 要一刻撓轉不得, 惟其秉志如是, 故平生施爲, 誠篤剛健, 光明俊偉, 透之無金石, 擧之無鼎呂, 而成就得德學義烈之盛, 卓然有以答祖宗生民之心, 而立天下萬世之紀, 若晩憙者, 殆孟子所謂善養氣, 孔子所謂求仁而得仁者歟. 晩憙於經傳, 劇讀淹貫, 爲文章不事蹈襲, 閎渾有格力, 類其人品云. 晩憙旣沒, 其族子臺端公中彦, 繼殉之, 弟學士公晩煃, 又秉節自靖.

權相翊

李冕宙

李冕宙, 字允來, 初名錫宙, 號桂隱, 或曰霞溪. 獻陵別子溫寧君程之十四世孫也. 純廟丁亥, 生于奉化郡奈谷里. 及受學, 隨讀隨解, 不煩敎督. 甫成童, 已知事親敬長之道, 應門灑掃, 如成人焉. 考僉樞公, 素多病, 家甚貧, 廢學服田. 母夫人曰, 吾願汝曹讀書以養志, 不願服田以養體, 冕宙復就學. 辛丑, 請業于法下金公㸁. 公有藻鑑, 每見, 必器重之. 哲廟庚戌, 登丙科, 俄除順康院守奉官成均館典籍司憲府持平及天曹佐郎. 庚申, 出自如承, 日, 籛差官來到, 累次退馬. 冕宙曰, 今以按節, 若是擇馬, 萬一邊陲有事, 使公爲兵馬監, 將何以擇之. 差官憮然而去, 以不媚於竈被陷, 壬戌, 有茂州之讁, 癸亥, 蒙宥. 甲子, 新王卽位, 除正言, 上辭疏, 尾陳六條, 遂寢不報. 尋, 遷司憲府掌令. 乙丑, 拜弘文館副修撰檢討記事獻納執義竝不赴. 丙寅, 除弘文館副校理承政院左副承旨, 亦不就. 前在正言, 以傍祖溪村先生鳴冤事, 忤時相, 間被削祿. 未幾, 特有復職之命, 至是, 又有此荐降之恩數. 八月, 聞沁都之變, 遂無意於世. 己卯, 特除兵曹參議, 辛卯, 除同副承旨, 不赴. 壬寅, 太皇入耆社有優老典, 五月, 陞二品. 秋, 擢宗正院卿. 乙巳春, 見國事日非, 不勝憤惋, 迺構八條封事, 命從子璿弼治疏, 竟不徹. 是歲, 河丹溪先生家係有誣, 儒紳將合疏辨明, 推晃宙爲疏首. 時, 河相驥挾勢張甚, 以蜚語危之. 又有朴海哲者, 爲相驥嚆矢辨公疏, 以爲欺天罔日. 人爲公憂之, 晃宙曰, 事係賢誣, 禍穽安可避也, 使籲之歸正焉. 十月, 五賊賣國條約已成. 晃宙上疏, 請斬五賊, 又未克登聞. 庚戌, 是登龍舊甲也. 尤不勝蓁苓風泉之感, 立春, 作感遇詩九首. 上敍出身之事, 中及在朝經歷, 而語時事處, 惻怛憂悶之意, 溢於辭表, 覽者以爲先生處義之排布, 已盡於是. 八月初四日, 始聞七月之變, 驚惶憂傷, 罔知攸措. 命侍者, 移几案東夾室, 謝賓客, 不接外事. 寢饍漸減, 頻勅家人曰, 歲月有備, 自是事老之道, 深衣是古制, 不可廢. 旣成, 試服之曰, 我死以此爲上衣. 靖寂之暇, 草細書屢篇, 置坐褥下, 不使人見之. 日, 謂其孫承載曰, 汝父之亡, 倏然如昨日事, 而幸見汝成長至此, 豈吾所料哉. 汝須善事偏親, 御家無得乖和, 以副吾望. 九月, 基木寓從子璟弼來謁. 晃宙曰, 苦待汝來見. 因問曰, 汝寓是通衢, 近又毁廟之奇, 遷共之說, 頻入吾耳. 或聞之否, 因於悒不能言. 旣而璟弼告歸, 晃宙止之曰, 俟而去也. 是夜, 謂璟弼曰, 吾以三朝老臣, 當此罔極之變, 生旣無益, 不如歸報祖宗. 璟弼伏地泣, 晃宙亦默然無語. 十三日, 告祠宇, 命侍者爲位於西岡之麓, 西向四拜痛哭. 到氣盡, 命家人曰, 亡國之大夫, 不如平時之士庶, 葬用士禮. 是夜, 人靜仰藥, 因無靈. 十五日夜, 復服毒. 家人掩抑願聞詔敎, 晃宙曰, 前日已盡, 更有何說. 因出一封書示之, 乃自誌苦吟, 寄書與從子及族中書諸篇也. 十七日曉, 屛婦人正席而逝, 享年八十四. 臨命, 卒然起躬, 若將揖焉者三. 爲人器宇淵靜, 性度慈良而濟以嚴肅, 外體剛直, 內守廉約.

李承載 家狀

宋宙勉

宋宙勉, 字正汝, 自號圭沙, 礪山氏. 高麗樞密惟翊其肇祖. 入本朝, 時吉錄振武勳, 寔其八世, 六世庭蓂, 南來家山陽, 因以世居. 哲廟丁巳生, 端秀有才性, 文藝夙就, 篤於孝友, 居母憂, 三年不肉, 喪餘如初終. 周窮恤貧, 族戚多賴, 米藿, 遍及於隣娩. 讀書遇意會, 書貼座隅, 若曰, 小人不恥不仁, 不畏不義. 善不積, 不足以成名, 惡不積, 不足而滅身. 安而不忘危, 治而不忘亂. 作德心逸日休, 作僞心勞日拙. 又大書寧靜寬徐, 縝密躁擾, 褊急粗略, 常自鏡考, 存此而袪彼. 足跡遍及於域內長德, 以自取正. 其勵志如此, 而中歲涉跡於時官, 雖相知之深, 頗疑其非心. 及聞無國之報, 乃歎曰, 此地無西山之薇, 何處有東海之水. 苟延一日, 爲一日之辱. 服毒將絶, 爲傍救, 得不死. 俟人定, 自投于前川, 救無及矣, 時, 庚戌八月十五之夜.

外史氏曰, 一日苟延, 爲一日之辱, 求古忠臣義士, 實與之吻合, 而知以此爲辱, 則宜時官不入於心, 而其降志辱身者, 豈以不入虎穴, 不得虎子, 而爲此不得已之擧耶. 旣不得申吾志事, 而遽至於無國, 則曩日涉跡, 竝與苟延而爲辱, 一死而報國在此, 洗累在此, 如其死如其死. 但父老在堂, 朝夕於斯世, 含羞忍痛以終其孝, 而徐謀進退, 則可謂圓美, 而先死不孝, 著在遺書, 其心蓋有甚不得已者, 非他人所可知, 嗚呼噫矣. 後數年, 其大人, 求爲立傳案焉者, 殆半年, 蓋以吾不死傳其死, 內顧慚靦, 而使先死不朽, 後死之責, 忍羞而序次之, 以遺其嗣子羽會云爾.

幸州 奇宇萬

朴世和

朴世和, 字年吉, 密城人, 默齋景祥八世孫. 純廟甲午, 生于高原郡南興里. 將娩, 母夫人禹氏, 夢日輪從天而下, 以銅盤擎而升之. 旣生, 穎悟絶倫. 年九, 受小學, 至不敢噦噫嚏咳, 問曰, 長上之前, 此或猝發而莫之禁, 則當奈何. 師曰, 文雖如此, 豈可盡能. 世和曰, 人所不能之事, 則奚事於讀, 仍不復往. 稍長, 治擧子文, 有聲譽. 及十八, 見栗谷擊蒙要訣, 慨然有志於古人爲己之學. 於是, 西敎潛入, 國中誤染者多, 而在北爲尤甚, 世和舍性命, 力排之. 丙寅, 其黨一切伏誅, 惟畏憚世和, 而不敢者, 皆得全, 咸曰, 吾輩之所得保今日者, 乃某公之力也. 庚申, 禹氏病革氣絶, 世和斫指灌血, 得甦. 後十九年, 以壽終. 弱冠時, 人有言欲爲親血指者, 口常吮之, 然後有實效. 世和聞其言而卽吮之, 積十有年而有此事. 丁卯, 丁外憂. 戊辰, 繼而有禹氏喪, 毁瘠成疾, 持制愈勤. 庚午, 鄕之人, 爲其孝, 欲呈官褒之, 世和聞之, 取其狀焚之曰, 無其實而冒其名, 吾甚恥之. 後遷安邊, 知府金直淵敬重之, 扁其堂曰毅, 爲之記, 號毅堂, 蓋以此也. 甲申, 聞毁服令, 入太白山中, 爲自靖計. 有一富人, 見其貧窶, 以萬金置庄, 欲爲世和割半, 固辭不受. 乙酉, 家人偶得山蔘二根於田間, 論者以爲其直可數千. 世和曰, 無故而得巨財, 非貧者之福, 遂散與窮交病者. 晩入淸風茀億山中, 以講道. 癸巳, 登薦剡抄選, 時, 朝廷多事, 遂寢. 乙未, 除英陵參奉, 不就. 未幾, 有國母變喪, 率徒弟擧哀. 時, 虜勢益猖蹶, 有毁聖廟之說, 物論皇皇. 世和大痛曰, 聖廟毁矣, 則吾道永絶, 誦法孔子者, 安忍坐視. 遂與其徒尹都事膺善, 入聞慶山中, 將謀擧義. 以病措劃未成而罷, 尋爲聞慶兵站所執. 時, 膺善亦在座, 世和勸膺善去曰, 君有老母, 不可與我共禍. 膺善曰, 師門當禍, 小子安可避也. 共被執. 囚漢城司令部, 至八朔, 始見放. 拘聞慶時, 門人申鉉國李秀榮, 投書警察署長曰, 吾師以堂堂大義, 欲擧義討賊, 今汝爲僇辱, 若不速解, 吾當大梗, 汝其知之. 署長以官人爲爾汝, 大爲恐喝, 二人忿怒推賊胸, 擊其案床, 大破之, 一府爲之驚動. 囚大邱獄, 至三朔得釋. 時, 秀榮年二十五. 己酉, 遷雪城之昌洞, 翌年秋, 有合倂之變, 世和歎曰, 皇明屋社, 天下無君, 而我東獨保禮義, 以膺碩果之望. 今爲國亡, 道與華而俱亡, 其將何哉. 遂絶粒, 仍作詩以示志, 積二十三日而終, 時, 八月二十八日也. 及葬, 門人加麻者, 八十餘人. 體幹長大, 性倜儻. 高原舊有三孝五烈閭, 時, 邑失火及閭, 皆畏而莫救, 世和挺然冒火而入, 截其鐵釘而救免. 嘗曰, 大丈夫要作第一等人, 當以無所不知無所不能, 爲己任. 遂汎濫百家, 尤邃於性理之學, 見自警錄及溪山問對, 可知其一生用工. 有二男二女, 男長衡敎有孝行, 次敦敎. 女崔柄魯吳熙伯.

李中彦

李中彦, 字仲寬, 眞寶人, 退溪先生后, 靖陵參奉贈吏曹判書守約六世孫. 哲廟庚戌, 生于下溪里, 臨娩, 祖護軍公夢文純公, 命曰錫汝佳孫, 以故小字曰文錫. 未免懷, 母夫人沒, 護軍公, 辛勤拊育之. 及上學, 護軍公, 見强記過人, 使受博士業. 己卯, 釋褐以探花郞, 放榜前例授尙衣院直長. 俄陞成均館典籍·司諫院正言. 庚辰, 除司憲府持平. 壬午後, 見朝廷日非, 無意進取, 入奉化之林塘山中, 力穡菑畬, 有將終之志. 乙巳冬, 五賊擅許五條約, 中彦詣闕上疏, 請斬五賊, 留中未蒙批. 庚戌七月, 中彦聞變痛泣曰, 吾自乙巳之後, 尙延一縷者, 以宗祀在爾. 今竟至此, 我何敢以生人自居. 遂舍外廳屛處爽室, 不接外人. 有時展讀乙巳疏本, 淚隨字零, 悲憤之甚, 以木枕推胸. 已而聞響山絶食於靑邱, 卽蹶然而作曰, 有是哉, 吾叔氏之此擧, 吾固料得於入山之日矣, 不其卓乎. 後數日, 謂家人曰, 吾自前月大病後, 胃氣尙未復. 朝夕只進希粥數呷. 響山訃音至, 中彦推胸大哭, 卽盥洗更衣冠, 偏謁祖先祠廟, 將謁川沙禰廟. 時, 風寒水冽, 子姪請進肩輿. 中彦曰, 此身傷損, 何足惜. 遂徒涉以往, 伏哭廟前, 因直往林北山, 省考妣墓, 自大宗以下諸先廟, 皆徧謁. 旣還曰, 吾決志已久而姑待者, 有以也. 此後, 更勿復進食. 翌日, 子弟親族, 交謁更諫. 中彦曰吾無素養, 若爲此而不死, 則必狂狂而爲奴, 行乞於市, 亦何傷乎, 勿以我爲悶. 遠近診問者, 如有致讚賀語者, 中彦必揮手止之, 執金道鉉明玉手, 含淚曰, 君與我, 尙爾不死, 忍以此日相見乎. 過六七日, 神精愈淸爽, 言動益雍容, 坐必整衿, 臥必斂足, 覲女之啼泣, 獨孫之菌化, 幷曠然若無聞見. 惟見素心, 人或示悲憤之色. 日, 日巡査等三四人來招侍者, 勸進食飮, 恐喝多端. 中彦方倚枕昏倒, 忽奮起曰, 速逐這漢, 否者吾當刺而殺之. 俄命侍者, 整鬃巾, 梳鬚髮, 擧首斂袵, 正臥而逝. 中彦體幹, 不踰中人, 通身鐵色, 强勁精悍, 眼光閃閃射人, 聲音暢亮若出金石, 少有膽氣. 嘗自許以爲捕虎憑河, 吾可爲也, 赴湯蹈火, 吾可爲也. 然賦性實子諒而溫柔, 宅心惻怛, 知見疏通, 見人之片善寸能, 有勝於己者, 必思所以跂及之. 於其不合意者, 或使太陽彪發風生, 人苟以事理當否, 從傍解說, 雖卑幼之言, 當下翻悟, 聽納如流, 言論之峻激者, 忽焉寬平, 顔色之凌厲者, 頓覺和順. 俄頃之間, 便作兩截人兩截事. 平日, 奉先治家, 大小諸事, 業已多過人者. 號東隱翁.

眞城 李中業

權龍河

權龍河者, 安東人, 晦谷諱春蘭后也, 官監察. 自初其居不過窮閭僻巷, 其業不過服田力穡, 孝於親而有表表可稱, 訓諸子而有諄諄可度. 性甘自隱伏, 與人罕接. 故一生外至風瀾, 漠然不相聞. 日, 從兄某, 自外來曰, 我韓近合并日本, 二千萬同胞, 皆自此爲日本臣妾矣. 龍河曰, 果爾乎. 從兄曰, 告示皆貼在坊谷矣, 君其不聞乎. 龍河聽未畢, 奮然大哭曰, 國已亡矣, 生何爲矣. 以頭觸柱, 腦血噴迸, 乃自決而死, 卽陰九月七日也. 龍河方在自靖, 隣有申進士某窺墻而呼曰, 某乎, 汝若死節, 吾當氣絶, 亦何臟哉. 人或有疑其差晩, 而龍河本聾者, 其變雖在一年二年之前, 人不傳之, 不可得聞, 而況其數朔未滿者乎. 是以及其聞也, 不踰晷刻, 判此大節, 吾知龍河可以與錦山守洪範植誠二而一者也. 初其家人, 畏禍掩置. 故人不得聞, 後見世之殉節者, 有無忌稱道, 今乃發表云. 寧璇其次子也.

按春秋傳曰, 去國而未及仕者, 本國有難則歸而死舊君. 去國者, 但聞難而猶乃爾, 而況在本國而見其難乎. 李詹蜜蜂說曰, 有養蜂者, 見有一物, 適自外入其窠, 以爲異類害蜜蜂, 遂殺之. 後數日, 衆蜂完聚一處, 團欒而死, 其見殺者, 乃蜂之君也. 夫蜂以蟲之無知, 尙此以死報之, 況人乎. 所以自乙庚來, 其殉死者, 或絶粒, 或仰藥, 或伏劍, 或蹈海, 或投彈, 或長書, 此卽蜂之死君, 而多相笑曰, 無其責而死者, 不過浪死干名. 稍有操持者則强而曰, 難事. 余亦未嘗不疑之. 至是見春秋傳蜜蜂說, 然後始知其世人之笑爲不可, 而余之疑, 亦爲非也.

或曰, 死舊君, 非徒死, 乃勤王而死爾. 然則蜂之死, 亦勤王耶. 其徒死, 人與蜂, 亦無間, 而蜂則何以稱其義, 人則何以笑其名也. 彼諸人殉死者, 不能殺一賊, 徒以死自靖, 若不善觀其死, 雖若陽義而陰名然, 以忘讎趨利爲能事, 甘心奴隷於日賊者觀之, 不欲其臣僕之賤, 以一死報君, 不亦善乎. 退溪先生曰, 若避善名, 人無爲善之路. 旨哉言乎, 眞大賢勸善之言也. 苟嫌名如世人, 則賈子所謂烈士徇名, 非耶.

柳道發

柳道發, 字承叟, 世爲豐山人, 文忠公成龍十世孫, 世子侍講院副卒進徽子. 綏陵壬辰, 生于安東郡河回里, 有粹質性孝, 王母夫人, 患大瘇數朔, 遂吮之以效. 或遇異味, 未嘗入口, 必歸遺王母. 庚辰, 進徽在關北遘疾. 道發忽心驚馳赴, 果病勢革, 道發禱北辰求代, 竟遭憂, 乃舆櫬而返, 以禮終制. 嘗過襄陽, 有流丐抱痘兒泣路傍, 問其故, 丐曰, 無錢而兒又病, 店主以不屑不容. 道發招店主曰, 天寒如此, 汝不容此人, 能不死耶. 勿爾也. 因傾橐而與之, 丐有無衣而寒者, 或脫衣與之. 平生粥粥若無能, 而至於非理相加, 毅然有難奪之操. 田園翁道獻嘗曰, 公外虛而內實, 對之不覺其敬憚. 晚年, 每以失學爲恨, 閒居未嘗釋卷. 中間, 累遷厥居, 乃移寓于比安之德峊里, 自號晦隱, 蓋亦遯世明農之意也. 庚戌夏, 往故庄, 與上舍三從弟石宗翁, 日避暑于先亭. 八月, 聞變, 遂撤歸. 九月, 繼以聞殿牌毁去之報. 乃慨然曰, 吾行年八十, 國破君亡, 將爲異國之俘, 其辱甚矣, 況世臣之後乎. 遂冒寒往故庄, 徧拜先廟, 歷訣年儕. 於子孫輩, 雖無訣語, 而警戒勸勉, 有異前日. 旋卽還家, 拜謁先塋, 歸復設席, 北向四拜, 因不進飯. 題詩曰, 生無才智莫如儂, 忍見靑邱異昔容, 楓霞二令先我逝, 恨不同時下相從. 子臣榮泣曰, 士之處義, 與大夫有異, 何必乃爾. 道發曰, 吾以吾祖之孫, 侍先君食三郡祿, 惡可以官職之無身爲言耶. 吾意已定, 更勿言. 宗廟毁撤, 私廟依舊奉安, 大是未安, 當埋主, 以待復國, 可也. 又命薄葬. 二十四日, 有日人來詰問, 方昏倒不省, 卽奮然曰, 不共天之讎, 豈可相見耶, 叱却之. 翌日午, 命侍者曰, 今精神淸明, 意欲作詩. 適聞隣家, 有回枌聲, 連呼七句. 語澁, 人不能聽. 因親自執筆, 臥而書之, 字畵如平日. 至六日夕, 命進香湯, 不待扶起, 親自洗滌, 因正席恬然而逝. 自絶粒來, 有著詩及自誌自銘等諸篇. 有三男二女, 男臣榮肇榮東濬.

家狀

鄭在健

鄭在健, 字啓周, 小松其號也. 系出迎日. 遠祖諱均之, 仕麗朝, 門下侍郎平章事. 三傳諱思道, 仕麗季, 忠勤節義翊贊功臣政堂文學進賢館大提學, 封烏川君, 謚文貞. 再傳諱淵, 入我太世兩朝, 以司馬筮仕, 官至兵曹判書, 贈左議政, 謚貞肅. 四傳諱澈, 官左議政, 策光國平難二等勳, 封寅城府院君, 謚文淸, 卽松江先生也. 曾祖諱就河, 英廟戊午, 司馬兩試, 號易簡齋. 考諱最煥, 號雪松, 妣扶安金氏. 憲宗癸卯五月二十日, 公生于玉果之藥川里第. 自幼聰英絶倫, 甫六七, 聞伯仲讀書, 從傍記誦, 無一字錯誤. 八歲, 入小學, 是年冬, 遂失恃, 托邱嫂高氏鞠焉. 由是事高如慈母, 終身不衰. 戊辰, 丁外艱, 居喪盡禮, 三年不脫絰帶. 先是以親命, 治博士業, 累屈不第. 公遂赴京就齋, 朝暮藜莧, 凡數十年, 公處之晏如, 劇讀不怠. 戊子, 擢丙科. 壬辰, 除副司果. 九月, 陞成均館典籍. 癸巳, 除司憲府持平. 自甲午以後, 見國事日非, 無意進就, 閉戶不仕, 固守東岡, 蕭散如寒士, 但敎子劬經, 課僮理疇, 世間榮辱, 一切不嬰懷. 或勸起仕, 則公笑曰, 遭亂遜荒, 古人亦有之, 吾何憾爲, 因堅臥不起. 己酉春, 有一富人, 見玉果合谷城, 將欲撤去鄕校. 公會儒生, 慨然謂曰, 今國勢至此, 又吾道至此, 其變極矣. 凡我鄕人, 孰不痛恨, 吾爲大夫, 尤不勝忿歎, 遂欲封章, 期以斃身, 自不休, 卒無事乃已. 庚戌秋, 聞合邦. 至九月三日, 公拜各所先塋, 因歷訪親友, 談笑自若. 及歸, 命家人, 殺鷄爲午饌, 與其妻孥, 共食盡歡而出, 人不之怪焉. 至暮, 見不歸, 家人始驚惶索之. 卽於廊舍靜僻處, 淨掃端坐, 手自刃其項, 從容就義. 急就視之, 橫堅亂刺, 項無完膚, 顔貌如常, 竦坐不踣地也. 見者莫不吐舌曰, 忠臣忠臣. 訃聞, 遠近皆咨嗟涕泣, 如悲親戚. 玉山警吏叢至, 及調査, 見其刺, 手戰不能書, 刺刀竝遺書, 皆押收而去. 遺書略曰, 亡國之臣, 義不可以苟生, 吾誓不在於明治之世. 故九月四日, 伏劍而死. 又曰, 人生於世, 死於當死, 死而不死, 汝等勿以我死爲念, 勤苦耕讀, 友愛加隆, 以副我訓. 又曰, 爲國殉節, 臣子之職. 我死後, 須率三子, 以保我家. 此遺戒其夫人及諸子者也. 亨年六十八. 是月十二日, 遂殉葬干藥川之負辰原, 不造主, 從遺命也. 有三男二女, 濾瀌出后仲父瀷, 女適金相始朴海昌. 享高興之羅老島德陽書院. 挽詩曰, 芝蘭委地竹摧園, 風雨荒村哭閉關. 天下皆知父師國, 首陽今作我家山. 業工有血空啼蜀, 吉了終身不入蠻. 獨愧柴桑晉處士, 春秋餘筆秉詩間.

族孫 海晚

李鉉燮

李鉉燮, 字瑞圭, 號愚軒, 延安人, 松塢先生軫十一世孫. 憲廟甲辰, 生于軍威郡竹里. 太皇乙酉, 中成均生員. 丙戌春, 有平安道鐵山之謫. 時, 群戚用事宮闈, 嶺士之一時名碩, 如柳基鎬李晩鷹李中麟趙永基李壽學李明淵諸人, 皆被陰中遠竄. 於是, 鉉燮與其兄進士鉉懋亦有謫. 甲午六月, 見日賊大鳥圭介率兵犯闕, 鉉燮以爲國事至此, 不可有爲, 遂決意還鄕. 仍挈家, 移寓於禮安之淸涼山下良坪里. 庚戌八月, 聞變慨然, 有罔僕之義, 遂廢巾櫛, 閉門謝外. 自五日始却午飯, 但朝夕進而匙箸頓減, 未嘗示其意. 故家人無知者. 九月十五日, 鉉燮乃噓唏謂家人曰, 吾雖無似, 自聞變後, 對人羞矣, 仰天罪矣. 罔爲讐賊之民, 曾所心誓而苟延今日者, 但孤寓十年, 所依者, 惟汝數輩, 鳳永根厚皆積月病臥, 不出死關. 情狀殊極悶念, 何忍自伸己志, 與之俱死也. 少俟有以也. 子侄皆泣諫, 鉉燮曰, 吾未嘗以身事君, 不必以死國, 但潔身自靖, 不欲冒其辱而苟生, 勿言. 至十月一日, 乃曰, 諸輩少差, 可以行吾志, 自今勿進飯. 旣而曰, 祖考諱辰在五日, 旣延之命, 不可不少俟以伸情事, 乃命進. 至五日, 遂絶食. 九日, 聞本府殿牌變報, 命鋪席于外, 盥洗具冠衣, 南向痛哭四拜. 呼長侄麟永曰, 吾雖不主鬯, 當此變極, 奉私廟如前, 心甚未安. 初聞變, 卽欲埋板而姑未敢者, 實鄭重也. 變又至此, 今卽斷欲行之. 麟永泣而退, 遂埋板. 臨祭, 鉉燮自讀告文, 痛哭移時. 俄, 日人阿多中一, 帶巡查來詰曰, 李上舍大人公, 今絶食累日, 果否. 鳳永曰, 然. 曰, 大人公, 不載籍何也. 曰, 日本自帳籍, 以義不入也. 阿多解劍脫帽請謁, 鉉燮厲聲曰, 我國之於爾國, 有何讐怨. 壬辰之兵, 辱及二陵, 甲午之變, 禍迫國母, 繼而勒剃玉髮, 誘奪疆土, 幽君父於二宮, 廢宗社而合邦. 今又殿牌南遷, 陽旗四竪, 吾不能隻手回天, 則豈忍屈身受辱, 共戴天日乎, 大叱却之. 阿多曰, 公如虎人也, 遂退去. 二十三日夜, 追述甲午在泮時詩一絶. 略曰, 憶昔無言甲午夏, 乾淸宮外簇蠻騎. 九天號痛心無怏, 十載腐腸孰有知. 因呼孝永曰, 吾自度, 似不速, 以吾而遠近知舊多勞枉, 實不安. 吾且苦而汝曹亦苦矣. 往乙巳之變, 赴京時, 吾有一物, 爲今日而備者也. 是夜, 人靜, 遂仰藥. 雖以其久無靈, 然自是, 氣力神精, 大爲陷鑠. 俄, 命家人扶起, 正巾具衣, 開門西向, 歔欷良久, 因昏倒. 家人號哭, 徐徐更蘇, 揮手止之, 奄然棄世, 實再明辰刻也. 有遺錄一篇. 家人不魂帛, 祇設虛位, 治遺命也.

潘夏慶

潘夏慶者, 內侍也, 曾經承傳色. 乙巳, 退伏交河, 及庚戌之變, 慷慨涕泣不已. 乃密書殉國之意, 藏諸懷中, 往訣其叔洪知事. 歸到家近, 出所懷書, 展之路上, 遂刲腹臟出. 語家人曰, 內外之官, 貴賤雖異, 吾亦受君恩, 已數十年茲矣. 今吾君下庭, 吾豈可死於暖房以取其便乎.

金根培

金根培, 字光元, 號梅下, 系出金海, 新羅敬順王之后. 麗朝上洛君諱時興, 討賊有功, 封金寧, 子孫仍籍焉. 曾祖諱泰渾, 祖諱彦秀, 考顯敎, 以壽陞通政, 妣密陽朴氏. 憲宗丁未, 公生. 幼有客至, 則通政公, 每命公拜之, 公必索冠加首, 然後拜, 不冠不拜, 咸奇之. 甫七歲, 受書于柏齋金公尙鎬門, 聰敏强記, 文辭夙就, 多爲人所稱. 丙寅洋擾, 年才弱冠, 公慨然有討賊之志, 遂與同志, 謀擧義勤王, 會賊退而止. 戊寅, 丁內憂, 哀毁過制. 又通政公, 久患喘嗽, 公憂形于色, 晝則迎醫合藥, 夜則衣不解帶. 及遭憂, 易戚備至, 三年不脫絰帶. 始以親意, 爲門戶計治擧業, 而累不中則曰, 盍亦返其本分. 遂取性理之書, 以爲喫緊. 每言吾東方儒賢曰, 德學則慕退溪, 節義則慕淸陰, 退溪之文, 純實而多和平, 淸陰之文, 嚴正而無浮靡, 而學者, 當先學退溪之篤厚切近, 乃可也. 節要其退書, 以便觀省, 又曰, 祭儀之考妣合設, 吾家亦從俗行之, 然吾自爲繼禰之宗, 則先君忌日當從退說, 遂單設. 丙午, 陞成均博士. 公雖屛處畎畝, 見國勢日非, 每杞愁漆憂, 恒發於尋常吟咏之間. 戊申, 聞斷髮令, 歎曰, 毁父母之遺體, 易先王之法服, 以從其蠻俗, 吾不忍爲也. 遂遯于海濱, 韜光息影, 敎授諸生, 海民皆敬服焉. 庚戌秋, 賊遂合邦, 十二月, 又稱以優老, 賜其所謂恩金若干. 公曰, 吾寧死, 不可受讎金. 十三日, 遂懷石投井而死. 於是, 虜將來檢屍, 又責其遺書于鍾昊, 以謄草與之, 彼不受曰, 後日有可考, 竟得親書而去. 又脅之曰, 無爲家殯, 卽葬于山也, 不然當有梗. 謂里人曰, 讀書人, 不當受此金, 眞義士也. 越四日, 權安于高峯山先兆下. 公氣宇魁奇, 性度嚴毅, 寡言語, 尙質素, 接人每自卑而尊人, 以爲嘗溫恭, 而至臨事處變, 一有所執, 則雖賁育莫奪. 是以見友人非其罪而逮虜館, 公倡同志以亟救之. 有妹若女, 俱寡而貧, 公經理其業, 咸使守志爲生. 賣土則雖利害懸絶, 必賣我人而不賣虜人, 此其大略也. 遺書略曰, 自甲午以後, 其變怪, 可謂百出, 而吾君之位號, 尙有在則, 不可謂無君, 今則疆土已奪, 位號且去, 此固君臣同死社稷之秋也. 且其所謂恩金, 又辱及吾身者乎. 若據義不受, 則彼必獄之髮之, 與其受辱而後乃自處, 不若其不辱. 故有此投井之擧. 我死之後, 彼金標, 卽爲還送也. 又有絶命詩一絶曰, 若浼讎金到老身, 欲兼生義末由因. 與其生也寧從義, 淸潔吾家井有仁. 後, 艮齊田公愚, 乃次韵曰, 韓國梅翁玉雪身, 眼前穢物是奚因. 衣冠赴井從容盡, 不負平生孔敎仁.

朴能一

朴能一者, 世居嶺之義興郡. 社屋後棄家産, 挈妻子流離不定居, 殆五六年. 嘗到禮安溫惠村, 晦其跡, 乞一廊舍以居, 身織屨妻緝纑, 長子傭賃於人, 次子年十餘樵採以給, 常以僂賤自居, 人不省爲何人也. 每晨輿爇松明, 課授其子, 書說文義, 訂整句讀, 甚精, 或語及時事, 嘘唏慷慨意. 於是, 諦其非常人, 遇之有加. 試叩經史, 輒粥粥辭. 有巨家欲邀爲塾師, 諷以利, 義士謝不從. 歲既周, 其子賃期滿, 義士告去曰, 太白之陽, 有荒菑可墾, 若父子竝力可食. 人留之不能得. 後, 聞轉客豐基, 陶穴於林峽中, 賣屨拾橡以資活. 一日, 義士謂二子曰, 吾挈若等, 流轉異鄕, 未嘗終年淹者, 以不欲納籍輸稅于讎人也. 今勢將不免焉, 吾其去矣, 若等自爲之, 拂衣而出. 到長鬐地, 訪其友人, 沽酒酣嬉如平常, 臨別謂友人曰, 吾輩非祖宗遺民乎. 戴天履地, 吾實羞之, 吾將赴海焉. 友人驚泣挽止, 義士笑曰, 吾非援而止者, 子其休矣. 友人牽挽, 行十餘里, 知其不可回, 書贈一絶詩曰, 貞衷爭白日, 高義懷霜秋, 缺 含淚望虛洲. 義士笑受而去, 到海上題巖壁曰, 朝鮮義士朴能一, 與其不義而生, 寧蹈海而死. 遂挺身投海中. 久之, 有日本人業漁者, 見而拯之, 家人宗族始赴哭焉. 其葬也, 日人亦會相之, 稱歎爲義人云. 義士在水底, 跏趺端坐, 顔色不變, 於乎烈哉.

永嘉 權相翊

金奭鎭

金公諱奭鎭, 字景召, 號梧泉, 安東人. 淸陰文正公諱尙憲之後, 有純祖儀賓昌寧尉孝貞公諱炳疇, 一傳諱道均參奉贈參政, 無嗣, 公以仙源文忠公諱尙容之十一世孫, 因純元皇后命, 入爲後. 文忠, 於文正兄也. 憲宗癸卯正月二十一日寅時生. 哲宗戊午, 以門蔭, 特授童蒙敎官. 庚申, 人日製登第, 直赴同年庭試文科. 二十四陞通政, 三十五陞嘉善, 四十五進嘉義, 四十八陞資憲, 五十進正憲, 五十六陞崇政, 而越三年進崇祿. 中間踐履, 內而承政院假注書·權知承文院副正字, 通禮院右通禮, 掌樂院正, 成均館典籍·司成, 司憲府持平·掌令·執義, 司諫院正言·獻納·司諫, 弘文館應敎·修撰·副修撰·校理·副校理, 御營從事官, 堂上以後, 則政院自同副至右, 成均館大司成, 漢城府左尹, 經筵特進官, 弘文館副提學, 奎章閣直提學, 敦寧都正, 副總管, 六曹則, 吏曹參議·參判, 戶曹參議·參判, 禮曹參判, 兵曹參議·參知, 刑曹參議·參判·判書, 工曹參議·參判, 經筵·春秋·成均館, 義禁·敦寧·中樞府同知事, 議政府左參贊, 知春秋館事. 外則, 安州牧使·遂安郡守·慶州府尹·廣州留守·三道陸軍統禦使·而安州未赴任. 若掌禮·祕書·太醫·貴族院卿·景孝殿提調·敦寧院知事·判事, 在更張以後也. 若哲宗實錄編修官·政府有司·堂上·影幀摹寫都監·永禧殿營建都監·璿源殿重建都監·提調, 撥差也. 自甲子, 大院王執政而其胤子, 倣登瀛洲故事, 將選十人學士, 要公入選. 公不欲與貴介公子相徵逐, 固辭以免, 當路忤之. 甲乙 來, 世變又復無如之何, 則遂卜築於楊根江上, 名其堂曰, 思安, 蒔花種樹, 混迹漁樵.

每飮酒半酣, 輒慷慨流涕, 中夜不寐, 朝視枕上, 班班有淚痕焉. 丙申, 勅任官內府特進官, 疏陳所懷曰, 伏以臣, 直天地間一罪人耳. 旣不能北首自裁於乙未國變之時, 又復苟全一縷於重疊私制之餘, 飢渴飮食, 略無異於人者, 天良之泯, 胡至此極. 噫嘻乙未之變, 亘萬古所未有者也. 環東土數三千里, 凡有血氣者, 孰不臥薪嘗膽, 思所以復雪, 而況如臣之偏蒙恩渥者, 縱不能先蓐螻蟻, 其何忍腰纓結綬, 復尋春明之路哉. 區區微諦, 專在於期, 未槪聖衷, 洊被恩除, 臣竊悼焉. 嗚呼, 君臣大義, 無所逃於天地之間, 進亦事君, 退亦事君, 生亦事君, 而死亦事君, 何必以區區爵祿爲哉. 臣今雖退, 凡時節慶賀, 將如例赴參, 又何進退之可言也. 雖然, 臣將辭去矣, 何敢有懷未達, 重以孤負皇恩哉. 今日國家之病, 孰不曰危且急也, 而以臣觀之, 其回棹直一轉移間事耳. 何也, 古語曰, 人主一心, 萬化之源. 蓋人主之心, 正則如表端影直, 孰敢不正. 陛下每於動靜之際, 先察乎天理人欲之分, 所發者天理則, 斷然行之, 人欲則, 截然袪之. 以至一政令一施措, 據此做去, 其發於事爲者, 粹然一出於正, 孰敢不正, 此非高遠難行之事. 在陛下, 一開悟而已. 故竊附無隱之義, 敢此妄陳, 伏願淵然深思, 勿以人廢言. 臣雖退伏荒野, 與有榮焉. 聞閔泳雨交通日人, 潛賣月尾島, 事覺論罪, 公奏曰, 今若假貸泳雨, 孰不爲泳雨乎, 明日又有一泳雨, 而賣一島, 再明日, 又有一泳雨而賣一島, 疆土三千, 保有幾日乎. 從前不誅亂逆, 以致今月之變, 請斬泳雨. 官妾之營救泳雨者, 在傍吐舌, 私謂曰, 大監非法官, 何故如此. 公曰, 亂臣賊子, 人人得以誅之, 何必士師. 乙巳冬, 帶懿孝殿享官, 在鄕調病. 時日人, 勒兵犯闕, 脅約五條, 五賊主權, 書可字於約章而調印. 公聞變馳詣京師, 上疏曰, 今此締約, 雖因脅制, 陛下旣以殉社之義, 嚴斥之矣. 參政臣韓圭卨, 亦抗言其不可矣, 而憯彼五賊, 乃敢署可, 擅自調印, 不憚於以國與人, 噫嘻此何變也. 夫脅約廢, 載於公法, 亂逆顯戮, 自有邦憲, 荏苒度日, 國權日移, 輿情益沸, 反復思惟, 未敢知聖意之攸在也. 相臣戚臣宰臣, 以至郎僚兵辨, 相繼以殉, 褒忠之典, 可謂至矣. 夫以諸臣者爲忠, 則彼輩之爲逆, 自無逃於天監之下矣. 且今環東土千萬生靈, 譁然驚恐, 嗽嗽然無一聊生, 非彼輩故歟. 而彼輩不但獲保首領, 毫髮不損, 乃反假借之, 盤據朝廷, 志滿意得, 豈以生靈爲輕, 而彼輩爲重歟. 臣竊惑焉, 伏願亟命外部, 聲明各館, 申理公法, 當日書可之齊純·址鎔·根澤·完用·重顯五賊, 施以極律, 以伸王章, 以安宗社焉. 且臣義不可與彼輩共戴一天, 而肅肅享班, 尤不可比肩同立, 請鐫去臣所帶懿孝殿享官之任, 俾守微諒焉. 上溫批不許. 時址鎔, 方在享官之列, 故再陳蒙遞. 親舊有誚公論彈太遽, 公艴然曰, 邦域入人手中, 滅亡迫在呼吸, 子以爲姑徐徐云爾耶. 趙忠正公秉世之喪, 延虞於城南門外, 歸路, 屛騶徒, 獨入倩市, 買鴉片, 潛藏於佩囊, 遂出闉闍, 仍不復入, 誓一死報國之志, 但伺機而未得. 迨庚戌七月二十五日, 奸孼之賊, 脅制君父, 擧疆土人民, 賣於日寇, 去大號, 貶大位, 與其親王等, 貴戚之卿, 縻之爵, 而餽之金. 亦及於公, 公以不事二君之義, 遂不受之. 乃出所藏藥, 而呑之, 自靖于梧峴丙舍, 實九月八日酉時也, 享年六十八. 訃聞, 太皇慘然下敎曰, 文忠又出此門矣, 優下恤金, 以助葬. 士友相弔, 輿儓咨嗟, 雖素昧者, 亦操文就位, 哭盡哀. 至於外使客商無不歔欷嘆惜曰, 韓末忠臣, 惟金某一人. 公天性方端正直, 堅確有執, 凡於事爲, 初持一心, 未嘗變節. 義不可也, 卽君命有所不受. 乙巳後, 退居先隴, 介然自守, 猝當變故, 裁之以義, 君子信其所養有素也. 公之子寧漢, 方彼酋之復以爵金威嚇也, 曉以義理, 峻辭嚴拒, 彼亦終不能免焉, 此又人所共知者也.

趙鼎九

趙鼎九, 居京城府苑洞, 哲宗壬戌生, 大院王第二女壻, 高宗妹夫也. 高宗朝登第, 俄除副承旨提學大成及吏議直提學, 又禮曹參判. 甲午後, 歷敭其協判掌卿贊政判敦寧弘文學士及耆老所祕書長. 庚戌七月, 賊合幷韓日, 選二品以上八十人, 賜爵金, 名曰恩賜. 時, 鼎九以宮內大臣方在職, 十月, 依貴族令, 賜爵男. 至是皆爭先受之, 惟恐不及, 鼎九乃叱退之, 又裂去其合幷詔及告諭文. 賊脅之, 鼎九曰, 寧可義而死, 不可辱而生. 卽自刎不殊, 及再擧, 爲家人所救, 遂不果. 入大韓醫院, 治之數月良已. 其後, 亦不欲生斯世, 常俟其死所, 有八十老母恩誘之, 竟不克. 因退去楊州思陵里墓下, 自處以未亡人, 杜門不出. 乙卯, 丁母憂, 服闋, 自號曰月坡居士, 往金剛山般若庵, 嬰情水石, 結戀雲林, 若將終老焉. 戊午陰十二月二十一日, 聞太皇帝崩, 卽至京受服, 因山後, 遂入中國之河南, 見其子南升, 往來河南北京之間, 仍留七年. 乙丑, 聞次男南益死前歲九月, 乃曰, 不意當老有此遭, 吾可東歸, 掃除墓地, 遂歸國. 所履所値, 亦無非觸目傷心, 又欲入山自靖. 八月, 往奉先寺一宿, 偶落傷入院治療. 丙寅陰二月十六日, 卒于苑洞自第, 享年六十七. 有三男二女, 男南升南益南復. 南升嘗見國事日非, 住中國請援, 以爲欲剋復, 恐禍不奔喪. 南復二十年前往美國不返. 及葬, 家貧無以爲策, 昌德宮賜金二千元, 雲峴宮又賜二千以葬之. 初合併, 爵者七十二人, 不受爵者八人, 金判書奭鎭死之, 尹判書容求素有望, 賊知不可屈, 不脅無事, 韓參政奎卨, 累脅不從, 洪判書淳馨, 亦脅而不從, 趙判書京鎬其婿李載克, 受其爵送之, 晩趙覺而却之, 閔判書泳達, 以居喪不受祿辭. 兪吉濬, 却其爵而受其金.

庚戌八月二十九日, 韓日遂合倂. 九月初五日曉, 鼎九乃起, 向母夫人徐氏所, 以默禱納拜, 執刀刎頸, 欲自殺, 見其不殊, 又再擧, 因踣地, 小室洪氏見之, 大驚騷動, 家人送大韓醫院, 治療略數朔良已. 乙卯, 丁內艱. 丁巳十月, 率洪氏及愛女, 往金剛山般若庵, 自號月波僧. 戊午陰十二月二十一日, 太皇崩, 鼎九奔喪至京受服. 翌年己未二月一日, 見萬歲大起, 往中國之河南, 見長子南升, 至北京留七月. 甲子九月, 聞次子南益死, 遂歸國. 先至苑洞, 留其弟經九家, 日, 鼎九對記者曰, 今吾爲無人, 而遠自中國爲兒孫而歸, 但謂之身生焉爾乎. 從此以後, 吾自處以無願. 記者更不問.

金志洙

金志洙, 字心一, 光山人. 初, 新羅王子遁于光州, 子孫因籍焉. 麗朝,有十二代平章事. 故名其洞曰平章, 是以光之金, 爲東韓甲族. 後, 諱若米, 入本朝, 官都觀察使, 生諱問檢閱, 生諱鐵生監察, 生諱國光右議政策兩勳, 封光山府院君. 至玄孫諱繼輝, 官大憲, 號黃岡. 聰明博達, 有經濟才, 栗谷李文成, 許以公輔器. 生諱長生, 以道學腏食聖廟, 號沙溪, 謚文元. 是生二男, 曰槃, 曰集. 集號愼獨齋, 又腏食聖廟. 丙子虜難, 槃扈駕南漢, 請君臣同死社稷, 號虛舟. 是生諱益熙, 以督戰御史守南城, 斥和議, 號滄洲, 謚文貞, 官吏曹判書大提學. 益熙生萬增, 號遯村, 官知樞, 聰敏警悟, 博通典故, 淸城光城, 每有朝廷機密, 輒咨訪. 知樞生縣令鎭望, 贈吏判. 縣令生壽澤, 贈左贊. 左贊生僉樞相庚, 以長子憙貴, 贈領議政. 寔公五世以上也. 高祖諱憙, 號芹窩, 右議政, 謚孝簡. 曾祖諱在新, 順陵直長. 祖諱祖鉉, 考諱永鶴, 兩世皆不仕. 生父諱永允, 亦隱德. 憲廟乙巳十二月十四日, 公生于艮山鄕第. 幼而岐嶷, 擧止莊重, 不妄言笑. 甫八歲失恃, 十一, 出爲從叔父永鶴后. 年十六, 丁考憂, 哭泣甚哀, 弔者益悅. 自弱冠, 立志述先, 早謝公車, 專治爲己之學. 距家一亭有遯巖, 公每摩挲興感, 因號曰心巖, 鑱其名. 昔, 黃岡公, 以爲養靜讀書莫如山寺, 往靈隱寺, 構靜會之堂, 廣置藏獲田庄. 又置書籍, 遂與諸生, 每講學于此. 雖不知者, 有工夫而至, 必資之, 甚盛事也. 其後, 子孫爲世襲, 丁酉兵燹灾, 堂宇書籍盡蕩然. 至是, 公與同志, 乃移建于大乘之傍, 購置書籍, 以繼先志. 族叔省齋永膺, 宋淵齋秉璿, 樂聞而相事之. 每年菊秋, 公率徒弟, 講學於是, 遠近多坌集請質. 又有養性堂, 卽文元公講道之所也. 是時, 堂宇頹圮, 餘響漸沒, 公慨然興歎, 醵金設契以重建. 丁未, 又災, 惟儒案及經卷若干得保. 公乃移藏于靈隱寺西齋. 遯院所藏冊板, 間有遺佚缺落, 公又設契補板. 其爲學, 以小學家禮近思錄, 爲單詮密符. 且引朱夫子天地之所以生萬物聖人之所以應萬事直而已之訓, 常服膺. 及劬經, 沈潛反覆, 窮其理以致知, 致其知以實踐, 存養省察, 動靜相須, 敬直義方, 內外交養, 以至諸子百家, 無不玩索, 而最用力者, 惟禮學, 蓋其家傳, 自有所淵源也. 庚申, 丁申夫人憂. 有人以疑文變禮來質, 則博據諸家, 如說己事, 小無依違, 娩嬰之辭, 皆推之以禮學之宗. 時, 如溪雲金公, 立齋宋相國, 圭庭徐尙書諸公, 深爲推詡. 淵齋宋公亦曰, 金某之德器, 酷似乎老先生, 可見其規模檽染, 甚敬重之. 壬辰, 以道剡除假監役. 是年春, 哭子容軒, 無復世念, 不受徒弟. 自甲午以後, 外寇充斥, 名檢掃盡, 奇技淫巧, 惑亂心術, 擧國胥溺. 公憂之, 爲屋深山, 鏟迹韜名, 以爲終老之計. 庚子, 丁李夫人憂. 乙巳, 除中樞院贊議, 不受. 庚戌, 宗祀竟北牖, 公北望長號, 不欲圖存, 杜門謝客, 仍有溘然自靖之志. 十二月十二日, 賜所謂恩金至, 公嚴辭却之. 卽謂家人曰, 賊若不止, 必累吾身. 吾當自處以自潔. 先將家事, 一一指揮, 傳世文藁若著述, 皆檢束付子婦, 戒以勿失. 二十三日, 賊金又至. 時, 公適目疾臂痛, 委在床褥, 使從弟容軒, 却不受. 翊年正月十三日, 賊又脅百端, 公小不挫, 却之如初. 四月十三日, 賊又至, 恐喝益劇. 於是, 公乃知不免, 因題老而不死幾何人, 此世難容一介身. 莫奪廉夫溝壑志, 斷然無改我天眞. 遂決意自靖, 書文洙曰, 我死勿用異國物産, 柩衣則純用松葉水. 及葬, 玄以墨染, 纁亦染松水. 葬地已有卜於徜阡僉樞公階右, 仍不待禮. 其紙尾, 有家事茫蒼涕淚難禁八字. 人讀之, 自不覺先從其淚也. 日, 從侄容瓚進曰, 對彼說, 理自明, 遜辭無逆, 如金淸陰之在奴庭, 則彼必無事. 公曰, 吾之爲此者, 非爲忠, 又非爲名, 不過欲自潔其身而已. 十七日, 賊又欲捉去, 公曰, 吾方病服藥, 將飮藥而出, 遂入內自經. 子婦朴氏, 惶忙泣救.

公曰, 與其受辱於俘奴, 曷若得正而斃. 今汝之欲救吾, 非爲吾, 乃賊吾. 從容懸樑而殞. 時, 家人但白首孀孤寡婦, 幷螟孫元中在也. 享年六十七. 於是從遺命, 葬于連山鳳谷艮坐. 公早孤, 事所后母申夫人, 殫誠養志, 事叔父母, 日用云爲, 無所違忤, 風雨寒暑, 不廢晨昏. 每值忌辰, 灑掃室堂, 整坐終日, 不接外人. 累代墳塋, 設望柱床石, 以衛墓道. 從高祖牧官公, 不幸無嗣, 蘋藻久闕, 塋域且圮, 公旣封旣莎. 又出錢桔據, 以行春秋節祀. 家有過傭, 未一年而化, 出直斂瘞, 以其餘資買田, 使人護其墓. 此雖微事, 其仁人愛物之心, 亦可見也. 公每應事接物, 務從溫厚, 而至於辨義利析是非, 一刀兩段, 凜乎有不可犯者. 嘗謂徒弟曰, 學者必以志士不忘在溝壑爲志然後, 義理重而較計死生之心輕. 所謂貧賤憂戚, 不能撓奪. 是以公嘗有壁立萬仞, 千萬吾往之勇. 有詩文若干卷在巾衍. 文取口語而成, 詩取平淡, 如斁倫世界億蒼生共俟黃河際一淸之句, 必知之也.

安孝濟

安孝濟, 字舜仲, 號守坡. 吏曹參議止軒公起宗后, 世居宜寧龜山. 哲廟庚戌生, 癸未, 登明經丙科, 甲申, 除丞文院副正字. 時, 有變改衣制之令, 孝濟上疏極言不可, 蒙優批. 卽日還鄕, 歸路有詩曰, 致君堯舜還無術, 作伴漁樵正有期. 丁亥, 除成均典籍, 尋調司憲府持平. 己丑, 遷司諫院正言. 時, 有妖女稱以關皇女, 自洪川至, 因權要納寵, 上封鎭靈君. 自是, 專擅威福, 無敢誰何. 孝濟乃上疏, 請斬妖女, 上震怒, 流濟州楸子島安置. 甲午, 量移于靈光荏子島而還. 是月, 以弘文館修撰知制敎兼經筵檢討官春秋官記事官召, 不赴. 九月, 除興海郡守赴任, 沿邊七邑, 連歲大侵, 興尤甚. 孝濟方欲賑恤, 以新莅無麵爲憂. 於是, 朝廷聞沿郡荒騷, 送米三千石, 令每升定價一貫, 分給百姓, 麥秋後, 刷納本價. 隣邑皆慮其收刷之艱, 乃不受. 孝濟卽取米百二十餘石, 賙而給之, 後請方伯, 啓而減其價, 獨興得全. 初, 與淸道守趙某善, 適上營而共邂逅, 趙曰, 弊郡有從侄殺其叔者, 以法則是死, 吾以情之, 望公恕焉. 孝濟曰, 殺人者死, 本大經, 而此又犯倫, 此以不法, 公何以立人紀而扶世敎也. 公若不法, 吾當繩之. 趙僕僕而去. 乙未五月, 又有黑衣之令, 孝濟乃投印而歸. 八月, 群賊弑國母, 又脅上廢黜. 孝濟聞變, 卽上京, 與李參判容元崔參判益鉉痛哭, 告國太公復坤殿位號. 日, 李容元示一書曰, 政府欲勒剃上髮, 故下口敎太公, 使吾二人, 入俄館, 見公使韋貝, 以圖停止. 孝濟曰, 國之存亡繫焉, 烏可以禍福避也. 仍語容元曰, 此有張參奉志永, 卽旅軒先生嗣孫也, 可與共事. 三人往見韋貝, 放聲大哭曰, 今諸賊脅君, 方欲勒剃, 願公捄之. 韋貝請文憑. 時, 上與太公居乾淸宮, 使志永軍服而入, 僅得太公名帖而與之. 五日早朝, 志永弟志翰瞠然來曰, 徐周輔突入吾家, 招安校理. 孝濟笑曰, 吾三人, 皆死於此人之手也, 卽往焉. 徐高聲大叫曰, 汝是何人, 敢沮我國事, 弄他八十老人, 誤了五十年讀書宰相乎. 孝濟亦厲聲罵曰, 此吾自爲之, 兩老何干. 且汝之頂踵毛髮, 皆是雲宮, 而今反附亂賊, 又欲勒剃上髮, 罪孰甚焉. 徐不能答, 乃曰, 汝欲生, 在俄名帖卽覓來, 否禍將不測. 孝濟笑曰, 入俄館時,死生已付之. 徐顧謂志永曰, 汝將欲何爲. 志永亦厲聲曰, 此欲斬其弘集以下諸賊. 徐徑出不辭而去. 十一月十五日夜, 勒剃上髮, 又降詔勒削, 中外洶洶. 孝濟見李容元痛哭而歸. 庚戌之變, 孝濟遂痛哭, 入山中, 誓以不出. 聞李判書容元, 爲弘文提學, 投書絶之. 十一月, 所謂恩賜金通知來, 孝濟爲書投之曰, 我大韓王臣也. 國亡不能救, 死有餘罪, 讎國之君, 於我何恩, 而有此金賜, 士可殺, 不可以辱, 如有復我者, 有死而已. 數日, 巡查又威脅之, 又書曰, 有一文天祥之不屈, 何損於元, 而困迫此甚. 夜, 昌寧警察署長眞柴巖藏捉待曰, 公何爲不受恩賜. 孝濟曰, 義不合, 則雖吾君賜之, 必不受, 況出自讎國乎. 署長曰, 終不受耶. 孝濟曰, 殺伊藤之安重根, 卽吾之族人, 勿多言. 眞柴不答. 翌日, 巡查, 又持晉州部長前田升公函, 督往之. 孝濟不去, 前擁後推, 期欲捉去, 孝濟卽墜層軒, 以示必死, 巡查乃慰勞而去. 又使子侄, 乞哀以免禍, 孝濟不聽. 署長憤怒, 送巡查五十餘人捉去曰, 一向不受, 能不畏死. 孝濟厲聲曰, 患不殺, 何畏之. 以紅絲縛身, 鐵筩鎖足, 囚之獄. 召子弟諭之曰, 不受金, 公父兄必死. 二人入, 隅坐泣曰, 不受, 父之禍罔測, 闔家亦難免. 孝濟曰, 勿多言, 子受之, 是子而弑父, 弟受之, 是弟而弑兄. 又移囚昌寧獄, 夜, 深念國事, 不覺放聲大哭, 昏倒不省. 署長又召子侄, 使之伏獄門前乞可. 孝濟曰, 吾心已定, 汝等, 但料理治喪具, 可也. 署長又問曰, 公書有讎國二字, 何謂. 孝濟曰, 殺我國母, 廢吾君父, 非讎而何. 署長不答. 題一句詩, 與其子喆相曰, 淺識堪憐頑固俗, 徒說伯夷叔齊名. 昌寧守申泰茂曰, 今大臣皆受之, 公有何高見而不受. 孝濟罵曰, 吾雖窮迫, 比此賣國賊乎. 此輩在前, 吾必刃之. 泰茂不敢復言. 署長出一紙, 强圖章, 抱其身執其手, 欲伸其指而踏. 孝濟卽投章于地, 高聲大叱曰, 此汝乙已年奪國之餘習乎. 國可奪, 吾志不可奪. 署長慙而退. 翊日, 乃解送, 諭之曰, 公光武之臣, 非明治之臣也. 歸伏山齋, 不干外事, 以妨治安. 咄咄稱頌. 後, 又召喆相, 欲受之, 喆相不聽, 部長大怒, 捉囚昌寧獄. 孝濟爲書戒之曰, 父死於忠, 子死於孝, 一門之慶, 孰大於此. 金之受否, 汝父之死生在焉, 愼之. 壬子秋, 遂入遼東不返.

崔宇淳

崔宇淳, 字舞九, 完山人, 義敏公均後. 居固城鶴洞, 純廟壬辰生. 宇淳生而豐嶷, 有巨人度. 甫上學, 受課輒成誦. 就宋公彙純學, 公大器之曰, 異日所就, 未可量也. 性篤孝, 事親惟承志是先, 有人爲大人公賀者, 公曰, 君言殊過矣. 吾於此兒, 未嘗有一事而再命者. 宇淳擧業中解額, 及赴禮闈, 人有以利誘者,宇淳不答, 自後絶意名塗. 旣還, 惟以觀書玩頤爲事. 有京人崔翼烈者, 嘗與有舊, 日遇於旅邸, 崔以債負見困, 宇淳傾橐以償之. 丙戌, 暴疾鴟張, 遘輒立死, 有人方負疾叩門, 宇淳延之, 極力治療, 其死, 又躬歛以歸之. 丙子, 歲大飢, 家所入有不足, 宇淳出息錢, 以急其遠近, 日設糜饘, 大餉其飢黃無告者. 丁丑春, 宇淳適生子, 人以忌告, 宇淳曰, 一日不得食則病, 二日則不保, 君何忍以此敎我也. 命設如故. 乙酉, 又大蝗無食, 加以虐吏鞭徵, 居人流離, 墟落無人煙. 宇淳會族相弔曰, 此天劉吾宗也. 乃出債錢四千金, 以先一門飢急, 保不至散亡桎梏之歸, 其急人之義, 蓋如此. 隣有使酒而悖者, 屠食切親家牛. 後事覺, 將成訟, 宇淳召而宥之, 又給土以耕之曰, 愼勿再也. 先是宇淳搬寓于晉之佳谷, 至戊子又大旱, 乃斥所寓田宅以濟之. 己丑撤還, 連歲出義, 家隨以瘠, 糲飯縕袍, 亦不能相繼, 宇淳處之泊如, 一不嬰懷. 篤於追遠, 喪餘之日, 不以年高而自弛, 上墓之節, 不以地遠而或廢. 嘗留意於兵學, 太公孫子之書, 無不博通淹貫. 及丙申, 列郡皆募兵擧義, 本郡惟宇淳爲主視事, 翼月病歸, 未幾晉兵敗. 所謂大邱兵將者, 分捕傍近首事者, 私謂所親曰, 吾聞崔某君子人也. 遂不問. 至乙巳之變, 聞六忠死之, 以詩哭之. 己酉聞西州義士安重根遇害, 又以詩哭之. 初, 宇淳見雙江沙色皎潔, 欣然有契於心, 自標曰晴沙. 及庚戌之變, 毁其門之向東者而西之曰, 吾惡夫對讎邦也. 改晴沙爲西扉. 又爲詩若序以示志, 人以爲公殉國之志, 已決於此矣. 辛亥三月, 面吏以帖報曰, 日人將頒賜恩金于耆老, 可往受, 否者禍及. 宇淳怒目視曰, 非恩賜也, 乃讎賜也. 曾狗彘之不食, 況於人乎. 十四日, 以不受招之, 宇淳不往. 乃書答曰, 昔齊景公招虞人以旌, 虞人以非其招, 死不往, 況今非其義, 有百倍於非其招乎. 以儒名爲虞人之所不爲, 非但虞人之不若也, 狗彘之不若也, 萬萬無可受之義. 如其非義, 千駟萬鐘無視也, 雖强之受之乎. 脅迫至四五日, 又遣兵召之, 宇淳大罵, 無所忌諱, 諸子請替行, 宇淳不許, 蓋慮其往受也. 宇淳謂兵曰, 夜深不可行, 汝宿, 吾明當去也. 及天明, 兵起視之, 宇淳已死矣. 兵驚走, 家人乃覺, 將斂手足, 得訣辭若干篇. 蓋宇淳嘗置藥于懷中, 至是恐見辱, 遂呑之, 時年八十.

義城 金紹洛

金永相

金永相, 字昇如, 號春雨亭, 系出康津之道康, 始祖高麗道城君諱希祖也. 後有諱懷鍊, 我太祖朝, 以功官漢城判尹, 謚忠敏. 五傳至若晦生員, 號閒亭, 與弟若虛, 同遊太學. 己卯禍作, 遂歸田, 與李退溪滉·金河西麟厚·李一齋恒諸先生, 有講質酬唱. 孫大立, 號月峯, 從一齋學. 壬辰亂倡義, 除別提. 及光海斁倫, 抗疏, 因棄官佯狂, 與李天默尙馨·宋蘭谷民古諸公爲友, 世稱七狂, 鄕人祠松山, 是爲公九世祖也. 生諱灌, 進士號鳴川. 丁卯弘立之亂, 從金沙溪長生擧義, 享武城院. 自後世有文學行義, 考諱景欽, 號城隱, 有遺稿. 憲宗二年丙申三月十八日辛丑, 生于古阜郡山北里寓第, 後還歸泰仁之院村. 性沈重, 自幼無疾言遽色, 稍長, 受書于族從祖卑忍齋墍從公, 見奇蘆沙正鎭, 晩與弟毅齋永烈, 學蘇仁山輝冕門, 深被奬許. 仁山嘗稱公兄弟曰, 大哥重厚篤實, 小哥嚴毅詳密. 仁山歿心喪期年, 遇忌日必齋素. 與二弟析産, 遂自取荒頓. 奉先必行四時正祭, 晨必謁廟, 夫日哀如袒括, 外先不祀, 爲之立後而置田. 先是, 宗族以丘木墓田相爭, 累世不決, 公曰, 此非敦睦. 積誠懇誘, 竟無事歸宗. 誘掖後進, 諄諄不倦. 時與多士, 講學習禮, 每以居敬愼獨爲主. 平居常以爲莫尊者天, 未嘗偃臥看天. 夜有盜升屋適見公, 失措, 公徐曰, 吾家有梯, 毋急下, 吾恐汝致傷. 遂梯之. 甲午, 東匪猖獗, 泰益甚. 公以舟中大學城下絃誦自勵, 益講讀不輟, 匪亦相戒不入. 乙未之變, 聞有剃令, 仍作詩見志, 以藥自隨. 詩曰, 欲入叢中抮禮林, 燕毛自是義難尋. 非髻何成治喪重, 不髦頓忘受恩深. 寧地下從無此首, 共天上戴忍斯心. 惟東五百年宗社, 誰可夷吾免左襟. 因竄山谷, 抱書鏟跡. 又買屋親山下, 杜門講讀, 以就自靖. 庚戌 八月, 日賊遂合邦, 時公年七十六. 十一月, 賊稱以優老賜其所謂恩金, 公書叱却之曰, 余以大韓臣民, 何以受讎金. 如是者凡三而猶不止, 公乃勃然曰, 我堂堂大韓之士, 豈可置姓名於虜金之籍. 劃姓名逐之. 翊年辛亥四月, 日酋渥美善四又來脅之, 公書示以吾欲死無地, 今得死所, 有死而已. 五月一日, 賊捉公囚東谷站, 公大聲而叱, 聲震屋樑. 尋群山酋, 又捉去, 過宿泰邑, 賊又欲犯, 公罵曰, 若輩焉敢爾也, 吾欲食爾生肝而竟不得, 今食爾肉一臠. 因噬賊手, 賊相顧嘖嘖曰, 眞義人. 更不犯. 將渡沙津, 制絶命詞, 暗自書紳, 至中流, 因投水中欲死, 爲賊所捄, 竟不得. 仍被拘群山, 至九日, 竟卒于獄中, 絶粒凡九日也. 及收屍, 有紳書曰, 昔屈子之貞忠, 指汨羅而爲期. 今春雨余陽九, 從沙津而逝斯. 酌椒酒之三杯, 慰魚腹之忠魂. 踵東海之高蹈, 永陟降於干磐. 柩返, 賈人店婦, 多有致賻而奠哭. 至中路, 奠哭者亦相繼不絶, 莫不如悲親戚. 是以不過百里, 三日而始至家. 九月, 葬于泰之德加里西麓枕酉之原. 有二男二女, 男坪述, 炳述, 女適李益煥, 監役柳秉會. 公爲人外柔而內剛, 言訒而行篤. 家貧, 嘗讀書, 每冬月, 則積鋪綿子, 不火經冬. 坌徒獎進, 嘗勉之曰, 居敬愼獨, 是作聖之胚胎, 閑邪之郛郭. 邪非吾人無形之賊乎, 此之無形, 甚於有形之强虜. 願諸君用此敬愼以敵之, 則必吾郛郭守而賊自退矣. 後家人搜輯遺草, 亂稿中, 有以示子孫及門人告全邦同胞等諸篇也.

朴泰泳

朴泰泳, 字達夫, 初名泰瑩, 號晦山, 義興人, 龜山君碩輔后, 世居義興後谷. 憲廟丙午生, 爲人魁梧, 有氣節善文辭, 性篤孝, 事親, 問起居日三, 朝夕進飯, 必飯而後退, 不以拆戶間居爲懈. 丁外憂, 哀毁如禮, 及葬, 每晨夕哭, 雖寒暑及大雷雨不廢. 母夫人悶之, 累言不聽從, 乃使人先其往, 從暗作鬼獸聲, 欲劫之以止. 如是者連三日夜, 而泰泳少不動, 始終如一日, 鄕里皆稱之. 至庚戌, 泰泳聞變憤然曰, 吾韓人, 豈可作日酋氓乎. 使其子源植往警署, 割民籍來. 辛亥春, 日人稱以賜耆老恩金, 使面吏呼之. 泰泳曰, 吾雖貧, 安能受讎賊之金, 乃却而不受. 自是之後, 戶稅及淸潔, 其他生死報告, 並皆不爲. 旣而日巡査, 以淸潔來, 乃脅以恐喝. 泰泳曰, 不吾淸潔, 在爾何干. 遂大聲叱之, 巡査怒而欲敺之, 爲其老不敺, 批源植頰捉去. 源植亦義士也, 至義興警署, 盡日答問, 言甚切直, 無所忌諱. 署長怒曰, 汝割去民籍, 不納戶稅, 此恥吾民, 然則何爲不死. 源植曰, 余不過一草野散人, 素無官守, 又有老父, 何可死爲. 吾之所以爲如此者, 守吾分而已. 署長囚之獄. 源植在獄中, 書其志以示之, 略曰, 姸姸者娥, 爲强所奪. 從不飾容, 彼則不悅. 莫以今時, 難忘舊日. 彼雖以此不悅, 我則誓死泣血. 過數日, 移軍威獄, 後至義城區裁判所, 始見放. 先是, 有日本文學博士聞公名, 踵門求見, 泰泳謝不見. 博士咄咄稱歎而去, 見金都事道和曰, 朝鮮義士, 吾於朴泰泳一人見之矣. 源植字活能, 太皇庚辰生.

或曰, 人有一善, 皆欲人知之, 而泰泳父子, 有如此卓節, 常撝謙不自伐, 又無一字記存, 此可謂無所爲而爲者也. 以世之皎厲矯沽者觀之, 豈不偉哉. 余聞其義, 欲求見事實而去, 以此不得, 但因人口, 聞其大略如右云.

河錫煥

河錫煥者, 忠州社倉里優人也. 家甚貧而天性至孝, 父死居喪盡誠, 廬墓三年, 不櫛不頮, 鄕里稱爲眞孝, 士大夫子弟, 多造其廬. 時, 屋社屬耳, 彼人聞其孝, 送所謂恩賜金, 錫煥牢却之, 屢有督, 避入東峽山中. 久後還家, 竟被逮, 以死自誓, 彼知不可强, 慰諭之曰, 金雖不受, 但捺章領票, 則可以自解. 錫煥曰, 吾本無章. 彼曰, 指章亦可, 强使之捺. 錫煥展手與彼曰, 截我肘, 任自捺, 吾則雖死不捺, 彼竟無如何, 放退之. 社倉里, 前陰城郡地.

潭陽 田愚

劉秉憲

劉秉憲, 字周顯, 號晩松, 江陵人, 文僖公敞后. 哲廟壬寅, 生于善山上江里. 庚戌七月, 賊臣李完用宋秉畯, 稱以專權委員, 合大韓爲日本. 秉憲聞變, 九月, 爲文布告, 數兩賊之罪. 其稅金之徵也, 吾不可以稅日本, 拒而不給. 恩金之賜也, 此以爲賣國錢, 又却而不受. 改恩賜爲尙齒金, 一不以恩言之. 前後庚辛之間, 書總督府者五, 書內閣大臣者四, 爲文廣告者四, 與憲兵將問答者四, 與憲兵問答者六, 而皆書之必稱讎賊, 言之必稱夷狄, 無小忌諱. 日, 又憲兵將召問曰, 公以日本爲戎狄, 此何說. 秉憲曰, 本戎狄, 故以戎狄云. 憲兵將勃然而怒, 批頰以威之. 秉憲不挫. 轉聞青山郡, 立石頌寺內功德, 爲文通鄕校曰, 日本是讎國, 韓人而欲頌日酋, 此不可容貸於覆載之間. 後聞果不立. 辛亥十月, 大邱裁判長召問曰, 公反對新約, 一何如是. 秉憲曰, 日本奪我大韓, 廢吾皇帝. 故不勝其憤而爲之. 然則公終不出稅耶. 秉憲曰, 大韓之稅, 何以給日本乎. 更不問, 遂囚之獄. 後七日, 有區裁判所問答, 後七日, 有地方所問答, 後五日, 有典獄官問答, 而一辭抗厲. 至月十三日, 卽日人臘日也. 出囚徒二千餘人, 會一處, 將爲演說. 秉憲大聲呼曰, 韓人及日人, 皆聽吾言. 日本勒奪我大韓, 又督捧其地稅. 故吾爲文廣告, 又不給稅, 以此毆我而致此辱. 聞者莫不驚歎. 及解放, 縛秉憲, 納立木函中鎖板, 問曰, 日本民耶, 李王民耶. 秉憲曰, 吾李氏民, 何可爲夷狄民乎. 倭卒十餘人, 將二條鐵鉤, 入口之兩咱, 回後緊執之, 若將施刑者, 遂削其髮解送, 此蓋令人轉撓, 不得不有其傷損者也. 見放, 卽書于裁判官曰, 吾以何罪, 滯囚月餘, 今又削髮. 判事題一絶句與之曰, 此違法人, 誰知爲國君一大節, 白髮雖勒削, 丹心莫能奪. 又聞星州呂氏, 自出財爲日本作憲兵廳, 乃爲書責之. 壬子十一月, 大邱檢事局召謂曰, 呂哥一門, 皆均被皇恩, 有此義務, 極爲嘉尙, 公何爲書反對. 秉憲曰, 以韓人而何可作室以給讎賊. 裁判長曰, 劉學士實朝鮮忠義之人, 然禁錮不可以免, 因囚之. 秉憲在獄中發病, 經旬苦劇, 膝行匍匐. 典獄官, 將日本醫藥而進. 秉憲大叱曰, 寧死, 夷狄之藥, 安可服也, 遂却之. 甲寅春, 總督府書記山陰, 以寺內專委來問. 秉憲曰, 寺內與我仇讎, 殺我無怪, 問我何故. 山陰瞿然而出懷中詩一首, 略曰, 春風春雨能開花, 春雨春風亦散花. 昨日知音今日仇, 人間萬事恰如花. 秉憲亦和之曰, 夏竹夏松皆世情, 冬松冬竹有誰知. 一天日一吾王日, 滄海椎聲亦不遲. 始自癸丑, 雜種稅金及雜役皆蠲之, 地稅每欲執行而去, 秉憲至今大叱不給云.

李喆榮

李喆榮, 字季衡, 號醒庵, 慶州人, 草廬先生惟泰九世孫. 太皇丁卯, 生于公州之中洞, 後, 徙居扶餘唐里. 爲人莊重, 勵志篤學. 嘗見賊勢漸熾, 心甚憤惋, 以爲士之於斯世, 旣不能出力作氣, 以追敵愾之義, 則只以朱夫子所云, 含冤忍痛迫不得已八字, 刻在肚裏, 以自靖而已. 至己酉, 誓不入籍, 爲書投日本政府, 以示罔僕之義, 因數其罪略曰,夫丙子議約者, 彼此欲保和親, 以期永久相安, 而甲申, 竹添進一郎劫遷我聖上, 殺戮我宰相. 甲午, 大鳥圭介掠我宮闕, 毁我典章. 乙未, 三浦梧樓弑我國母. 乙巳, 博文權助好道等, 率兵犯闕, 勒構條約, 實千古所無之變云云. 書送于扶餘駐在所. 居無何, 分遣所桑原良器以下六七輩, 出來查問. 因逮囚扶邑一宿, 翌日, 押移于鴻山警察署. 署長片綱島殿問曰, 公爲書日本政府, 是何意. 喆榮曰, 爾稱以保護, 侵横獨甚. 夫所謂開化, 實出於西洋, 爾國之受開化於英國也, 英奪日本之政府乎. 罷國兵乎. 撤城郭乎. 劫遷爾之君主乎. 殺害爾之王妃乎. 英不行此等事於日本, 而爾何以行此於我國乎. 彼曰, 從浮沈裁用. 喆榮曰, 爾國之弑君開化, 殺父代立, 亦浮沈之道乎. 彼大怒, 口急不能言, 拔劍欲刺. 喆榮曰, 我之所言者, 萬古大義, 爾之所恃, 一片兵刃, 不過殺吾身而已, 焉能殺吾之義乎. 彼略降辭色, 乃曰, 善言而止. 拘二日, 始得放. 後二日, 倭巡查西森儀復招致, 欲勒捧戶籍. 喆榮張目叱之曰, 寧死爲朝鮮鬼, 不欲生爲日本民. 彼曰, 爾以細民, 敢拒政府乃爾乎. 將大椎, 毆打甚毒, 以足蹴而黜之. 後, 又有鴻山狀招, 爲二書持往. 一與日本政府, 一與片綱島殿. 喩之以逆順之理而曰, 今天下紛紛, 尙武而視文德蔑如也. 棄仁義而趨功利是急焉. 終必至於綱常之道滅絶, 而人將相食矣. 某爲是之懼. 曩出一言者, 其意竊欲興復我宗社, 而復修我先王政敎, 使綱常之道復明, 而爲國家祈天永命之基, 爲斯民轉禍爲福之地. 然後推此道以及於天下, 使天下之同出於父子君臣夫婦長幼朋友之性者, 知其性分之所固有, 而盡其職分之所當爲, 則天下戰鬪自休, 而萬國之兵甲, 可藏之庫矣. 天下謙讓成風, 而萬國之訟獄自無所起矣. 是卽平天下之大道, 而某之所拳拳於今日者也. 然而拘於時運, 迫於氣數, 則某亦無奈何於世矣. 只欲自靖其身, 而至於漏籍一款, 是亦自靖之一端, 雖以此靡骨爛肉, 素志不可變云云. 彼乃强欲編籍, 而不得曰, 此有不應律, 納贖免刑何如. 喆榮曰, 我雖積錢如山, 豈納財免刑者哉. 且我是我國臣民, 爾之刑政, 於我何哉. 彼持杖亂打, 而冠帶則終不能脫. 庚戌九月, 大隊長巡到扶邑. 押喆榮而至, 乃客舍殿庭, 而殿牌室已爲犬羊之所矣. 喆榮不覺悲憤, 遂北向痛哭. 彼曰, 何爲痛哭. 喆榮曰, 此我國宗社之所, 而今顚覆爾手, 寧不悲哉. 彼脅止之, 强升堂. 喆榮曰, 殿牌所奉, 義不敢, 遂不上. 因言之曰, 爾國已自求和之初, 招納叛亡, 以成今日之謀, 此天人所共知也. 爾闇以讓與之說, 欲掩得天下之耳目哉. 率其子弟, 攻其父母, 未有能濟者也. 彼知不可屈, 書示夷齊採薇而送之. 甲寅九月, 又被執, 十一月, 乃見放. 前後問答者凡十九, 其第四, 警務部長細井愛, 親自公州來問曰, 爾是李某乎. 喆榮曰, 爾誰也. 彼厲聲曰, 敢唐突不恭若是, 能不畏刑乎. 曰, 以義言, 則爾是我讎, 以尊卑言, 則我華而爾夷, 有何不恭. 彼曰, 爾不應編籍, 乃不事二君之義也. 古夷齊殷亡, 餓死首陽, 爾何不死之. 曰, 漢之蘇中郎, 拘北海而不死. 宋之金仁山, 隱金華而不死. 我國之金淸陰, 幽瀋陽六年而生還. 尙論者, 不以不死, 而異視於夷齊. 今我之不入民籍, 不揷倭旗, 不應雜役, 冠儒服儒, 講學以自守者, 非有他也, 以爲效金仁山拗過之道而已. 其在獄中, 常着廣袖衣, 端坐冷窖, 始終如一日. 囚徒, 犯殺人强盜者, 絶不與語, 他輕犯者, 則警戒甚懇. 初聞之者, 皆鼻笑, 後漸感服. 倭人, 亦稱兩班, 或稱先生以尊之. 時, 補助員朴昌淳, 讀小說春香傳, 謂喆榮曰, 春香不更二夫, 似先生之不事二君矣. 及解釋, 分隊長謂人曰, 李某眞天下第一等男子. 戊午七月, 又被一夜之囚. 有詩曰, 三入扶風獄, 死生任彼天. 險夷宜一節, 從我所當然.

翌日, 見釋.

《扶風獄日記》

醒庵追輓相望何渺綿, 湖嶺此深峭. 淸面曾無分, 丹心共有照. 壽非終大年, 義乃炳雙曜. 西來秋色高, 遠客發長嘯.

《騎驢子》

申泰學

申泰學, 字士文, 號活堂, 平山人, 壯節公崇謙后. 自春川移居于聞慶, 今居忠州之月谷. 泰學, 自庚戌來, 不入籍不應役, 至是大召龍湖二院所長, 召詰問. 泰學曰, 吾韓民, 何可入日籍. 日人怒以毆之. 泰學罵曰, 汝以勒辱無比, 今又欲迫逐之, 吾無所歸, 其歸不過黃泉地府而已. 繼而詩曰, 中華疆土三千里, 大道綱常五百年, 窮達榮枯皆分外, 問渠何處是黃泉. 又曰, 雙明日月暮, 痛哭祕閒踪, 金剛峯崒屼, 是我九龍山. 其不應夷役誓曰, 顧皮膚骨毛, 皆李氏雨露, 吾豈忍忘韓, 屬讎以役乎. 切愧胡越之鷰雁東西之鷗鶿有二名也. 朴毅堂門人, 爲人魁梧, 人言不見毅堂, 見此活堂.

朴永哲

朴永哲者, 密陽人也. 自號藍溪, 自公州之水村, 僑居于藍浦郡深洞里. 太皇朝, 中成均進士, 尋調監察, 素以寒族, 其業乃農商也. 以故無卓卓名, 而平居不過一散人也. 性度截直, 氣宇峻豪, 不隨俗而低昂. 故與世寡合. 國家自丙子通商來, 以至庚戌之變而極矣. 于斯時也, 永哲憤不自勝, 貽長書於日本政府及所謂統監府, 嚴辭切責, 以明華夷之不可紊人獸之不可混. 一書無答, 至于再書. 又無答, 至于三, 滿幅長辭, 莫非我華而彼夷, 我人而彼獸. 彼乃大忤, 押去于統監府, 因以執送日本, 前後始末, 觀彼之所謂大橋常問答可詳矣. 彼乃義而歸之, 使之閒處, 安其業焉. 永哲還家, 尙有其氣, 按住不得, 又爲長書, 切責其大官桂太郎及本郡住在所, 甚於前書. 又作罵賊詩十餘首, 以警國人. 自本郡駐在所, 執拘于獄, 百端惡刑, 遍身苦楚. 永哲辭氣益烈, 小不挫擾. 時, 冬日之栗冽也, 不勝楚毒, 氣絶而仆, 彼謂死也. 卽卷以簀, 置雪窟上, 久乃復甦, 賊知其不死, 復拘留於獄, 使不見天日, 雖蘇中郎之雪窖洪忠定之冷山, 無以過也. 如是數月, 無一分餘氣, 而猶罵不絶口. 彼知其不能服, 遂釋之, 未幾死.

金濟煥

金濟煥, 字文道, 號素堂, 金海人也. 系出首露王子金官, 至本朝, 有克一, 親喪廬墓, 孝感猛獸, 薦除南臺持平, 不仕, 私諡節孝. 與濯纓馹孫曾孫三足堂大有, 世稱金氏三賢, 濟煥卽大有之后也. 父榮泰, 始居清州梨亭. 太皇丁卯生, 少業功令, 旣而潛心於性理之書, 以韓南塘元震爲宗, 深斥人物性混同之論, 常誦無學問而有氣節者, 爲一節之士, 有學問而無氣節者, 爲僞學之句曰, 吾以草野韋布, 未嘗出而爲擔當世道. 然此塘翁不易之論也. 今華脈聖緒存亡之秋, 一不可偏廢, 常自服膺, 以爲互勉兩進之資. 所以自庚戌變後, 闔家義不入奴籍. 癸丑春, 奴知而詰之. 濟煥曰, 勝國之時, 亦有不朝峴杜門洞, 吾之所以不入籍者, 欲竊附此義也. 奴曰, 當身之節, 乃如此, 則合併時, 何不死. 曰, 昔, 胡元滅宋, 計戶口, 山澤溪峒之民, 多不與焉. 若以此處我, 則吾當山樵水漁, 以終餘年, 必欲勒入, 有死而已. 居數日, 見奴爾汝, 大罵曰, 吾非爾民, 爾胡爾汝我乎. 奴以爲違反保安, 乃囚于獄. 於是, 濟煥以死自靖, 遂絶食幾垂絶, 奴將米飮鷄卵牛乳等, 以機入肛門及口吻. 至月餘, 如是者六七, 竟不死. 又禁錮一箇月, 及見放, 嘗有新報, 擬以伯夷叔齊. 濟煥猶仍舊不應役不徵稅, 奴量地, 又罵而逐之, 慶節皆建旗, 人之生死, 俱有報, 而濟煥竝不爲, 至於養蠶墓籍, 一切違反, 遂與徒弟, 論學講義, 歲會一再, 時, 以義理主人稱之, 以此積忤於奴. 丙辰, 賊又捕之, 薙其髮, 又笞四十而放. 又有新報以爲頑迷不靈. 及阪, 告家廟, 以永訣, 狀父行成女昏, 命築室于先兆下, 以爲畢命之所. 投書總督曰, 我死, 當爲霹靂大丸, 使汝種無遺類. 又戒其子奎憲曰, 日奴, 君父之讎也, 汝能忘其讎而聽彼所爲, 則將爲天地間不容底罪人. 又以書勉門生曰, 鐵心石腸, 不爐惟玉. 遂不復飮食, 日與金善弘申泰永申學錫, 討論經禮. 又大書壁上以成仁取義聖賢至訓壁立萬仞吾道有光十六字. 至十月五日, 遂卒於山舍. 濟煥身體短少, 肌膚玉雪, 性剛毅, 又恬淡物欲. 篤孝, 父病血指. 晩得二男, 皆夭折, 子奎憲, 是成煥出也. 先是, 在獄中有詩曰, 吾東舊俗亦夷人, 逮自本朝文物新, 萬里車書小中華, 百年雨露太平春, 諸賢克闡孔朱學, 列聖相傳堯舜仁, 生晩未逢如此日, 含冤將作死囚神.
弟成煥, 字舜韶, 號定堂, 濟煥逮拘, 成煥自外入警署曰, 此義吾與兄無異, 請竝勘. 奴出示合併時詔曰, 今不奉承此詔, 汝非獨日本賊, 於汝帝亦得罪也. 成煥曰, 此非吾皇本意, 何以奉承. 奴乃怒, 以批頰. 成煥罵奴以亂臣賊子曰, 速殺我. 乃被逮, 與其兄共禍. 濟煥死, 其日用動靜, 一如其兄時. 又見逮至奴所, 以書數奴罪, 奪奴釼, 欲自刎, 奴大驚, 救而送之.

金善弘, 字穉遠, 濟煥族親, 卞榮寅, 字敬賓, 草溪人, 申泰求, 字允宗, 高靈人, 朴時陽, 字時中, 潘南人, 李鍾萬, 字敬憲, 全義人, 申學錫, 字悅鄕, 鵝州人, 李明求, 字德峻, 韓山人, 皆其門生也. 濟煥被逮, 迭相往來不絶, 與奴問詰, 皆一辭抗厲, 小不回互. 奴目之以排日黨, 或拘留, 或毆打, 多至裂破冠裳, 瘡浮頭面, 其厄困無比. 又不使教授後進, 鍾萬見奴, 奮拳大罵曰, 爾旣弑我國母, 滅我宗國, 又使我不得相聚講學, 含冤忍痛迫不得已八字, 何可須臾忘哉.

張基錫

張基錫, 字震汝, 玉山人也. 夰翁鳳翰后, 哲廟庚申, 生于星州執谷里. 早孤家貧, 不學書力穡. 及受室, 妻緇纑躬耕稼, 秤薪而燃, 數米而炊, 寸積銖累, 果至起庄. 日, 夫人朴氏謂基錫曰, 今吾所致, 縱非大有, 苟勤力可饘粥, 視前日其不富乎. 且吾家自世業儒, 君以家貧, 不讀書, 不亦愧乎. 自後大小冗務, 吾自幹焉, 君其學書. 時, 基錫年三十八. 始讀書, 三年不出戶庭, 晝夜矻矻, 片刻不敢休也. 呂氏聖謙, 基錫表弟也, 日拜之. 朴氏餽魚酒曰, 此村秀歲餽, 君子不過學三年而得此餽, 其學足以受此否. 有客苟識字益君子者, 必有酒款待, 無釀雖沽之, 必飮之也. 不幾年, 遂成佳士, 遠近皆以別人目之. 然其誠力, 謂朴氏居多也. 日, 有邑隷持書來曰, 某日卽明治皇帝天長節也. 此郡守以宴會通知, 其日不可不早自來會. 基錫曰, 日本帝慶節, 吾何與焉. 遂題其紙曰, 頭可斷也, 足不可移. 郡守囑警署, 送巡查五六人, 督星火. 基錫曰, 吾無可往, 且明日吾女于歸, 吾不在, 無以送女, 出酒飮之. 巡查迺擧盃擲地曰, 吾來爲捉, 不爲飮. 基錫大怒曰, 飮食何罪, 將木枕大擊之. 諸漢者大驚, 遂縛之而去. 署長, 手解縛, 坐卓上, 恒言必稱先生以尊之. 乃謂曰, 今已合邦, 不必如是. 惟先生有願, 第言之. 基錫曰, 吾無願, 苟有願, 果能聽之乎. 吾所願, 則乃爾輩盡歸, 復我舊韓. 不然, 吾有死, 不見汝輩, 是吾願. 署長恐其死, 押而送大邱. 基錫至多夫院, 呼店酒曰, 今死去, 不可無訣盃, 引一大白痛飮. 自後不復口一粒. 達警署聞之, 大驚, 欲飮食之, 基錫含口不食. 至十餘日, 幾垂絶不省. 署長以器械開其口而飮之, 基錫知之, 噴其口飮,擧飮器擊署長, 署長驚走. 不食者, 凡二十四日, 竟死于獄中. 及收屍, 見齒根折摺, 哭有血淚, 眼眶尙未乾. 有一人, 治喪送本家而去. 此人姓金氏, 居安東金溪里, 乃鶴峯先生后云. 臨行, 城中士女弔者, 數萬人.

張秉晦

張秉晦者, 居全南求禮郡, 巫人也. 小名學而. 年十九, 秉晦自山負薪而歸曰, 明當讀書, 更不負薪. 翊日, 往里塾請業, 皆以爲賤人, 不欲其學. 又往他塾, 亦如之, 學不可得. 秉晦曰, 吾遠去, 人必不知吾之無地. 因遊學域內, 積十年, 遂成儒. 及歸, 使其妻不復爲巫祝事. 又錫字, 每呼必字之, 恒居相對如賓. 家後築小屋, 日處其中, 讀書不撤. 鄕人士多造問學, 皆敬畏之. 日, 其妻不爲炊曰, 腹飢必爲巫謀生, 終日不進食. 秉晦讀書自若, 不一言其飢. 妻悔而歎曰, 吾不知人, 妄爲此擧, 復進食如初. 若隣里爭競, 其家有失和, 秉晦着袍往其家曰, 宅下如是, 小人輩何所學爲, 因悲泣淚下如雨. 自是秉晦所居, 人無敢爭之者. 有同類或送子求學, 秉晦不敎其書, 先敎其坐立法. 使來者跪坐, 而不撓頭顧瞻, 步立而不扎擧足跛倚. 不如是者, 皆不敎而送. 天旱灌水, 則雖田在洑頭, 先人田而後己. 自庚戌變後, 不入籍及稅役, 日人所爲, 一切不應. 日賊捉囚獄詰問, 秉晦一抗不屈, 言甚慨切.

行路常閉目如瞽者. 或問之則曰, 吾不欲觀日賊也. 見髡頭而着黑衣者, 無尊卑貴賤, 皆爾汝之. 其人怒曰, 焉敢. 秉晦曰, 汝虜奴, 吾安得不爾也. 日人恐妨治安, 遠竄絶島焉. 秉晦其學也, 嘗師艮齋田公愚云.

宋秉珣

宋秉珣, 字東玉, 號心石齋, 淵齋弟也. 公生于憲宗己亥四月十日, 初母貞夫人李氏, 夢神龜而生, 形容端正, 氣骨秀嶷. 十七丁參判公憂, 持制盡禮, 三月啜粥, 三年不脫絰帶. 戊子, 以道剡拜義禁府都事, 不就. 乙巳 十一月, 聞五約成, 乃痛哭曰, 凡我臣庶, 誓不與此賊共戴天日. 作聲討文, 輪告八道. 丁未, 聞太皇內禪, 乃飮泣太息曰, 後日叵測之禍, 又必其伏在地頭矣. 乙未大變之後, 已知有今日之變, 而自古夷狄之亡人國, 何嘗無之, 未有若今日之甚者. 由是國亡, 道亦亡矣, 此豈非吾輩之所守死善道之秋乎. 書銀山鐵壁不燼惟玉八字, 揭諸壁以矢之. 庚戌, 聞合邦, 義不欲生, 將飮毒自盡. 家人衛護不已, 竟不得. 又扶杖而往西巖上, 北望痛哭, 將欲投身自殺, 又門人金容鎬救而歸. 自是家人, 恐不離側. 由是公杜門自靖, 未嘗一步出門外. 作詩以寫懷曰, 徒抱千秋堤上意, 中宵繞壁涕流長. 文山舊跡誰能識, 不下樓傳萬古聲. 十二月, 自警署有公函曰, 今恩賜金, 自上至署, 亟來受去. 公乃不往, 日憲兵來詰, 公以非義, 斥之甚嚴. 明日, 又來脅曰, 欲不受, 當往警署不受. 公厲聲曰, 吾身可辱, 吾志不可奪. 彼將欲辱之, 子曾憲, 乃往至, 署長曰, 公之老親, 不量時勢, 終持頑固, 徒勞無益, 愼勿至梗. 曾憲曰, 不受他金, 是吾家傳法. 署長曰, 爾卽癡氓, 將貨標授之. 曾憲拒之曰, 無父命. 竟不受而歸. 自是之後, 被脅往署者凡六, 而益爲甚. 辛亥三月, 陽山分隊所, 日兵又來詰, 公又却之. 所長又來, 公嚴辭却之曰, 爾可剖吾腹入, 吾不可自手受之. 將手板推擲, 日酋退而坐曰, 如欲不受, 可以此而救洞瘼. 公叱曰, 苟救洞瘼, 當以吾金, 焉用爾貨爲也. 遂入內. 時族人在命在座, 暗引通辯曰, 雖百千之, 公必不受. 且小主人不在, 吾受此金, 待小主人還之. 日酋受在命章, 授其貨而去. 公出而聞之, 欲推覓還投, 在命已逃去矣. 是日, 曾憲卽馳還, 有藥器在堂, 問之, 公曰, 轉聞彼邊消息, 慮有罔測, 故預置此物. 曾憲大驚, 推跟在命, 而竟不得. 壬子正月, 公聞有經學院講師職帖之報, 乃曰, 此吾地盡頭, 何山非西山, 何水非東海. 十四日, 面長來曰, 今有講師職帖來到永同郡守, 方欲傳致. 公正色曰, 國亡身存, 竟受此辱. 二十九日, 公葬安人李氏. 二月丙申, 公曉起, 行安人卒哭, 入內, 命家人促飯, 彷徨庭除, 旋入內堂, 默然危坐. 良久還出硏經齋, 召賓客士友曰, 諸君離家旣久, 近日吾且困憊, 各自散去. 時哲憲·正憲, 亦哭墓而去. 於是公正衣冠, 對窓端坐. 少頃哲憲等自墓而還, 則公所着上衣, 精摺置傍, 網巾亦捲掛壁上, 跣右足, 袒左袂, 露臂正席, 西首而臥, 有若就寢. 於是家人大驚, 號呼不已, 終無一語. 唯間, 只出痰聲, 間間吐痰, 都無痛聲, 脈候如常, 但有太息聲者凡三. 於是族親門生咸集, 審視之, 河豚卵頹封, 在衾中裹, 阿片紙, 揷置筆甲, 親寫自誓銘, 亦在其側曰, 小華舊邦, 大明遺民. 茫茫宇內, 莫容一身. 仰西山頂, 望東海濱. 自有我師, 死了可遵. 戌時, 竟卒于活山精舍. 翊日, 陽山日憲來搜文蹟圖家屋, 捉廊僕及里長而去. 翊日, 押收計車, 捉去門人朴斑九. 再明日, 成服, 又捉去主喪曾憲. 兵隊長又來, 細問其平日學問幷合邦後恩金職帖不受之實, 報總督府曰, 昔伯夷叔齊, 隱於首陽山, 採薇而死, 今節死人, 必事於此. 三月, 葬于錦山郡靑鶴洞酉坐原, 時門人持服者數百人, 遠近士友操文赴哭者甚衆. 及發靷, 輿臺走卒皆來集曰, 今日葬事, 不爲擔夫則爲恨. 爭自擔輿, 惟恐不及. 後文集十五冊, 行于世.

李承七

李承七, 字斗卿, 全州人, 德陽君岐十二世孫. 父慶州營將之鉉, 自洛師, 移居于報恩之泉谷里. 憲廟庚戌生, 頭南北出而東西陜, 爲人凝重罕言語, 坐則必常處, 終日如植不傾側. 丁卯, 出身武科, 庚午, 除主簿, 庚辰, 調京畿桃源道察訪, 壬午, 移慶尙松羅道察訪, 丙戌, 陞司憲府監察, 所至皆有聲績. 庚戌七月, 聞變, 以死自靖, 服鴉片, 幾垂絶焉, 爲家人所捄, 竟不死. 壬子, 日本帝明治之喪, 倉里分派所長, 會鮮人數百于沙坪, 欲演說以服之, 皆默然無語, 秖觀其操縱而已, 獨承七前曰, 我太皇父子在矣, 何以服日本帝也. 雖死不服, 以此告統監府, 速殺吾不服之罪也. 日人曰, 愼勿爾, 歸家深思, 以免罪爲圖,遂誘而送之. 翊日, 又召問曰, 思之何以. 承七一抗對, 少無屈色, 日人曰, 不服死, 服生, 能不畏死乎. 頗恐喝甚. 承七歸曰, 吾家璇班, 有異餘人, 豈可身被髴服, 受人深恥, 寧死不見辱. 詰朝, 欺而謂家人曰, 吾有事淸州, 可數日還家. 和道衣而去. 夫鳳凰亭者, 在北半槐地, 有山㞳斷壁立千仞, 其下又有不測蒼淵, 人望之, 自不覺目暈神懼之所也. 承七乃行, 至其上, 北向四拜, 遂墮下而死. 鳳凰里金龍熙李萬壽二人見之, 急入水求屍而出, 時, 正壬子六月二十六日也. 後, 家人偶閱其平日所手卷, 得二句遺書, 其略曰, 身被髴服, 萬代羞恥, 寧爲隕首, 不作夷狄.

金燾鉉

金燾鉉, 字鳴玉, 金海人, 居英陽小靑, 慷慨有氣節. 丙申, 倡義兵, 累遭摧敗, 危險而不挫. 乙巳庚戌間, 憤不顧身, 每欲有爲, 而有九十老親, 不得行其志, 常鬱悒. 乙卯, 遭父喪, 旣卒哭, 遂步至東海上, 賦詩曰, 我生五百末, 赤血滿腔腸, 中間十九載, 鬚髮老秋霜, 國亡淚未已, 親歿痛更長, 獨立故山碧, 百計無一方, 欲觀萬里海, 七日當復陽, 白白千丈水, 足吾一身藏. 坐海濱盤陀石, 使傍人浪誦一過, 脫衰服, 置石上, 持苴杖赴水. 時, 海波洶湧, 朝日方出. 燾鉉步水上, 至眼窮處, 不知所終. 有紫虹橫亘石上入海中, 半日不滅. 號碧山, 其日卽冬至日時也, 哲廟丙辰生.

全州 柳寅植

金聲振

金聲振, 字鳴玉, 宣城人. 柏巖先生玏后, 世居榮州之東浦. 哲廟丙辰生, 嘗慷慨有鬱拂懷, 性嗜酒, 飮必期醉, 醉則與田甿里傖, 共顚倒淋漓, 有古高陽之風. 太皇壬寅, 除惠民院主事. 庚戌七月, 聲振聞變, 卽裂去衣裳, 西向痛哭, 以死自靖, 絶粒者數日. 母夫人權氏曰, 汝死吾獨生何爲, 亦不食. 聲振復飮食曰, 今吾雖不死, 天日不可以見. 着黃冠, 以罪廢自居, 人壯之, 多以詩贈焉. 壬子, 丁母夫人憂, 癸丑, 入西間, 有止之者不果. 及制闋, 又欲自裁, 而子道鉉遠遊不返. 翌年乙卯, 迺曰, 前日以親在而不死, 今日待兒還而不死, 吾死無日矣. 作自挽詩一首, 以示志, 因絶食. 詩曰, 不忠不孝金鳴玉, 一命緣何此世遲. 草土三年親事重, 江湖千里子行遲. 縱橫楚市黃冠弊, 慷慨吳門白日遲. 絲穀終身非我志, 諸公追去奈何遲. 郡守張潤圭及憲兵分隊長, 帶醫人來, 諭以不死. 聲振曰, 吾志已決, 更不言. 醫人又前而診焉, 聲振曰, 死者自若, 何困侵爾也, 大叱却之. 命侍者沐浴, 負人而出, 北向四拜, 至二月二十一日, 吐一塊血, 握雙拳而死. 聲振少也, 家貧不讀書, 而有才調善賦詩, 號於野翁.

或曰, 聲振曾無吾君異數之恩, 又無平日可觀之行, 其義無可死而死, 不其浪乎. 孔子曰, 朝聞道, 夕死可矣. 初, 聲振聞變痛哭, 因以欲自裁, 以親在而不果, 及制闋, 乃從容就死, 此誠聞其義而夕可者也, 烏可以浪論也. 於乎, 凡爲吾東血氣之倫者, 尙忍道庚七變哉. 無貴賤男女而皆忿惋不欲生之秋也, 奚暇以其恩其行之有無而爲之死生哉. 世之浪聲振死者, 觀其平日, 或有賢, 而及其死也, 忽焉無聞, 不過與蚊蜆同歸. 聲振雖百世之後, 過東浦之濱者, 必指點而歎金某罔僕而死也. 苟浪也, 雖死之日而不可得, 況百世之久乎.

張在學

張在學, 字道三, 號止山, 結城人. 艮齋田公愚門人, 居忠南燕岐郡. 庚戌變後, 在學與其弟在圭不入籍, 面吏, 自書納之, 在學, 取而裂去. 日人, 怒押在學兄弟二人詰之. 在學曰, 吾乃大韓遺民, 何可入日籍. 居數日, 放在圭還家, 押在學囚京警署獄, 以公文毁破, 處監禁一年. 日人進飮食, 皆叱却之, 朝夕但喫松屑而已, 離家時, 蓋以一橐備去者也. 賊勒薙頭髮, 在學大憤, 遂以係頸垂絶, 日人救之, 竟不死. 自是, 監禁甚嚴, 雖欲死不得, 乃擧瓷碗, 擊日人, 亟取瓷片廉利者二, 遂呑之, 氣絶不省. 學部大恐, 以器械探喉中, 取出. 在學吐數升血, 乃蘇. 及松屑旣乏, 仍閉口不食, 日人庸器械强開口以灌, 京中人士聞之, 各自出金託館主, 以進食者爲一年. 始得釋, 人爭自迎慰, 或有執手流涕者. 有一人, 見其骨立, 舁置其家, 將理數月, 乃還之. 丙辰冬, 又將在學兄弟, 一置南海之金島, 一置莞島. 及行, 押致在學之子和鎭, 誘之曰, 爾父今不籍稅而有此放, 爾遂謹身安業, 無違法禁. 和鎭大罵曰, 置其父於死地, 勸其子以安業, 是何道理, 言無倫脊, 夷狄難免. 日人瞠目相視, 以爲狂人而遣之. 先是, 其父拘在京獄, 和鎭與其叔父在圭, 亦不籍稅, 凡彼之所爲, 一切違反, 日巡查欲捉去, 和鎭堅坐不動曰, 寧斷我頭, 吾不可行. 巡查結縛擔舁而去, 詰問之. 和鎭曰, 吾李氏民, 何可籍稅於讎賊乎. 彼怒曰, 此亂民. 欲施重律, 將刑具以威脅, 和鎭少無屈色. 彼乃回嗔, 作喜曰, 爾若聽, 吾當薦美官, 因之獄. 和鎭曰, 吾不怖死, 亦不願仕, 終不服. 時, 和鎭年十八.

朴武祚

公諱武祚, 字聖彦, 無號其號也. 哲廟己未二月二十九日生. 及庚戌社屋, 遂北望痛哭, 因漏籍辟穀, 挈妻孥, 東接西寓. 是年, 自花山轉至宣城之溫惠. 動止有常, 言語愼重, 人不能窺其淺深. 是以, 遠近章甫, 多來訪焉. 甲寅, 又漂流至關東之越中. 丁巳, 隱跡于豐基之泉田. 一日語其家人曰, 吾將爲故土行, 一拜先隴, 兼問諸弟與諸族, 而其歸之未知在何時. 家人實莫知其何所指而言矣. 留羅湖幾日, 略述所懷語, 密付其弟應祚, 因從容作別而行. 至延日郡牛目里, 訪金振宇, 留宿. 翌日臨別, 以爲天下帝秦, 百計之無過蹈海一事, 今行卽是矣. 至海上, 有岩壁立, 大書與其事讎而生不若蹈海而死朝鮮逸民朴能一十九字, 而因投身. 彼凶濤惡浪, 不敢搖其體魄, 正冠危坐而逝, 七月二十日午時也. 振宇歛而瘞之, 詩以輓之, 直通于豐基本家. 路遠中滯, 至臘月晦日, 始得聞. 翌年正月十七日, 返葬于枝谷卯坐原.

李氏夫人

李氏夫人, 原州邊弼煥婦也, 居結城郡鰲川板門里. 李氏寡居貧窮, 無以爲生, 晝以自鋤, 夜以舂績. 庚戌變後, 日人恤四窮以金, 衆皆欣欣, 李氏獨揮却不受. 謂里長曰, 如有錄吾者, 吾其死矣, 國土皆可取, 吾心不可奪. 弼煥卽宣廟名臣良傑之后也.

金福漢見聞錄

金氏婦人

金氏婦人, 嫁於鴻山趙某, 是參奉秉膺子婦. 趙某出而剃髮變服, 入其室, 婦人起立直視曰, 是何人, 斯入於我室, 棄先王之法服, 是亂臣也. 毁父母之遺體, 是賊子也. 吾不忍爲亂臣賊子之妻也. 夜作國文遺書一道, 藏之籠, 遂自刎而死, 時年十六. 丙子斥和名賢醒翁德誠之後裔也.

每日申報

曺氏婦人

曺氏婦人者, 咸陽士人鄭淳哲之妻, 宜寧曺在學之女也. 鄭之族, 豪當貴者, 皆受新學毁形. 鄭一日侍食於父祖曰, 吾家貧窮, 賴諸族爲命, 諸族緇削, 勸兒從己, 以生道言之, 勢不得已何如. 父祖不能禁, 但曰, 汝自量爲. 曺氏從傍竊聽, 俟飯畢, 進曰, 妾家父母, 擇君爲壻者, 以君先正後裔, 宜有法守. 聽子言行, 將爲僧, 妾聞僧無妻子, 妾能自裁. 至於一塊兒, 是君所生, 君自殺爲. 因抱兒擲地, 起身索刀, 鄭驚謝挽止, 誓不緇削. 人稱曺氏爲貞婦, 鄭乃一蠹先生汝昌后.

潭陽 田愚

白成欽

白成欽者, 水原人, 東溪公光城十世孫, 濟洲判官基虎子, 居全南長興郡堂谷, 憲廟癸卯生. 爲人長大, 年八十, 顔貌如少年, 事親孝, 二養俱至. 先是判官公, 老而鰥, 見隣里有處子, 常言之, 成欽知其意, 恐女家以年老不聽, 往女家, 遂席稿以得成. 又喜施, 嘗於累代先塋及八賢院所, 皆裂土以助祭奠. 又裂土與族親曰, 無論親疏, 稧而用婚嫁, 輔其不足. 前後土地, 可百餘斗落也. 太皇朝, 出身武科, 官至宣傳. 庚戌之變, 欲自裁, 爲其子所救, 竟不死. 常欲以死報國, 恨無其地. 戊午冬, 聞太皇大行, 其哀如喪考妣, 失聲哭數日而死, 人以爲忠孝兼全. 有二男, 永昇·永晙, 皆武科.

柳臣榮

柳臣榮, 字敬夫, 號霞隱, 豐山人, 庚戌殉節道發子. 自安東之河回, 累遷厥居, 至報恩佛目里居焉. 哲廟癸丑 生, 爲人豪爽善飮酒, 又能詩. 戊午冬十二月, 逆臣尹德榮·韓相鶴·李完用等, 毒弑太皇, 臣榮聞之, 憤不欲生, 見李參奉仁善, 言其志, 欲赴因山, 仁善語公之子宗默, 苦諫不果. 作祭文, 使宗默上京路奠, 遂仰藥而死, 實己未二月二日也. 化寧吳錫燾·李晩護·李中夔三人, 往收屍, 見飮藥恐吐之, 以雙指扼吭, 瓜甲幾相透. 以官憲調査不治喪, 凡八九日, 神色如常, 皆異之. 其遺書曰, 庚戌之變, 先君絶食殉義, 當是時亦豈無同日歸待之心. 含忍至今日者, 尙吾君在上, 不意群賊弑我君上, 哀此東民, 痛隕何極. 吾年迫日索, 苟求生活, 有愧先人. 玆因山之日, 歸待先君於地下, 以報平生不孝之罪. 宗默在京, 見公夢, 卽日還家, 中路聞訃, 吐血一升, 臨屍亦如之. 平日公與同志姜樂馨·吳錫燾·李晩護·李中夔·諸人, 共酬唱, 有釆霞錄一冊.

金奇順

義士金奇順, 金海人也, 自少慷慨有氣節, 嘗曰丈夫於世, 不能有爲, 是虛生也. 及見時局變遷, 憤不自已, 往往杜門涕泣. 今二月二日, 我大行皇帝因山也. 公語友人曰, 吾嘗隱忍至此者, 惟以吾皇在也. 玆者弓劍旣遺, 無復可望矣. 是夜以刀刎頸不殊, 又復割腹, 家人驚赴救之, 已無及矣. 臨終語其兄曰, 吾所以至此者, 不過爲吾皇上一死而已. 所恨先考有出人之孝, 而旣不蒙旌表, 又不得當世賢人筆以傳後也. 時赤氣亘屋上, 終夜而盡, 見者異之, 乃本月五日也. 嗚呼我邦自時禍以來, 自卿士至韋布, 或殉社稷, 或殉君上, 皆烈烈可敎, 而若義士又其一, 則是豈非我聖朝屢百年培養禮義之致, 而人之彝性古今所同, 亦可見也. 然而或者疑其溝壑, 疑其傷勇, 是豈足以知義士之心哉. 夫義士之心, 以爲子無無父之子, 民無無君之民, 與其生而無君, 不若死而從君. 且吾忍終爲左袵之乎, 忍可而讎虜同居於覆載之間乎. 一則爲君父, 一則爲中華, 是皆出於斷斷至誠, 而非爲名也, 非作意也, 是可疑之於其間也哉. 義士字某, 二子曰理根, 陽根, 自其先, 居玉果縣云.

李晩煃

李晩煃, 字順則, 初名晩孝, 柳川其號也. 係出眞城, 居禮安之下溪里. 文純公退溪先生諱滉后, 退溪乃東方理學之宗也. 以大司成彙濬號復齋子, 出爲季父秋觀公彙澤后. 憲廟乙巳九月日, 晩煃生順興府蘭谷寓第. 幼有儁才, 及上學, 不督課而自致力不懈. 丙辰, 以親命, 治博士業, 太上丙寅, 參發解. 翊年春, 陪復齋公, 赴省試, 至長林驛, 復翁忽遘病不起, 輿櫬以返. 庚午, 宋淑人又下世, 時, 公在京奔還. 丙子, 遭秋觀公憂, 制関參通讀榜. 己卯, 中生員. 癸未, 擢明經甲科, 歷直長典籍持平. 時, 戚畹用事, 名器日淆, 公不樂立朝, 遂浩然皈鄕. 甲午, 特拜弘文館副校理兼東學敎授. 六月, 日兵犯闕, 典章文物, 盪然一變, 經幄論思之職, 無所效忱, 公慨然悲歎. 乙未, 讎賊弑皇后閔氏, 因脅上廢后. 公遂廢冠巾, 杜門屛處. 及皇后復位, 出縣班成服.

丙申, 除禮安郡守. 先是, 嶺湖倡義旅, 欲復讎, 賊請上遣兵毆之. 於是, 擧國騷擾, 群情拂鬱, 賊欲假公議以鎭之, 遂有是除也. 公卽上疏辭. 時, 朝臣呈疏之規已廢, 遂投書內部, 力辭乃已, 淸議蓋高之. 乙巳冬, 仲兄響山翁, 見所謂五條約, 卽入山自靖. 公亦杜門屛廢, 不以生人自居. 庚戌秋, 又有合邦之變. 公悲憤痛哭, 作詩以自誓曰, 紅日落崖山, 宋臣靡所處, 問天曷故焉, 邈邈竟無語, 遠逐九秋鴻, 高飛雲漢去. 又曰, 絶壑竇娘墜, 深江屈子沈, 彼皆見義確, 輕重細量斟, 隨處有江壑, 何曾異古今. 旣而響翁住靑邱峽中, 欲殉義以絶食. 公亟趨省之, 執手嗚咽曰, 吾兄竟爾乎, 弟亦當從之. 響翁止之曰, 君嗣續未立, 先祀無托, 君親雖一致, 不容無裁度. 公飮泣良久曰, 兄敎如此, 安敢直遂, 因强進飮食. 辛亥, 賊稱以優老, 頒金國內, 蓋以蒿矢我也. 公書以示之曰, 我大韓臣子, 此金不可受. 賊素知公爲名家秉義之人, 倍加操切, 脅之以兵. 公忿罵不得, 遂引刀自刺頸, 血流滿地, 氣息垂絶, 賊亦驚懼舍去. 戊午十二月, 太皇遽忽賓天, 訃聞, 公失聲大哭. 或疑所服. 公曰, 吾君之服, 吾何疑焉. 翊年三月, 强疾赴因山. 初, 賊呑取我韓, 恐列國議其後, 乃聲言以韓人自願合邦, 禁我人之外交者, 俾不得自暴於世. 至是, 因歐洲大戰之後, 有萬國平和會, 開佛蘭西巴里, 而其條例, 頗有葵邱載書之意. 於是, 我人構長書一通, 使金昌淑爲儒林代表, 辦暴國情, 而以郭俛宇鍾錫及公爲首. 公曰, 吾輩不能自力而匡復, 乃反乞憐于人, 固可愧. 然苟利國, 死且可避乎. 長書至巴里, 賊覺之, 幷逮書中人, 因迫公就星山獄. 公泰然以赴, 及就供, 據義直對, 聲氣俱厲. 庚申十二月五日卒, 享年七十六. 公性孝, 嘗事宋淑人, 多身代鼎臼. 及移天, 恭人韓氏, 嚚而不慈. 公一念洞屬, 惟志是順, 異味必袖進之, 廁牏必手滌之. 恭人思麥燔, 公燔而焚鬚. 人曰, 何自苦爾也. 公曰, 母命也, 豈可代人. 嘗哭賢配獨男於數朔之內, 必其腸若刃, 見恭人, 一無怨尤悲戚之色, 承順如平時. 甲辰, 恭人卒, 時, 公年六十, 身不脫絰帶, 朔望省墓, 嘗緣移居, 恨不能其常侍几筵, 奠朝夕, 必百拜. 中歲以來, 不復仕進者, 蓋亦不足以解憂故也. 是以人一辭以大舜曾閔擬之. 辛亥之刃, 尙項有瘢痕. 每歎曰, 志未克遂, 而徒傷遺體, 不全皈, 適足以重其罪也. 及登上庠, 請伯氏通德公應榜, 伯公乃不取, 人兩難之. 響翁年長三歲而共食, 公必反席, 遇家人子弟, 恩常掩威, 或有過失, 卽略示辭色, 旣降便春風, 立志一確, 所執苟是, 雖三軍而有不可奪者. 少業明經, 終身未嘗忘, 試擧一端, 如誦己言, 其聰明, 蓋如此. 公頭臚嚴正, 肩背竦直, 身長八尺, 疏眉炯眼, 坐如神龜, 立如瘦鶴, 揖讓周旋, 自中夏采, 衰衣竹帶, 翛然有韻致.

按忠孝, 是人之大節也. 爲人臣子, 而雖有一於此, 亦足爲天下第一等人物, 而況其兩兼者乎. 然此二者, 皆遭其不幸, 然後乃得之, 切觀臣子之遭不幸, 固無異, 而不慈不辰之所遭, 各不同. 故孝若舜閔而無稱於忠, 忠如顔文而不見於孝. 夫忠與孝, 彼四人者, 猶不能兩得, 惟公以義言之, 則丁時不辰, 爵祿之誘, 金幣之餌, 兵刃之迫, 縲紲之困, 交前錯後者, 無非令人以目暈神慄, 公能確然自守, 一不擾奪. 以孝言之, 則韓氏嚚而不慈, 哭賢配獨男於數朔之內, 大抵人情, 必刃其腸, 公不敢疾怨, 惟志是順, 孝養如平時. 於乎, 公之軀命, 可謂不幸太甚, 而公之孝義, 可謂兼於兩得也. 是以公所遭之不幸, 使餘人當之, 雖其一者, 而趑趄怵迫, 愴怳臆塞, 尠有不喪其所守. 公乃値此二難, 所履寀險, 所操寀確, 終始本末, 凜然雍然, 壁立萬仞, 求之古今, 亦更可有先生耶. 有其兄響山翁庚戌之變, 以文章直道, 又絶食殉節, 若公之兄弟, 可以與千載夷齊而實無愧也.

李來修

李來修, 字源伯, 號陽隱, 全州人也. 自庚戌之歲, 先考晦泉學純公却金殉國以後, 慨然以伸雪國讐爲己任, 遂取里案民籍而焚之者, 數次. 至癸丑七月, 公以此被拏于連山署. 敵曰, 爾焚民籍, 何也. 曰, 不欲爲爾國民也. 敵曰, 爾有冤枉, 則能不號訴我乎. 公曰, 吾寧滅死, 豈有號訴爾也, 旋卽放還. 居數月, 又被拏于大田署. 公罵賊不屈, 遂絶食飮. 逮至京獄, 猶不食者, 凡八日, 神氣自若. 溫陽人郭漢一, 亦以國事犯, 被執同囚, 勸强食以圖義擧. 公始進食, 拘留五十餘日而還. 公自是後, 謀擧義. 翌年甲寅, 使從事田容珪, 奏擧義事. 上壯其義, 特授資憲大夫義軍府總領, 使之統制全國, 以圖興復. 公感激受命, 擧義數年, 南至耽羅, 北至滿洲, 莫不連絡而響應以興師. 上又曰, 爵賞刑罰, 不須稟達, 爾自決之. 特賜啓印馬牌, 使侍從官田容珪, 傳致之. 公不敢受, 任置于田容珪. 事遂洩, 丁巳四月, 公被執于江景署. 公弟來俊從事尹炳一李容圭李萬植趙鍾國五人亦被執, 未幾, 移監洪州. 賊曰, 爾擧義, 將何爲. 公曰, 報圖國讐. 賊曰, 有軍卒乎. 曰, 擧國, 皆我義旅也. 曰, 有軍器乎. 曰, 欲購入滿洲. 曰, 有軍糧乎. 曰, 全國稅賦, 皆是也. 曰, 然則能敵我乎. 曰, 雖秦始皇之暴, 尙有土崩之日, 況蕞爾倭賊, 何足道哉. 曰, 然則將何爲. 曰, 先梟五凶七賊之首, 次斬總督, 滅爾國無遺類, 是吾志. 賊拍案大叫曰, 爾能如此乎. 公亦拍案大叫曰, 爲則爲矣, 何有不能也. 賊語塞. 是時, 金泰泳郭漢一陳致萬崔麟居牛吉金同等三十餘人, 竝被執, 與公連監至京獄. 田容珪孫晉衡金衡鎭等二十餘人, 同囚. 公被鞫于總督府, 政務總監出示馬牌啓印曰, 爾知此乎. 公曰, 吾皇上御賜之寶也, 汝竊取之, 何也. 賊曰, 爾能滅我乎. 公厲叱曰, 豈不能爲. 賊怒, 撞以竹杖. 公空拳拍賊而顚倒之, 有二酋, 勸而止. 拘留二十餘日, 配湖南箕佐島. 李萬植李容圭尹炳一田容珪陳致萬金泰泳孫晉衡七人, 亦配各島, 其餘五十餘人, 賴公辨明自當之力, 皆放還. 翌年戊午六月, 公放還. 是冬, 太皇帝被禍. 公慟徹宵壤, 益思復讐. 己未二月, 與同志, 開國民大會于京, 組織臨時政府于上海. 於是國民莫不奮迅爭呼萬歲. 公以是被執京獄者, 凡月餘. 時, 尹履炳李相學尹容周崔銓九李憲教李容圭, 同囚. 六月, 與同志金福漢郭鍾錫田良鎭等六十餘人, 歷擧倭寇竊國弑君虐殺民衆之罪狀, 長書于佛國巴里萬國公判席, 圖復國讐. 公坐是, 被執京獄者, 凡月餘. 庚申六月, 以連絡上海之故, 又被執于羅州署. 賊曰, 爾苦爲連絡上海, 何也. 公厲罵曰, 吾於落齒之前, 欲敢食國賊之肉也. 因移監光州獄者, 略月餘. 及放還, 公又召募經營者, 數年于玆矣. 癸亥六月, 被執于公州. 賊以公爲獨立團巨魁强盜大將, 勒加十年役. 公拍案罵曰, 爾是强盜, 反謂我强盜耶. 天如有知, 將以霹靂, 撲滅爾族. 因擧床擊賊, 賊避走. 居未幾, 賊都果有地震. 公期以一死報國, 乃於控訴之際, 遂含毒藥, 昏絶于京驛. 半晌, 有救之者, 遂甦焉. 見者莫不感歎. 竟免强律, 以治安犯, 役二年, 再減半年. 甲子十一月, 始得釋還于家. 於是公老且病矣. 公以哲宗庚申生. 戊午後, 因不除喪, 遂着白笠素裳. 長子旭, 次子準九, 三子泓九, 長孫喜福.

大韓臨時政府

我大韓賊併後八年戊午, 世界大戰終熄, 各國代表會佛國巴里, 開平和會議, 美國大統領韋逸遜, 唱人道正義及民族自決主義. 是歲十一月, 使클레인送中國請參會. 呂運亨, 往클레인歡迎會, 及歸, 我韓亦欲得國際的一席, 請金奎植博士, 爲我韓代表欲遣巴里. 又向滿州露領朝鮮, 欲起一大運動. 呂運亨, 往南北滿及露領, 張德秀往朝鮮至日本, 使東京遊學生大起運動, 高唱其大韓獨立萬歲. 十二月二十四日, 有志之士權東鎭崔麟兩人, 會敦義洞吳世昌家, 有何密議, 忽有人叩大門. 世昌驚起出問, 其人低聲曰, 我是東京遊學生宋某, 以同志崔八鏞之使命, 方來此. 世昌遂引入, 與語畢, 脫四角帽, 裂其帽中, 出絹布一幅. 此我留學生爲朝鮮獨立, 作此宣言書, 當有金千元, 可印刷及運動, 願賜區劃. 翌日, 吳權崔三人, 往昌信洞常春園, 見天道教主孫秉熙, 細述其言, 孫老人大贊叶運動資金約百萬元卽負擔. 又往中央學校長宋鎭禹言之, 鎭禹亦大贊成. 此宣言書托崔六堂南善爲執筆. 翌年己未二月一日, 吳權崔三人及孫義庵秉熙基督教李昇薰佛教韓龍雲等三十三人, 會明月館, 以孫秉熙爲總指揮, 大起朝鮮

獨立運動, 高唱獨立萬歲. 儒生金昌淑, 初欲參加而以連絡遲延, 不得上京, 三十三人之中不得連名, 其中一人, 不知其會期, 乃不得參, 自言警察署曰, 吾亦三十三人中一人, 遂被捉囚. 是年四月十六日, 十三道代表, 秘密會于京城, 選擧其國民代表, 設臨時政府, 公表世界. 幹部諸人皆入賊獄. 其在朝鮮, 不可維支, 故不得已, 乃移去上海. 初, 雖有多少財源, 歲月流邁, 財源枯渴, 誠難其撑住得全, 何幸以海外布哇同胞熱誠之力, 僅僅過二十餘年. 痛彼日賊起戰爭, 我臨時政府與中國政府, 共移都于重慶. 自是之後, 政治的經濟的援助, 單獨在蔣介石總帥之力, 以至今日. 及還國, 蔣總帥之贊成已得之, 而尙美大統領姑不得充分底諒解, 雖至此今日之事態, 然不遠間吾人若團結, 以爲要求, 美大統領萬無不諒解之事, 將國際上全願望雖不難得, 又先三十八度解決之策, 必順調進行, 吾所確信不必爲慮. 且臨時政府至今維持, 是蔣總帥前後不絶之力, 金九主席及諸人同志, 經幾重鐵關忍辛耐苦, 不變其一片丹心之功. 以此觀之, 金九主席, 爲我民族, 不分晝夜努力指導. 今日吾人之責, 當去其私心, 同心同力, 則不久必爲獨立, 各散其派黨以待成功, 不亦宜乎. 然積年海外, 不得其自由, 今與同志共歸故國, 實爲喜幸. 然但同志幾人, 當此大業垂成之日, 不幸作泉下人, 追憾何言.

李承晚

李承晚博士, 完山人. 高宗十二年乙亥, 生于黃海道平山. 十六七歲時, 隨其父至漢陽而居, 出爲讓寧大君後. 性熱烈, 才穎悟, 夙就漢文, 志新學, 間入培材學堂習英語. 丁酉年頃, 徐載弼博士自美洲歸國, 發刊其獨立新聞, 博士入社爲論說記者. 設萬民共同會, 名曰獨立協會, 是近世朝鮮唯一底民間政黨也. 博士鼓吹其獨立思想, 革新其民間社會, 肅淸其宮中府中, 盡力以活躍, 時博士年二十二也. 至是有所謂皇國協會, 左右譖于高宗曰, 彼所謂民間政黨其勢膨脹, 將不利於皇室. 命褓負商無賴之徒設一黨, 名曰皇國協會, 與民政黨相持. 翌戊戌己亥年間, 褓負商與兵丁及亂民相合, 其衆可數千, 各持凶器, 自新門外至貞洞大漢門前, 與民政黨相格鬪. 博士以單身不顧死生, 勇往直前, 衆寡不敵, 竟爲所敗. 同志金貞植·李商在·俞星濬等十餘人皆被囚, 博士不勝其憤, 與在外同志暗爲聯絡, 求六穴砲, 射獄吏脫獄而走. 仍被逮, 宣告以終身役, 拘鍾路監, 約七年呻吟監獄中. 至乙巳, 日露風雲大起, 是以因出獄亡命美國, 學文學哲學神學三科, 獲博士學位號. 庚戌 以後遂歸國, 以鍾路靑年會館學監暫在京. 未幾監理教年次大會開美國, 監督하리스方赴會, 博士與之共赴. 及至見하리스親日之態, 爲朝鮮大攻駁, 明其不然. 由是不復歸國, 仍留美洲, 教育同胞, 養成人材, 盡力于朝鮮, 每有國際會合, 博士常挺身交際. 日露戰爭後, 平和會議開포스마우쓰, 又參席, 朝鮮意思堂堂以表示. 第一次歐羅巴戰爭始終熄, 弱少國家代表會議開于美國, 博士以韓國民族代表出席. 己未三一萬歲後, 國內有志諸人, 秘密設臨時政

府, 推博士爲大統領, 仍辭任, 爲臨時政府之駐美外交委員會委員長. 滿洲事變時, 國際聯盟開제네바, 以其我臨時政府代表出席, 提案其朝鮮獨立. 蘇聯及歐羅巴各國皆視察後, 復歸美國. 獨立運動居然五十餘星霜, 博士頭邊白髮星星. 其家中無他兄弟, 只有其孺子一人, 此亦在美不幸, 今以孑孑單身, 奔走海外, 一端思想始終的急進派也. 在獨立協會時, 專以共和政體爲主, 其後自美洲歸本國, 至青年會館演說曰, 今有三箇快事, 一則無君, 一則無班, 一則無髻. 是以一時京城辭說紛紛. 乙酉秋八月十五日, 美人討滅日本. 於是我韓遂解放, 又大韓獨立, 포스담宣言·카이로會談·샌프란시스코會議, 各國皆許可. 中國 蔣介石總帥則曰, 韓鮮問題, 與美國蘇聯英國從速合意, 而美國大統領姑無充分底諒解. 然吾人, 若團結圓滿決定云, 以爲要求, 則美大統領萬無不諒解之理. 爲國際上全願望, 雖不可得, 至三十八度解決之策, 必順調進行. 博士歸國, 各政黨爭自奮起, 團結無望. 九月初七日, 呂運亨許憲等, 招全朝鮮各界各層之人士, 開全國人民代表大會, 選定其建國準備委員, 國號以朝鮮人民共和國爲定. 十五日, 委員等推李承晩博士爲主席, 乃組閣定其部署, 使我朝鮮將欲獨立, 而黨派群起, 各樹旗幟, 亘相軋轢, 獨立無期. 五十餘年之前, 博士爲協同會報及每日新報主筆時, 朝政腐敗, 大臣頑固, 見國勢岌業, 無忌論駁, 以至有入獄之事. 十月二十五日, 全國新聞記者團, 爲獨立及言論自由, 開大會以直截報導之意, 共爲盟約. 博士乃登壇吐熱辯曰, 新聞報導, 其在建國大業, 其責務可謂不輕而重. 大抵新聞, 不但以報導爲主, 當直筆爲主. 嘗在日賊羈絆之下, 有欲言而不敢言, 欲書不敢書, 若少有抵觸, 必墨之囚之, 不得其直筆者凡三十有六年矣. 自今以來無所憚無所忌, 橫而說竪而說, 隨事以直, 則新聞所到, 如

覽者皆反省. 由是而君直臣直, 國論又直, 人無不直, 諸君勉之哉. 余爲昔日記者時, 不以依阿, 至有入獄之事. 然若直, 威武何有. 擧討議事項四條, 一曰物故先輩當開追悼會, 一曰對民族統一的決議, 一曰北緯三十八度問題底決議, 一曰惟我民族當向太平洋聯合軍最高指揮官, 以表其解放感謝的決議. 是時京城惟主要政黨, 有四個, 曰國民, 曰建國, 曰共産黨, 曰韓民黨, 是也. 博士向四黨首曰, 今之所謂獨立, 不過脫日賊之羈伴而已. 欲達成其獨立, 只存乎民族統一, 而見今各黨, 皆以名利權勢爲心, 各自樹黨, 惟日不足, 不爲團結. 故蘇軍司令部曰, 朝鮮民族有以若부르죠아革命. 美軍司令官曰, 朝鮮念願其獨立. 民族統一, 當一日是急. 於是四黨首, 以爲我韓獨立在民族統一. 與博士十月二十二日, 會朝鮮호텔, 博士曰, 我韓獨立, 非國內的問題, 是對外的問題. 無民族統一, 致政黨統一, 獨立不可得. 安在鴻乃曰, 然則不可不開獨立促成中央協議會. 以二十三日爲定, 請各黨代表. 是日各代表會者, 凡一百二十人, 先生乃起立曰, 今日會合, 不但吾三千萬同胞之所企待, 各國人皆注視. 此臨席兄弟, 不以吾言爲誕妄, 皆虛心坦懷, 賜傾聽是吾願. 今朝鮮之有五十餘個政黨, 吾之最大驚, 軍政當局, 亦必大驚. 各政黨若不統一, 獨立虛事, 不其狼狽乎. 今吾之所言, 只爲政黨統一, 將欲維持我臨時政府. 此臨政二十七年間在外同胞, 以死鬪爭者, 卽海內海外之所共知也, 是以政府當局絶無一變動之理. 且以金九主席言之. 此公一生不顧其死生, 只知其復國, 至今不入國, 其由似在延安關係, 而不遠間必入國. 今來參之人士, 去其小乘的見地, 不以自己團體之滿足爲意, 唯以大乘的精神, 當貢獻其生命, 無此心者, 不必坐此席, 願皆避去云云.

盧伯麟

盧伯麟者, 黃海道豐川人, 高宗乙亥生. 爲人身長面大, 項接目少, 性豪宕沈深, 一生不受人挫折, 名伯麟者, 乃人中豪傑獸中猉麟之意也. 是以父母鄕黨, 咸以遠大期之. 後, 搬抵京桂洞, 自號桂園. 乙未春, 內務大臣朴泳孝, 以飭令選各道秀才百二十人, 遊學日本. 時, 伯麟年二十一, 以道薦爲官費生, 與李甲柳東說尹致晟李祖鉉等, 往日本慶應義塾, 學普通科. 是年八月, 泳孝與日賊三浦梧樓, 弑皇后閔氏. 十二月, 上播俄公館. 於是, 泳孝亡命. 自是之後, 諸生皆被逆黨之名, 因絶去官費. 伯麟乃益堅其志, 不廢學, 至三年, 以優等畢. 因與尹致晟等十餘人, 入陸軍豫備科星成校. 光武二年戊戌, 又學士官校步兵科. 諸生常遊戲, 伯麟每爲主謀將. 是時, 上以仁川監理河相驥, 命捕逆黨, 船舶往來, 監視太甚. 故諸生至辛丑五年之間, 留滯日本, 不敢皈. 於是, 乃謀曰, 尹致晟, 非徒名門, 官界甚有路, 使冒險歸國, 斡旋脫逆黨之名. 始來皈, 上以爲伯麟軍學及漢學皆備具, 又有其風稜, 除陸軍參尉, 俄陞陸軍武官學校教官. 八年甲辰, 日露開仗, 使伯麟爲觀戰使, 隨日本軍慰問使軍部大臣權重顯, 往滿珠之大連旅順二〇三高地下, 見日本軍將乃木希典司令官及尹致晟于戰地. 及皈, 除副尉, 累遷至正尉參領副領正領陸軍武官學校長憲兵隊長陸軍硏成學校長, 此同軍人之所無也. 丁未, 賊臣完用, 脅上內禪, 解散軍隊, 因廢硏成. 伯麟見諸生皆渡日而去, 亦投職. 後, 又爲軍部教育局長. 至是, 見國事日非, 無意胡孫, 遂與尹致晟共設皮革會社, 其中出洋靴店, 以爲實業, 四五年之間, 見害數十餘萬金, 由是家計濩落, 國事

危髮, 伯麟乃歎曰, 丈夫此世將何爲. 決然棄鄕國, 遂渡江而西. 戊午, 與李承晩安昌浩等, 設假政府于中國之上海, 以爲謀大韓獨立. 伯麟常鼻笑世間, 每視世間以肩下. 是以人有言世間事, 伯麟常傴笑之, 以示其輕蔑色曰, 皆姑舍是, 吾獨自做去, 有獨往獨來之氣. 時, 政府乏財, 又府員之志見, 各不同, 相有軋轢, 所謂政局, 便成劉笠, 伯麟爲國務總理, 獨撑住得全. 凡前後四五年, 伯麟當來無家族, 念喪其妻更不娶, 常謂子女曰, 今日汝不必恃父, 吾不必恃子, 汝等皆各自爲之. 性好自轉車, 雖無事日, 乘自轉車往來四方, 不貼在室中. 或訪友人, 見其在室, 則常曰, 何鬱鬱房爲, 引手至酒肆, 以爲疏暢. 伯麟嘗善笑善飮, 有義有膂, 每謔浪笑傲人, 見之有浪人風, 與人遊無爾件己件, 若有錢必食, 如麥酒一飮可三四타쓰, 又酷好料理, 種種往韓日洋諸料理, 期在醉飽, 見友人, 則雖無錢必痛飮一場, 遂盡醉而皈, 酒債後期或不報, 酒人不爲變. 丙寅, 卒于上海, 享年五十二. 伯麟嘗居鄕, 敎育其子弟, 相與學徒善唱農夫歌, 初, 海蔘威共産黨移居蘇城. 乙丑閏四月, 各團體使伯麟爲總代表, 遂入露, 人頗注目.

呂運亨

呂運亨者, 居楊平郡楊西面新院里, 所居有龍門山在其案. 高宗丙戌生. 爲人豪爽不羈, 身長五尺七寸, 兩瞳有白如眯. 幼學漢文. 不弱冠

父見背, 與幼弟運弘事母孝. 及長往京城, 學興化郵替兩校. 甲辰, 歸鄕里, 爲廣東校敎員, 仍在江陵義塾. 至是, 見耶蘇敎熾張一世, 遂爲信者. 以爲迷信將神主埋之, 親戚鄕黨皆怒罵之, 運亨不顧. 丁未, 太皇內禪, 群賊革破軍隊. 國家之亡迫在呼吸, 四方義旅蜂起. 恒砥之士亦擧義, 請運亨主盟, 運亨以無益辭. 翊年, 搬抵京城曰, 欲受歐米之先進文明, 當知西語, 學英語益力, 往仁寺洞長老會中央禮拜堂爲傳道師. 庚戌, 見大局已去曰, 今日所爲不過鼓吹其朝鮮魂, 以俟來機, 往來四方, 募靑年演說爲事. 至是, 聞平壤有美人設神學校, 往學之. 時, 歐米之風雲適大起. 運亨曰, 此大戰若終熄, 世界必平和, 各被壓迫民族, 將有何好會, 使其弟運弘, 送米洲遊學, 以觀其大勢. 甲寅秋, 挈家往中國之金陵, 入大學. 此不但其程度高朝鮮, 西人不以朝鮮人標準爲宣敎, 全以己意爲主. 故運亨疾之, 學中國, 欲改良其朝鮮基督敎者也. 至則金大無神學科. 三年學英語, 歸上海, 米人協和書局, 請運亨爲販賣主任. 俄, 以東方大學英語敎員乃見聘. 戊午八月, 見士耳其有靑年黨, 與同志趙東祜金澈鮮于赫韓鎭敎等, 會佛租界貝勒路吉益里張德秀方, 組一黨, 名曰新韓靑年. 置庶務交際財務三部, 謀復國, 運亨爲交際部理事. 是歲, 世界大戰遂終局, 各國代表會佛蘭西巴里, 開平和會議, 米國大統領韋逸遜, 倡人道正義及民族自決. 十一月, 使클레인送中國, 請參會, 中國有志千餘人會간톤카페, 以歡迎클레인, 擧人道正義, 盛說其國際的誤解. 此下墨版 於是, 世界思潮皆風靡. 時, 我同胞, 但呂運亨獨參席, 聞其說益感激. 及破會, 運亨請間見클레인, 陳所懷. 此下二版墨版 夜, 運亨歸, 與黨員爛確擧朝鮮四千年歷史及고유문화. 又朝鮮在極東政局重要之位, 以至今日情境, 以英文章草獨立願書二通. 張德秀趙東祜等, 使呂運亨乃署名曰,

新韓青年黨總務呂某. 己未一月十日, 請金奎植博士爲朝鮮代表, 欲派遣巴里. 時, 中國以上海評論雜誌主筆밀라-드爲代表. 至是, 金奎植姑未至上海, 呂運亨先往밀라-드, 將請願書與之曰, 公今往巴里, 朝鮮代表若不能出席, 公將此書, 一上米大統, 一出會議, 使我朝鮮以爲得國際的一席. 運亨與張德秀, 又欲使滿洲露領朝鮮日本, 起一大運動. 張德秀至朝鮮, 見孫秉熙李商在告其意, 然後, 仍至日本, 見同志諸人. 呂運亨遍歷其南北滿及露領, 翊年三月十五日, 至奉天. 日本遊學生, 始起東京, 高唱獨立萬歲. 是月初一日, 又朝鮮始自京城以至鄕邑, 皆大起高唱, 其聲動天地也. 及至上海, 玄楯崔昌植申翼熙自朝鮮, 申奎植自中國之杭州, 呂運弘自米國, 李光洙自日本而至. 運亨與諸人, 往佛租界霞飛路定會所, 朝鮮內外募資金十萬元, 出三一運動, 及英文雜誌宣布天下, 使朝鮮介世界各國. 又告巴里金奎植及米國李承晩. 四月一日, 呂運亨玄楯崔昌植尹顯振申翼熙李始榮李東寧李光洙曺成煥申錫雨趙東祜金澈申奎植趙庸殷外五人, 會霞飛路某國人家, 選八路代表, 以委員制欲組獨立黨, 皆以假政府爲主. 時, 呂運亨崔謹愚崔昌植, 爲京畿道代表. 十日, 諸代表開議會, 制憲章, 名政府曰大韓民國臨時議政院, 定其部署. 運亨爲外交總長, 以府令往佛領事윌톤, 將朝鮮獨立報佛政府. 五月, 安昌浩自米國歸, 皆大喜. 六月, 更張官制, 廣其部署, 推李承晩爲大統領. 至是, 運亨亦爲外交部長. 運亨曰, 吾若就職, 活動多不便, 爲僑民團長及新韓青年黨總務. 至是, 李東輝金立金萬謙金漢永等又至上海. 初, 此人在露領, 組高麗社會黨. 故假政府始有共産主義一脈. 庚申一月, 政府使韓馨權呂運亨安共根, 欲遣農露修好. 初, 李東輝與政府諸人, 如薰蕕同器, 其意相不合, 至是, 聞遣使曰, 韓馨權嘗往來露都, 今日

使節一韓足矣, 政府從之, 但命送韓馨權. 時, 我人多在西比利亞. 馨權至露, 使露人電報西比利亞, 告獨立. 仍得露款二百萬元, 馨權先將六十萬元而歸, 以重不果, 分二十萬元, 任置農露, 帶四十萬元而歸. 中路至치-타, 金立至曰, 吾以共黨代表, 今派遣至此. 公之得露金, 將用之共黨耶, 用之政府耶. 公與我皆黨員, 願用其共黨. 馨權將其金與金立先歸, 欲更覓任置, 向莫斯科而去. 金立得金, 與同志朴鎭淳共半分, 私帑消費殆盡. 五月, 第三國際共黨支部使其主義, 欲宣傳其中國朝鮮日本, 使의르친스키爲委員遣上海. 委員使金萬謙, 求見假政府員. 於是, 運亨往見. 委員曰, 朝鮮獨立國際共黨當竭力爲援, 願公入黨. 運亨與同志趙琬九申采浩安秉瓚李春植趙東祜崔昌植梁憲鮮于赫尹琦燮金科奉等, 共入黨, 與李東輝金立等, 更組高麗共産黨, 運亨爲翻譯部委員. 時, 假政府交通委員梁憲在安東縣, 運亨翻譯其부하린所著共産主義英人某著直接行動말크쓰著共産黨宣言等書, 使梁憲宣布于滿洲朝鮮. 八月, 米國議員團, 爲東洋視察至中國. 政府使運亨往北京, 見議員團外交部長포-타-, 哀訴其朝鮮獨立, 請米政府爲援. 運亨又依府令, 與趙東祜尹현근, 往中國人黃宗漢 黃興夫人 周創秋黃警頑, 結中韓互助社, 以佛租界浦石路爲會所, 中國人吳山爲議長, 運亨爲副, 以中國革命朝鮮獨立相助之意, 作宣言書數萬部, 布中國滿洲. 十二月, 金立至上海曰, 吾至치-타, 見遠東共和國總理쿠라스노치코프, 總理曰, 莫斯科今不必往, 但與其錢一萬元, 故歸路乃用之, 今有七千元而已. 辛酉春, 政府始知金立得露金八萬元, 以宣傳費, 乃分送于中國朝鮮日本, 彈金立李東輝, 物論紛然. 金立李東輝玄鼎健皆脫黨, 與朱鍾健兪鎭熙李鳳洙等, 更組高共, 是乃所謂上海派也. 呂運亨安秉瓚高昌一韓明世崔高麗柳

東悅金河錫等, 會伊市 俗稱일크스크, 亦組高共, 是乃所謂伊市派也. 安秉瓚歸上海, 與金萬謙呂運亨趙東祜金丹冶林元根朴憲永崔昌植金元慶梁憲安恭根, 又設支部, 以金萬謙爲委員責任者, 呂運亨趙東祜爲委員, 每周會金萬謙方, 議共黨發展, 政府後援. 時, 上海派宣傳費雖有足, 伊市派窘跲不可措手. 運亨往見露使의르친, 每月得宣傳費百元, 買共產主義讀本及共黨宣言等各種書籍數千部, 上海設圖書室, 鼓吹其階級意識, 勞力其敎養宣傳. 分書種若干, 使梁憲送朝鮮金始顯. 至是, 高共遂分爲兩黨, 而金立以後, 國際共黨皆不之信, 更不給費也. 時, 日本原敬內閣聞民政府, 欲知其情, 使拓殖局長古賀廉助, 請呂運亨來入東京. 政府聞之, 皆紛然不可. 運亨曰, 一往日本, 觀其物情亦不妨, 遂決意東渡. 恐有變, 見英米佛總領事, 乃得保. 出帆時, 同志張德秀方謫在濟洲, 運亨斡旋解配, 共至德積島, 見其從弟運一. 時在配所 至日本, 各報記者會帝國호텔, 運亨擧朝鮮獨立, 痛說一場. 會者皆唐慌失措, 官憲亦莫敢動. 運亨至神田, 遊學生百餘人, 會朝鮮青年館. 運亨又擧獨立, 演說移時. 運亨留東京二周, 朝鮮總督府政務總監水野練太郞床次竹二郞田中義一來相見. 田中將陸軍欲脅之, 運亨不慴. 後數日, 古賀見運亨誘之曰, 公勿爲海外運動, 在朝鮮求自治, 則本政府當與之金三十萬元, 公有意乎, 運亨不聽. 古賀曰, 公往南北滿, 從事開拓, 則一切事務當委任, 公有意乎, 運亨不聽. 古賀曰, 公若歸順, 則青島總領事當終身任之, 公有意乎, 運亨亦不聽. 古賀益重之. 嘗東京有所謂新宿御園, 非國賓不可玩者也. 日, 古賀引運亨玩之, 以此日本貴戚起問題, 一時政界其物論紛然如朴烈時. 於是, 密偵爭欲捕之, 皆莫能得. 時, 有我人鮮于某善密偵, 東京謂之鬼才. 及運亨歸, 鮮于某自請至上海, 爲捉運亨, 盡其謀

劃. 一日, 於大東公司三層樓上, 反爲運亨籠絡, 秘密書類盡皆見奪, 僅得圖命. 初, 民政府分裂兩派, 互相軋轢, 不能統一. 夏, 安昌浩呂運亨金奎植等, 召北京朴健秉滿洲金震山, 開國民大會, 以爲欲調停, 無資金不果. 壬戌十一月, 第三國際共黨, 請遠東之弱小民族會莫斯科. 是乃所謂極東被壓迫民族大會也. 是時, 大韓民政府代表金奎植高麗共黨青年會代表林元根金丹冶朴憲永, 愛國婦人會代表金元慶權愛羅等數十人皆出席. 呂運亨以新韓青年黨代表, 一爲觀國際共黨之實際主義, 一爲擧朝鮮獨立, 當宣傳其國際, 亦赴會. 中國蒙古呱哇日本代表, 各自選議長, 我人亦以運亨爲朝鮮議長. 各國以爲朝鮮階級運動時期尙早, 莫如其後援, 以單一爲運動前線也. 運亨與레-닌相見. 此下七行墨版 及歸, 呂運亨嚴昌憲趙東祜崔錫淳李裕弼金九等, 會佛租界霞飛路寶康里趙尙燮方曰, 苟欲獨立, 不可不養兵萬人, 欲養兵, 不可無軍費百萬元. 組韓國勞兵會, 置經理教育勞工軍事四部, 運亨爲教育部長. 十二月, 國際共黨見伊市上海兩派相葛藤, 召伊市派康景善張健相, 上海派玄鼎健, 會우르친스쿠, 乃調停, 而軋轢益甚, 不能開會而止. 又以朝鮮代表, 召尹滋英曺奉巖于莫斯科亦調停, 而滋英護上海, 奉巖護伊市, 竟不得. 國共曰, 在海外而徒黨爭, 莫如歸朝鮮更組新共, 命高共解散. 是月, 韓馨權尹海, 持二十萬元自露國歸. 於是, 伊市派亦其用遂舒. 癸亥一月三日, 呂運亨安昌浩憂二派相反目, 與金偉宅朴健秉尹顯振, 會佛租界蒲石路徐丙浩方, 開國民代表大會, 召內外各民族主義團體代表百十四人, 會民國路米人禮拜堂, 欲調停者凡五朔, 而亦不得. 運亨謂金萬謙趙東祜曰, 今高共解散, 當遣人內地, 組朝鮮共黨. 使金丹冶林元根朴憲永送京城, 組共産青年會. 四月, 同志會郊外愚園路玉嫂花園某茶屋, 定勞

兵會會憲會員幷軍費各項. 仍與安昌浩南亨雨金澈朴健秉及滿洲金茂大李震山金東三金雄燮李靑天布哇李綱米國安秉祚, 會上海佛租界米人禮拜堂, 論政府改造. 會者志獨立皆一也. 其派黨各異, 滿洲主創造, 以尹海爲中心, 攻政府不已. 政府之內, 又有急進緩和兩派, 幹部側主改造, 종무성主人道義理, 亦不相合, 開會凡三朔而終不奏效. 甲子七月, 呂運亨李裕弼趙尙燮宋秉祚李綱尹基燮趙琬九趙德津金明濬李圭弘尹滋英等, 會浦石路安昌浩方, 與政府派盧伯麟李東寧李始榮金九反對黨朴健秉張健相尹世勳, 組韓國獨立時事促進會, 相欲融合而亦不得. 由是政府因不振. 乙丑春, 運亨往孫中山追悼會. 時, 中國國民政府顧問官색로된夫人亦在座. 運亨因宋慶齡 中山夫人 與夫人相見. 四月, 運亨往北京, 以夫人之介, 見露大使카라한. 大使問張作霖吳佩孚馮玉祥及國民政府. 運亨曰, 張作霖雄據三省, 又日本後援, 其勢莫强. 吳佩孚曾以頑固, 反對共黨, 不可與握手. 其可望者但馮玉祥一人而已. 如民政府其中雖有共黨, 其勢甚微無有可觀. 又中國工業不發展, 勞動者及前圍分子全國不多, 以此欲爲革命, 則是可謂螺蟻而撼泰山, 不亦難乎. 以愚觀之, 莫如共黨與民政府, 相握手然後, 供給其武器彈藥, 以圖其革命, 則可與有爲. 카라한大喜曰, 此下七行墨版, 昭和五年陽三月十一日號 翊日, 大使召運亨曰, 前上海副領事윌쎄-, 方在露西亞짜-스通信社, 願公取中國各報所載戰伐政治共産勞動靑年農民女性等七條說, 以英語翻譯, 送윌쎄-. 運亨思曰, 朝鮮將欲獨立, 中國當先自革命, 歸上海見윌쎄-, 遂爲通信社囑託. 先是, 金丹冶朴憲永林元根至京城, 組朝鮮共黨, 欲得其承認, 使曺奉巖送莫斯科. 是月, 奉巖先至上海. 運亨往見의르친스키, 紹紒承認. 又見副領事위르레, 得旅劵送之. 後, 國民黨首領汪兆銘 一

名精園 調運亨爲政治顧問. 時, 有怪傑보로뒨, 乃運動其中國革命者也. 於是, 運亨在國際共黨及民政黨之間, 與보로뒨共活躍. 十月, 朝共使遊學生權五稷等十七人, 送至上海. 運亨請위르레, 乘露船, 送海蔘葳, 爲朝共, 斡旋其聯絡. 丙寅一月, 國民黨第二大會開廣東, 運亨以汪之招請, 赴廣東, 與汪兆銘, 會보로뒨, 論國民黨指揮之策. 十八日, 運亨往大會, 以爲國民黨在中國革命, 可謂死爾. 乃以此爲演題, 一場痛說, 滿場皆喝釆, 由是運亨留廣東一朔. 七月, 呂運亨安昌浩, 見政府乏財政, 與同志百餘人, 會佛租界三一堂, 組政府後援會, 各自醵金, 四百餘元獻政府. 十一月, 民政府北伐占領武昌時, 보로뒨電請呂運亨, 先往武昌, 以爲周章, 運亨乃赴之. 十二月, 武昌設歡迎會, 時, 會者數千. 運亨以來賓爲祝辭, 使民軍厲其氣. 翌年三月, 國民軍侵入浙江省. 運亨與위르레及中共代表翟白秋若露西亞軍事顧問, 會鈕永達方, 使民黨幷勞動者學生等, 組便衣隊, 總破業, 起第三騷動, 逐孫傳芳. 四月, 運亨以醵金不納, 政府後援會遂除名. 是時, 蔣介石與孫傳芳, 不一戰占領上海. 此皆中共及國際兩黨之功, 而蔣介石命便衣隊, 解除武裝, 獲殺共黨. 由是運亨亦不能活躍, 復往싸-스社, 使金鍾商取其各英字報, 乃暗自翻譯, 以爲從業. 時, 日人殺勞動者一人. 以此中國遂排日, 相與衝突, 學生及勞動者數十人, 又殺死. 運亨往윌쎄-, 與民黨代表命力子及翟白秋議曰, 今欲排日, 則日本地近, 若動兵, 中國必有難, 莫如置日而排英, 皆曰, 諾遂排英. 五月三十日, 乃大起運動, 六月, 蔣介石搜露國大使館, 仍命退去. 是以民黨內左派, 皆失勢, 싸-스社亦隨而廢. 運亨不得已每周得一百元, 爲復旦大學英語教員, 又從事社會, 爲民族運動. 己巳五月, 運亨率野球團, 巡南洋諸島, 留七日, 至比律賓마닐라, 會數百人, 擧白人侵畧, 爲

演說者凡四焉. 英警惡之, 奪旅劵囚獄, 該地人士起輿論抗議, 遂得釋. 及歸, 英日兩警至上海埠頭, 欲逮捕, 有同志先使人告之. 運亨至中路, 乘木船而歸, 遂無事. 六月四日, 日本九州大學野球團, 與上海俱樂部, 會大馬路競馬場, 開試合時, 運亨亦往觀, 日警捉之. 佛人爲運亨詰難, 又同胞青年, 欲奪還奮鬪. 日警得英警之援, 竟捉去, 青年四十亦皆被逮. 廣東政府聞之, 擧二條付國際曰, 運亨是政治犯, 又歸化中國, 以爲抗議而亦不得. 九日, 押送長崎, 以爲運亨在遠東部責任之位, 其於新義州第一次共黨, 及內地之各社會, 皆有關聯, 又以革命後援會之모뽈, 多活躍, 總督請送朝鮮. 十一日夜, 遂至京. 運亨對記者曰, 吾海外十五年, 一無成功, 乃以此歸國, 對我社會, 實無面目, 而人士皆勞我如此, 吾固多謝. 京畿道警察部長坂本曰, 吾至長崎, 見運亨, 不言不笑, 堅坐車中, 凝重如泰山, 吾自威壓, 呂氏眞大人. 罪人押送, 例皆手錠, 今吾不錠之, 此呂氏始也. 朝鮮報記者曰, 公與中國之極左派, 深有關聯, 蔣介石一派, 皆憎之, 然乎. 運亨曰, 吾嘗爲汪兆銘顧問, 似有是說. 然民政府右派, 亦有好我者不少, 必無是理. 記者曰, 有何據. 運亨曰, 向南洋巡視, 吾見英米等資本國人, 對弱小民族殘虐搾取無比. 故今秋, 欲復往南洋, 將組亞細亞弱小民族大會, 以爲團結. 蔣介石聞之, 使人請同事, 吾與汪兆銘已有約, 乃不許. 十二日, 京畿道警察部高等課田邊新義州茅根兩警部共取調, 十六日, 送檢事局, 其調書不過三百枚而已. 七月初二日, 法院檢事中野覆院檢事長草間高院檢事長中村, 相協議然後, 以制令及治維違反, 付豫審. 庚午陰三月十二日, 開公判. 檢事伊藤曰, 呂運亨其罪有四. 一曰新韓青年黨, 一曰假政府, 一曰高麗共産黨, 一曰勞兵會. 此四者皆以防害治安, 違反制令, 而治安維持豫審雖免訴, 然假政府

及勞兵會, 其罪可以關治維制令, 求刑五年. 運亨被逮前後, 常泰然, 及公判, 忽雙淚滂沱, 未知其有何情懷也. 至判決, 裁判長金川, 但以制違, 言渡三年, 通算其未決日數, 一百五十日. 檢事正笠井, 怒不用其治違, 乃突然控訴. 初, 運亨見刑期不長, 以爲欲服役, 遂不果. 運亨在監中, 病痔神經, 形容憔悴, 又細聾, 審問每側耳. 早朝, 爲傍聽來者, 四百餘人, 而以公安妨害, 但許其家族及特別, 其特別者, 法院長小川覆院長檢事長裁判所判檢事, 又京大敎授等也. 及公判, 皆用制令治維兩法, 亦三年.

按吾君非一父母於國者乎. 吾民非一兄弟於國者乎. 然人皆有父母, 我獨無父母, 人皆有兄弟, 我獨無兄弟也. 紫陽綱目曰, 莽移漢鼎, 光武中興, 丕廢山陽, 昭烈踐祚. 懷愍亡國, 晉元嗣基. 徽欽蒙塵, 宋高纘統. 今上海臨時政府, 不過呂運亨張德秀等若爾志士, 見群賊亡國, 積忿海外設大韓民政府, 以爲祖國致力之地. 此不可以言中興踐祚, 又不可以言嗣基纘統, 而使幾年來不見底大韓二字, 乃復顯於世, 非四千年歷史上所無之一大喜事者乎. 然以堂堂大韓, 不能接迹於吾之故國, 但爲附戶於人之租界. 嗟, 我兄弟邦人諸友, 莫肯念亂, 將恐將懼. 唯予與汝, 言旋言歸, 復我父母之國, 可矣, 而彼李東輝金立輩, 忘我大義, 思我小怨, 將人國租界之韓, 而又欲無之. 古人所謂何代無賢者, 此耶. 自古國家之盛, 未嘗無異同者, 一心而公也, 其衰也, 又未嘗無異同者, 千萬心而私也. 厲其爭心, 鼓此勝氣, 各自不下, 竟爲之先焉, 則是命脈所關, 不得不善權調好之者, 而今恨無其人也. 同胞同胞, 胸中皆斫倒其一私字, 僇力結合. 復國權而爲獨立, 移租界而歸故國, 則必吾人有父母兄弟, 而於乎, 同胞不此之顧, 相鬩不已, 自陷其亡, 亦不仁也已, 不思也已. 且金立嘗自居以共黨者, 橫領露金, 不爲大業, 徒以私帑, 共産之義果如是耶. 呂運亨渡日本, 賜三十萬元而不聽, 韓馨權赴露都, 得六十萬元而不私, 如金立是賊, 無足可言. 苟海外同胞, 皆韓呂兩人, 獨立必不難也. 然惟我同胞, 積年海外, 不顧死生, 苦心晝夜者, 不過是排日復讎也. 且平日其苦心排日, 如運亨者, 吾力旣不及, 則借人手, 亦無不可, 此日人之殺中國勞動者, 實非所以千載難得之會耶. 是以運亨若善爲慫慂, 使中日動兵, 籌策其間, 以爲中勝, 大可以收漁人之功, 小可以借復讐之手, 而運亨之倡排英而不排日, 何也. 以中國觀之, 日人殺勞動者, 而英人不殺之, 以我人言之, 日人有深讐, 而英人無其仇, 於此於彼, 有排日之義, 無排英之事, 而運亨但爲中國之被日兵, 當排之日本, 乃不排, 不當排之英國, 乃排之. 日本不動兵, 則在中國雖得策, 在運亨非失策之甚乎. 逋千金者死, 固自來. 我成憲則痛彼金立橫領露金, 不顧大業. 主義者, 雖一日欲速爲共産, 不殺其資本者, 先殺其金立輩, 乃可得也.

李始榮

李始榮, 號省齋, 高宗戊辰, 生于漢城之苧洞第. 自幼, 聰明絶人, 筆翰夙就, 時有以稱五才子之一. 及長, 爲金弘集女壻, 才踰弱冠, 中別試第, 歷敭淸要, 俄以堂上二品, 至左右承宣. 乙未八月, 日賊弑皇后閔氏, 陞金弘集爲總理大臣, 弘集欲致改革, 發令斷髮. 時, 又閔妃大變之後, 上下恟恟, 怨深日派. 於是, 李範鎭與露公使韋貝, 共殺弘集, 梟首鍾路. 是以始榮避嫌不立朝, 日與文人志士, 講究其古今事, 玩繹其新舊書籍, 以至仙學及道敎, 亦無不淹貫. 光武八年甲辰, 日露開仗, 政局一變, 始榮復出仕, 除交涉民事二局長及漢城裁判所判事, 見國事日非, 不以榮進爲意. 庚戌秋, 韓日遂合幷, 始榮不欲居朝鮮, 乃搬抵彰義門外洗劍亭, 皆以爲始榮自此謝紅塵, 爲泉石主人. 翌年辛亥春, 兄弟五人, 入滿洲盛京省通化縣哈泥河, 與同志設新興校耕學社, 硏究其敎育産業幷進之策. 時, 中國革命袁項城世凱, 立共和政府, 又歐洲大戰, 世界鼎沸. 始榮以爲我大韓獨立, 或有可好機, 往來北京滿洲間, 方運動. 己未春, 三一運動起半島江山. 是時, 上海同志, 設臨時政府, 召之以財務總長, 始榮聞之, 奮然而往, 殫誠在直凡七年, 而財政恒不足, 獨立無期. 於是, 始榮復歸滿洲, 從事産業, 而亦無資産不能如意. 始榮爲人端雅, 體小如梧里兀然端坐, 雖終日不一語, 若有主張, 有萬夫莫奪之志, 然亦無固執不通之弊. 志操如氷櫱, 對人殊藹然. 有子三人, 長曰, 圭鳳, 頗聰明, 畢普成中學, 幹父蠱, 襄助居多, 餘皆幼.

按蹄迹充斥, 倫常斁盡, 世人皆遺君後親, 看作弊屣, 事讎媚賊, 有若茶飯, 不知其忠孝之爲何樣物事, 而惟始榮, 昔壬辰之亂有其祖白翁討之, 使國家爲中興, 向庚戌之變, 又始榮撤家往滿洲, 爲大韓謀獨立, 以此觀之, 忠孝二字, 非乃家傳世之長物耶. 然切惟獨立, 自以匹夫, 事鉅力綿, 固不能容易奏功, 而經年外國, 苦心運動, 盡瘁不已,如諸葛未亡前猶是漢也. 苟達其目的, 則豐功盛烈, 固不可言, 雖不就, 惟其明萬古之大倫, 扶千秋之大義, 亦足以有辭於天下也.

李石榮

李石榮, 號漱石, 壬辰中興功臣白沙先生諱恒福后, 以判書裕承次男出爲伯父裕元后, 裕元卽嘉吾室大臣是也. 哲廟乙卯, 石榮生于漢城之苧洞第. 乙酉, 擢文科, 歷翰林承旨. 甲午, 因東亂, 中日之風雲, 大起朝鮮, 由是國勢大變, 公無意進就, 遂辭歸不出世. 庚戌八月, 見合邦, 不欲居朝鮮, 兄弟五人撤家移彰義門外洗劍亭, 皆以爲石榮兄弟自此而謝紅塵爲泉石主人. 翌年辛亥春, 出疆至滿珠盛京省通化縣哈爾河, 與同志李東寧等, 設耕學講習所, 從事其教育産業并進之策, 以爲獨立運動. 事竟失敗, 家因蕩柝. 戊辰, 往上海法界亞南培路徐家庫居之, 以僅僅挨過. 又荐遭慘變, 國破家亡, 菀火作痼. 癸酉, 因病下血, 甲戌春, 竟不起而死, 享年八十. 時, 弟始榮在杭州, 護榮在北平, 皆以獨立運動不在家. 及葬, 但夫人朴氏, 以其公知舊之助, 往虹橋共同墓地, 乃草草葬之. 公以獨立運動, 漂泊于南北滿及滬寧凡二十四年. 始榮高宗戊辰生, 自幼, 聰明絶人云云.

按在昔龍蛇之亂, 白沙先生佐國家爲中興, 石榮卽其后裔也. 不幸庚戌, 宗祊遂不祀, 當是時, 皆遺君後親有若茶飯, 事讎媚賊, 以爲能生, 不知其忠孝之爲何樣物事, 而惟石榮等兄弟五人, 不勝其憤忿, 志大韓獨立, 撤家往滿洲, 以爲運動, 乃死而後已. 以此觀之, 忠孝二字, 非乃家傳世之長物耶, 然竊惟獨立, 自以匹夫, 事鉅力綿, 固不能容易奏功, 而經年海外, 其盡瘁, 等諸葛未亡前猶是漢也, 惟其明萬古之大倫, 扶千秋之大義, 亦足以有辭於天下也.

申圭植

睨觀, 申圭植號也, 忠北淸州産. 自幼岐嶷, 才思穎敏, 好與兒童爲戰事戱. 乙未, 十六歲時, 閔后爲倭人所弑, 南中義旅蜂起. 公亦組少年隊, 欲施展, 其超特類是. 後, 入語學校, 習中語, 繼肄兵學, 畢業, 仕至副尉. 乙巳, 勒約成, 公憤不欲生, 遂自戕, 爲家人救不死, 而目因以睨視, 號睨觀, 詮其實也. 公自玆, 日夜謀劃, 爲國盡忠. 庚戌以前, 組學會, 發工業界雜誌, 參自彊會大韓協會等政治團體, 而當時情形, 此等團體, 不足爲救國工作. 己酉, 公年三十, 信奉大倧敎, 受知於弘師 大倧敎第一世都司敎, 羅喆號弘巖, 伊後十六年, 心行都以是爲歸. 辛亥, 公年三十二, 時, 適中國革命成功, 公遂密渡海至滬 上海, 與中國國民黨要人相交, 見今中國名流之老宿望者, 擧皆與公爲患難中親友, 而陳英士胡展堂戴秀陶徐季龍張靜江呂天民唐少川柏烈武等,尤與公深誼特有. 公在滬, 與諸同志, 創同濟社, 爲同舟共濟之義, 設博達學院, 指導來滬之靑年同胞, 又重修杭州高麗寺, 宣揚高麗王子遺蹟. 且奔馳南北文墨之朋殆遍, 而處困勢迫, 掣手掣足, 動輒磨折, 殆不堪振作然. 九年之間, 披荊排棘, 愈窘愈奮, 築成後日韓人在中國南北活動之基. 己未, 公年四十, 國內三一運動勃起, 臨時政府, 成立於滬上, 公爲司法總長. 翌年庚申冬, 李承晩自美來滬, 視大統領事. 總理李東輝與李承晩, 意不合, 欲排除承晩, 而事不成, 遂辭總理職, 公爲代理, 兼管外交. 翌年夏, 爲特派大使往廣東非常政府, 呈國書于大總統孫逸仙, 是爲中國承認韓政府之始也. 公與孫中山伍秩庸 廣東政府外交總長伍廷芳之字 皆有舊備, 受歡禮締結友好之約. 其冬, 回滬, 翌年壬戌, 各派同志, 互相軋轢, 至於欲顚覆臨政, 而中國廣東政府亦有政變, 伍秩庸死, 孫中山避身公之所, 以期於心而待之者, 都歸夢幻, 遂臥病. 至秋九月二十五日, 逝去, 時, 年四十三. 先是, 韓人有志, 各有派別, 爭爲排擠, 勢成奇怪, 光復精神, 殆置諸腦後. 有心者, 皆切痛於當時, 況當其局責有匡正者, 安得不傷心爲病哉. 公至誠無他, 欲挽回頹波, 而不能爲力, 抑菀而成顚, 病中喃喃痛語, 又絶粒食二十五日而卒, 痛矣.

金昌淑

金昌淑, 字文佐, 聞韶人, 心山其號也. 系出義城, 東岡先生諱宇顒十三世孫, 居星州大家面七峯洞, 高宗丙子生. 幼上學, 聰明絶人, 文辭夙就, 性剛果, 柝是非太嚴, 人多不悅. 年十五丁外憂, 父臨命執昌淑手曰, 吾祖東岡, 非國內大賢乎. 汝以嗣孫, 今遭時板蕩, 汝當作天下第一等人物, 以光吾祖. 昌淑遂銘肺. 及長昌淑以峩冠博帶嘗志學, 而其宅心, 非曲學迂儒不識時務之比也. 是以昌淑見外寇充斥, 國勢日非, 嘗欲有爲, 星州設學校育英材, 傾家資殆盡, 親戚故舊, 皆以破落戶目之, 昌淑不顧. 乙巳, 上疏討五凶七賊賣國之罪, 初日本尊我韓爲獨立國, 庚戌遂合邦, 昌淑心常不樂. 己未春, 世界各國, 會佛蘭西巴里結講和約, 米國大統領韋逸孫, 倡民族自決主義, 國人聞之, 齊唱獨立萬歲. 於是昌淑乃奮然而起, 慶之南北, 得百餘人儒林, 連署爲請願書, 欲提出巴里. 四月一日, 拜辭家廟, 將向上海而發, 時同志皆知之, 夫人張氏獨不知也. 昌淑行至某處, 有人共宿, 見其言談擧止, 乃罄問之, 果湖西儒林, 又作此擧, 使此人送上海者也. 於是昌淑盡裏曲無隱, 其人曰, 平日論議, 湖嶺雖異, 今日義理, 湖嶺無異, 請同事. 昌淑共聯書至上海, 欲直渡巴里不果, 付講和會書留郵便以送之. 仍留佛租界霞飛路, 與同胞數百人, 組朝鮮民國臨時議政院, 推宗英李承晩爲大統領, 昌淑爲代議員. 至是昌淑日待聯書消息, 終無下落. 昌淑以爲獨立不可徒恃人, 滿蒙間當租借荒地開拓, 養兵數十年然後可運動, 乃曰欲屯田養兵, 則當先募資金, 欲租借, 則當結託其中國政界. 時廣東軍政府首孫文, 滯在上海, 於是昌淑與孫文相

聯絡. 七月見孫文, 請資金二十萬元, 文送廣東, 昌淑至見軍政府員凌鉞·李侻等得十萬元. 謂文曰, 今所得雖巨額, 從事開拓, 尙有不足, 故吾方向朝鮮, 願保管此錢, 以待吾歸. 文曰, 斡旋吾可爲之, 保管不可爲. 薦其部下李文治, 昌淑遂保管, 文治乃盜去. 初聯書至巴里, 日人見之, 電報朝鮮, 嶺湖儒林, 如郭鍾錫·李晩煃·張錫英·金建永·權相翊·安秉燦·金順永·金德鎭·權相斗·丁泰鎭·金澤鎭等皆被逮, 囚大邱監. 月餘洪城金福漢, 以病囚公州監, 此乃所以儒林第一次事也. 庚申十二月, 昌淑自廣東狼狽歸滬. 時同胞之在海外者, 雖以獨立爲目的, 各自樹黨, 互相齗齕, 散亂無統. 昌淑憂之, 與朴殷植等二十餘人, 發宣言書, 諭以欲統括, 竟不得. 辛酉一月, 往北京, 與申采浩·金正默·朴純秉等, 作純漢文雜誌, 名曰天鼓, 散布中國, 以請其援, 以此昌淑留北京七朔. 及歸上海, 得支那富人林澤豐後援, 與朴殷植·朴炳疆, 發行其日刊新聞及四民日報, 鼓吹其獨立思想. 後往北京, 居馬神廟大同公寓. 壬戌秋, 同志鄭守基, 至北京, 昌淑相議募資金. 癸亥二月, 使守基歸朝鮮, 與孫厚翼共募. 四月, 滿洲同志, 組西路軍政署, 調昌淑爲軍事宣傳委員長. 甲子三月, 又爲駐滿獨立軍軍師顧問. 至是昌淑以爲獨立其要在宣傳, 與裵天澤等刊雜誌以宣傳, 其志亦如天鼓. 適小弱國民族大會開白耳義首道부르쉘. 昌淑以朝鮮代表遂出席, 時日人之壓迫太甚. 如新聞及記事通信, 我人皆不得自由, 及開會昌淑擧日本, 其彈劾如獅子吼, 然此乃國際的反帝國之主義, 故會事竟不利而止, 是以昌淑忿然巡游區米各國. 乙丑春, 與中國之新進政客共提携, 又復運動, 糾合同志. 時宋永祜·金華植, 遊學至北京, 昌淑因權進士相鉄, 見永祜曰, 惟我之獨立是大勢, 無實力不可, 故今滿蒙間吾欲借二百日耕, 使海外同胞, 皆於此集中開

拓畜牧, 以爲根本, 然後若運動固獨立萬全, 然則有募金略數十萬元可着手. 永祜許之. 六月, 昌淑使永祜先歸朝鮮, 八月昌淑至京城, 十二月下大邱, 視宋永祜·金華植·鄭守基·孫厚翼·李在洛·李棕欽·李鳳魯·李宇洛·李泳魯·李源泰等募金. 丙寅一月, 昌淑使李在洛, 送梁山鄭舜謨遂請資, 昌淑留大邱, 三朔而一不歸家, 由是家人不知昌淑之入國. 初昌淑以爲余乃有數儒林, 又爲代表, 而且嶺之富人, 擧皆吾親戚故舊, 所以得十餘萬元自謂不難, 自八月至丁卯二月之間, 其所得不過三千五百餘元而已. 是以昌淑更立一計, 與孫厚翼·李在洛等, 往東萊梵魚寺, 議曰朝鮮物情, 非破壞暗殺使世人一驚, 誠難容易募得. 遂決意曰夫冒險非義烈團不可也. 乃欲借其手. 此下二十九字墨版 是時國境警備甚嚴, 昌淑慮之, 使孫厚翼, 召馬山大賈金昌鐸曰, 君雖帶錢越境, 必無支障, 此錢運致奉天. 二十二日, 昌鐸至密陽三浪津, 與昌淑共乘車, 六日至奉天送之. 三月昌淑至上海, 見義烈團長金若山元鳳及幹部柳友瑾·韓鳳根曰, 今我同胞, 皆欲爲獨立前矛, 而盡畏死不敢, 惟貴團每視死如毛, 履險如夷, 入近無一擧, 或無人爾耶. 元鳳曰, 吾團有羅錫疇者, 其爲人可以暗殺, 可以破壞, 何謂無人, 但無其資. 昌淑曰, 若有其人, 豈無其資, 吾先月自朝鮮來, 有若干金, 足以一擧. 先將六十七元給韓鳳根·柳友瑾, 更給四百元, 買拳銃七門實彈四百九十發. 四月與柳友瑾, 共至天津佛照樓, 見羅錫疇曰, 久聞大名, 特來相訪, 先生知朝鮮有所謂銀行及拓殖社乎. 今之欲破壞暗殺者, 何必此也, 吾歸朝鮮, 見其禍滋甚, 同胞皆阽於危亡. 且富人安於布置, 只知其財而不知其義, 如得投霹靂大丸, 以爲破壞暗殺, 使其聲動東亞大陸, 則賊有所知懼而喪鋒元, 富有所反省而益同情, 昌淑不敢以觀其俯仰. 錫疇奮然曰, 士氣之陷鑠, 乃至此耶. 吾當大投一彈, 先擧獨立之烽. 於是昌淑大喜, 使柳友瑾給暴彈三個, 於是錫疇與同志李化翼盟共事. 六月十五日, 昌淑歸北京, 買暴彈二個, 更至天津, 分給羅李二人, 使遵世鎬將資金, 分給柳友瑾·羅錫疇·李化翼, 此下三十字墨版, 乃朝鮮報戊辰 陽曆十月二十三日號 十二月, 錫疇潛入朝鮮, 白日京城, 起大霹靂一聲, 世人皆目動, 及宋永祐被逮, 又權相翊金東鎭金憲林河謙鎭金漢植金昌根金鴻基等亦被逮至大邱, 或保囚或拘留, 此乃所以儒林團第二次之事也. 是以官憲使密偵, 送上海 滿洲及露都, 欲逮捕而竟不可得. 丁卯 四月, 昌淑之三從昌侃, 遂密告大邱. 久保田檢事正, 命上海領警捉之. 時昌淑病痔, 入共同租界某病院療養, 十四日被逮. 經長崎, 十八日着大邱, 受慶北警察部高等課取調, 其罪凡七, 制令·治維法·爆發物取締令違反, 又居住侵入·殺人未遂·殺人幫助·及恐喝等也. 戊辰八月, 豫審終, 以十月二十四日定公判, 至十九日突然開庭, 人皆不知日. 昌淑作詩一首, 送律師孫致殷·金用茂曰, 病夫非是苟求生, 豈料經年繫達城. 母歿兒亡家已覆, 妻啼婦哭夢猶驚. 崎嶇枋得逃何樂, 慷慨天祥死固榮. 禍福窮通元有命, 病夫非是苟求生. 又作歸去來辭燦兒勸學文寄甥侄李泰桓書以出送. 日有一通信來, 昌淑曰書若詩, 頗深奧難曉, 勿復爾. 此疑其中有暗號也. 至是痔更肆, 化盲腸炎, 及公判昌淑力不能立, 問官命坐椅而供, 傍聽只許其家族已也. 有幼女見昌淑大呼吾父哭之, 見者皆飮泣. 昌淑獨凜然曰, 汝何不沈重, 作此無狀. 叱却之. 前後調書多至四千枚, 而與羅錫疇關聯者, 凡四百餘頁紙, 寫眞五十葉. 昌淑自被逮以後, 受檢察檢事豫審等三個取調, 而其所供前後一無差異, 聰明之絶人固可知也. 昌淑出入常帶拳鎗曰, 獨立若不如意, 吾當以此自殺, 不見天日. 至是大邱一府中, 道昌淑皆稱先生不以名. 公判畢, 檢事求刑無期, 及判決以十四年言渡. 昌淑有三男二女, 長煥基次燦基餘幼. 丙寅間, 煥基往中國覲親, 及歸, 自警署召之, 往留二十日而歸, 因病死. 東岡, 官至吏曹參判, 諡文正.

鄭守基, 居慶州新坪里. 戊辰, 守基年三十一, 壬戌, 守基欲往北京, 而恨無旅劵. 時阿火駐在所巡查李洪錫, 給日巡查, 得旅劵送之. 由是守基往北京, 見金昌淑共居之. 翊年一月, 昌淑使守基爲特派員, 歸朝鮮募資金, 及歸慶州偶天寒, 洪錫將外套一着與之, 其價可七十元. 守基募金略半年前後亘數十回, 而洪錫每爲中繼者, 通信昌淑. 五月昌淑刻水晶章, 以表其賢勞. 丙寅四月, 儒林團皆被逮, 洪錫使崔光洙·河東弼舍匿守基, 又保護其家族. 後守基·洪錫, 次第而逮, 刑三年. 丁卯四月, 洪錫免訴, 初洪錫爲巡查, 又業養蠶.

宋永祜, 居榮州郡長壽面好文里, 系出楊州. 高宗壬寅 生, 甲子七月, 往北京遊學, 此欲往米洲而止北京者也. 翊年四月, 與金昌淑·金華植·李鳳魯始相見于北京之西城, 日昌淑謂永祜曰, 吾將滿蒙間開拓荒地, 願君往朝鮮, 區劃資金, 以爲共着手如何. 永祜乃許之. 六月至京城報昌淑曰, 今嶺士李吉浩·河載華·孫厚翼等皆來會京城, 刊郭俛宇文集, 若此時至京, 不足跡而皆可見此人矣, 速還歸不失此好機. 送旅費六百元于宣武門外永光寺街尹東梅女史, 傳金華植請持拳銃及獨立血史來. 八月, 昌淑與華植, 共至京召永祜. 九月永祜赴京, 至中路遇華植共往昌淑, 託旅費, 永祜乃還家. 十月, 持四百元又上京, 時昌淑, 往太田之儒城李源泰, 永祜亦往儒城, 只與其五十元, 其餘與昌淑, 復至京與之, 前後送金, 凡五千八百兩. 至是昌淑使同志諸人各募金, 或成或不成. 十二月, 昌淑至大邱, 請永祜相見, 永祜往昌淑, 將拳銃裹內衣, 出入使洪淳喆常持之, 永祜數以危險言其不可, 而昌淑不聽. 丙寅一月, 永祜持昌淑書, 往達城崔海潤, 因還家, 使朴齊衡又傳昌淑書于丁厚燮. 二月, 與其弟在祜往京城, 三月五日歸家. 至尙州, 倭憲以在祜誤知永祜, 遂引致拷問, 在祜乃痛其債事, 刎頸欲自殺, 遂誤刎不死. 於是宋永祜·金華植·孫厚翼·李棕欽等十二人, 皆次第被捉. 丁卯年三月五日, 始公判, 金川裁判長曰, 乙丑六月, 被告發北京至中路, 買中國饅頭一個, 有探報其檢事狀況者乎. 曰吾是學生, 必不作此商人之態, 以爲託狀況之報, 買饅頭是事實, 而在中路乃食而去之, 一不爲書昌淑也. 曰通知乃爲之乎. 曰然. 曰被告對獨立, 其意何如. 曰若爲獨立, 爲吾韓人者孰不好之. 見今形便, 恐不如是.

李鳳魯, 居達城郡解顔面霞山洞, 後往北京之西城捨飯寺, 居焉. 至丙寅年, 二十六, 問官曰乙丑五月, 金昌淑使被告送上海鄭遠, 購拳銃二門彈丸二十五發乎. 曰然. 曰八月一日, 歸北京之西城, 昌淑至朝鮮時, 使被告留北京, 聯絡其外交乎. 曰然. 曰被告對獨立, 其意何如. 曰吾亦韓人, 勿論.

金華植, 居奉化郡法田面召川里, 亦北京遊學生也. 問曰買木櫃, 其中設二層, 下層藏拳銃及彈丸乎. 曰然. 曰至京城院洞, 乃藏之于림현중方乎. 曰然. 曰持拳銃是何意. 曰此募金時或用之, 又海外遊者, 將以此爲熱心之證明也. 曰乙丑九月二日, 與宋永祜共來乎. 曰然. 曰被告之往京城, 將獨立血史傳致其金昌淑乎. 曰然. 曰七月往京城, 與朴某共往金昌淑乎. -略- 曰十一月十五日, 金昌淑使被告, 持拳銃一門, 至若木驛與鄭守基. 守基曰吾乃得角山張錫英紹介, 往星州李某請同去, 故被告乃往之, 是月晦至大邱乎. 曰然. 十二月昌淑至大邱, 使被告往蔚山·晉州, 監視其募金. 丙寅一月四日, 華植往蔚山, 見孫厚翼·李在洛, 因往丹城郵便所覓拳銃, 往山淸金祐林之兄仁相, 同往晉州見河載華·河章煥, 遂請資, 載華不應, 華植出拳銃脅之, 又不應, 故歸大邱報昌淑. 至是年二十五.

李在洛, 居蔚山郡熊村面石川里. 問曰被告曾爲慶南道道評議員乎. 曰不特此爾. 面協議員·學務委員·郡農會副會長·學校組合評議員亦皆爲之. 曰壬戌被告長男, 爲金昌淑壻乎. 曰然. 曰昌淑嘗言, 募金數十萬元, 設武官校, 以爲欲獨立運動乎. 曰使同胞之在海外者, 皆於此集中開拓畜牧, 以爲數十年然後, 設武官學校云. 至是年二十四.

李宇洛·李泳魯·李棕欽·李源泰等, 其供招與宋永祜略相似. 李宇洛·李泳魯二人, 曾不剃頭, 峨冠博帶, 尙有高古之風. 乙丑十月, 李棕欽, 因鄭守基, 聞金昌淑來入朝鮮後, 守基給拳銃一門曰, 此昌淑使君往石保李鉉秉, 爲募金送之. 棕欽往英陽, 見其外叔鉉秉請資金, 外叔不應. 丙寅三月, 又往請, 李又不應, 棕欽擧大義滅親, 出拳銃脅之, 李乃應. 棕欽居安東郡陶山面吐溪里. 時年二十七.

金東植, 華植之兄也. 問曰被告往華植, 見有拳銃裹油紙者乎,.曰永祜向余言, 華植託一物在我, 故吾往見之. 曰恐禍及, 埋北岳乎. 曰然. 公判畢, 山澤檢事曰, 諸被告與强盜無異. 宋永祜·金華植求刑五年, 李鳳魯·李棕欽三年, 李在洛·李宇洛二年, 李源泰·金昌澤一年, 金東植·洪淳喆八個月. 丁卯三月二十九日, 金川裁判長言渡曰, 永祜·華植三年, 五十日通算, 鳳魯二年, 孫厚翼一年六個月, 猶三年, 棕欽一年, 六十日通算, 猶豫四年, 在洛一年猶二年, 源泰十個月猶二年, 宇洛·泳魯八個月, 一百日通算猶二年, 淳喆罰金七十元, 東植三十元.

厚翼居于蔚山郡凡西面立岩里, 厚翼年四十, 宇洛四十七. 源泰居大田郡鎭岑面鶴下洞, 年二十四. 泳魯居高靈郡槳山面上谷里, 年四十四.

按環東土含生之倫, 嘗均之爲性命于李氏之國, 則今日運動, 豈可論彼此與先後也. 然而社會敎會, 以至革黨·共黨, 各自奮起, 皆有一聲. 獨我儒林, 前後數十年, 寂無一聞, 玆有昌淑, 乃慨然而起以儒林代表, 西至中國, 運動獨立, 喫盡其無限風霜, 沸盡其無限心血, 噫其慷慨之志, 磊落之節, 雖古之忱臣義士, 亦可無愧而大勢橫流, 非一葦可抗, 故昌淑海外多年, 終不能剋復我祖國. 然巴里之願書, 白耳之演說, 錫疇之投彈, 達狴之縲絏, 足以使天下知朝鮮有儒林. 然則五百年培養之功, 抑非以昌淑爲結果耶. 若同舟則秦越一心, 今我韓人, 擧國便皆同舟於大勢橫流之中矣. 所以如羅錫疇·李化翼·鄭守基·宋永祜等諸人與昌淑, 可謂秦越舟, 同其運動, 同其患難, 或陷死而不辭, 或被囚而不願. 惟昌侃與昌淑, 爲三從, 則俱是越而欲殺之, 乃密告, 此何人哉. 非名祖之後能然乎, 賢哉昌侃.

朴殷植

朴殷植, 號白庵, 又曰謙谷. 哲廟辛酉, 生于黃海道殷栗郡, 或海州云. 體幹不過中人, 額骨微凸, 鬚髮纖疏, 性寬厚疏脫, 面上常有微笑色. 殷植嘗遊日下, 有文望, 閔判書丙奭, 迎爲塾師. 光武年間, 有皇城新報始發刊, 殷植與柳石農瑾張韋齋志淵共主筆. 後, 與郭俛宇鍾錫共爲經學院講師. 俄除通政大夫正三品. 又歷任師範校教員西北學會長西北協成學校長皇城新報社長. 庚戌變後, 在朝鮮光文會, 以著述爲業. 至是, 見宗祊不祀, 鬱鬱不得志, 日, 決然渡鴨水, 往間島桓仁縣居之, 縣卽古之渤海西京鴨綠府附近地也. 桓豐諸州之域, 有高句麗桓都城廢墟及龍山東明二王陵. 殷植見其故典, 仍有感想文一篇, 與尹丹崖世復刊行其所著朝鮮古代史考東明王實記明臨答夫傳泉

蓋蘇文傳渤海太祖實記夢見金太祖等書. 在上海, 又著安義士重根傳及韓國痛史. 其下書曰, 太白狂奴. 中國青年多讀之, 皆掖腕憤慨焉. 時, 申睨觀圭植洪碧初命憙等, 組同濟會, 推殷植爲總裁. 後, 香港同胞, 出香江雜誌, 請殷植爲編輯, 發四號, 批評其袁世凱專政, 遂見廢. 殷植後歸上海法租界白爾夫路, 居中國人家. 其家人非徒同鼎, 亦同床而食. 己未, 爲獨立新報社長. 甲子春, 臨時政府, 推爲大統領. 人聞之, 有聯想其波蘭大統領페페레프스키者, 又曰피아노大家大統領 피아노西洋音樂家, 人爲之不當, 今朴殷植之爲學者大統領, 謂粗有其如何也. 殷植臨事, 嘗有至死不變之氣. 是以若有益朝鮮事, 雖極辛苦不快活, 可不辭也. 常居出入, 着中國服, 因坦率, 衣前後不襜如也. 人之見者, 莫不笑之, 亦不顧. 性愛酒, 又好王陽明學, 日誦陽明傳習錄. 其文章, 雖無學者的深刻味, 而圓滑暢達, 雖謂之當世第一, 實非過也. 嘗與張志淵柳瑾及玄白堂采相善, 文章皆不及焉. 殷植慕中國保皇黨首領康南海有爲, 爲其門人, 康爲韓國痛史序. 其友鄭寅普曰, 或言先生爲康南海弟子, 吾以爲先生, 其文章不下南海, 爲性亦不同, 先生志行介潔, 康志名譽及金錢, 先生與華人章炳麟相似, 或無怪, 爲康門徒弟, 吾不可知也. 先生雖愛國的老志士, 而以其有經國大略, 亦不可知也. 丙寅, 卒于上海, 享年六十有六, 嗣子昌世, 今居南海門下云. 在上海時, 其所著, 又有獨立血史.

徐曰甫

徐曰甫, 平安道人, 至癸酉距四十七年前丙戌生, 本農家子也. 年甫三四, 以家庭之事情, 往元山而居. 至十三, 畢日人小學校. 至是, 獨立思想, 使全國民衆皆爲奮勵. 時, 曰甫雖年少, 亦爲興奮, 將家之諸般困難, 一以辭之, 往平壤, 見安昌浩. 入大成校, 十七以優等畢業. 是歲, 安昌浩李甲等某某老士, 去國出疆, 北至露領, 安李等全致士官學校, 教養青年, 以爲欲獨立運動. 曰甫亦從事籌策, 而竟不果而止. 二十四, 往北京, 入育英校以受業. 二十六, 與柳東悅, 共赴蒙古等地, 謀獨立運動, 又不果. 二十八後, 至北京, 學英語全工. 翌年, 入官立保定堡陸軍士官學校, 三十, 卒業, 爲中國陸軍大尉. 是歲己未春, 獨立運動大起, 朝鮮海外脫出者獨立團, 皆大喜曰, 時來乎時來乎. 東奔西走, 各自活動. 曰甫見此爻衆, 亦大喜, 來至南滿, 爲活動, 見其不如意, 回至北京, 入陸軍航空學校, 一年畢業, 因爲該校教員. 由是吳佩孚信愛之, 多被其恩. 中軍革命時, 曰甫出身戰線, 亦不一二. 曰甫以飛行機墜落者, 前後凡三, 而第二墜落時, 同乘學生雖慘死, 而曰甫竟無事, 同志皆呼曰神曰甫是死身. 戊辰秋, 伊太利飛行家某, 以訪問至北京, 曰甫試乘其機, 遂上空因墜落而死, 時, 享年四十三. 曰甫嘗有雄略, 而竟不實現. 於乎, 以朝鮮人飛行家, 其天才的技術, 問其誰, 則朝鮮勿論以至外國, 必皆曰安昌男. 然以飛行言之, 則徐曰甫學飛行, 前安昌男數歲. 且其名譽, 四萬萬之中國, 殊一驚. 故朝鮮人天才飛行家, 其聲甚至於兒童走卒之口而乃不絶. 此非英非佛非美非淸, 而人卽朝鮮人航空勇士大林徐曰甫君是也. 是以滿州同胞之有朝鮮獨立飛行家之別名云.

全協

全協者, 居京城南大門外. 太皇戊寅生, 年二十一, 除農商工部主事, 俄除濟州郡守. 後爲一進會評議長, 以會長李容九薦, 調富平郡守, 以某運動費公金一百五十萬元, 欲私鑄, 監禁三年, 以赦五月出獄. 協在監中, 與洪城崔益煥始相識. 初, 益煥在控訴院, 竊保管財, 監禁三年, 亦以赦出獄者也. 及出獄, 兩人皆懷不平, 共移住西間島, 因放浪于上海滿洲間. 至是, 米大統韋逸孫開平和會于巴里, 唱民族自決主義. 協聞之, 與同志謀復國, 奔走運動, 更以爲此當與其主領李承晩共謀, 赴上海見假政府警務局長金重浩李元一, 議渡米不果. 己未二月, 歸京城. 孫秉熙呼萬歲, 發獨立宣言書. 協以爲此時當擧一事, 與崔益煥組一團曰, 社會有人望者, 可見重, 推金嘉鎭男爲總裁, 以爲秉熙宣言, 不過一部階級, 欲統一其各級, 名大同團, 使鄭南用募宗教團, 使李起淵募儒林團, 使楊楨募商工團, 使劉景根募軍人團, 使金商說諭老人側, 使女史李信愛諭婦人側. 四月, 謂嘉鎭曰, 將欲獨立, 可總督求撤去, 日本若不承認, 吾民族當血戰. 至是, 益煥借權泰錫款三百元, 印刷其宣言書, 布中外. 五月, 益煥被逮. 協勸南用視事, 協自爲外交, 與金用煥金鳳陽等, 通氣脈于假政府, 爲聲援撰發其宗教儒林等團, 合爲一統. 與金嘉鎭議曰, 今有上海援助, 而在遠外. 故皆懷疑不應, 不若公入上海, 置大同團本部, 誘李堈公出奔爲首領, 表裏相應, 不但公自免禍, 其人心趨向資金募集, 大有效果. 嘉鎭曰善, 與協書假政府國務總理安昌浩, 致其意. 昌浩大喜, 派李鍾郁來京城, 以爲協力. 嘉鎭書李堈公, 告上海之行. 使公之妃弟李春基, 又慫慂以出奔. 公示其志曰, 有資金十萬元, 當圖之. 嘉鎭委協誘公致上海遂行, 協聞鄭雲復與堈公善, 欲以計誘之, 詐稱韓參判錫東之代理人李敏河, 使李浩請雲復于中華料理店曰, 吾聞李堈公之漁場, 在慶之統營, 君知之乎. 今欲賃借, 君爲我圖之. 後數日, 雲復奇先給金三萬元, 堈公言貸與. 協曰, 使吾與堈公面談, 將一萬五千元, 爲君紹价費. 雲復大喜, 言于堈公曰, 金主錫東, 與公面會, 然後越金, 願公明夜往某所. 堈公與雲復及車夫金三福, 十日夜赴之. 全協李在浩鄭南用韓基東楊楨董昌律羅昌憲金宗玉等, 迎堈公入內. 茶破, 宗玉持拳鎗脅雲復曰, 誘堈公至此者, 非取漁場, 只欲取殿下奔上海, 以爲獨立運動, 若漏洩, 加害堈公. 雲復見急, 遂許諾. 協先引堈公, 徒步至北門外洗劍亭. 昌憲宗玉, 縛雲復載人力車. 南用監視其車夫, 亦後先而至. 協共至高陽山谷間, 藏之一室, 告其由. 公曰, 吾亦一遊海外, 脫日本羈絆是素志, 而今無贐何. 協出五百元與之, 使鄭南用李乙奎侍堈公, 至水色送之. 先是, 李鍾郁自上海來, 使之爲第二回運動. 至是, 協送堈公之上海, 遂與李信愛求自動車三臺, 乃約曰, 一臺, 鄭奎植乘之朝鮮銀行之前, 一臺, 李政乘之貞洞培材學堂之前, 一臺, 之東署, 各配布其宣言書, 皆會鍾閣大街, 以爲演說, 高唱萬歲. 及期竟不諧. 夜, 協與昌憲信愛等更議曰, 翌日, 奎植持太極旗, 信愛持獨立旗, 往安洞四街, 呼萬歲. 女史朴貞善等, 往安國洞, 呼萬歲,金商說運動其老人側, 會明月館呼之. 是時, 堈公至安東縣, 皆被逮至京. 協等亦皆見捉, 又不諧. 公判終, 檢事以爲此政治犯, 協監禁三年, 益煥八年, 南用六年, 景根在浩昌律基東信愛四年, 權泰錫楊楨金商說各一年. 及控訴, 協十年, 益煥六年, 宋世浩基東信愛三年, 算入未決日數二百日也. 丁卯七月九日, 病保釋, 入院療養, 十日退院, 翌日, 卒于昌信洞宗約所, 壽五十, 有四男二女. 十四日, 宗約所及知舊, 欲聯合葬, 日人禁之, 又不許永訣式竝弔文弔旗. 夫人卞和, 與親戚同志若干人, 葬梨泰院, 歸路至鍾路署, 高唱獨立萬歲, 當局以爲病風, 遂送之.

金瑪利亞

金瑪利亞女史, 黃海道松禾人, 後, 移居京蓮池洞, 乃耶蘇信者也. 四歲失怙, 十四, 又失恃, 其母臨命, 謂長女含羅美艶曰, 今日時代, 雖女子不可無學, 瑪利亞使遊學外國, 以副吾願. 是以含羅兄弟, 縱瑪利亞學貞信女校, 仍執敎篇. 後, 往日本東京, 入女子學院大學部英文科. 己未春, 聞三一運動大起, 卒業期不幾日, 而乃返國, 與同志黃愛施德亦運動, 被逮囚西監. 七月, 始得釋. 初, 號萬歲者, 太半是信徒. 是以四月, 明信女校敎師吳玄淑, 與其妹吳玄觀看護婦李貞淑, 爲在監信徒, 欲差入其私食保護其家族, 京城設愛國婦人團, 與女史

李병수大朝鮮愛國婦人團相聯絡. 青年外交總務李秉澈, 諭吳玄淑合兩團, 爲大韓民國愛國婦人會, 以吳玄淑爲會長. 瑪利亞聞之, 與黃愛施德邃入會, 糾合婦人, 以爲欲擴張. 玄淑有事抵觸, 會因不振. 瑪利亞大爲忿慨曰, 爲國而死, 雖死何恨. 九月, 檄諸支部, 會宣敎師米婦人家. 時, 李惠卿黃愛施德辛義敬朴仁德吳玄觀李貞淑尹進遂李誠寬白信永張善禧等, 會者二十人. 瑪利亞擧大韓獨立演說, 移時, 辭氣益悲壯. 於是, 衆推瑪利亞爲會長, 京城置本部, 各省列郡, 又置支部, 遣人上海, 得假政府援助. 布哇홀놀누有我人愛國婦人會, 相通其氣脈. 十月, 輔金二千元自布哇來, 瑪利亞送假政府李承晩, 爲獨立資金. 十一月, 大邱支部長李今禮, 又密募金員, 慶北第三部知之, 搜京城李炳奎家宅, 得證據, 捕瑪利亞等二十餘人, 淫刑取調, 瑪利亞腦血出耳鼻口如水湧. 裁判長曰, 組汝會, 在大政何年. 瑪利亞曰, 吾只知有西曆, 不知有日本年號. 又曰, 朝鮮之人, 運動其朝鮮獨立, 有何不可, 男子方活動, 吾女子安得不活動, 小不屈. 河村檢事曰, 雖朝鮮人, 旣爲合幷, 則皆日本臣民, 今瑪利亞妄自膽大, 傲慢特甚, 此大逆不道, 不嚴刑懲之, 治安不可維持, 以求刑五年. 初, 瑪利亞, 雖女史, 嘗馳聘外國, 隨意活潑, 如高空之鳥大壑之魚, 不受羈絆, 一朝, 爲籠罟, 不得自由, 非毒刑, 易爲病, 況累爲拷掠, 其楚毒無比乎. 是以瑪利亞因病呻吟, 肉盡骨立. 及公判, 瑪利亞輿疾出廷, 五味裁判長命出去, 瑪利亞以毛褥擁身, 白巾掩面, 乃臥輿而出. 傍聽者, 見其形如吏槃, 莫不泣下, 突爾法庭便作一悲淚世界也. 覆審判長原田決三年. 庚申四月晦, 得保釋. 비상악골층, 非東醫所治, 往京城之西醫院世富蘭偲治之, 不奏效. 十月, 又入漢陽院, 是以瑪利亞受刑三年, 而不服役. 至是, 有逮捕令, 乃索之, 辛酉六月, 瑪利亞已退院去上海

也. 是年春三月, 瑪利亞初退院, 變名權圃, 經市外城北洞, 以潛伏籌備. 團長尹應念, 勸走之海外, 瑪利亞欲出奔, 而諸具未劃, 淹留不發. 恐見疑, 復入世富, 至六月, 又退院, 將陽傘遮面, 往中國料理店. 夜, 裝中國服, 至仁川, 以爲欲出走, 而發車眩, 留仁川七日. 與假政府員軍事局長都仁權夫人軍務參事金兢俊及崔元孝等家族七人青年革命家二人, 買中國船, 乘夜半出帆. 及移舟, 皆莫不泣下, 獨瑪利亞始得自由, 其灑然如脫籠罟也. 須臾, 迫席島, 因風留三日, 黃海之松禾乃瑪利亞生長地也, 船頭望松禾, 遂作歌以寫懷. 瑪利亞累日海路, 又發舟眩, 以至受모폐注射四五, 舟中皆爲金孃, 或祈天, 或絮泣, 其一端誠線, 每日繞金孃身不離也. 去路或無風, 立舟海上, 其不能往來之者, 亦累日. 是以每夜, 聽船夫祝風之聲, 如不能生, 見日出, 則始知爲陽界焉. 積八日, 至抵威海衛, 宿恙再燃, 不可搭船, 乃先送其一行. 孤臥客窓, 四無相弔, 萬難得生, 會有一女史看護甚誠, 幸虧得八日不死. 於是, 徐炳浩自上海來, 領金孃而去. 瑪利亞至上海, 常頭痛, 若不髮或有益, 遂斷髮. 又病心腸, 往蒲石路某病院治療. 至晚秋, 始良已, 前後略三四朔. 及退, 臨時政府調黃海道代議士, 上海又有愛國婦人會, 請瑪利亞爲幹部. 瑪利亞晝夜勤政會, 兩務一不廢焉, 見者咸稱之. 瑪利亞曰, 救我同胞, 不但在政治, 亦在其教育, 欲遊學米洲, 遂先經南京之金陵大學. 癸亥六月二十一日, 乃登船. 太平洋是天下之險, 而米洲在其西, 不知幾千萬里矣. 上海有金奎植徐炳浩, 此兩人皆孃之姑叔, 而又姑母在矣, 同志在矣. 然則上海可謂故國, 而瑪利亞不顧遠涉絶海. 七月十一日, 至桑港, 宿海上凡二十二日, 是以祟瘴癘, 留加洲一年, 風氣調適, 同胞又多, 客味無生, 而囊橐漸垂, 學費無策, 或臨溪而釣, 或工場而役, 乃以吾身健强爲資本, 至是,

宿恙又荐發, 往켄사市某院, 以療病. 及愈, 入미소라주곽빌在곽大學文科部, 乃甲子九月日也. 瑪利亞無學資, 爲半工生, 而才聰敏, 其課績每尤人, 校長以下皆敬愛之. 十月, 某新報有瑪利亞不名譽底記事, 一時, 雌黃紛紛. 後, 聞其校長에프씌불유하올리氏之言, 則乃無根也. 丁卯秋, 中外報記者李晶燮, 至米國, 見瑪利亞, 其廣面沐漆兩眼, 五分爲臉毛所蔽, 其氣似無良, 而眼線眼球, 愛嬌自油然而生. 時, 孃在시코카大學圖書室, 執報務, 每暇下工以誠, 見者莫不感歎. 孃曰, 數年後, 將欲歸國, 而司法局頗爲慮. 又曰, 故國女子界思想益進步, 吾歸得無時晩之歎乎. 晶燮曰, 歲月不爲花而留, 何不爲家. 孃曰, 先生何出此言, 乃微笑. 時, 孃年三十有六, 姑未嫁焉.

按愛國婦人會, 世或以漆室嫠婦譏之. 然大韓雨露嘔濡涵育之恩, 則與男子一也. 今家國見失, 不知其亡國之恨, 豈如唱後庭花之商女耶. 吾知其瑪利亞卽中國光復團之秋瑾女史也. 見瑪利亞不死, 秋瑾乃被逮死, 其生死雖不同, 然及取調, 頭骨之濃血, 至於出耳鼻口, 則其刑不過去死一間, 而辭氣益悲壯, 少不屈, 其烈, 可以與秋瑾爲竝肩而齊名也. 使世之爲男子者, 其愛國, 皆如瑪利亞, 則我韓必無今日之日, 以婦人而可少之哉.

宋賢根

宋賢根, 居平南江西郡斑石面上四里, 耶蘇敎牧師也. 己未三月, 賢根與友人金炳疇等數人, 謀獨立運動, 爲駐所檢束. 是夕, 賢根得釋曰, 吾與炳疇共囚, 今獨釋, 非義也. 又鼓吹徒衆, 會者無慮. 夜, 率衆往沙川, 大呼萬歲. 方欲入駐所, 救出炳疇, 上等兵佐藤實與輔助員等, 發砲以散之, 因捕數人拘留. 賢根詰朝, 往院場里, 時, 爲運動者亦無慮. 又諭以往沙川呼萬歲, 與崔能賢林利杰等, 朗讀其獨立宣言書. 又演說曰, 惟我諸人, 今日運動, 各自盡力, 向沙川而去. 至中路, 賢根能賢謂徒衆曰, 俄院場里行動, 多不規則, 今去沙川行列, 不可不嚴正. 在囚同志, 不可不救出, 靑年立于前, 學生婦女老人立于後, 憲兵雖發砲, 小不避, 當以死自決, 向沙川而去. 佐藤及憲兵朴堯燮金聖奎姜炳一等, 各持銃器, 警以解去, 皆不聽, 大爲肉搏, 其勢甚急, 憲兵向徒發炮. 於是, 尹相說李兮俊徐永錫林元杰林利杰車廷信等, 與賢根能賢, 共逐佐藤, 至駐所, 亂毆之, 佐藤幾死. 又與安相益李鉉金善恒等, 欲殺其炳一, 炳一見急, 踰山而走, 諸人追擊殺之. 李俊培梁希彦車炳奎, 率徒衆, 逐堯燮聖奎. 堯燮等, 與佐藤之妻佐藤右, 大亂相發炮. 賢根能賢, 火趙鼎奎家. 堯燮等, 亦皆逃去. 李奎昇諸人, 逐聖奎殺之. 尹相說, 逐堯燮, 至陽地洞, 又殺之. 黃在雲李兮俊崔能賢, 又殺佐藤實. 所長以下殺死者, 凡四人.

按我人亦有如此乘勢時耶, 自明月館以後, 通國之呼萬歲者, 至五百餘個所. 其限死, 皆如宋賢根一派, 則大韓獨立, 必不蹉跎至今日也.

宋振鐸

宋振鐸, 平南江西郡星台面峴谷里人也. 己未三月三日, 與同志往平壤, 見獨立運動團員, 共行大同郡, 與同志數百名, 襲擊駐在所. 五日, 往江西郡沙東所在憲兵駐在所, 又掩襲, 以食刀殺憲兵一人, 高唱萬歲, 脫去其血衣, 因逃走. 日警羅非常線, 嚴密搜査, 而振鐸以巧妙避身, 故不能逮捕. 辛酉, 聞振鐸潛伏在元山府上里一洞申召史家, 巡査佐藤部長照元山警察署, 遂逮捕, 取調以殺人犯, 將送致于檢事局云.

金昇鉉

金昇鉉, 年三十一, 平南江西郡咸從面松洞里人也. 其供述曰, 我被告等, 平居, 嘗有排日思想, 以何時若有機會, 以爲運動欲獨立祖國. 己未七月, 昇鉉與尹錫用郭大珉郭元相等五人相會, 爲上海臨時政府, 組織其秘密結社咸從靑年團. 刻印章, 團員證書多數發行, 募集同志, 個人出月捐金一元, 用運動費送上海. 十二月, 大珉持拳銃, 欲募集資金, 周行四方, 脅迫諸富豪, 竟爲失算, 不能成目的, 以此事實, 平壤地方法院, 爲第一審公判, 早田檢事, 求刑大珉以强盜罪, 監禁三年, 餘五人以制令違反, 各一年, 昇鉉乃團長也.

金俊寬

金俊寬, 平南江西郡雙龍面山慶里人也. 年五十三, 乃北長老派耶蘇敎師也. 己未三月, 往上里沙川市場, 率數千群衆, 高唱獨立萬歲. 襲擊其分遣所佐藤憲兵上等兵及憲兵補助員, 皆殺害. 又放火商民趙鼎奎家, 因逃走潛伏于金鍾表家. 辛酉一月十七日, 江西警察署巡查逮捕, 以殺人放火罪, 送致于平壤地方法院檢事局云.

李容甲

李容甲, 年三十八, 平北龍川郡邑東面東上洞人也. 丙辰, 往柳下縣三源洑, 爲排日及은양學校敎師. 八月, 我人民等標榜其獨立, 遂組織以扶民團, 容甲爲會計, 專以爲排日運動. 後己未三月, 朝鮮全道, 始有獨立運動, 於是, 改扶民團爲韓族會, 以獨立策源本部. 容甲一

向以會計勤務, 常與李鐸趙孟善洪植等相見, 始參加于獨立運動. 自庚申來, 同志者種種多檢擧, 是時, 聞日本軍又討伐, 恐禍及己, 往寬甸縣以避身. 後, 潛入安東縣, 密探其警戒, 每牒報柳下縣本部, 爲新義州쇼목刑事所逮捕, 受取調也. 道協議員禹成員, 與新義州警察署張警部及朴警部補, 置根據于柳下縣, 妨害其獨立團行動, 此兩人不殺害, 甚不可, 有以爲豪語云.

金聖祚

金聖祚, 東萊郡高普校生徒也. 己未春, 聖祚呼獨立萬歲, 爲示威運動, 遂被逮. 在獄中, 因毒得疾, 呻楚一年, 病日沈谹, 翊年二月, 得假出獄, 以爲療病, 而深被淫刑, 根祟已痼, 竟不起. 遠近人士, 莫不憐之, 集賻金治喪. 及葬, 弔者千餘人, 挽誄弔旗, 多至數百. 同校生徒, 特表其情, 以朱書其挽, 高揭竿頭, 羅列而行. 聖祚年十九, 居東萊龜浦面凡一洞.

按聖祚一妙年秀才也, 苟無萬歲之唱, 其死不過菌戚, 而及葬, 輓誄弔者, 如此之盛, 亦非其萬歲以耶. 焰硝之暴, 震雷之激, 乃化於腐壤, 伏於重陰也. 昨年萬歲, 非聖祚獨唱, 其死又因病, 而人士之哀聖祚, 乃如此, 蓋可以見同胞好義之心, 久鬱於今日之腐壤重陰也.

騎驢隨筆 3

姜宇奎

姜宇奎, 字燦九, 晉州人, 哲廟乙卯, 生于平南德川郡武陵面濟南里農家也. 爲人軒昂, 有大節, 不事産業. 故家甚貧, 小不爲意. 性嚴, 雖父子之間, 一生無溫然酬酌. 宇奎年十三, 往里中社, 得分肉而歸, 中路鷲蹴去, 宇奎手餘肉自若而行, 鷲又蹴之, 宇奎以一手捕獲. 及歸, 王大人喜曰, 此兒他日, 必有成大功. 弱冠從父, 移咸南之洪原, 信耶蘇爲長老派. 至是, 宇奎見國勢日非, 嘗欲排日, 設學校, 每向學徒曰, 諸君須熱心下工, 剋復我祖國之權. 庚戌, 日韓遂合竝. 宇奎大爲憤慨曰, 凡我觸目, 皆不欲見之人不欲見之物. 翊年春, 挈家入支那北間島, 周觀其西伯利演海黑龍等州, 至吉林省饒河縣居焉. 饒河與海蔘威相距不遠, 宇奎嘗往來其間, 與我人同志爲獨立運動. 己未春二月, 天道教主孫秉熙, 發獨立宣言書, 高唱萬歲, 擧國又相繼而起, 靡然爭唱. 至是, 有露領新韓村老人團聞之, 以李撥等五人爲代表, 出送朝鮮觀獨立動機, 宇奎亦團人也. 往浦鹽及北間, 與其各支部以爲盟獨立活動, 歸饒河新興洞, 自爲發起, 行示威運動, 欲知其朝鮮內情. 五月, 往新韓村, 撥等至朝鮮, 機事黯然, 不知所爲. 乃長書當局, 仍呼萬歲, 官憲捕之, 撥欲自殺, 以刀剸項, 遂不死, 當局說諭送還二人. 宇奎大痛曰, 此爲彼所欺아음而免, 掖其老腕, 以爲吾餘年不多,

恐志事不就, 不能聞大名於天下, 會聞前總督長谷川好道免, 大喜曰, 新總督來時, 吾當擧一大事, 往西伯利靑龍, 買暴彈. 自浦鹽至元山, 逢友人崔子南, 留子南家月餘, 與許炯韓殷哲二人, 至京城. 新總督來聞遂藉藉, 宇奎下元山, 覓暴彈而歸. 於是, 齋藤寫眞載在新報也. 恐爆彈不足或爲誤事, 復下子南, 見韓興根託周旋. 至京, 有言齋藤果九月二日來者, 以爲安國洞與南門驛相距遠, 遂移館. 晦日往安國洞, 子南以宇奎變名姜寧一, 電暴彈宇奎送許炯, 二日, 朝出南門驛, 觀者已塞塡. 宇奎立喫茶店前以待之. 於是, 齋藤出貴賓室, 方乘馬車. 宇奎拔安全栓大投之, 合兩目祈禱曰, 伏願天主如意成功. 於是, 彈聲乃轟然而起, 與齋藤相距略七步也. 宇奎以爲有捕之者, 遂特立不去, 但群衆爭自逃先, 無有捕之, 宇奎從容步南門通歸旅館. 後幾日, 見吳泰泳曰, 吾以假政府軍務總長李東輝囑託, 方募集軍資金而來, 須爲我求從容旅館, 復移館于嘉會洞. 一日夜夢, 上帝謂宇奎曰, 汝之目的, 今聞于天下, 後當從容以就捕. 宇奎心異之, 至十七日, 遂見捉也. 及取調, 宇奎自白曰, 吾欲殺害齋藤, 齋藤不中, 大失所望也, 言甚慨切. 檢事曰, 此疑獄不可以此爲判決, 捉當日觀覽者三人爲證, 南滿洲鐵道會社京城管理局列車檢事曰, 犯人年可五六十, 着白周衣, 分明是朝鮮老人, 右手持陽傘, 左手握手巾, 立衆中投彈. 大野鶴見二人, 皆言其不知, 遂取寫眞盤以寫眞, 姜大有豪氣, 脫其頭笠, 聳其雙肩, 向렌슴立焉. 鶴見觀之曰, 此眞犯人. 後, 豫審判事永島雄藏曰, 汝欲殺齋藤公, 是何意. 宇奎曰, 長谷川, 今春見鮮人大起獨立運動, 又久在朝鮮, 習知其物情. 故不可以爲統治, 乃免而歸. 齋藤以如何之人, 有如何之算, 今此來着也. 親愛其隣, 勿貪于人, 是天之戒命, 而齋藤皆犯之, 紊亂其萬國公法, 輕蔑其世界民族之自決主義, 使我

二千萬同胞, 欲盡墜其窮地, 此我之賊也. 故吾將殺他, 表內外鮮人之熱性同情, 又欲得其獨立承認也. 繼而立川部長開第七號法庭, 先問姓名職業. 然後乃曰, 吾聞汝在饒河, 教育青年, 宣傳信道, 又復國或宣動耶. 宇奎快快而對曰, 始自合竝至今, 晝夜二十四時, 雖一時, 不能忘復國, 此不必問. 又曰, 露領有老人爲獨立, 以組織一團, 汝知之乎. 曰, 新韓村我人居者, 略千餘戶, 不啻有老人團, 又有中青年二團, 西伯利各地, 惟我老人十名在處, 皆有支部. 然則三團之目的是何事. 宇奎曰, 今歐洲之戰亂終熄, 世界改造, 巴里之講和, 主唱民族自決, 以爲我復國之機, 政在此時, 不欲失此好機也. 至是, 立川出示姜書房船票曰, 汝自海蔘威, 乘越後丸至元山, 必有身體檢查, 暴彈何以藏出. 宇奎曰, 藏之無其策. 故褁羅巾陽下緊佩, 如婦人某物, 見其不言, 則彼必以吾閬大知也. 傍聽皆大笑, 立川亦笑之. 宇奎答辯如流, 無小忌諱, 審問或有不滿其意者, 每大笑氣高萬丈. 宇奎書歌詞一章曰, 苟當日殺他齋藤, 吾當大唱此歌, 踴躍蹈舞, 呼萬歲, 不意失手, 此亦所謂謀事在人, 成事在天者耶. 因向立川質問曰, 今日裁判是汝總督使之耶, 是汝天皇使之耶. 吾知總督特一大罪塊, 何不捕之以審問, 獨我困難乃至於此, 大興奮擧椅子擊地, 眼采如炬威風凜凜. 先是, 其子重健自吉林來, 請立辯護師. 宇奎曰, 天下萬事皆在我, 何用律師, 遂不聽. 立川言渡曰, 宇奎以國事自任, 似或無罪. 然宇奎瞑頑無知, 傲慢特甚, 雖以未遂宥之, 必不改悛, 又投彈, 中傷其三十五人, 殺大阪朝日特派大員橘香橘及末弘又二郎, 使朝野一大驚焉. 此不可無罪, 處死刑. 是時, 大正以李王世子嘉禮, 赦政治犯, 多減刑, 宇奎不得減, 上告又以死刑. 宇奎謂重健曰, 考終刑死, 雖不同, 生而死一也, 吾死, 汝切勿爲念, 吾平生爲我民族, 無一事做得, 爲愧太甚,然寐寤而難忘之者, 惟青年敎育, 苟死而將一大感想, 印得他青年胸膈, 吾何恨哉. 時, 閉目而坐, 青年之活潑勇敢常若在眼. 故欲其一見, 欲其一謂, 今不可得, 吾死, 汝通知于十三道各學校及敎會, 以表吾志. 庚申十月二十一日, 遇害. 平日常曰, 吾不以臥席終身爲思, 今果然. 宇奎善醫學. 故一生得無慮巨財, 而用之皆學校及敎會而已. 故三十年間, 周行其北朝鮮南滿洲, 設學校者六, 設耶蘇敎會者三, 老人團一, 民會乃二也. 初宣告, 晉州宗人, 欲歸葬先山. 又爲瑣珉, 總督禁之. 埋本監共同墓地. 重健爲私食, 蕩其家資, 親戚之助, 又難支. 故行平咸各地及慶之晉州, 得錢差入, 以爲無憾, 眞孝子也. 初, 韓興根避去海蔘, 辛酉三月, 被逮, 受刑七年, 服役咸興, 丙寅十一月五日, 乃出獄, 元山人.

按物論以爲姜宇奎, 其功不如安重根, 此無他, 射賊而有中不中之異也. 雖然十餘年寂寞江山, 動此巨雷, 破得他世人聾睡, 此亦一快, 何必以失手爲優劣哉. 苟有其三長之秉者, 在今日必書載史記, 使千秋有耿光, 而但世無其人, 徒上脣吻, 不過其曰優曰劣而止, 悲夫. 蓋忠臣烈士, 自丙寅洋擾以後, 凜凜巍巍, 與日月爭光者, 亦不爲不多, 而至於討戕復讎, 秉春秋於天下者, 未有若安重根張仁煥李在明姜宇奎等數人, 抑其故何哉. 夫義在四時屬秋, 在五行屬金, 在四方屬西, 黃平二省, 在國之西方, 爲秋金之鄕也. 是以此四人者, 皆出於黃平, 以義烈聞天下耶.

李壽澤

李壽澤, 號一夢. 高宗辛卯二月十七日, 生于漆谷郡倭舘面石田里. 壬子, 往京城學普惠校, 翊年, 退校. 己未二月, 見獨立萬歲大起, 嘗有志獨立. 時, 壽澤方在京城, 朴重華等皆曰, 今我人將欲獨立, 往中國圖之甚好. 壽澤以爲然, 六月, 往中國之吉林, 與軍政署會計課長黃尙奎及朴南波韓鳳根等, 相往來. 日, 尙奎曰, 西間島孤山子有武官校, 願君往入學. 於是, 壽澤往見其敎官南一湖, 時, 學校已散. 壽澤復歸吉林, 與韓鳳根金元鳳郭在驥梁建浩尹小龍徐相洛金相潤等, 日往來相親. 元鳳謂諸人曰, 今有三個事, 一曰組一團, 當名以義烈. 一曰依上海假政府安昌浩所命, 吉林當持來其暴彈製造器. 一曰應朴容萬安昌浩等之要求, 當送付其暴彈. 吾人方欲實行其三條目的, 則以一個月內, 携暴彈, 皆入朝鮮, 當破壞暗殺. 壽澤裵重世尹致衡諸人, 皆從之, 將欲擧事. 至是, 壽澤聞兄病, 歸國, 後知郭在驥裵重世至釜山, 往見之. 兩人曰, 暴彈三個, 今在安東縣李丙喆所. 君須運入朝鮮, 以助我目的. 壽澤又病不果. 翊年陰二月, 至密陽張石鳳別庄, 見郭在驥韓鳳根李丙喆, 向暴彈, 已至密陽邑金鉼煥家, 其投彈者, 乃韓鳳根尹小龍申愚童也. 是時, 壽澤以郭在驥命, 至金鉼煥, 確知暴彈藏置. 然投彈處乃京城, 故因資斧遂中止, 往釜山與郭在驥裵重世尹致衡共議. 四月, 遂上京, 至仁寺洞, 見尹小龍李成宇申愚童徐相洛黃尙奎金鉼煥等, 約其助力, 壽澤又病. 陰五月, 往釜山聞裵重世在瀛洲洞丁萬基所, 更以暴彈十三個及拳銃彈丸等, 密送昌原之進永驛, 使姜元錫藏武店里姜祥哲家. 六月二十日, 有金奇得來釜山, 謂壽澤曰, 尹小龍李成宇皆被逮, 請君將暴彈賜我, 以爲更圖, 壽澤不聽. 後, 壽澤往馬山, 聞之郭在驥金奇得亦被逮于南門驛矣. 由是壽澤亦在警官搜索之中. 壽澤欲措置其暴彈, 往金鉼煥不見. 因來至東萊, 與尹致衡裵重世, 相議暴彈藏匿, 以待同志具榮泌, 潛避于慶南銀行支店長金在洙家. 八月九日, 同志皆被逮, 而壽澤獨不逮. 適密陽又有崔敬鶴投彈. 於是壽澤亦爲釜山署所逮, 凡七日不一言, 但手指作啞人, 警官以爲誤捉遂釋之. 壽澤歸家, 更髻網巾, 便作一野夫, 暗與中國之各獨立團相聯絡, 每報內地之情. 有獨立團來入朝鮮, 則調達其資金及地理. 遂與梁建浩李鍾巖金相潤徐相洛等, 更謀募金投彈, 竟被逮于慶北警察部. 甲子春, 受刑二年, 與同志諸人, 共服役于西監. 丙寅, 以李鍾巖證人, 移大邱監. 冬, 遂出獄, 聞同志高仁德死獄中, 不勝悲憤, 因得疾, 丁卯六月四日, 卒于寢, 享年三十七. 時, 子達珍病臥, 又家貧無以初終. 漆谷社會團體欲聯合葬, 倭舘署以國犯禁之, 遂不果. 弔文弔電弔客亦皆禁之, 又令還賻奠諸儀, 葬儀委員, 往慶北警察部, 方交涉云.

李成宇

李成宇, 居密陽, 高宗己亥生. 往中國之中東線小綏芬居焉. 戊午二月, 與同志李鍾巖徐相洛姜世宇, 往通化縣, 學武官校. 己未二月, 見獨立萬歲大起朝鮮, 乃曰, 徒學之不如實行, 皆退學. 至吉林, 見金元鳳韓鳳建申喆休, 議入朝鮮, 欲破壞暗殺. 庚申一月, 與諸人, 組義烈團, 推金元鳳爲團長. 欲達其目的, 與姜世宇郭在驥李丙喆等, 至上海, 求暴彈十三個, 拳銃二門, 潛入京城, 使韓鳳根尹小龍申愚童, 欲投之. 六月二十日, 尹小龍郭在驥金奇得李成宇, 皆被逮竟不果. 及公判, 受刑八年, 服役西監. 後, 移囚淸津, 與全一共謀脫獄, 加刑數年, 至京監服役. 戊辰三月八日, 乃出獄, 往文化舘攝養. 初, 入監三年, 病呻囈, 其後更不病. 有祖母年七十, 方在堂, 而成宇無氣力, 不能歸省, 下去密陽養病. 時, 年三十有一. 弟名成璉.

郭在驥, 居淸州江外面上鳳里. 以曾燁子, 出爲郭芝后. 乃密陽投彈事之首犯也. 及被逮, 受刑七年, 服役京監. 昭和婚, 以赦減刑二年, 丁卯一月二十二日, 乃出獄. 至是老母車氏子大鉉, 及親戚同志, 各新報社寫眞班, 皆集監門外, 便成市. 日, 在驥對記者曰, 七年鐵窓, 備經苦楚, 不能無多小感想. 然其所懷不可卒乍間盡言, 而在監中有三個感. 取次興思, 或有喜氣, 或有悲懷, 或有忿慨之心. 然及出獄見父母, 但悲喜交集, 不暇忿慨. 且吾之去就, 欲安往而無所, 欲不往而又無所, 不可不以吾在爲吾家, 更不言.

金始顯

金始顯, 字九和號鶴右, 安東人, 三塘公諱瑛后, 以台東子, 爲伯父澤東后, 居安東豐北面玄厓里. 太皇癸未生, 爲人軒昂, 沈默罕言語. 初, 遊學日本, 畢明治大學法學科. 己未春, 獨立萬歲大起. 於是, 始顯欲觀其同胞情狀, 五月, 往吉林省, 見義烈團長金元鳳, 是歲十月, 遂皈國, 與京畿休職警部黃鈺始知之. 至是, 我人之僑中國者, 見世界之共産黨乃猖獗, 亦組一黨, 聲勢大振. 是時, 京城有所謂白上部長, 以爲不入黨, 不可以知共産內容, 使黃鈺入黨爲密偵, 始顯不知. 相親已後, 聞東洋民族大會, 開露領莫斯科, 欲往會, 黃鈺將警察密費, 贐五十元, 始顯受之, 往上海. 因安秉瓚, 入高麗共産黨, 爲代表往會. 五月, 還歸上海, 見張健相, 亦黨員也. 七月, 歸京城. 十一月, 同志李賢俊, 自上海來曰, 京城欲運入暴彈, 安東縣當置中係所. 始顯與黃鈺共議, 鈺密使警察部長, 薦洪鍾祐爲朝鮮日報安東支局長, 遂設所. 十二月, 金元鳳使李賢俊書始顯召之, 始顯請黃鈺同赴, 鈺謝, 獨行至天津. 金元鳳張健相曰, 以爲謀獨立, 暗殺破壞爲必要, 請暴彈輸入. 始顯遂擔之. 翊年二月, 鍾路署投彈突發, 鍾路署使黃鈺及日警部橋本送中國, 索犯人, 鈺等至天津, 金元鳳張健相曰, 君非爲捕其犯人來者乎. 鍾路署投彈, 乃猛虎團李강연及羅某所爲, 君不可捉. 又曰, 安東國境之間, 欲輸入暴彈, 何以則可也, 請力之. 時, 始顯欲探其鍾路署投彈, 往安東縣, 鈺聞之, 電始顯入請來, 始顯不往, 囑黃鈺密送暴彈. 是月晦, 始顯與白英武, 往天津, 見金元鳳張健相, 得暴彈三十六個及宣傳文多數. 三月五日, 與劉錫鉉黃鈺白英武橋本等,

共歸安東, 給洪鍾祐曰, 此木果水筒, 請無稅渡江. 夜, 與黃鈺呼妓楚仙, 共飮酒跌宕, 楚仙歸付木果水筒, 送白英武, 其餘託黃鈺, 輸京城, 送趙東根藏之. 鈺至京, 使李慶熙送宣傳文於各道知事及警察部. 十三日朝, 始顯入京, 黃鈺曰, 將暴彈幾個, 納警署何如. 於是, 始顯始知其鈺爲敵心, 甚忿怒, 而以爲警部, 遂忍之曰, 若有好事, 全部亦無妨, 何必幾個. 夜, 度大事已去, 徹夜不寐. 日, 鈺送其弟請避匿. 至十五日, 暴彈皆押收, 始顯等十三人, 亦皆被逮. 及公判, 三矢裁判長曰, 被告往民族大會, 必以爲朝鮮獨立, 非革命的手段, 不可, 議輸入暴彈, 欲破壞其資本主義者及日本政府乎. 始顯曰, 大會不但爲朝鮮而開. 故無此議. 然則其意何如. 始顯曰, 時, 資本主義派開太平洋會議, 欲呑其小弱民族. 故吾人開此會, 以爲欲反抗也. 又曰, 暴彈來安東, 黃鈺亦知之乎. 始顯曰, 吾不言, 彼必不知也. 其時, 欲投彈者, 誰也. 始顯曰, 本人但加擔其輸入而已, 投彈非吾所知. 且吉林有農庄. 故暴爆入京, 然後欲往吉林觀農, 遂見逮也. 問官, 又呼黃鈺曰, 汝入共産黨, 是何意. 鈺曰, 爲密偵. 然則暴彈來安東, 汝何不知也. 鈺曰, 此在吾手中者, 不知何害. 且其時, 擧裵房甚重, 故吾乃酌之也. 然則其時, 汝不逮始顯等, 又何也. 鈺曰, 投彈之人, 自上海來, 然後合捕之, 以成大功也. 又曰, 汝往天津, 苟得捕金元鳳, 必知其鍾路署投彈犯, 而乃不逮, 欲無罪, 得乎. 鈺曰, 此佛租界, 無佛照不得. 且慮吾生命. 然則汝爲警官, 暴彈入手, 則當喜受, 而其不受, 是何也. 鈺曰, 他日事覺, 恐始顯疑吾所爲. 又曰, 汝見金元鳳, 而報當局, 又何以言不見也. 鈺曰, 此乃不言橋本, 故不敢. 三矢繼而召劉錫鉉李賢俊南寧得等, 次第審問. 平山檢事曰, 自己未以來, 强盜多標榜獨立, 以爲職業, 金始顯亦不過職業的獨立. 黃鈺晝爲警官, 夜爲獨立, 蝙蝠無常, 皆監禁十年. 劉錫鉉南寧得八年, 柳時泰七年, 柳秉夏洪鍾祐六年, 李賢俊趙晃白英武五年. 始顯曰, 吾之運動, 決非職業的. 是爲我民族, 以身爲犧牲, 惟吾處刑, 雖百年, 小無關. 趙東根無罪願釋之, 遂泰然, 見者皆稱之. 黃鈺又曰, 吾之爲此者, 實由與同官爭權. 今成此大功, 使諸同官皆入吾手中. 劉錫鉉聞之大怒, 數黃十罪, 又大罵曰, 早知黃漢, 若是爲醜, 今日, 此庭決不共立, 而有此凶計, 吾實不知也. 始吾被逮, 備經淫刑, 而吾爲黃鈺, 抵死諱之, 追悔何及. 李賢俊曰, 今以彼爲同犯, 共立此席, 吾甚醜之也. 入團當日, 吾死已貼額, 監禁七年, 何足言哉. 丙寅春, 黃鈺稱病保釋, 更不入監.

按昔金人有大人相謀, 則大人輩, 齊出江邊沙上, 畵字相示, 而滅其迹. 金人俱是大人, 而猶愼密乃爾, 況黃鈺之爲邊者乎. 破壞暗殺, 是何等秘密事, 而徒見其黃鈺入共産黨, 以爲同志, 而共斡旋, 畢竟爲其所賣, 其謀事, 何如是疏脫也. 見其供述, 則日賊使始顯爲監禁十年, 固無怪, 使黃鈺亦爲十年, 是何也. 吾未知黃鈺之志, 果不然, 而爲免罪或以供委曲者耶, 等監禁, 何不以直自供, 如諸被告爾也, 直雖罪, 不失爲可人, 且直未必罪乎.

徐相漢

徐相漢, 達城人, 居大邱府. 爲人短小, 顙廣面白, 乃秀才之美男子也. 初相漢早孤, 長于兄相一. 相漢年十四, 入高普不卒業, 渡日本東京, 入明治大學經濟英語兩科, 無學糧, 或爲新聞及郵便配達, 或爲職工, 或賣人蔘, 以爲資. 對同志則常曰若擧大事, 吾性命不足惜. 反對其日本同化政策, 語及朝鮮, 每大興奮. 庚申四月, 聞英親王垠, 與日本梨本宮方子女王行嘉禮, 以爲此日我人無一聲, 其於獨立, 妨害甚大. 密造暴彈, 投兩殿下, 與內外務兩省, 又齋藤總督及李完用等, 皆欲殺之, 遂事覺被逮. 初相漢至東京, 見我人遊學生申某, 相從累日, 要爲同志, 告其心事, 與今井生郞及上村欣作, 共造暴彈, 託獵魚, 往王子原試之, 暴力良好, 於是遂決竟擧事. 以無由入場爲憂, 申曰替夫以配達, 無所不往, 着替夫服可無憂, 求一度與之. 申曾以密偵, 外而爲相漢同志, 深知其機事, 內而爲警署告發, 其誰知哉. 相漢賣人蔘, 不賣他人, 每向警署關係者販賣, 其竟未可知也. 日所得多至三十餘元, 故嘗欲入高等工業及東洋大學, 遂不果. 世子與日皇族爲婚媾, 相漢不爲關係, 而其請最絶大的反對也. 及公判, 我人遊學團, 買律師, 爲相漢辯護, 至第三公判, 植村裁判長求刑六年, 其供述付秘密, 故無知之者. 其友柳震杰曰, 徐君姿格端雅, 主見一精, 故人見之莫不尊敬. 四回公判, 女學生李英華等三人在傍聽, 見求刑四年, 皆爲之泣下. 時相漢年二十, 昨年己未春. 其兄相一, 爲獨立運動, 方在監, 仲兄相奎, 在露領尼港, 殺日兵三百餘人, 又爲過激派運動云.

按北地王諶伏劒, 新羅王子入皆骨, 此皆見其國亡, 不欲其僕妾之賤也. 不幸我韓與漢羅亦同一其倩, 而世子何至與婚媾, 而不自知止也. 有深讎大仇於人, 而其無忿無恥者, 雖生是死也, 固不足以生待之, 而相漢何枉費智力, 謀爲投彈也. 旣擧事如完用及日賊, 果如其算, 則殺伊藤之安重根可復見於今日, 而謬謀非人, 遂至誤事, 甚可恨也.

李得壽

李得壽, 年十九, 京幾道水原郡水原面下光敎里人也. 與同志李善泰及女學生林順男·崔文順·李善卿諸人, 組織一團, 名曰血復團. 與上海假政府員車寬鎬, 相爲聯絡, 配布其獨立文書, 鼓吹其光復思想. 倭警逮捕, 將取調以順男·善卿方在病中, 公判常延期矣. 今以四月四日, 定公判期日, 故諸被告當出頭于京城地方法院, 以伊東裁判長擔任, 加藤檢事審問其事實, 將欲言渡云.
初水原郡三一學校敎師李得壽及女學生四人, 與尹益重以獨立運動爲目的, 大韓民報唱歌集及不穩文書, 配布各地, 鼓吹其獨立思想. 初募集團體以爲稱救國民團, 後改稱以血復, 使遠近青年男女, 方能援助其獨立運動. 時女學生三人, 入上海臨時政府赤十字會, 爲看護婦, 後日美戰爭初起, 方欲盡力, 以爲渡上海, 遂被逮. 第一回公判, 善卿病, 累次延期. 昨五日始審問得壽·順男·文順共出庭, 其血色小

不變縮也. 庚申六月, 得壽與同志朴善泰及女學生四人及女學校教師車仁載, 共議寫眞往西湖曰, 視寫眞爲獨立運動良好, 吾雖微力, 欲盡其力, 以爲活動如何. 乃勸告, 諸人皆曰諾. 各其勞力, 獨立申聞·大韓民報·及唱歌集秘密配布, 以爲運動. 善泰曰, 曾爲救國民長, 每週金曜日, 會三一女學校, 研究其進行方針. 與得壽及女學生三人, 言其印寫眞, 共往西湖, 始有此動機, 鼓吹其獨立思想. 順男曰, 以三一女學校卒業生車仁載, 請共往西湖以寫眞故往之, 此以下二行文意不明 則得未對計勵其獨立運動爲其勸諭遂加盟坐仁載家持獨立文書而來以配布本邑此事但與善卿欲往南門, 配布其內外各地, 此亦竟不爲. 文順亦以公立普通學校卒業生, 與順男共往西湖, 遂贊成其運動, 以得壽所作暗號일긔日記 를맏어서記入하든말과, 欲以往上海不爲入赤十字會, 實爲其工夫目的, 餘被告皆一一自白. 加藤檢事求刑曰, 被告所爲, 雖無大端影響, 總督政治, 甚爲不滿, 敢行此不穩, 則審其理由, 不可以不大爲言, 得壽善泰監禁三年, 順男文順二年. 金雨英法師曰, 此甚於小孩曹作亂所爲不過, 以無罪放免辨論也. 得壽年十九, 善泰二十, 順男十七, 文順十七.

玄淳乙

玄淳乙者, 平北价川郡內來面龍奉里人也, 秘密結社韓族會新民團巨魁也. 淳乙, 己未八月, 自間島來, 以資金募集, 出沒各地, 勸多數同志曰, 吾人當今日時代, 不可蟄伏窮巷, 願諸君爲我祖國, 當竭盡其力, 以爲活動, 組織其新民團, 此數十人使之爲團員, 諸人結其團, 選任役員, 使團員周行于价川平原安州及寧邊各地, 配布其獨立文書, 遂從事于資金募集. 淳乙, 往順川金寬河方, 募資金, 不成其目的, 往勸成川某地滯在者車相穆李基五, 使從事于獨立運動. 後往順川李龜模, 得資金三百元. 庚申五月, 往安州申永晏方, 玩弄其同志者吳光胤所持拳銃, 不覺間發, 誤殺其光胤, 遂與平壤价川各地同志, 持拳銃周行四方, 募資金, 宣布其脅迫狀警告文, 鼓動民心. 八月, 遂潛伏于价川龍奉里山中, 與寧邊警察署搜查班相迫, 大爲擊鬪, 發射拳銃三十餘發, 因逃走. 今番與警官共大激戰, 遂爲逮捕. 辛酉三月, 送致檢事局也. 李賢洙李寅亨田千日等六人.

吳學洙

吳學洙, 平北郭山郡邑內人也, 年三十六. 嘗於家庭, 學漢文, 中年, 漫遊於中國各地, 難廣其見聞, 世界新書籍, 多數買之, 以爲汎濫. 始自五六年信仰耶蘇, 至今全家皆從事也. 家中只有其妻及一男一女, 又貧無食, 學洙少不爲意, 彷徨四國, 鬱鬱以歲月. 己未三月, 天道教主孫秉熙發表獨立宣言書, 繼以郭山郡, 亦蹶起運動. 學洙卽往上海,

不顧其各般辛苦, 與臨時政府諸員, 共運動其獨立. 庚申陰六月, 持爆彈及獨立新聞, 自上海至安東縣, 怡隆洋行主人소우投宿, 議秘密運動, 不意日官憲來捉. 學洙欲援身逃躱, 中暴彈而仆, 遂被逮. 外共謀者數十人, 亦皆被逮以內亂罪囚. 高等法院豫審判事永沼, 方豫審中. 其妻無依在親庭, 聞學洙被逮囚西監, 欲私食差入, 來京城四月. 昨年以來經營諸事, 以夜爲晝而行, 每取山中往來. 故其苦狀, 不可形言, 出常言之曰, 吾爲亡民族, 而主事之人則天必以導其前道云.

崔昌善

崔昌善者, 居江西郡離龍面龍雲里, 李基榮者, 居平壤橋口町. 丙寅, 昌善, 年二十三, 基榮, 三十一. 己未春, 兩人見三一運動起, 遂懷朝鮮獨立之志. 庚申二月, 密募同志三十七人, 往滿洲寬甸縣, 爲趙孟善部下. 三月, 爲募軍資, 至寧邊之草洞, 與搜查隊宮澤等相交, 火殺警官數人. 七月, 至咸南長津郡乃募金, 富人李明學, 拒而不應, 捉其妻崔氏殺之. 仍至江界, 襲擊其文明洞駐在所, 殺管原巡査數人, 又火其駐所, 掠取武器彈丸. 自二月至十二月之間, 往來熙川寧邊義州昌城楚山渭原碧潼江界雲山等地, 與搜查隊相衝突, 或殺其密偵, 或火其人家凡十數, 而同志死者亦數人, 募金略一百數十回, 得數萬元. 甲子十一月三日, 三十九人皆爲江西署所逮, 取調畢, 送平壤法院,審理二年. 丙寅五月十五日, 乃判決, 崔昌善監禁七年, 李基榮六年, 外三十七人, 亦各有差. 赤井檢事, 正遂附帶控訴. 時, 物論以爲此三十九人, 乃明月館四十八人之後, 是初有之大事也.

按或曰, 今日青年, 多標榜獨立, 漂浪海外, 自陷刑辟, 不顧父母妻子, 雖稱之以悖流, 可謂着題. 且其所爲, 一有言之, 其禍便立至. 子以何見, 間關國中, 閱歲搜輯, 欲以自觸其禍也. 余曰, 不然. 子不見夫漢之馬史者乎. 如滑稽遊俠, 徒尙其戲謔然諾, 旣無輔於國, 又無益於民, 而馬氏取之. 今李鍾巖高仁德楊承雨金禮鎭李秀善張鎭元崔炳善金光善崔昌善之輩, 年少氣銳, 見事輕進, 其所就不過殺密偵, 以除其黨與, 擊駐所, 以害其巡查. 又或投彈, 爆破領館之墻警署之窓而已. 然始我韓之一爲不祀, 經年海外, 寤寐討賊, 蕩敗其家, 犧牲其性命而皆不顧, 其斷斷苦衷, 實非所以滑稽遊俠之比也. 吾之爲此, 曾以不文, 雖不知其傳之久能如馬史, 而爲同胞一也. 豈可煖衾高枕, 安於布置, 以爲怵區區之禍, 而使諸人烈士, 竟湮沒而無聞耶.

金禮鎭

金禮鎭, 居平南大同郡. 斗七子. 高宗丙申生. 爲人佳妙, 性寡默有膽勇. 初, 往平壤新陽里, 畢崇實中學. 己未三一, 呼萬歲, 以保守法違反, 受刑六個月, 病保釋. 及愈, 往滿珠, 入獨立團, 數次入平南之大同中和江西鎭南浦等地, 募軍資. 庚申, 禮鎭徒步至平壤. 三月一日, 禮鎭以爲此三一運動之一周年, 不可不記念, 與同志崔鳳敏朴聖植等, 作檄文, 配布市內, 以爲運動. 四月, 同志金錫璜從上海來, 禮鎭相與會紀笏病院, 組大韓民國義勇團之平南支會, 禮鎭爲庶務部長. 六月, 往江西, 與金景河等二十餘人, 組大韓日新青年團決死隊. 七月晦, 與張德震及女史安敬信等, 至安州, 與警官相衝突, 射殺其警官一人. 又與李用穆金孝祿表永準安敬信諸人, 議曰, 往平壤, 道廳府廳及警署三個所, 皆欲一時暴破. 八月三日夜, 禮鎭案內安敬信, 往警署, 投彈墻壁及琉璃窓, 皆暴破. 禮鎭又案內金孝祿, 往道廳, 投彈因不果. 於是彈聲有轟然, 一府中爲之震動. 橫山巡查方把守七星門外, 見有過一青年, 極殊常, 乃高聲問之. 青年發拳鎗射之, 橫山踣地. 此亦禮鎭教表永準, 以射之者也. 後數日, 夜有自動車一臺過鏡濟江邊, 以爲此警察部自動車, 又襲擊, 傷運轉手. 由是平壤府中, 宛然作一戰場. 至是, 金禮鎭安敬信皆避身. 安走咸南之元山, 金率妻子, 走中國之上海佛租界. 因往來哈爾濱及吉林, 糾合同志, 謀獨立. 後, 爲電車監督. 是以全鮮警官, 皆叢集平壤, 欲逮捕, 而竟不得. 辛酉二月, 同志崔龍周朴經玉等, 皆被逮國境. 安敬信被逮元山, 大同署取調, 送平壤法院, 受刑十年. 時, 有投書來檢事局及警察部曰, 眞犯乃吾也, 非安敬信也. 此人卽年前, 上海其橫死者張德震. 初, 德震自北滿入國境, 時, 與安敬信相結託, 持暴彈來者也. 丙寅三月, 禮鎭又與同志李秀善 一名英善 等, 乘自動車, 往日領館, 投彈亦不中. 於是日, 警疑禮鎭, 而以人之租界, 不敢逮捕, 向電車會社英國人, 紿曰, 電車監督金禮鎭是强盜, 請英人電招. 及至, 日警捉之, 乃十五日也.

取調凡數十日, 不得其端緖. 日, 自平壤有照會, 請送致. 四月七日, 永鎭自上海, 乘門司郵艦山城丸, 經下關釜山. 十九日, 至平壤, 宿警署一夜. 於是, 其罪乃判明, 二十一日, 送檢事局付豫審. 荒卷豫審判事以表永準金孝祿安敬信等, 爲證人. 及審問, 前後調書可至一萬五千餘枚, 犯罪事項亦五十餘. 禮鎭如配布檄文, 組織支團, 皆是認, 而至投彈, 乃全然否認. 辯護士曰, 安敬信投彈之時, 被告乃避身于韓聖殷. 中村警部取調之時, 被告曰, 吾乃眞犯. 今日召聖殷中村問之, 乃可知也. 第二公判, 竹尾裁判長召兩人審問. 聖殷曰, 七月二十六日, 禮鎭來吾留, 八月六日而去. 念六家有災, 尙至今不忘. 中村曰, 禮鎭之有關係投彈, 因安敬信金孝祿聞之. 且禮鎭本不良人物, 故吾知有關係. 崔檢事論告曰, 韓是被告氷父, 不可取信, 以治安維持法又刑法法令等三種, 乃求刑十五年. 其弟婦成鎭道信等曰, 今日公判, 本無事實, 而其調書, 中村何以事實作成也. 乃駁之, 法庭遂大亂. 李秀善嘗與禮鎭等, 組丙寅義勇隊, 共投彈領舘, 竟不成志, 甚忿歎之, 方思其再擧. 至是, 聞隆熙帝因山在六月十日, 欲潛入朝鮮, 謀擧大事. 遂與同志李秀峯高俊善金礩龍等, 持銃彈, 發上海, 至蜈松灣, 爲水上署所逮. 卽拘引于日領舘, 受取調. 秀峯將日本郵船會社船員松本, 誤知其日本外務省囑託之人, 遂殺之. 乃自經而死, 丙寅六月十六日夜也. 秀峯居平北鐵山郡西村面. 其遺書曰, 吾死, 請送之于其弟李德用. 德用方在上海佛租界云.

安敬信

安敬信女史, 居平南江西郡江西面德興里, 耶敎監理派. 初, 以女子高普校技藝科出身, 嘗懷排日思想. 己未十月, 往平壤, 見西門洞有群衆多集, 遂煽動呼獨立萬歲, 拘留二十餘日. 自是之後, 敬信益忿慨, 一心常欲雪恥. 十一月, 平壤信者吳信道安貞錫等, 組大韓愛國婦人會, 各郡設支部, 敬信爲江西支部財務員. 見未幾皆被逮, 遂與同志金行一, 共赴上海, 與臨時政府員得往來相親密. 日, 政府員黃內武謂張德辰金昌洙文賢喆安敬信等曰, 聞米國議員團, 以東洋視察, 將過朝鮮. 願諸君今出去平壤, 擧一大事, 則議員必知獨立之熱, 得同情不其易乎. 將暴彈拳銃與之, 安敬信遂慨然而諾. 七月, 與諸人, 發上海至安州. 時, 有宮東警部搜索甚嚴, 敬信射殺之. 八月, 至大同郡朴致恩家, 以避身, 與同志潛入平壤. 三日夜, 往道廳第三部, 大投暴彈. 其聲轟然, 一府中爲之震動. 敬信恐被逮, 投大同江菼幕經夜. 詰朝, 往箕子陵森林中, 逢文賢喆, 得暴彈一個, 復至朴致恩. 搜索日甚, 無處可避, 乃東走咸興. 辛酉三月, 大同警署聞之, 遂逮捕, 嚴刑取調, 送致平壤法院, 宣告以死刑. 警信不服控訴, 覆院又死刑. 後, 更言渡十年, 共謀者金孝祿金利道朴致恩崔龍周朴經玉五人, 亦皆監禁.

按投彈是死地, 故二千萬同胞, 雖丈夫, 而但姜宇奎表永準朴在赫崔壽鳳金益相金祉燮若爾人而已. 安敬信, 以女史乃投彈, 使世人一驚. 此巾幅而非丈夫也. 丈夫而非姜朴等諸人乎. 薛敬軒曰, 誠至于學,天其遂吾願. 彼前後投彈者, 縱不有一人成功, 而其誠之謀獨立, 則皆可謂至矣, 天或其有獨立可遂之日乎. 余愔聾跛躄, 雖不能投彈, 而其志, 則猶有在, 俟其日以屈指. 時, 安敬信年二十七.

朴在爀

朴在爀者, 釜山府凡一洞人也. 年二十六, 初, 以商業學堂出身, 爲釜山電氣會社車長. 後, 往京釜線倭館, 爲貿易商雇傭. 丁巳六月, 請主人, 得資金七百餘元, 入上海, 翌年六月, 還家. 過數朔, 又入上海及新嘉坡, 從事貿易, 庚申三月, 乃還歸. 七月, 上海金元鳳, 使人勸在爀, 爲獨立運動. 初, 在爀拒之, 八月, 元鳳又呼在爀, 給周旋金三百元, 勸以投暴彈, 在爀許諾, 得暴彈而歸, 以老母不果, 與同志日飮酒跌踢. 至九月十四日, 遂決意. 釜山警察署長橋本秀平, 曾知面者也. 在爀往與橋本相見, 因出外, 火雷管投之, 以彈術不講, 誤中自膝踣地. 官憲送病院, 爲應急手當. 及公判, 姑彈瘡未合, 顔色蒼白, 全身骨立. 野田宣死刑, 在爀請其母及姊妹相見, 放聲大哭, 傍聽亦皆泣下. 控訴大邱, 更以無期, 竟卒于獄. 在爀在監中, 日人其遇之, 與他囚甚有異也.

朴治毅

朴治毅, 平北宣川郡信聖敎生徒也, 年二十一. 庚申八月, 聞米國議員團過京城, 治毅自語曰, 此時作何運動. 方思之, 有李學弼林龍日金應植三人來曰, 吾人今以寬甸縣光復團決死隊, 聞米國議團來, 欲與君爲獨立提出其陳情書于議團, 宣川停車場及警察署皆投彈, 高唱萬歲, 使世人及議團皆知我獨立之熱, 願君冒死戮力, 不失此機, 則可以達目的. 治毅曰, 此吾志也, 遂決意擧事. 學弼等, 復入中國, 求暴彈而歸, 議團已去日本, 事無及矣. 更相與謀, 下宣川. 九月一日午, 一人投郡廳土地臺帳倉庫不暴發, 治毅投警署玄關, 此則爆發, 而但破壞其琉璃窓. 至七日, 皆被逮. 共謀者金聖灝朴世鍵白時瓚等十五人. 辛酉陰三月, 五味裁判長言渡曰, 金聖灝監禁十五年, 朴世鍵白時瓚十年, 白敬玉安秉鈞八年, 朴承洗朴致祥五年, 金應植等五人三年, 獨治毅死刑. 治毅突然而起, 擧兩手向天號曰, 惟我天主, 惠我多謝, 傍聲皆大驚嘖嘖.

李昌德

李昌德者, 咸南北靑郡中山面廣川里人也, 年二十八. 初, 往滿洲通化縣七道溝居焉, 常希望其大韓獨立. 庚申三月, 我人之居通化者, 置軍政署, 組暗殺團, 昌德亦入團. 時, 厚昌郡守桂膺奎憲兵韓承武, 曾以親日, 每妨害其獨立. 軍政署痛之, 使昌德暗殺其郡守憲兵. 昌德與同志李宗植, 至厚昌, 與巡查及郡書記相交際, 巧避其警戒, 又探兩人動靜. 一日夕, 宗植見承武在家, 從窓隙射之, 無實彈不果. 晦日, 因書記金榮錫, 聞郡守以病還家, 遂與巡查往料理店, 飮酒趺踢, 夜深潛入其家, 四無人跡, 萬籟俱寂, 宗植立門外, 昌德入室, 射殺之. 初, 昌德至厚昌, 見榮錫曰, 吾將以暗殺團, 欲殺其桂郡守韓憲兵來, 君遂援助, 榮錫初拒之, 恐禍及己, 遂許之. 後, 昌德被逮死, 榮錫監禁十二年.

按膺奎, 雖親日亦我人, 李昌德何後日而先殺我也. 春秋傳曰, 討賊, 先治其黨與, 膺奎爲僞郡守, 心腹耳目, 無非賊也. 比賊之尤者, 不徒以黨與謂也, 豈以我人而爲容貸乎. 以僞郡守言之, 則通國乃所在皆是, 而獨厚昌先其禍. 膺奎之所有罪可殺, 此可推知何爲其先殺我也. 昌德海牙談判剖腹死李儁之近族云.

崔一浩

崔一浩者, 年六十九, 居黃海道遂安郡遂安面龍骨里, 爲人慷慨. 自庚戌來, 嘗懷不平, 欲有爲於世, 而業儒年老, 每恨無其便. 至是, 上海聞有假政府, 相聯絡假政府, 以一浩爲大韓獨立分團長. 一浩方糾合同志, 以爲欲運動, 官憲逮捕取調, 送致瑞興檢事局, 爲拘禁. 一浩在獄中, 遂絶食十三日而死. 其家族及面人, 返柩欲盛行其葬禮, 官憲禁之, 遂不果.

楊承雨

楊承雨者, 居平壤府水口里. 高宗辛卯生, 爲人有膽勇. 年十四畢光成校. 戊申, 丁外憂. 承雨對時局常懷不平, 日, 詐稱商業入南北滿, 與同志謀獨立, 常以爲前茅活動. 己未春, 見獨立萬歲大起亦奮發. 八月與其妻黃氏離婚, 往吉林復至柳下縣, 有光復團, 承雨入團受組練, 陞第二六隊長. 俄引部下一隊, 往露西亞爲露人出戰. 後歸見光復團乏軍資, 出平北募金, 又諸項事無不謀劃. 上海臨時政府聞之, 委之以重大信任. 庚申八月, 承雨組碧昌義勇團, 衆推承雨爲團長. 承雨又募金至義州, 聞保民會長吳某爲親日遂殺之, 擊大同郡全村駐在所殺警官三人. 至平北擊金融, 同志一人, 中丸踣之, 承雨負至順安醫院以治之. 自是之後, 行西鮮各地, 密偵及警官, 見輒殺之, 又火其家. 是以關西一帶, 爲之糜然騷動, 賊亦聞之, 莫不其心骨皆寒. 由是國境內外張非常線, 晝夜捕承雨爲事. 甲子四月, 變名世振, 與部下韓東振, 往間島之長春, 皆被逮. 日領事送致新義州法院, 取調名其罪, 曰制令違反·曰殺人强盜·曰放火恐喝·曰脅迫傷害, 以死刑判決. 承雨不服控訴, 平壤覆院亦以死決, 承雨又上告京城. 初辯護士韓根祖勸承雨上告, 至是突勸其取下, 承雨頗疑之, 默然良久曰, 有一種之說, 吾亦聞之, 而其苟生吾無意. 遂取下. 乙丑陰十二月四日, 高院乃棄却. 丙寅二月十八日, 總督齋藤命執行, 二十一日遂遇害, 至十三分乃絶命人異之. 陰正月初九日, 承雨臨命有遺言而賊不發. 先是承雨喪其妻, 續絃入滿洲, 時遂離婚, 故其家族但老母咸氏及少女彈實而已. 初承雨至新義州, 其母行乞差入, 及移監平壤, 爲人家食母, 每日差入兩時. 至是兩亦不得, 乃一日一差. 二十一日, 承雨已遇害葬蒼光山, 而彈實不知. 翊日夕又携飯而至, 於是彈實始知之, 乃躃踊而哭曰, 無食者飯, 昨夕何故受入. 哭之甚哀, 其景色人不忍見也. 前六日, 其母入獄, 承雨喜曰, 此陰曆正初, 母思方切, 今母氏適來. 乃曰, 我家無有, 母何以過歲, 國破家亡, 不孝罪大, 使老母爲此若. 且曰, 不孝至此, 縱有不幸, 願母氏勿過悲. 脫衣與其母曰, 着之已久, 不可以服, 須洗濯之. 咸氏涙而歸, 急改而差, 獄吏曰, 今不可入, 更待後日. 卽承雨遇害之日也. 彈實歸始知之, 以爲欲移葬, 與其妻合窆焉. 承雨在獄中每讀詩書, 及就刑泰然, 新報載遺書與平壤府鍾路金 缺一字 商會朴永魯方咸氏, 而其下書刑務所內子世振上云, 其辭意字劃, 模糊不可知之也, 時年三十六. 其同志金泰源, 新義州法院 越尾判事, 亦以死言渡, 乃不服控訴.

朴善一

庚申九月, 弓寅聖受大韓獨立團本部命令, 平南道郡面, 欲設置其支團, 募集其資金, 見善一等勸誘共援助于資金募集. 後若有事起, 爲我韓獨立, 各持干戈以盡其力爲目的. 兼組織其江西支團, 選定任員團員及資金募集爲計. 善一等會合花石里金東味小幕, 遂組職同團, 趣旨募其資金, 送本部, 自本部派遣其暗殺員. 如有起獨立戰爭, 各盡其力, 爲勇敢奮鬪. 約其四條, 一曰任員選定, 一曰支團印章作成, 一曰本團員受弓寅聖司令命令, 每月五元式團費支出, 一曰以每月十日爲約, 如普通農會, 而相會協議事, 陰八月後, 會小幕前, 所決議報告, 團員募集·支團設置·及其他諸般事項協議後. 諸人見申報, 有平南支團長安昌一被逮, 諸人持指令書, 其他證據物皆入火. 爲時有洪敍淳·金萬吉·文一·朴正鎬·金觀成等, 爲募集資金官公吏暗殺入朝鮮, 來訪金東味·金容琳, 俾此人還自宅. 十一日右四人又使之以宿泊, 又以前所募集金, 給旅費十元. 前記拳銃團員金觀成, 以資金募集, 往平壤府鷄林里北金融組合, 與警官共擊戰因負傷, 而來金東味家又一泊, 善一乃二泊, 使之隱匿, 以避禍也. 辛酉三月, 第一回公判, 人曰, 如此公判, 近來所稀有. 不遠七八十里, 皆來爲傍聽, 法庭內外無立錐地, 裁判長忽延期以十六日, 傍聽者大爲失望.

李鍾巖

李鍾巖者, 大邱府南山町人, 一名鍾淳. 初, 學公普, 又入農校, 五年遂退學. 年十九, 爲大邱銀行見習生, 俄調出納係主任. 丁巳十月, 同志有往來滿珠者, 乃相與謀復國, 組秘密結社, 復與密陽具榮泌金大地等爲同志. 十二月, 取行金一萬九千元, 與具金兩人欲往米洲遊學. 時, 歐米大戰, 不可直航, 因往上海, 竟不果. 後, 歸滿珠之奉天, 居滿人部落. 至是, 我人爲獨立, 設武官校于通化縣, 募青年, 教軍事學. 戊午二月, 鍾巖遂入校, 學步兵操典及軍隊耐務書. 是時, 學徒不過百餘人. 己未二月, 鍾巖見獨立萬歲大起朝鮮, 與同志李成宇徐相洛姜世宇議曰, 徒學課, 不如實際運動, 共退學. 至吉林, 見金元鳳韓鳳建申喆休等曰, 吾輩入朝鮮, 破壞其官衙, 暗殺其官吏, 欲妨害其總督政治, 莫如製暴彈. 六月, 與金元鳳共往上海佛租界, 有同胞金聲根善其法, 遂見習三朔. 九月, 與聲根復歸吉林, 多教授同志. 於是, 聞寧安縣東京城有懇民小學, 往入學. 庚申, 遭父喪, 不能奔. 十一月, 與裵重世金相玉高仁德諸人, 歸密陽馬山里韓鳳仁家, 密造暴彈二個. 十二月二十七日, 使崔敬鶴往密陽署投之. 翌年一月, 與金元鳳金相玉徐相洛尹小龍李成宇韓鳳建郭在驥姜世宇等組義烈團, 推金元鳳爲團長, 鍾巖爲副團長. 於是, 欲達其目的, 與姜世宇郭在驥李成宇李丙喆等至上海, 求暴彈十六個拳鎗二挺彈丸百發, 密輸朝鮮. 其中三個, 李丙喆送密陽, 託金鉼煥藏之. 其餘李一夢使裵重世送昌原之進永驛, 託姜元錫藏之, 命李壽漢一個月內投之. 七月, 與金元鳳欲催其實行, 至安東縣, 藏之密陽者, 爲官憲發覺, 藏之昌原者, 乃不發. 於是, 往裵重世, 覓其暴彈, 使徐相洛金相玉等欲投之. 重世曰, 此李一夢之擔任, 見此人, 然後可出給, 遂拒絶, 不果就. 行金, 初, 友人具汝諄, 奉天設三光商會, 以資本鍾巖將七千元與之, 其餘三年之間, 盡以恤韓鳳仁徐相洛金元鳳之生活及其他同志之北京朝鮮上海吉林往來之費. 是以志事不就, 客橐垂盡, 遂與金元鳳徐相洛等復入北京, 更待後日. 壬戌三月, 鍾巖將金元鳳之命, 往上海中國人理髮館, 見金益相吳成崙曰, 聞陸軍大將田中義一, 視察其比律濱, 歸路過中國, 此日本軍閥之巨頭, 當暗殺以除敵國如何. 其來時, 若不由南京及天津, 必由上海, 欲殺之, 吾三人一往南京, 一往天津, 一在上海, 各隨便狙擊, 亦非所以萬全無弊者乎. 今日徒待其一處, 若失此, 更無望, 不如分往各處. 方欲發程, 二十八日, 田中果至上海. 鍾巖曰, 其上陸時, 若不擧, 領館宴會時, 乃當擧. 是日朝, 往領館, 觀動靜凡數次. 又曰, 上海埠頭, 亦不一, 可各分一所以待之, 與尹小龍帶拳鎗而去. 及午, 見新報, 則田中至稅關棧橋. 由是鍾巖乃歸館曰, 此處金益相吳成崙, 皆集合, 吾雖不往, 亦足暗殺, 遂不去. 事竟不成, 金吳兩人, 皆被執. 七月, 鍾巖在佛租界閨安里, 更與金元鳳姜世宇吳成崙議曰, 今年內, 當入朝鮮, 決行其破壞暗殺, 欲輸入其暴彈, 十二月, 金始顯等, 亦有此計. 金元鳳乃與始顯相合力, 密輸武器. 至翌年三月, 又失敗. 癸亥七月, 鍾巖見資金窮乏, 不可活動, 欲募金入朝鮮, 與具汝諄持革命宣言書及臨時政府外交總長張健相之委任狀, 發上海至北京, 鍾巖不果, 具獨入來. 乙丑九月十一日, 鍾巖又募金至大邱, 李丙浩案內往李丙泰. 十四日, 金在洙迎舍匿, 將釜山金融有自己預金五千元, 竝朴宗源之漁業營金五千元, 約以十月十五日交付. 是時, 鍾巖病, 十六日, 與裵重世往李起陽山庄療養, 十一月五日, 乃見逮, 一說九月二十日云. 豫審一年, 至丙寅十一月十八日, 始公判. 安東禮安密陽諸郡之人皆傍聽而來. 及公判, 問官曰, 汝往馬山, 見裵重世, 請暴彈, 是何爲. 鍾巖乃整色曰, 此朝鮮內各官衙及重要建物皆破壞, 當路大官, 亦皆暗殺. 其言如霜劍, 問官一更見鍾巖, 傍聽皆竦然. 於是, 問官益柔聲曰, 然則欲行其實際者乎. 曰然. 每答之無忌. 問官曰, 汝欲殺田中氏, 又何也. 鍾巖奮然曰, 與時間則當仔細, 能與之以時間乎. 問官驚懼, 急急收刷曰, 田中氏是軍閥之巨頭, 以爲此小弱國民族之敵. 故有此擧, 果然爾乎. 卽閉庭. 翌日, 問官又曰, 苟被告往稅關埠頭, 見成崙不中, 被告又果能投彈乎. 鍾巖曰, 吾已不往, 不必言, 若往勿論. 法庭復竦然. 問官曰, 革命宣言書, 其意果何如. 鍾巖勃然曰, 此朝鮮欲脫日本之壓迫, 革命不得不爲之者也. 公判畢, 檢事求無期, 辯護士趙柱泳及中山等, 皆以輕刑主張, 裁判長不聽, 監禁十三年. 丁卯, 鍾巖年三十二, 高宗丙申生.

高仁德

高仁德者, 居密陽郡內二洞. 初, 學大邱啓聖校. 戊午十一月, 仁德慨然去國, 入滿洲, 遂往來于上海吉林之間, 運動其獨立. 己未春, 見三一運動起朝鮮, 與同志金元鳳, 謀密輸暴彈, 密陽欲先擧其破壞暗殺之烽, 遂事覺被執, 往大邱監, 受刑三年, 至一年, 得假出獄. 後, 又以獨立事, 海外送特派員, 仁德放賣家庄, 得三千元送之. 乙丑十一月, 李鍾巖被逮. 仁德亦以連累逮囚達狴. 偶病, 卒于獄, 壽二十二. 訃聞, 親戚及同志皆來哭, 監門之前, 便作一淚海. 丙寅十二月二十二日, 以列車着密陽驛. 夜深, 女學生幷親友百餘人乃出迎. 仁德死獄中, 有流言, 朝鮮報記者申敬淳, 訪大邱刑務所長小松數馬. 小松憮然曰, 高仁德去十四日, 偶發熱病風, 卽請醫診察藥之. 仁德不服, 擧藥甁破之, 拾破片刺其項, 出其他傷處, 亦數三, 不得已鎖手甲. 少有差, 至十七日, 又發熱, 是以翌日公判, 亦不能出庭. 後, 以手甲又破溺缸, 以其破片, 剚腹欲自殺. 二十一日, 又發熱而死. 仁德爲人溫順, 故署中待之甚敬. 一說庚午春, 以病保釋, 四月二十九日, 卒于家云.

崔敬鶴

崔敬鶴者, 居密陽郡上南面馬山里, 乃耶敎信者也. 年二十七, 初學私立東和校. 後, 往東萊梵魚寺, 入明正校卒業. 自庚戌來, 常懷不平, 雖夢寐之中, 必思朝鮮獨立. 年前, 入間島, 遂彷徨乎奉天安東之間, 還至平北定州, 爲鑛山功夫, 又爲郵便配達. 初, 與信徒任泰具相善. 日, 敬鶴往密陽停車場, 逢泰具. 泰具謂敬鶴曰, 今通國皆運動, 而獨嶺南無聞, 君是嶺人, 能無愧乎. 願君投彈密署, 鼓其人心, 援其獨立, 則嶺之全省, 可有光. 敬鶴曰, 諾. 入山中, 密造暴彈, 託同志宋惠德藏之, 待其期會. 庚申十一月十八日, 聞署長會署員訓示, 乃曰, 此正其時. 卽往警署, 遂投彈, 暴力不充分, 竟不遂志. 署中方大驚出動, 敬鶴又投一彈, 亦失算. 於是, 敬鶴向西門而走, 見官憲追之甚急, 入黃石家, 以刀自刎. 官憲捕之, 請醫師診察. 刀入長二十五仙米突, 深十五仙米突, 而尙一縷不絶, 送病院治之. 十二月, 送釜山法院, 青山裁判長曰, 釜山朴在爀南門驛姜宇奎, 汝知之乎. 此皆死刑, 汝亦知其必死, 而何爲此妄擧也. 敬鶴曰, 吾其時, 苟達其目的, 卽自殺, 不見其汝輩僇辱, 而事不諧, 豈非命乎. 野田宣死刑, 敬鶴亦泰然含笑而退. 亦因死獄中. 及葬, 各教會及學徒皆欲會相, 以禁令不果. 敬鶴一名壽鳳.

按好生惡死, 是人之常情, 而如姜宇奎表永準李昌德朴治毅朴在爀崔敬鶴諸人, 皆知其必死, 而故投彈, 自觸其刑辟, 此非所以不近人情者乎. 吾知其數人者亦同一其情, 則豈不知其生之爲可好其死之爲可惡也. 舍其好而取其惡者, 以深恥大仇, 急於討賊, 此非所以取熊掌, 其輕死如鴻毛者乎.

金道源

金道源者, 居平北宣川郡深川面月谷洞. 年二十七. 初, 仁俊學五成

校不成. 二十二, 入鐵嶺育英學堂. 翌年, 又退學, 移居間島通化縣. 庚申六月, 金東植白雲起金攸信朴初植金丙植金仲亮等, 入定州東巖山中, 組保合團, 推金仲亮爲團長, 募軍資, 以爲送上海假政府. 於是, 李光世金道源等十四人, 遂入團, 與朴初植, 往來鐵山宣川間, 遂募金. 八月, 移東巖山本部, 往宣川山中, 日兵常侵之, 遂避去間島寬甸縣. 又置暗殺團曰, 欲以使內地青年, 一時奮起, 則募軍資爲先務, 全鮮各道, 乃令人派遣. 道源以京城派, 乃至京, 聞李鍾榮曺相伯等先至京, 爲武裝計, 請鍾榮等合武裝普合兩團爲一團. 十一月夜, 往雲泥洞, 請資金邊錫淵, 以後日爲約. 及期, 請鍾榮同往, 以危險辭. 道源大言曰, 若官憲來, 吾當射殺之, 遂獨去. 邊之子德永報鍾路署, 刑事三人已出張在邊家. 見道源至, 欲捕之, 仁俊急出鎗射之. 李廷善卽死, 近藤茂禮中腹尋死. 仁俊知不能敵, 越屋走益善洞. 有群警急追, 仁俊相與共擊鬪, 遂力竭被執. 刑事用淫刑, 取調以強盜. 仁俊曰, 吾非强盜, 乃普合團員.吉林置本部, 與上海假政府相聯絡. 吾以暗殺團, 與李光世來京, 資金拒絶者殺之, 親日者殺之. 漢城韓一兩銀行, 又襲擊之, 以爲援我之獨立. 爲賊邊告發, 乃至此, 吾何爲强盜也. 於是, 第三部始知有普合團, 急電平北各署, 其暴彈拳銃資金募集帳銀行會社분해도斷電柱器械懷中電燈過激文書皆押收. 京城平北之間, 又逮捕李光世金酒洪金酒範李一華李昌根金炳奎趙基和等三十餘人, 白雲起等三人皆銃殺. 又呼李鍾榮曰, 汝入滿珠, 大正七年, 是還歸故國乎. 鍾榮曰, 吾非日人, 故日本年號, 吾不知之. 裁判長大怒曰, 汝以此爲滿珠日報記者, 又來京爲武裝計乎. 鍾榮曰, 朝鮮獨立, 不濺血, 不可爲. 每擧手高聲, 其供述與演說相似. 裁判長見其擧動甚不佳, 遂止之. 人謂之高聲裁判. 鍾榮居慶北榮州郡安定面

生峴里. 時, 年二十七. 初, 往元山, 學米人中等校, 因爲該校教員. 及言渡, 共被逮者皆監禁有差, 而仁俊獨死刑. 乃怒曰, 大丈夫殺犬羊賊幾漢者, 乃死之耶, 罵不絶口. 後, 竟遇害. 仁俊乃道源一名.

按金道源金相玉兩人嘗獻身獨立. 爲前茅活動, 陷入窮地, 不過殺得賊數人, 反爲殺死, 固不足以此爲大丈夫事業. 以杳然隻身獨立抗賊, 小不屈. 當日京城起大騷動大慘劇, 使之寒賊輩肝膽, 其忠勇, 則眞壯快矣. 是日, 如孔子有過之, 豈其不式若陳民之修西門也. 獨立資金雖不請, 有錢者出義助之, 亦不害爲韓人之義, 而彼邊也, 以區區金錢, 嗾讐賊而殺同胞義士, 此何人斯.

黃東律

黃東律, 咸南北青郡陽化面東里人也. 初, 東律見到處之獨立運動之蹶起, 乃奮然曰, 吾亦二千萬同胞之一分子, 袖手傍觀, 於心實有愧, 遂大興奮. 庚申十二月, 往見其友人金源吉, 致其意, 源吉亦大喜, 遂許諾同事. 十九日, 開秘密會議, 組織其獨立軍資募集團, 時, 會者六人, 各出十元, 遂勸諭遠近, 募集團員. 辛酉正月, 以大大的着手資金募集, 不意有人沒名投書於新浦警察署. 團長源吉先被逮捕, 受嚴刑取調. 源吉不能忍惡刑, 一一以自白. 故同志三十三人, 一時檢擧, 遂一網打盡. 又逮靑湖里馬俊燮, 亦與該團爲關係者也. 又同郡老德面門里天道敎區長朴昌勳等十人, 又組織一團, 其內容, 昨年騷擾大起京鄕, 太半是天道敎人也. 行洪原方面, 數三千餘元, 其時警戒嚴重, 往不能處理. 故與同志鄭永祚, 以爲融通, 永祚將此錢設穀物商, 竟失敗, 亦爲事覺逮捕. 搜宋承澤家, 押收爆彈十個, 倭警將被告及諸般證據物, 引繼于檢事局. 東律團長, 金泰錫總務.

尹誼炳

尹誼炳, 全南咸平郡海保面上谷里人也, 年三十三. 庚申十二月二十日, 爲文告朝鮮全道各學校曰, 但以禮言之, 則脫服喪爲可, 然今獨立及復讎無期, 惟我同胞以此諒之, 願一齊不脫. 警察聞之, 檢擧送木浦檢事局. 處拘留者, 二十日, 誼炳不服, 作文控訴于大邱覆審法院. 控訴文中所言, 多有宏壯者云.

鮮銀會寧支店事件

咸北會寧郡朝鮮銀行支店, 將銀劵十五萬元, 送北間島龍井村. 全洪燮韓相浩崔似鵬朴雄世金俊林國貞尹俊熙等七人聞之, 以發刊新聞養成軍人爲目的, 替送保護巡査殺害, 奪其巨額. 及被逮, 咸興地方法院淸津支廳論告曰, 洪燮監禁十五年, 相浩似鵬雄世俊四人, 處無期監禁, 國貞俊熙二人, 死刑. 檢事爲控訴. 辛酉二月二日, 京城覆審法院了審理, 水野檢事, 又論告曰, 洪燮十五年, 餘人皆死刑. 十日, 復開審理, 後十二日, 塚原裁判長, 取消其元判決, 洪燮十五年, 餘六名, 皆死刑言渡也. 洪燮相浩國禎俊熙四人, 不上告, 似鵬雄世俊, 又欲上告云.

梁愛心

梁愛心, 二十二, 居宣川邑內. 行義州城內耶蘇敎女學校敎師. 辛酉二月, 自京義線宣川停車場, 至新義州, 而在車內, 將排日文書多數對諸乘客, 配布道中發覺. 去二十三日, 移新義州方還, 則義州官憲, 遂逮捕, 方在取調中.

梁槿煥

梁槿煥者, 居黃海道延白郡銀川面蓮南里, 乃天道敎人也. 爲人面廣, 年十四五時, 入小學卒業. 己未春, 呼獨立萬歲, 九月往東京, 入早稻田大學, 無學資. 故晝則賣麪及人蔘, 夜則携車, 以爲苦學. 槿煥變姓名爲石井勝三郞, 得日女勝子爲妻. 自合邦以來, 常懷不平, 切望其獨立, 我人若有言好合併而非獨立者, 輒作色責之, 甚者, 則或爲過激之擧, 皆畏之, 莫敢更焉. 至是, 總督府副贊議閔元植, 京城設國民協會, 自爲會長曰, 雖朝鮮民族, 旣爲日本, 欲保全其兩民族同和, 不可不勞力. 與其同志萬餘人, 欲得參政權, 提出請願書, 滯在東京, 樹其政黨, 沮我獨立. 其意, 蓋朝鮮亦置衆議院, 欲其行議員選擧法也. 槿煥見中央申報有此說, 憤慨曰, 此人所爲, 於我同胞大爲恥辱, 不殺此人, 親日派猖獗. 持匕首往鐵道호텔, 詐稱以李基寧, 見元植曰, 我人學生同友會, 聞公遠來, 欲爲歡迎開一會, 願辱臨, 因問朝鮮現狀. 元植對以平穩. 槿煥曰, 今擧國膨脹, 何爲平穩. 欺吾國者乃當身, 獨非我朝鮮人乎. 元植曰, 在上海爲運動者, 皆暴徒, 此輩何足爲獨立. 槿煥不勝其憤曰, 上海同胞, 當身皆以爲暴徒, 是何言也. 元植將硯匣擊之, 槿煥大怒, 以爲擊鬪, 拔劍剸其腹殺之, 時, 乃辛酉陰二月十六日午也. 槿煥本不喜出宿, 故出外則每夕歸, 前日久不歸, 勝子心怪之. 詰朝, 見來宿, 問其故, 槿煥不答. 晏起出外, 午買造花而歸, 分與二兒. 至夕, 上二層屋換着李殷宗衣, 戴中折帽, 謂勝子曰, 吾暫往一友人, 襲車夫服而去, 因不來. 此是日, 殺元植, 恐被逮, 將往他所以避身也. 勝子見槿煥累日不歸, 以苦待. 日, 有一少年男子來曰,

吾梁氏親舊, 願夫人於此事小勿慮, 慰勝子甚勤, 男子卽洋服職工金聖範也. 權煥度東京警戒嚴重, 不可謀避, 欲入上海. 二十四日, 往長崎港, 乘八幡丸, 遂被逮. 及拘留, 權煥將위이스키, 飮之如常, 伏而寢, 鼻息如雷, 小無憂愁氣, 實大膽無敵者也. 중도刑事語人曰, 逮權煥時, 吾見其殊常問之, 權煥以日語流暢對之曰, 吾曾以日人, 日露戰爭時, 往朝鮮, 今還歸東京, 爲木匠. 其辭辯, 雖日人不能過也. 又曰, 汝果木匠, 何以無木臭, 乃引致. 權煥泰然出錢, 與巡査曰, 買덤부리來, 其無難如急足使之也. 連累者金聖範申元正李寅宗金泰容申鉉聲天道敎東京支部長方定煥朴達成等, 亦皆被逮. 泰容, 嘗官憲之注目者, 亦以早稻田大學生, 爲獨立謀巨魁云. 本署取調, 送致東京. 到處, 聞權煥來觀者, 如雲屯. 權煥在獄中, 日讀書至暮不撤, 書其兄鎭煥曰, 東西千里, 音信相絶, 秋夜步月, 思親憶弟之情, 與時不弛. 第吾之所擧, 必世評紛紛, 而見義不爲, 是無勇. 故吾爲之, 然其究竟似不至極刑, 須安心. 吾所愛勝子, 爲我供億, 朝夕盡誠, 雖衣服不同, 言語相殊, 種種爲書, 以慰其心. 私食, 我人之在東京者, 共合錢以差入也. 日記者訪獄中, 權煥初言之, 甚活潑, 語至妻子, 欲一見曰, 大抵人生, 全以感情, 仍低頭, 此非所謂妻子無英雄烈士者耶. 陰五月二日, 法官開庭訊問, 權煥未及答, 忽有芳年女史一人, 自傍聽大其聲語曰, 如梁氏, 苟以有罪判決, 甚不可, 於此吾當反對. 又曰, 生命與財産之安全, 合倂後與合倂前何如. 權煥曰, 勿論合倂之前爲勝. 木村曰, 此非感情乎. 曰, 是事實, 安有感情. 公判終以死論, 花井博士等, 以傷害致死論罪, 更以處無期役. 二孩, 勝子不能養, 出送朝鮮. 申鉉聲及女學生劉英俊等, 歸其祖母, 以養之也. 時, 權煥年二十八.

金信根

辛酉四月三日, 夜有人將匿名書, 付于咸南洪原邑內市場何某人商店관장. 曰, 今番獨立記念日, 不可不呼萬歲. 署以新政府火團云. 翌日夜又如之, 當局知之, 雖累日調查而不知其由. 乃逮捕其邑內有志靑年二十餘人, 嚴重取調, 則那事不發覺. 一九一九年軍資金事實遂暴露, 聞其內容, 則是年七月間, 過去新政府軍資金募集員朴龍雲, 來本邑金信根, 使鄭영球紹介于牧師韓元七, 迎龍雲留于家. 龍雲去時, 謂信根·元七曰, 資金若募集, 往海蔘威與韓億健. 故後, 영球露貨三萬元·日貨五十元, 將往與右人者, 遂發覺. 靑年俱樂部長金信根·財務部長鄭영球, 牧師韓元七·金融組合長韓億煥·德興會支店長都明洙·基督敎人姜夾求·農業崔大鏞·金泰均八名, 押送于咸興地方法院也.

金益相

金益相者, 平南江西郡人. 初以崇實學生, 爲耶蘇學校敎師. 益相年十三失母, 二十一又其父見背. 父嘗與日人, 爲木商, 遂蕩盡其資, 是以益相來京城, 爲廣成煙草公司器械監督. 時見東西洋飛機, 行上空

如飛鳥, 益相以爲此男子事, 嘗欲學. 曾司主宋光順以益相爲機關手, 設支店于中國之奉天. 庚申六月, 益相至奉天, 見其業無下落, 與監視宋秉輝, 橫領其煙草, 欲學飛機, 往上海, 飛機學校在廣東, 益相歷天津而至. 時南北之戰爭猖獗, 遂廢止其學. 復至上海, 與李正龍及西洋人구이루도, 爲電車監督. 正龍乃變爲吳成崙, 或吳凜者也. 益相嘗排日, 每有志獨立, 後往北京, 見鐵血團長金若山, 乃入團加盟. 若山謂益相曰, 朝鮮獨立, 我二千萬民族, 不血流不得, 吾人當先作犧牲, 以爲前驅. 益相聞之, 慨然而諾. 若山持槍與益相曰, 君出朝鮮, 殺齋藤總督, 獨立有十分影響. 益相遂懷槍. 辛酉九月十日, 發北京至鴨綠江, 秋風蕭蕭江水正寒. 十一日, 至京宿于弟. 翌日午, 作日人勞動者, 直入總督府, 有二層屋在府中, 益相遂上層, 向秘書·會計二課, 投暴彈, 其聲動天地. 時有憲兵數人來問益相曰, 此何聲. 曰不知. 因俟隙走. 益相以爲我人族館必有搜索, 往日本料理店, 買着鐵匠服, 以列車下平壤, 跌蕩遊數日. 復向北京, 至新義州, 官憲又警之, 益相紿以日人三田神. 至若山, 細述其由, 若山爲之改容, 又歎其失手. 後益相見總督府投彈無大影響, 思欲更擧, 與若山相議. 壬戌二月, 往上海逢同志李正龍, 亦大俠也. 會聞前陸軍大臣田中, 自比律賓來, 大喜, 與李各懷槍出稅關阜頭, 東西洋觀光會者數萬人, 田中至, 成崙先射, 誤中英女一人卽死, 益相又繼投, 見暴彈不發, 知事不成, 方欲走去. 有中國巡警來捕, 益相乃發炮脅之, 歷九江路向四川急走. 英女所天톰손, 遮道發炮, 中手足胸而倒, 遂被逮, 時乃三月二十八日也. 港務局警署取調, 渡日領事, 警官以殺人未遂論罪, 不以論政治犯也. 成崙一日曉, 與日人罪囚田中忠一, 共穴壁逸去, 益相乃押送于日本長崎裁判所也. 益相在船中自言曰, 吾年前在京城爲鐵工

場職工, 入北京鐵血團, 周行俄領各地. 今年春來上海, 聞田中來, 擧事不成, 豈非天乎. 初與同志三百餘人, 謀我韓獨立, 今不成功, 爲獨立而死, 雖死何恨. 及到長崎, 裁判長松田開公判, 問學歷, 益相曰吾幼時對書每頭痛不讀, 又家貧不學校, 故無所知識. 曰列車乘客例有警戒, 汝何以得免. 益相曰適車中有日夫人共乘者, 相與語, 至南田驛, 我人之自奉天來者, 警戒甚嚴, 故吾罔措, 請日夫人, 抱女兒共立區內, 官憲以爲吾日人夫妻而不警, 得無事. 曰汝之射中國巡警, 是故意耶. 益相冷笑曰, 田中是大仇, 勿論, 中國人, 吾何殺之. 擧雙手仰空作發炮狀, 因莞爾. 長崎各報, 擧其大膽, 特書宣布, 到處皆以此爲一大話題也. 又問證據之爲有益者, 益相笑曰, 吾之利益點, 不過朝鮮獨立, 此外更無他焉. 裁判長爲之一氣. 第二公判, 石川檢事曰, 初益相投彈總督府, 其後上海, 又狙擊田中, 苟當日益相達目的, 世人不知其何等喫驚, 今思之猶夢噩, 求死刑. 律師田邊曰, 被告犯行, 雖極畏, 恐非個人的, 乃國家的觀念. 以失國者處之, 其情得無冤乎. 松田乃以無期言渡也. 及控訴, 裁判長森又死刑, 益相大怒, 擧椅子擊伊森, 法庭遂大亂. 益相將入監, 謂群衆曰, 彼雖殺吾, 在後之吾, 亦不一, 日本必有我亡, 朝鮮必有獨立, 因大三呼萬歲也, 年二十八.

按益相先投二彈, 一投秘書課, 一投會計課, 總督雖在府中必不死. 然若不出遊, 亦可一驚, 以爲脫魄, 而益相遠來, 不知其出遊, 誤爲投彈, 殊可恨也, 然益相以杳然隻身, 直入總督府, 有若無人之境, 其後上海, 又狙擊田中, 此非所謂子龍全身都是膽耶. 長崎各報, 以大膽特書, 固宜矣. 使益相責佐天子, 相太平奠國家如泰山, 則吾不可知之, 然任閫寄之職, 城守之官, 雖智窮兵敗, 鼎鑊在後, 斧鉞在前, 必不擾奪, 其英風勁節可軒動宇宙, 而四七青年, 投彈不成志, 先死其身, 於乎惜哉.

安昌男

安昌男, 居京城西門外平洞, 牧師某之子, 高宗庚子生. 甫八歲, 入渼洞小學校, 十一以優等卒業. 安昌男在小學時, 已有其飛行大志. 其時, 美國人스미드飛行家, 有來訪朝鮮. 至是, 我人擧皆無航空知識, 見者莫不仰空驚嘆. 時, 昌男以三尺小童, 混在群衆之中, 亦仰天而見曰, 彼何足偉哉, 吾亦將來當學飛行術, 一壓倒스미드, 握小拳大談, 乃決心欲成就其志, 奮然東渡日本. 其時, 卽千萬人之赤血, 染歐洲大地, 平和假裝的鼓聲, 轟動全世界之一九一八年也. 昌男至大阪自動車學校, 不過數朔畢, 卽往赤羽飛行製作所, 學飛機製造法. 復至小栗, 入飛行校, 學操縱術以成就. 是以如有一試其才, 將欲世人一驚. 適聞東京大阪之間, 有郵便飛行, 遂參其試驗, 至日本航空界, 亦有不朽之功. 其後一九二一年十二月四日, 歸故國. 十日, 乘金剛號征吾上空, 使滿洲人士爲歡呼, 復往日本, 爲飛行校員. 適奉天張作霖直隷吳佩孚, 相奮擊衝突. 中國政界, 風雲政急. 此張作霖握中國政權, 恣行其惡政. 故廣東政府馮玉祥, 與吳佩孚協力排之. 張作霖之勢, 逐日不振. 由是南北滿百萬同胞, 乃觀望曰, 張亡耶, 吳亡耶.

持關心亦不少, 此沸血之勇士, 安可默過. 是以安昌男鈴木等兩飛行家聞之, 將欲吳佩孚等, 以日本有兩人暗殺之說, 鈴木見爲慘殺, 昌男巧避還朝鮮, 警察亦甚, 不能脫出. 於是, 昌男, 日飮酒以示其無意於世, 當局之注目, 於, 小弛. 昌男以李商在等諸人之力, 乃出走上海. 呂運亨使昌男送山西. 初, 閻錫山有大原飛行校, 至是, 昌男爲敎員, 自後, 立中國之革命戰線, 以爲奮鬪. 一九三〇年四月十日, 爲飛行中墜落慘死. 於乎, 乘風雲至中國, 其威名自轟然世界, 不過至異域孤魂而止耶.

白南俊

白南俊, 雲山郡城面延峯下洞人, 後, 移住于吉林省額穆縣中街, 爲精米業. 高宗乙酉生, 一名白信一, 又曰白愚狂. 隆熙四年庚戌, 日本合併朝鮮. 白南俊大懷不平, 與同志尹致旲, 謀殺其寺內總督, 遂被逮. 翌年辛亥, 受刑五年, 南俊不服控訴, 壬子陽二月, 因無罪得釋. 南俊志朝鮮獨立, 甲寅陽二月, 欲西遊美國, 將向上海而去, 至遼寧省興京縣, 旅費有不足以不果. 以獨立機關會同有志青年, 設興東校, 敎授之暇, 鼓吹其民族思想. 己未三月, 與玄益哲金奎煥等, 組韓人共會于柳河縣三源浦. 是月, 以共會代表金奎煥李時悅桂洪範, 又韓族會長李相龍會員李啓東李天民, 朝鮮獨立團長趙孟元團員玄正卿梁奎烈尹基燮, 商確遂合體, 但軍政署, 以南俊爲參謀, 九月, 與幹部有軋轢而退. 庚申三月, 以寬甸縣西路光復軍總營吳東振勸諭入總營, 以代表往上海, 與臨時政府相聯絡. 壬戌一月, 第三國際共産黨東洋民族大會, 開莫斯科. 白南俊, 又以總營代表, 乃參席. 八月, 自上海至桓仁縣大牛溝, 又爲代表, 與張芝煥鄭道山等及輯安縣軍政署代表金攸厦白狂雲, 韓僑民團代表孫西夏尹世葺, 大韓獨立團殘黨代表李雄海, 碧昌義勇團代表楊承雨, 統軍府代表全德源等, 乃共議會各團, 組統義府. 十月, 往上海. 癸亥一月, 國民代表大會開上海, 白南俊爲統義府代表, 又參席. 七月, 取興慶縣三道溝. 甲子十一月, 往吉林省樺甸縣城內, 又爲統義府代表. 與金東三復復團代表鄭元喆方允豐軍江署代表金元植李信山等, 又合其各團, 組正義府. 至己巳三月, 遂解散. 白南俊志獨立, 前後盡瘁凡二十有年矣. 至是被逮, 囚新義州. 及豫審終結, 卽時回附公判, 檢事求刑五年.

朴俊赫

朴俊赫, 生于端川郡水下面古城里. 年七, 隨其父, 往間島長白縣十六道溝新昌洞居之. 稍長, 遂服田. 己未春, 俊赫聞三一運動大起朝鮮, 往撫松縣入興業團, 乃運動獨立. 壬戌夏, 與太極太震等諸團體, 乃相合, 更組國民團. 八月五日曉, 與同志三十八人, 渡鴨綠江, 至三水郡. 小隊長姜承京分三隊, 圍嶺城駐在所, 殺巡查松井, 又重傷其掘內及金東挺等, 火巡查李錫潤金瓊祚家燒之. 脅錫潤之妻, 奪軍資五十元, 拔電柱三本. 甲子陰九月, 與軍備團, 又相合, 改國民爲光正. 十月六日, 團長尹德甫, 命入朝鮮募資金, 俊赫與金成淵等二十六人, 欲往洪原, 中路遇大雪不果. 至三水中坪里, 謀擊警署, 聞有守備兵, 不輕進. 九日, 往雲田, 以金成淵指揮, 圍駐所投暴彈, 傷巡查富松新田二人. 因大呼曰, 自警團是同胞, 皆遠避, 入所內, 取長銃二拳銃一及暴彈, 火駐所, 盡灰燼. 及被逮, 監禁十年, 俊赫乃不服, 控訴.

金佐鎭

金佐鎭, 號白冶, 係出安東. 衡均二男, 淸陰先生諱尙憲後, 古筠玉均之四從侄. 高宗庚寅三月, 生于忠淸道洪城郡高道面杏山里第. 爲人魁梧性豪放. 年六, 父見背. 自幼, 戲嬉好弓馬. 有急難風, 見流丐則每推食食, 見其寒者則分衣服之, 以此皆期遠大. 及就學, 好讀三國水滸等誌, 如小微史小學書, 皆不喜. 與群兒常設陣容, 爲戰陣事, 一不作嬰兒區區之戲. 特書其旗曰抑强扶弱. 至是, 其兄某遂搬抵京城. 是以佐鎭年十五, 遂擔家. 日, 召奴婢數十人, 設一宴, 盡心歡之. 宴破, 盡燒其奴婢案, 各與財還之曰, 從此汝輩, 皆得其自由. 乙巳, 佐鎭年十六, 時, 京城學校, 不過官立幷宗教校數個所, 而佐鎭已知學

古爲無益, 洪城設私立湖明校, 募聰俊敎新學. 時, 無屋可居, 佐鎭使眷率移小屋, 出所居屋八十餘間爲校室. 是歲十月, 日賊脅太皇, 勒成五約. 京鄕有志, 皆懷不平, 各自擧義, 欲以討復. 於是, 佐鎭亦入京, 見盧伯麟尹致成, 與各郡義旅, 相聯絡以爲運動. 因往大韓協會, 爲洪城支部長. 及歸, 設大韓協會支部. 此以獨立爲主旨, 卽所謂民政黨也. 自是, 佐鎭全力其民政運動, 而其在育英, 亦不其疏忽焉. 洪城又設畿湖興學會, 選湖明生, 送京城遊學. 丁未, 有李春奉京城設孤兒院, 佐鎭爲總務. 是時, 始有漢城申報, 卽民間之言論機關也. 佐鎭又爲理事. 於是, 佐鎭雖從事各項, 而其胸中鐵柱. 不特此爾. 此下二行墨版, 庚午陰正月十八日號云 是以貫鐵洞設一商店, 名曰怡昌洋行. 新義州又設染織曾社, 內外聯絡, 以立其財源, 爲後日地, 竟失敗. 年二十, 佐鎭欲一往滿洲, 與有志靑年, 結秘密一社, 擧義養兵, 以爲討復, 而無資金, 不可得. 時, 族人金鍾根在敦義洞, 是鉅富也. 隆熙二年戊申, 佐鎭將募金遂被逮. 由是各社會起센세이션. 又統監府機關紙每日報, 特書兩班强盜四字, 以攻駁之. 初, 被逮, 警官將縛之, 佐鎭笑謂曰, 雖不縛, 吾非走者, 乃一力之, 縛繩俱絶. 警吏大驚, 遂不縛而送. 至公判, 言渡三年. 佐鎭方在西監服役, 日, 以雙手各擧一石米, 其搬之易一石者. 有看守一人見其力大, 遂感嘆不已. 及佐鎭得釋, 看守來佐鎭曰, 從此, 吾願從公揮下, 投看守而歸. 佐鎭常待人, 雖下丁, 不用謾語以忽之. 初, 削髮, 人皆顧避, 而佐鎭無忌先削. 見門內有寡居, 則每勸改醮. 性跅弛, 平日所爲, 種種不繩墨. 是以親戚鄕黨皆疾之曰, 此汚門戶漢, 一不遇之. 由是佐鎭不敢足跡鄕里, 亦不顧, 往京城遂貰屋居之. 佐鎭又入光復團, 與同志諸人, 殺全國富戶十二人, 後, 又殺仁同張某. 是以朴尙鎭金漢鎭被逮, 死大邱, 禹利見蔡基

斗死西監, 而佐鎭遂逸走滿洲. 仍作歌曰, 歌仍墨版 至今間島學生皆唱此歌. 時, 同胞在滿洲者, 無慮幾千萬人. 佐鎭放浪東西, 糾合同志, 將欲有爲. 惟尹浚李相龍等, 已據滿洲, 運動軍事, 先執牛耳爾. 己未三一獨立萬歲起, 海之內外, 其勢暴火. 於是, 佐鎭與尹浚等, 設軍政司. 庚午正月二十日以下幾號皆墨版 壬戌癸亥間, 佐鎭爲獨立軍總大將, 與其各團體代表, 至上海, 開國民大會曰, 每年三月一日, 乃獨立運動記念之日也. 組破壞暗殺六隊, 欲入朝鮮擧事. 第一隊俄羅斯區正所員, 第二隊朝鮮青林黨, 第三隊北京兒正團, 第四隊間島龍井村兒正團, 第五隊朝鮮高麗革命黨, 第六隊北京光復團. 時, 金若山金國彬徐曰甫韓震山黃鶴秀方在北京, 亦相與協力. 於是, 佐鎭向某國人, 售入武器. 初, 佐鎭有一男曰斗漢. 辛酉, 斗漢年六, 其母金桂月將斗漢, 往滿洲之海林牧丹江. 父子始相見. 桂月者乃漢城名妓也. 初, 佐鎭見桂月, 生子斗漢. 桂月至滿洲, 其母偶病, 與其母將欲歸國. 佐鎭曰, 斗漢將置此敎育, 方來爲可人, 不欲出送. 桂月曰, 吾不可離此兒, 遂將歸. 佐鎭父子又相別. 先是, 佐鎭至吉林, 爲軍務署督辦. 俄, 陞北滿軍政署總事令. 至是, 在新民府軍事委員長. 庚午陰正月二十四日, 爲部下金一星所害. 時, 年四十二. 初, 有金一星者, 自咸南之洪原至海蔘威, 見金佐鎭, 請爲軍人. 未幾辭去, 昨年春復至, 自言往丁抹請更爲軍人. 佐鎭遂許之. 至是, 佐鎭往山市站精米所, 見其機械有故障. 看立移時, 一星自背後射拳銃, 中背胸殺之, 遂亡去. 及葬, 同志九十五人, 會中東線山市驛, 議社會葬. 初, 佐鎭有六十老母及夫人, 又有一女, 皆至吉林居焉.

按金佐鎭, 曾以世家雲來, 生國之末葉, 未得出身, 不霑寸祿, 而嘗有忠孝大節. 至是, 見宗祊不祀, 不勝其忿慨, 決然去故國, 西至滿洲, 糾合義旅, 以爲欲討賊復讎. 又以爲大韓獨立, 師未一出, 不幸誤死, 寧不悲哉. 爲人跅弛, 平日所爲, 亦未嘗無一二不繩墨, 而此不過杞梓寸朽, 良工豈棄也. 工甫詩曰, 出師未捷身先死, 長使英雄淚滿衿. 余是草茅陳人, 雖非英雄, 而尙有其淚, 將欲爲佐鎭一灑.

金相玉

金相玉者, 居東門外昌信洞, 耶蘇信者也. 時, 年三十四. 初, 家貧, 織洋襪爲業, 爲人慷慨. 自庚戌來, 常懷不平, 己未二月, 見獨立萬歲大起, 乃投洋襪機曰, 丈夫此世, 安事區區. 謄寫其獨立新聞, 以爲密布. 掌中書一火字, 脅市內商店曰, 今日不閉店門, 火, 因大呼萬歲. 又募軍資爲活動. 翊年庚申, 聞米國議員團過京城, 與韓禹錫謀曰, 苟議員來, 總督以下, 必皆出歡迎, 乘此時暗殺, 事無不成, 組一團以俟之. 日, 東署巡查以浮浪者拘禁至家, 相玉誤以爲事覺, 遂投閣而走. 未幾, 禹錫又被逮, 事竟不諧. 相玉更令人密募資金, 走中國之奉天, 又以浮浪被拘, 十日得釋, 走上海. 壬戌十二月, 假政府財務總長李始榮內務總長李東輝趙素昂謂相玉曰, 今欲獨立, 往朝鮮, 總督齋藤不可不殺之, 官公廳不可不破壞, 以鼓動人心. 又共産黨主義者蘇印南玻檀園圓明等四人, 請赤化宣傳, 相玉許之. 與同志三人, 離上海, 自極東之西伯利, 至元山, 徒步入京. 見其母于家, 門外不入, 募同志作決死團, 自爲長, 往鍾路署投暴彈, 以其母案內, 往龍山三版通高奉根家潛伏, 奉根其妹夫也. 初, 其母與東署巡査趙龍珠母, 相隣善, 至是, 趙母來, 知金母與其子相玉, 往三版通, 歸而言龍洙, 報署中, 與鍾路署刑事田村長七金瀨金太郎及梅田新太郎等十七人, 至三坂通, 圍高奉根家欲捕之. 相玉亂射拳銃, 田村卽死, 今瀨梅田, 皆中丸踣地. 於是, 相玉乃逃走, 時, 曉色窈冥, 官憲不追, 故得無事. 翌日, 警官張非常線, 圍南山, 相玉知事急, 陟山麓而走, 雪堆松間, 道不通, 相玉趺雪不屨, 瘃血淋漓, 至往十里安靜寺. 謂寺僧曰, 吾賭博爲警官所追, 乃至此, 請活我, 僧曰諾. 翊日夕, 購目出帽及草鞋, 爲裝, 至家. 母曰, 官憲之搜査太酷, 人不可生, 汝速逮死, 相玉亦不敢入, 向市內去. 時, 禍網四張, 無處可投, 道遇女職工一人, 乃脅迫. 十九日夜, 變名永鎭, 往孝悌洞, 請李泰成潛伏, 官憲因其部下全宇鎭招, 知相玉在孝悌洞. 二十二日曉, 與各署巡警引宇鎭至孝悌洞, 相玉無有, 警官栗田, 入室索之, 相玉匿屛後, 射栗田中其肩. 初, 警官欲生禽圍三匝, 累勸降, 相玉不聽, 挺身抗賊, 與之相擊鬪數時間, 中頂門而死, 見相玉雙手握拳銃踣之也. 二十六日, 家人收之, 葬楊州山. 初, 相玉娶同姓, 其母對記者曰, 夫家先世, 亦有文有財, 今一朝至此, 或非所以同姓爲婚而然耶.

按相玉奉天置本部, 京城設支部, 以爲欲大活動, 志不就而身見殺. 於乎悲夫. 雖然自古勇之士, 不成功而死者, 不知其何限, 則今於相玉, 不必盖悲, 而但獨立無期, 相玉日死何哉. 昔王陵之母, 爲其子陵, 自伏劒而不悔, 今金母, 雖患難, 必不至死, 如其子而對命在頃刻者,爲吾生而責汝死, 於乎金母.

辛酉, 相玉與金元鳳李鍾巖等, 組義烈團. 於是, 海蔘威國民會支部長李相默, 亦入團, 相玉見同志, 共結爲兄弟. 後, 相玉至京死之. 是時, 相默亦隨後至安東縣, 聞相玉死, 復向西伯利옴스크而去. 四月, 至北京, 與遊學生會幹部, 欲爲相玉復讎, 密送崔林兩人, 入京城. 初, 獨立黨同志金東淳, 持拳銃三挺, 自吉林省牛馬港, 潛歸國, 金相玉韓禹錫等二十餘人, 組決死同盟行動班, 以待其機, 會米國議員團, 以東洋視察至京, 同盟以爲此時, 總督齋藤實, 必出迎, 乘此時, 將欲暗殺, 使吾韓人排日思想, 宣布天下. 擧事前日夕, 同盟多被逮, 獨金相玉不逮, 脫走上海, 將欲更擧雄圖, 遂潛入朝鮮.

大正十一年壬戌, 朝鮮人勞動者大殺事件, 起日本新瀉縣. 翌年癸亥一月十二日夜, 有鍾路署投彈之事. 是月二十三日, 又有金相玉之事. 及投彈爆發, 警務係西便建物一部, 爲破壞. 警官雖無所傷, 而時社稷洞朴鳳煥等青年六人, 同行至此, 中破片爲傷. 鍾路署卽手配各署, 與多數警官, 大索市內, 捉嫌疑者數十以取調, 而不得端緖, 但負傷者金永七鼻孔, 得破片以爲證據, 送檢事局鑑定. 是月十六日夜, 始知其系統, 鍾路署警官五百, 皆武裝, 至三坂通某人家, 包圍突擊云云. 自往十里, 復入至市內孝悌洞李鎭玉方潛伏, 二十二日朝, 警官至李鎭玉家, 包圍索之, 栗田警部鍾路署○○警部, 乃入室, 其樓上有人跡, 某警部叩樓門曰, 君爲社會, 今擧事之人, 若出而自首, 可減

罪. 相玉射六穴砲, 因躍出云云. 於是, 警官召金학수家食口, 方欲逮捕, 相玉及躍出, 匿便所, 亂射拳銃, 遂大激戰. 警官死傷者, 凡五人, 相玉亦中丸而死. 二十七日, 家人收屍, 往崇仁面里門洞後山以葬之. 警官捉連累者二十名, 取調送檢事局, 八人乃起訴. 初, 相玉見美國議員團至京, 欲殺之, 使美日兩國, 斷其國交, 以爲謀暗殺總督, 竟不得. 西至上海, 聞義烈團在北京, 又往北京入團, 受團長金元鳳之命, 擧此事云. 連累者八人曰, 觀水洞金翰, 仁義洞全雨鎭年四十一歲, 咸與豐南邑安弘翰年二十一, 孝悌洞李惠受二十八, 樂園洞徐石斗四十四, 鳳翼洞鄭卨敎二十七, 唐珠洞申華秀二十七, 洪城廣川里尹益重二十八.

全仁學

全仁學者, 咸北吉州德山面上下洞人也. 初仁學見合併, 挈家往海蔘威, 與同志申大勇·李政國等, 志獨立, 遂往來滿洲及西伯利以爲運動. 己未 一九一九年三月, 唱獨立萬歲, 露領各地布宣言書, 仁學嘗爲新韓村韓人新報社總理兼記者不三年, 排日的記事, 略八十數也. 庚申二月, 韓人組大韓國民義會, 仁學爲宣傳部長, 與露領革命軍司令部沿海洲宣傳局長포리소共謀, 將社會主義, 向日軍宣傳, 詐爲日軍警告文曰, 世界皆共和以革命. 獨日本政策, 於時勢甚不便, 故住

海港. 軍人自此撤還, 組新日本改造同盟會, 揭示各驛場, 以流言, 後遂被逮, 受刑四年. 方服役于淸津, 乃移囚西監及咸興, 後復移監淸津. 日, 仁學與在監同志十四人, 秘密結赤油義勇團. 至癸亥五月八日, 仁學·大勇謂衆曰, 今吾人皆會一處, 盍擧事. 縛看守囚之, 分二隊, 遂破獄而走. 時天降大霧, 驟雨傾盆, 追者又奮擊, 崔益龍·申禮均·申大勇, 皆中丸而死. 李政國亡至海濱, 與看守肉搏, 平野拔釖擊之, 一劒二劒, 頭幾落地. 時兒童有來集, 政國曰嗟汝幼年諸友, 汝亦將來國民, 愼勿見此慘酷, 恐頓挫奇氣. 初吾爲同胞, 血沸多年, 今乃死之, 不其恨乎. 先是, 仁學出送諸囚, 立監門, 厲聲疾走, 從後而亡, 見追者甚急擲劒. 坐山看守以刀擊其頭再三, 仁學倒地, 顧謂傍人曰, 吾仁學, 今爲朝鮮二千萬民族而死, 所願畢. 及取調, 以堂堂語潮, 加擔其破獄顚末曰, 此盡吾之所爲. 崔致弘走至一處, 里人捉之, 致弘曰, 公等亦韓人, 何捉吾至此. 哀乞萬端而竟不聽. 及公判, 仁學之面上劍瘡, 尙未合, 仁學乃慨然曰, 囚徒亦人, 貴自由無古今, 故皆流其血碎其身, 不知其惜者此也. 人無自由, 雖生是也, 何足以不死爲生. 是以吾小而爲己之自由, 大而爲國之自由, 以長時奮鬪, 爲監房之主人公. 突然而怒曰, 吾人方血沸勇敢底靑年, 此好個光陰虛送, 此不自由之鐵窓, 鬱乎否乎. 所以今日破獄, 日法雖爲罪, 吾人則知之以堂堂義理也. 又曰吾之服役過三年可出獄, 而不顧爲此者, 爲亡友李政國也. 政國不但吾之親友, 爲民族自由, 彼此一般, 而獨政國以無期, 服不可復生之役, 吾甚憐之,故乃破獄以圖其萬一. 言甚悲壯. 山澤檢事曰, 全一其爲人與學識, 亦可以爲謀主監中, 又結赤油團. 其求刑或三年·二年, 仁學獨五年. 時仁學年二十八, 申大勇居安邊, 李政國居城津, 皆北邊義勇士也. 丙寅移京監, 丁卯陰八月二十一日,乃滿期出獄, 歸北間之琿春三源浦本第, 一名一.

按世之所謂同死生之友者, 無事則若膠漆, 有患難則不爲秦越者, 蓋幾希. 今仁學服役之期, 過三年乃出獄, 而組義勇團, 爲其友李政國, 不顧破獄, 又加刑四年, 事雖不濟, 其爲友如仁學然後, 方可謂同死生, 團名之義勇, 眞不誣也. 正當防衛, 縱有其律, 而追者衆, 亡者寡, 雖不兵可捕之, 其捉也劒之銃之, 又何也. 勿論我人日人, 皆生死之然, 小有罪, 其屠之若獸而無惜, 甚矣日人也. 政國·仁學皆至死, 而其言辭, 益悲壯, 眞烈哉. 彼里人者, 與致弘, 俱是同胞, 而捕之乃如此, 抑獨何心.

全德元

全德元, 號湖隱, 柳毅庵麟錫之門人也. 居龍川郡北中面仁左洞. 高宗庚午生. 乙巳冬, 日人勒約五條, 德元聞之忿慨, 作檄文至京, 送各國公使, 以爲謀繳約. 見事不該, 遂起義, 與同志諸人欲剋復. 翊年丙午, 因被逮, 陰十一月, 流刑十五年. 壬子, 往奉天省寬甸縣居焉. 後, 累遷至輯安德惠等縣. 己未三月, 同志會柳下縣三源浦, 設朝鮮獨立團, 推趙孟善爲團長, 德元爲財務部長. 十二月, 德元與部下金用甫玉英俊等, 持拳銃至龍川張日甲, 募資金五千元. 仍至鐵山林尙民,募二百元, 復至林天民, 得五百元. 庚申一月, 還歸本部. 後, 又使部下張漢星等, 送鐵山龍川, 募金畧千餘元. 德元獨至平壤, 募數十萬元, 復至開城, 募十餘萬元, 前後募金畧三十餘萬元. 壬戌一月, 合諸團體, 改稱以大韓統軍府. 至是, 德元亦爲財務部長. 至七月, 團勢大振, 又改以大韓統義府, 調參謀部監督, 德元辭. 癸亥一月, 部下會桓仁縣大荒溝, 組義軍府, 推蔡相德爲首領. 於是, 德元亦入團爲軍務部長. 二月, 德元率部下, 在大孤山中. 八月, 送部下三十餘人, 擊義州淸城津駐在所及稅關, 又謀暴破公署. 於是, 新義州署員, 至五道溝貯木所, 捉小隊長崔信乙等四人. 於是, 官憲知全德元朴勝尹李候觀張德是崔京汝等在鴨綠江下流林家溝, 乃逮捕. 德元尙保髮. 及取調, 德元自白曰, 自合邦以來, 吾至今爲義兵大將, 率部下三千人, 往來滿洲國境間, 運動我大韓獨立. 丁卯二月二十六日, 豫審始畢, 及公判, 以强盜殺人放火暴發物取締罰則及制令違反, 乃求刑十二年, 張漢星七年. 初, 審問, 其言有不滿其意者, 每仰天大笑, 不得言權盡言, 故事多喪實. 後, 控訴平壤. 戊辰四月十七日, 開公判, 德元起立曰, 吾前後取日本之滅亡行動, 凡數十年. 以擧此爲刑, 雖死, 吾樂受之, 以强盜爲罪, 絶不可服, 乃大聲言之. 檢事又求刑十二年. 德元又欲上告, 命其子毅澤, 買律師. 初, 德元有家資數萬元. 至是, 皆盪拆無餘, 毅澤欲立律師無策. 且德元有老母, 年八十.

張漢星居新義州加山面楸洞. 辛亥壬子間, 往寬甸縣望室甸而居. 後, 移安東縣下六道溝, 從事勞動. 己未三月, 入大韓獨立團, 爲全德元部下. 翊年庚申, 與同志諸人, 至龍川鐵山, 募金千餘元. 及囚獄, 漢星病骨立, 家貧不能保釋. 漢星亦有八十老母. 高宗甲午生. 今全德元獄事, 朝鮮共産黨以後, 乃初有之大獄云.

尹應念

尹應念, 居京之積善洞. 癸亥八月, 往上海臨時政府, 調參事. 應念與同志諸人組獨立團, 名曰籌備. 衆推應念爲團長. 應念率團員至仁川, 乘海航往來沿岸上下, 募軍資. 十二月, 仁川警署逮應念, 以制令違反及强盜罪, 監禁十五年. 應念服役西監, 肺病作. 乙丑五月十三日, 得保釋, 往世富院療養. 翊年九月十九日, 遂逸走中國. 日, 有葉書來西署曰, 吾今來長春, 深感盛賜. 西署以爲應念此籠絡, 甚忿慨之. 初, 瑪利亞女史, 亦保釋療病. 辛酉夏, 應念斡旋, 送瑪利亞西走上海. 日, 記者訪應念, 其妻金烜燁曰, 去九月, 因出家不返, 吾不知其處. 後, 葉書至, 別無他辭. 但曰, 吾欲得諒解, 而當局不許. 身病日鉉, 若又復入監, 不可得生, 故吾將遠適至此, 善養雙孩以待他日. 此亦爲當局押去. 刑期雖十五年, 昭和婚儀, 得減刑四年, 則十年後可出獄, 而今遠適不在也. 時, 有一孩呱呱在側, 烜燁曰, 此府君保釋時, 孕胎而生, 而姑不與其父相面, 仍含淚.

朴烈

朴烈, 初名準植, 又一名赫, 咸陽人, 英洙第三子, 高宗壬寅, 生聞慶郡梧泉里. 爲人長大, 有膽膂, 才聰敏, 一覽輒記, 書無再見. 年五, 父見背. 八歲, 入漢學, 翊年庚戌, 韓日遂合幷. 時, 烈雖幼, 大恨深根, 持虛無思想. 牧野菊之助言 十一, 往咸昌學公普, 日求見京城案內, 其中有受爵者七十二人, 至子爵趙重應閔丙奭李容稙金允植宋秉畯任善準尹德榮及尹澤榮侯, 皆以朱爲表, 未知其何意也. 十五, 遊學京城, 又爲日本早稻田大學校外生, 習政治經濟兩科. 如英淸兩語, 皆不學而善. 日, 有路上見遺金, 求其人還之, 高普壯之, 具一床以饋. 戊午八月, 有一刺棘, 去其學. 己未春, 呼萬歲, 避不逮. 十月, 渡東京. 自是之後, 其母鄭氏, 爲烈祝天如祭, 飮食及燃肉, 以爲皆不精, 至今一切不口, 人咸曰, 眞有是母, 而有是子也. 初, 烈生朝鮮之中產農家, 一自入學校, 常忿慨其差別待遇, 因往東京, 亦以規則不能行學校, 爲下級勞動, 遂入左傾思想團體. 是時, 東京有巖綺者, 乃主義者之主人公也. 壬戌三月, 烈往巖綺, 始得與日女史金子文子相見, 亦主義者也. 烈與之語, 知其爲不凡, 告以心事. 於是, 兩人意志相合, 戀愛轉深. 文子自學校而歸, 烈日相與往涔寂處, 討論其主義, 盟約其死生. 五月, 稅世田谷下馱屋, 共居之, 一說居豐多摩郡代代木富谷 遂爲夫婦. 商人蔘飴爲濟接, 或糧絶, 雖數日不食, 小無不平. 元來烈非凡夫, 文子非俗女, 烈娶文子爲妻, 非爲其姿色, 又非爲其物質之取, 惟以一端思想上共鳴. 是以兩人之間, 戀愛如鐵石, 黃金不足以奪之, 死生不足以移之也. 於是, 烈常硏究其社會主義曰, 人世不過一醜惡

之府, 以自己生存爲本來之否定, 萬類滅絶, 爲最後之理想, 遂與韓日人巖佐作太郎及遊學生等數十人, 東京設無産同志會, 機關雜誌幷無産者皆發行, 由是警吏常要察. 至是, 同胞聞新潟縣鑛山勞賃有倍蓰, 多往爲鑛夫. 日人無端殺同胞三百餘人, 乃諱匿之. 烈聞之, 大忿慨曰, 今無一言, 同胞將盡劉, 欲査實, 秘密往新潟. 至中路, 日人欲殺之, 投石如雨下, 烈小不動, 竟査之, 向政府質問, 政府爲之摧謝, 同胞之在九洲者, 亦被壓迫太甚, 不可聊生. 烈其質問政府, 亦如新潟. 由是日人不壓迫, 同胞得賴以安, 此皆烈之力也. 於是, 日政府勸烈米國遊學, 又勸出仕, 烈皆不聽. 癸亥二月, 文子與烈相分離, 往東京代代木, 運動其過激事, 發刊其黑濤及太い鮮人等主義雜誌與顯社會. 以此文子, 亦爲警官注目. 烈聞秋行日太子嘉禮, 乃慨然曰, 我韓在日本統治之下, 受其壓迫, 吾實恥之. 切觀東京乃他之基礎也, 攝政乃國之基礎也. 嘉禮當日, 所謂大正及攝政皆出席, 吾當破壞暗殺, 以爲復讎. 四月, 東京府下豐多摩郡代代幡町代代木富谷隱室之中. 十字缺 乃標榜 三字缺 主義之宣傳及主義上必要者社會運動, 其他 二字缺 的 二字缺 行動을目的으로한, 秘密結社不逞社을 組織한後, 乃謀其實行. 五月, 文子復至, 烈大喜, 遂相與謀, 歸京城, 聞義烈團員金翰自上海謀輸入暴彈, 往請之, 翰許諾. 是月, 復歸東京, 使金重漢往上海, 聯絡其義烈團, 求暴彈以待之. 九月一日, 陰八月二十一日也 有大震災, 東京遂陷落, 攝政宮中, 又大陰謀發覺. 翊日, 不逞社員朴烈洪鎭裕崔圭悰陸洪均徐東星鄭泰星金重漢張祥重 一名讚壽 徐相庚河世明 一名一 韓現相及小川武野口品二栗原一男金子文子新山初代等十六人, 皆被逮, 囚澁谷監取調. 十月, 付豫審. 烈在監中, 日讀書, 又著暗抄一年. 日, 烈度不免, 送趙憲泳請其母入來, 以爲一訣. 鄭氏至

尙州, 烈更電曰, 吾與裁判長方是非, 願勿入, 不果. 至是, 移監市谷, 益加取調, 烈忿怒著不逞鮮人與日本特權階級者俺之宣言書坐食論陰謀論, 投裁判長立松懷淸. 甲子春, 烈乃自白. 於是, 立松深疑懼, 苦心取調. 烈每裂去調書, 審理多不便. 立松以爲若撫摩懷柔, 則其審理或有益, 乃特許裁判庭刑務所之間, 常乘自動車往來, 或通行外界, 入浴隋意. 又供鍬鎌糖筆. 日, 烈請立松曰, 吾是死人, 有慈母不見吾已久, 願撮我二人之影, 出送其慈母, 以表其訣別之意. 七月九日 一說云, 五月二日. 一說云, 十月七日 立松又召朴烈至裁判所本館豫審之室, 與文子各坐命寫眞, 方定其焦點, 書記奧山, 忽叫注意, 立松乃回視, 烈投去文子側, 押文子坐, 擧左臂加文子肩曰, 立松氏, 汝觀之, 此不亦好乎, 汝以此撮影, 立松欲制止, 烈笑不聽, 抱文子益堅, 立松知不能屈, 乃撮之. 更使烈等咸着韓衣, 然後分兩人各坐, 又寫之. 前後二本, 皆奧山保管. 先是, 有石黑英一郞, 以某銀行恐喝之嫌, 共囚監中, 十一月二十三日, 乃保釋, 亦烈之同志也. 當是時, 烈請立松, 欲一見寫眞, 立松從其意, 爲供一覽. 烈竊取二枚眞 一說立松置寫眞一枚於机匣則, 裁判所書記某竊取, 賣某政黨云 及豫審決定書短歌一篇, 幷秘密開金, 付石黑. 於是, 石黑持出獄, 始自平巖之妻, 累傳至高井辯護士保管. 二十三日, 又傳辰川龍之助, 辰川大喜, 與右傾派某團體, 覆寫其激烈文句及寫眞數百枚, 配布日本朝鮮中國露西亞等各國. 乙丑五月, 金重漢之妻新山初代, 見不逞社事件豫審遂終決, 洪鎭裕崔圭悰等十三人, 皆免訴, 而獨朴烈金子文子金重漢等, 以治安警察法及暴發物取締罰則違反, 乃追訴, 繼續審理, 盡告其事實. 於是, 立松始確知之, 大驚奏攝政, 以功特拜立松爲控院判事. 蓋日本有此大獄, 古今有四, 而烈乃其一也. 日本法特別犯, 雖在監中, 遇之亦特別. 故居處衣服, 皆如王者, 然其面會一不許. 故烈入監以後, 不得見同志一人. 烈乃投書巖松檢事曰, 汝輩所爲, 吾皆不關, 至於恥辱, 忿不可忍, 遂絶食三日, 以死自靖. 當局大驚, 乃許其面會, 皆入監房, 愴悦勸食. 由是面會者日如市. 十月, 押朴烈送地方裁判所, 付特別裁判. 烈曰, 日本法律, 吾不欲承認認證, 書其意, 使律師提出. 開庭之日, 適文子病, 延期二十五日. 其兄廷植往日本, 與烈相見, 是七年積面, 自然流涕被面, 放聲大哭. 文子及看守皆落淚. 烈少不變色, 反慰勞以安其懷也. 及控訴, 立松以爲朴烈之罪, 可以用刑法第七十三條, 屬大審院大法庭開公判, 大審院大法庭, 前有幸德秋水灘波大助之公判, 今又有朴烈, 蓋大院非特罪不公判者也. 自有院以來, 此庭公判, 古今日本, 只有此數人而已. 於是, 而朴烈之價值, 非可知者乎. 至是, 烈聞十二月開公判, 將四條請裁判長曰, 一, 公判時, 被告及審問等語, 皆不可用. 二, 當衣韓服. 三, 椅子與裁判長齊高. 四, 吾之宣言文使郎讀. 不然公判, 皆吾死不言. 韓服以下皆許之. 於是, 我遊學生醵金具韓服差入, 烈以爲吾夫婦至今不成禮, 文子入籍必難, 改文子爲朴文, 使律師布施辰治, 得認其母, 提出結婚屆于牛込區役所, 自朝鮮求禮服而至, 請獄中行禮. 丙寅一月十六日, 大審院裁判長牧野菊之助, 恐有變, 召警官憲兵數百, 把守各廳, 以備不虞, 遂開庭, 皆謂之今日是日本破天荒之公判. 於是, 朴烈以紗帽角帶, 身禮服足靴子, 文子玄裳皓衣, 兩目撑金眼鏡, 乘大型出庭, 不乘其護送車, 亦前例所無也. 牧野問曰, 年幾何. 烈坐不起, 以韓語答不知. 曰警察部文簿, 書明治十三年二月, 而答不知, 何也. 又曰不知. 曰職業. 曰此警之文簿, 或不書耶. 曰姓名. 曰朴烈. 曰住所. 烈曰, 非東京刑務所歟. 曰本籍. 曰朝鮮尙州. 曰身分. 曰新兩班. 其答之皆爾汝之, 一不尊敬, 問官亦不敢誰何焉. 是夜, 烈遂成親于刑務所應接室. 烈三歲黑監, 一不見其外人, 今日只欲因公判, 得與同志一面, 開庭劈頭, 突傍聽禁止. 烈大怒, 擧雙拳擊卓曰, 傍聽公開, 不然有變. 其聲如獅子吼, 牧野只許其各大官貴族軍閥派宗教家諸新聞代表等特別傍聽, 餘遊學生及內外國人皆驅出. 見逐者百餘人, 莫不忿怒, 與警官相高喊衝突. 朔風會員武及古川自我人社之松永及井上, 自然兒聯盟之橫山及掠本, 解放戰線社人後藤, 遊學生韓吉等十三人, 皆檢束. 於是, 烈自袖中, 出不逞鮮人與日本特權階級幷宣言文略數萬言, 以日語高聲朗讀. 其辭意極過激, 聽者莫不骨毛竦然. 及休庭, 烈顧謂文子曰, 半日法庭, 必有疲劇. 文子曰, 吾無關係, 君子必有困, 乃言笑相慰. 以此觀之, 朴烈夫婦, 不但其壯烈之爲天下第一, 其戀愛, 亦可曰, 世界的勝利也. 午後, 復開庭. 其審理或有不滿其意者, 烈每大聲叱之. 裁判長大劫之, 不敢復言. 見烈有一擧手一搖頭, 便目動心驚, 烈背負入手, 往來法庭, 如一場演劇, 裁判長每審問, 看眉影, 其問之, 每言其便, 不敢以爾汝也. 因審理文子, 文子亦高聲曰, 今日之事, 吾與朴烈共謀, 小無差別, 皆陳述無忌, 對問官其爾汝之, 亦如朴烈. 聽者皆歎曰, 文子眞朴烈之妻也. 於是, 牧野累促其自服. 烈不聽. 牧野以爲有病風, 使杉田博士欲精神鑑定. 烈忿然曰, 吾果有是乎, 此侮辱甚矣. 遂投書拒絶. 翊日十七, 烈等皆脫韓服, 以日衣出庭. 文子先起立出宣言文, 乃琅然讀之, 其過激與朴烈無異. 三年之間, 前後取調, 多至十一, 而烈始終不屈, 一以抗辯. 十八日, 檢事小原論告曰, 今人於歐洲大戰之後, 受其影響, 上下皆動搖. 故朴烈夫婦, 亦以懷 六字缺 之思想, 敢行此犯. 蓋天皇太皇太后及太子太孫欲加害者, 其刑當七三之條. 但低其聲論告, 言不敢出口. 烈曰, 汝之論告已畢乎, 泰然自若.

文子起向裁判長曰, 吾與朴烈其罪一般, 絞首臺上當同行, 死後雖白骨, 當同穴, 願一體判決. 又謂朴烈曰, 判決有差, 公雖獨死, 吾必下從. 旣決, 兩人皆自敍其傳, 不知其死之將至也. 律師布施荒井上村山崎田坂中村晉直鉉等, 辯護以無罪. 烈曰, 吾兩人, 辯護無必要, 亦皆拒絶. 三月二十五日, 牧野乃以死言渡, 訟費兩人皆負擔. 烈乃大忿激, 以韓語大呼萬歲. 文子又含笑萬歲. 牧野慨然曰, 今日敢有犯此條者, 嘗吾謂無有, 不意前有幸德秋水管野지外灘波大助, 又有韓人朴烈. 自是而尾慮有不淺, 且兩人吾愛其才智, 切冀反省, 不至陷死, 兩人皆强果不屈, 乃以死刑, 報司法省, 首相若槻法相江木樞密院長積穗等, 開閣議, 綜輿論, 奏請減刑. 攝政詔朴烈金子文子特減死無期. 於是, 烈等得不死, 而乃分監, 烈送千葉, 文子送宇都宮支所櫔木女監, 使兩人終身不相見也. 初, 烈之寫眞, 傳播四方, 山本權兵衛伯先得之, 以爲此關係皇室, 因出頭宮內省曰, 烈等是大無將者, 而政府奏請減刑, 是何也. 宮相一木及槻江木等大驚曰, 此全無事實. 七月二十九日, 禁新聞揭載. 八月上旬, 第二寫眞又發露, 西園寺公牧野大臣山本伯又得之, 當局大驚. 二十四日, 取調書記, 事遂擴大, 東京釀出一大物論. 於是, 政友本黨, 在野黨, 公正硏究黑龍等三會, 幷樞密貴族衆議等院, 皆奮起曰, 此事係國家綱紀懈弛威信失墜, 糾彈一年, 全政局乃動搖. 又松島遊廓及臺灣銀行之事, 乃助勢彈之不已. 丁卯春, 內閣遂倒壞. 後, 牧野菊之助曰, 夫環境之大, 非區區之所影響, 而朴烈之事, 可以得影響環境, 其爲事不其大歟. 自公開以來, 前後事實, 世人莫不欲得一見, 而其顚末不能自由發表也. 朴烈之罪, 在我日雖罔赦, 然以人觀之, 烈方可謂之人矣. 是以吾不能禁同情之意也. 又曰, 朴烈是無政府主義者, 世人不但無共鳴, 有國者

皆可斥之, 烈可謂容身無地, 其才勇亦足爲社會的有爲人物, 吾未知此人此想, 果何由而起也. 蓋以韓人其所爲殊似人. 又曰, 烈之此動機, 皆由我日人, 今日之罪, 不當論朴烈, 當先論其日人. 或又曰, 朴烈元有慢性肺炎加答兒, 與紛爭性兩個病痛. 故敢行此犯. 冬喀血頻頻, 入病監療養.

金子文子, 日本廣島縣藝郡音戶町人. 前巡査佐伯文一長女, 乃私生也. 明治壬寅生, 與朴烈同庚. 初, 佐伯家貧, 與其妻金子기구爲酒人, 其業不如意. 金子與佐伯日鬨, 家因索不振. 於是, 佐伯遂離婚, 金子懷其女往渭陽, 其女年四, 自是隨母姓爲金子文子. 年六, 以私生不能入籍, 其母往山梨縣東山梨郡諏訪村抽口, 詐稱其姨母之女, 然後始入籍. 時, 佐伯誘其叔母, 亡濱松市業酒. 未幾, 其母又改醮. 文子由是義父庶母之下, 受無限苦痛. 至九歲, 其內舅, 以東洋拓殖社移民, 率金子文子, 來朝鮮金泉郡, 因漂浪于忠北芙江之地. 其家亦極貧, 文子鎭日役役, 小無貼席時. 是以文子至欲鐵道自殺者, 亦不一焉. 後, 內舅爲藥商, 每夜, 潛賣阿片, 文子心疾之如惡魔. 十一, 入尋常小學, 文子因讀書, 始知其生活之外, 又別有世界, 好讀新聞及雜誌. 內舅夫妻, 常怒罵之. 文子曰, 不去, 不可爲學. 遂決意舍去. 庚申四月十二日, 自釜山下關, 至大阪, 資斧已盡, 挨過無策, 日賣新聞爲命, 或日暮見餠商撤去, 往其所拾糜以食之, 宿籬簷亦累朔. 日, 其父欲以嫁外叔金子玄衛. 文子曰, 此禽獸之行, 遂避去東京淺草區, 信耶敎, 稍暇讀新聞不撤. 至一年, 學益進, 因移去料理店, 每日午前, 乘其無客, 往神田區正則校, 學英語, 始得與女學生新山初代相知之, 乃求讀文藝及思想書籍. 於是, 仍懷虛無思想, 日與新山共討論其主

義, 服役若小遲, 店主每怒而强制. 文子痛之, 遂移館, 至日比谷巖綺之家, 往來神田, 亦如前日. 至是, 文字年二十, 有福狂一藤田浪人等, 大小主義者, 多往來巖綺. 於是, 文子與此人, 始得相親, 深知其主義之意, 又求書多讀之. 壬戌五月, 與朴烈遂爲夫婦. 由是思想益篤, 因又剃髮. 癸亥冬, 與烈共謀殺攝政, 乃事覺被逮. 後, 市谷監看守平井小田倉等, 押朴烈二人, 至裁判所. 未幾, 豫審判事立松懷淸及書記退出, 但文子二人在調室, 看守恐亡去, 欲入室. 立松叱之, 不敢入, 有頃, 立松乃入室, 自是之後, 立松使二人, 共處裁判所假監, 刑務裁判二所之間, 又許自由出入, 將書籍貸與文子, 此大正十四年乙丑末頃事也. 是年十二月, 烈與文子, 共入處控院調室者, 亦三時間. 日, 朝鮮報特派員李奭訪問, 文子乃握手謂曰, 此一般女姓, 雖無호소之感, 然切聞韓京有女姓同友會, 善爲活躍, 益奮鬪將來, 吾切望之. 且朝鮮曾以吾六年爲客, 常戀戀, 今事覺動機, 以爲朴烈與金重漢內鬨攸致, 而亦非事實, 所謂日本新聞, 不足取信. 文子自著歷略, 多至數千丈, 而猶書之不已. 及文子移監櫔木, 其有身乃現露, 當局大驚, 方腐心善後. 於是, 文子乃自頸而死, 卽丙寅七月二十二日也. 其母金子, 以爲墮胎, 必手術, 有不善, 拒其屍, 不引受. 後數日與辯護士布施辰治共收屍, 至布施家, 是夜, 警官五十餘人警戒非常, 三十一日乃火葬, 戒名以沙文, 布施請送文子遺骨, 葬朝鮮. 至是, 巢鴨警署, 出送其骨, 尙州署或有變, 保管月餘, 乃出給. 十一月五日, 廷植葬身北面八靈里, 使二弟斗植之子烔杰爲嗣. 及葬, 巡警極守秘密, 不使外人參看, 甚至祭祀, 命以待當局之通知, 然後遂祀之, 不敢自由行祀也. 文子肌雪白, 耳目淸秀, 其聲洪亮, 荷荷大笑, 則至聞遠外. 或曰文子其性, 非劍必秋霜. 又曰, 文子以精神過勞, 有神經衰弱之證,

因以帶過激性者, 然至精神, 少無缺陷人. 又曰, 文子所以至此者, 家庭與社會受無限底苦痛悲哀爲之資料也.

金重漢者, 居平南龍岡郡池雲面頭革里, 高宗壬寅生. 爲人佳妙, 甫三歲失怙, 鞠于偏母. 年十二, 娶妻. 及入高普, 與其妻離婚, 無學糧不畢業, 仍懷無政府主義, 以求其同志. 會聞朴烈在日本, 癸亥四月, 持紹介狀, 往東京. 時, 重漢年二十二, 見朴烈大喜, 遂親已. 五月, 烈至錦城館, 見重漢, 請往上海, 與義烈團及共産黨相聯絡, 輸入其暴彈. 重漢至上海, 密輸暴彈, 相與謀劃, 待其機會. 九月一日, 有大震災, 東京遂陷落. 日人疑之, 虐殺同胞四千餘人. 重漢恐亡歸國, 自東京送刑事隊, 遂捕捉而去. 朴烈傳曰, 震災翊日, 重漢亦被逮云, 而此則歸國被逮, 遂可疑. 法院判事島津, 以暴發物取締令違反, 付豫審. 是以囚市谷監三年. 及取調, 重漢每含口不言, 問官痛之, 遂減飱一年. 由是重漢眼昏, 視物常着老人鏡. 於是, 重漢感一種之幻滅, 始味其人生之常虛無, 又知其人之無生之價値. 雖如此, 而其心一不爲苦楚之所壓倒. 乙丑秋, 始公判, 重漢出庭, 顔色甚蒼白. 重漢請裁判長曰, 吾無腰力, 不能立, 請借椅子. 控院長長岡許之, 問無政府主義. 重漢其陳述, 一如初審. 乃曰, 吾雖主義, 其熱不如朴烈夫婦, 出其臂以示裁判長曰, 吾飢餓一年, 此臂但骨. 滿場皆大笑, 又爲之慘然. 其答辯, 禁傍聽不能聞. 公判畢, 言渡以一年六個月, 算入拘五百日, 過豫審三年. 故其刑期不過四十八日. 丙寅一月, 重漢聞朴烈文子受死刑, 翊日, 乃往見. 朴烈文子, 皆喜動于色曰, 吾待其一死, 今三年, 至是, 始受之, 吾死後, 君須健康, 以副吾望. 重漢曰, 心中有所冀乎, 願君第言之. 吾雖碎身不辭. 於是, 看守禁之, 更不言. 冬, 大正殂, 改元昭和. 丁卯二年正月六日, 赦出獄. 言于人曰, 向與朴烈相見, 其時情境, 今思之, 尙耿耿. 二十三日, 至京城. 初出監, 乃國葬前日也. 重漢至橫濱, 留二日. 國粹會聞之, 欲殺之, 密送刺客. 是以重漢歸, 乃暗中出發, 不能見同志諸人, 其見之者, 但親切者數人而已. 朝鮮報記者, 問此後生活, 其意何如. 重漢曰, 今身甚衰弱, 不知攸爲, 遂還家攝養, 以爲快復, 然後當思見.

按冠山, 雖彈丸一城, 在嶺湖之衝鳥嶺之下, 爲國之關鍵. 鳥嶺在太白之南頭流之北, 伏而爲天塹, 冠之一域, 又危崖絶壁, 神剜鬼削, 若遠若近, 競秀獻能, 如百萬貔貅之相熊熊焉. 此氣母之雄偉布置, 庶幾產一傑於其間, 而何上下數千年, 寥寥無其人之可聞也. 今朴烈生梧泉, 其爲人心雄萬夫, 氣蓋天下. 故年九歲, 大恨槿韓之合日. 至十七八, 又渡海而東, 與韓日人男女若干, 秘密結一社, 謀破壞暗殺, 以爲欲復讎, 此牧野所謂人爾然, 則吾知其人非烈是耶. 梁太師王彦章曰, 豹死遺皮, 人死遺名, 惟烈不過以一個靑年, 其名動大洋東西, 將與天地宇宙, 同究竟, 可謂大丈夫能事畢矣, 固不足以成敗論之. 癸亥九一, 烈苟達其目的, 則非特破壞東京, 亦可暗殺其帝, 而竟不兩得. 噫, 天之祚日, 有未盡者耶. 人之機事, 有不密者耶. 自來我韓, 在日本以寡弱, 其威武, 雖莫敵, 其忠義有不屈. 是以新羅時有朴堤上, 使日本, 備經淫刑, 竟不屈而死. 高麗時有于什門, 使日本, 囚獄二十餘年, 又不屈而還. 時, 物論賢漢之蘇武, 今日又梁槿煥金益相金祉燮朴烈等, 囚日本, 姑不知死生, 所以我古今韓史, 擧而誇世界列强, 而足無愧也. 且爲國復讐, 謀殺人君, 歷數千古, 但豫讓朴烈而已, 其難有如是耶. 天下事無不朋友而成, 夫人而敗. 故人之謀大事, 使知朋友, 而不使知夫人. 是以讓之行乞, 其友識之, 其妻不識. 烈初使金重漢, 往上海求暴彈, 而及至密謀, 與文子而不與重漢, 匹夫而殺萬乘, 事何等重大, 何等危險, 而與夫人共謀, 誠亦非千古之一奇事耶. 夫人之爲日人, 尤奇哉.

文昌淑

文昌淑者, 居黃海道新溪郡麻西面, 高宗戊戌生, 至丁卯, 年三十. 己未春, 見三一運動起, 以獨立思想, 往滿珠通化縣, 受新興軍事學, 入軍政署. 時, 白光雲編參議府署, 昌淑爲副士, 俄歷小中隊將. 癸亥十一月, 與河舜卿部下五人, 至江界文興里, 一夜募金數千元. 初, 以中隊將殺密偵洪鍾洛, 後竟被逮. 新義州法院, 以制令違反, 渡死刑. 昌俊不服控訴, 丁卯十月二十日, 平壤覆審判長齋藤亦以死言渡.

金祉燮

金祉燮, 字衛卿, 豐山人, 雪松公諱崇祖后, 居安東郡豐北面五美洞. 太皇甲申生, 幼受業于族叔雲齋秉璜門, 穎悟有天才之稱, 文辭夙就. 年二十一, 學日語, 不過數朔畢, 爲尙州普校敎員, 又自習科學. 後, 典錦山地方法院書記官. 乙卯, 以金應燮法律事務所出張員在尙州, 越四年己未陰二月一日, 見獨立萬歲大起, 乃投員而歸, 與金應燮共留在大邱. 庚申五月, 入北京, 應燮苦勸歸國, 未幾, 遂歸還. 壬戌, 復至上海, 入義烈團 一說乃曰, 辛酉入團, 與團長金元鳳及同志諸人, 往來上海北京間, 以爲獨立運動. 時, 我人之在上海者有二黨, 一曰高麗共産, 一曰韓族共産. 露人, 以赤化宣傳費送二十萬元, 高麗黨員金立, 盡費不宣傳. 自是之後, 露人更不給費. 至是, 祉燮聞極東民族大會開莫斯科, 乃往會. 壬戌往上海, 則奚暇, 此入大會 四月, 高麗黨員張健相, 自露領還歸上海. 祉燮曰, 極東民族, 幼穉太甚, 不可以言論諭也. 又欲得宣傳之金, 當往朝鮮, 大擧其破壞暗殺, 然後主義可以宣傳, 露金可以得出. 至十月, 遂決意, 癸亥三月, 與金始顯劉錫鉉等, 密輸暴彈, 欲陷京城, 始顯等十三人, 皆被逮. 是時, 祉燮與金元鳳張健相, 至安東縣, 見事不諧, 共亡歸上海曰, 今見敗朝鮮, 吾當往日本以擧事. 九月一日, 有大震災, 東京遂陷, 日本疑我人, 虐殺同胞四千餘人. 祉燮聞之, 大忿慨, 遂與尹滋英金班等, 組決死隊, 祉燮爲特派員, 會有三井物産商會天城丸將往日本, 祉燮使日人共産黨秀島廣二及理髮職工小林開, 紿船員黑島利卿小林貫一等曰, 輸日本코까인來中國, 其利當十倍, 吾與汝共分之, 黑島從之. 於是, 祉燮持小爆彈三個

幷中村彦太郞名銜紙三十枚, 與小林開乘天城. 移上海歷平壤, 十二月晦日, 至福岡縣八幡製鐵所前, 乘中夜下陸. 祉燮在舟中乃吟詩曰, 萬里飄然一粟身, 舟中皆敵有誰親, 張椎荊劍胸藏久, 魯海屈湘思入頻, 今日腐心潛水客, 昔年嘗膽臥薪人, 此行已決平生志, 不向關門更問津. 留備前屋數日, 無旅費, 賣時計毛褥, 時, 政甲子一月三日也. 初, 聞議會開東京, 乃曰, 是時, 朝鮮總督及日本大官, 必皆會, 吾當襲擊之, 以爲肉泥. 三日夜, 至大阪, 見新報, 議會退而不開, 祉燮慨然曰, 東京大闕, 是日人所第一崇拜之地. 今議會旣退, 吾其大闕門前, 當大投一彈, 以叙我鬱忿. 五日朝, 至東京品川驛, 聞朝鮮學生多在高田馬場之前深雪館, 以爲學生多, 則其秘跡甚便, 搭省線電車, 遂至館, 乃人多無所, 不得已飯隣館, 買東京地圖見之. 皇居正門, 在日比谷. 日暮, 至二重橋櫻田門, 見巡査立門前, 卽出彈射之, 雷管雖着火, 導火線有故障不發, 欲格殺之, 追至橋腹板, 爲把守兵所逮. 及搜身, 無一物, 只有文三錢在囊中. 八月九日, 開公判, 問職業, 祉燮曰, 吾之職業, 乃獨立團革命社. 曰, 君之所謂職業, 非爲其生活的耶. 祉燮曰, 丈夫此世, 生活安足事也. 吾之獨立動機, 由日本之侮辱我也. 吾將一身, 爲獨立犧牲. 曰, 總督府判事白允和, 金一萬元, 非脅迫得耶. 祉燮曰, 義務的, 非脅迫也. 第二公判, 祉燮擧日本虐政, 爲一端痛論, 其論之如演說, 傍聽皆壯之. 又曰, 今吾所爲, 不但爲世人一驚, 欲以使日本反省. 後, 書其弟禧燮曰, 汝可以爲吾慰, 不可以爲吾悲, 更無他言. 十月十一日, 石田檢事曰, 被告是無捋者, 求死刑. 第三公判, 祉燮對裁判長曰, 向之募金, 今之投彈, 極光明正大, 而此云强盜, 何也. 速生死之, 無令人爲苦也. 裁判長島, 宣無期. 及分監, 祉燮與小林等, 笑相別, 往市谷刑務所, 祉燮曰, 無期, 與死無異, 乃提出其死願. 大審院檢總長小山不聽. 祉燮曰, 等監禁, 願歸朝鮮服役. 使辯護士布施辰治, 請司法省行刑局代理局長松井. 松井往見小山, 小山又不聽, 遂移監千葉. 祉燮大怒, 因突擊當局, 又以欲移監于北海道鋼尻刑務所也. 丙寅秋, 大正殂昭和立, 遂大赦, 而如梁槿煥金益相朴烈等, 皆無減, 獨祉燮減無期爲二十年. 戊辰正月晦日, 遇害. 至是, 族弟九鉉在東京, 一日, 獄吏召九鉉渡其屍, 九鉉見屍有傷處, 似非病卒. 故及不受, 電報大邱. 二月四日, 其弟禧燮與子某, 至千葉, 刑官出一封灰給之曰, 此金祉燮火浴餘燼. 禧燮受封灰, 至釜山, 有青年會具漆棺, 書銘旌曰, 故秋岡金祉燮之柩, 以迎之. 時, 會者男女老少略萬餘人, 欲大哭之, 皆因禁不哭, 而獨女學生有痛哭. 至金海, 又青年會具漆棺, 欲治喪, 不果. 又禁哭, 有女學生哭之. 至大邱及安東, 萬餘會者, 亦不敢哭, 而其哭之者, 但女學生而已也. 七日, 至豐山, 適市日, 亦禁哭, 一市人, 皆放聲大哭, 其聲如萬牛之吼. 有人賻一匹帛, 自是, 乃載轝至家. 及葬, 挽誄弔客, 一幷禁之, 但家人及警吏若干人, 葬家後山某坐原, 不成墳以平地, 亦賊之所爲也. 初, 監禁者例服役, 而祉燮前後不服役, 日讀書, 每以此被毆. 至是, 竟暴卒, 皆疑之. 祉燮無子, 禧燮之子某爲嗣.

按皇居正門, 雖得中, 非巡查射地, 惜乎, 祉燮何以不射帝而射巡查也, 且射而不中, 反爲僇辱乎, 切嘗觀其言曰, 吾當大闕門前投一彈, 以敍我鬱忿. 吾知祉燮之所以不射帝而射巡查, 非滿腔熱血, 若壅大川焉, 一決之放陸, 急於直瀉, 無暇擇沙石者乎. 惟祉燮非小丈夫, 豈能以區區巡查, 爲目的於其地也. 自西州義士安重根以來, 其前後投彈者, 可謂項背相望, 而至日本投皇居正門, 但金祉燮一人而已, 其勇果何如也. 初, 祉爕留備前屋數日, 無旅費, 賣時計毛褥而食之. 後, 被逮只有文三錢在挾囊中, 不射帝而射巡査, 非劫彼而易此也. 此非所以困於旅費, 不能從容圖之者乎. 使祉爕若旅費有足, 更從容以圖之, 爲中岡艮一, 可以殺原敬, 爲灘波大助, 可以射攝政, 而東京議會退而無期, 旅費百元用之已盡, 大丈夫發軔之初, 以無資不遂志. 於乎, 所謂金錢者, 都何物.

金昌均 / 李義俊

金昌均, 高宗壬辰生. 至戊辰, 昌均年三十七. 壬戌八月, 與同志李義俊, 往滿洲, 入大韓獨立團中隊長白光雲部下. 李斗星勸昌均, 募資金. 於是昌均, 與李義俊等八人, 至江界淸楓洞駐在所, 射殺巡査, 火駐所, 又火民家. 以鷄商張得成爲密偵, 捉入창곡山中埋殺之. 襲擊替夫奪金一千五百元, 仍火郵便物盡燒之. 新義州 江界之間斷電柱不使通信. 甲子五月十五日, 總督齋藤實, 巡視國境, 乘舟鴨綠江過江界, 義俊等至南上湖絶壁上, 遂狙擊不中, 後兩人皆被逮囚新義州獄. 戊辰四月二十八日, 求死刑, 兩人不服遂控訴. 平壤陪審判事菊池往江界, 實地檢査. 八月十五日, 開公判, 狙擊總督襲擊駐所, 昌均皆是認, 而殺密偵擊替夫斷電柱, 皆否認. 菊池曰, 總督, 何故狙擊. 昌均曰, 此乃一種示威. 曰非欲殺者乎. 曰觀其距離可知之, 不過使

總督知鴨綠江對岸有獨立軍. 菊池出示軍帽及服裝曰, 此汝等與警官相交戰時所遺失者乎. 曰雖不可知之, 然其時亦有所失. 公判畢, 亦以死刑曰, 被告等皆自居以獨立團, 狙擊總督, 世必以人物知之. 然見其歷略, 則不足爲資格. 又以殺人放火及斷電觀之, 不可同情, 論極刑. 昌均以演說體, 乃痛說一場曰, 吾旣非畏死, 又非厭死, 然吾以堂堂大義, 乃運動獨立, 罪之以治安妨害, 雖死可矣. 以强盜爲罪, 不其痛哉. 李羲俊亦起立, 其痛論如昌均. 吾是軍人, 不過從在上者處分而已. 是以資金募集, 總督狙擊, 非吾之爲也, 乃李斗星之爲也. 且其時吾人皆不在現場, 若吾之所爲安敢否認. 詔和卽位, 以赦昌均, 減死爲無期, 羲俊不減, 至戊辰羲俊年三十六, 昌均三十七.

李時運

李時運, 居平北厚昌郡. 己未秋, 往中國之輯安縣, 從事勞動, 後入獨立團爲檢察官. 甲子秋, 聞崔京泰爲密偵, 與同志數人誘引京泰殺之. 乙丑春, 遂被逮, 新義州法院判決以監禁十五年. 時運不服控訴, 覆院亦以此判決. 時運又欲上告京城高院.

李振武

李振武者, 居平安道定州郡玉泉面月玉洞. 別名有四, 曰星霜, 曰松海, 曰得成, 曰肅山. 高宗三十八年辛丑生. 爲人突兀有生氣. 癸亥陰九月, 振武志朝鮮獨立, 西至滿洲, 入統義府, 爲第二中隊長崔錫順部下. 日, 錫順謂振武曰, 今府中乏財政, 願君歸朝鮮, 募資金. 於是, 振武與同志十一人入國, 至宣川月峯, 脅鑛主許京淳募之. 因襲擊其三峯洞駐在所奪騎銃, 又火駐所. 自此, 前後十餘回募金畧五百餘圓, 與警官衝突凡三, 殺人又二也. 乙丑陰四月, 正義府始組織, 振武又入府. 七月四日, 至鐵山, 擊車輦舘釀造社及郵便局, 與警官接戰, 殺警官四人. 丁卯, 陞正士. 定州龜城之間, 有一藥水. 八月, 振武至藥水, 時, 飮藥水至者, 畧四十餘人. 振武擧朝鮮獨立, 演說一場, 遂請資. 戊辰十一月九日, 至義州淸水洞, 與警官十一人, 相衝突. 以此爲始, 與警官衝突五, 殺警官六, 募金一千六百餘元. 己巳, 又組國民府, 振武亦入府, 爲獨立軍別動隊. 至是, 國民府幹部將資金不用其義務, 皆竊取充私腹. 振武痛之, 與同志金錫洪李海山金應基安國亨金泰默等, 欲殺之, 帶凶器, 至興京縣, 爲中警朱馬骨輩所擊, 竟不果. 庚午二月, 同志洪學淳安國亨朴仁弘黃世日崔永杰金廣道趙元國等, 國民府之外, 又組別個團體, 名曰勞農自衛軍. 四月, 改稱以朝鮮人獨立軍, 衆推李振武爲大將, 入龜城募資爲獨立活動. 時, 平北一帶皆以振武爲黑旋風好戰王, 又曰獨眼將軍. 初, 振武往滿洲, 以民族主義關聯有團體, 曰朝鮮獨立團, 曰光復軍, 曰統營, 曰義軍, 曰統軍, 曰統義, 曰新民, 曰參議, 曰正義, 曰國民, 曰勞農自圍等思想團體,是也. 後, 又有組在滿朝鮮人獨立軍. 由是, 癸亥壬申十年之間, 前後運動畧百有餘次也.

洪學淳, 別名學元, 又曰學. 居義州郡州內面於赤洞, 後, 移住遼寧省寬甸縣安平河. 高宗四十二年乙巳生. 素有膽勇. 甲子, 學淳年二十, 是年二月, 入統義府. 時, 府財政窮乏, 命學淳募資金. 由是學淳累入國, 橫行其平北一帶如無人. 丁卯八月二十一日, 學淳使其同志張基千金奉秀, 襲擊其殖産銀行義州支店. 學淳與李元珍, 至龍灣金融組合, 以拳銃脅理事, 募其金九百八十餘元. 龍灣在鴨綠江邊, 乃天下之衝也. 又是日, 以龍灣之市日, 內外國人之會者, 無慮幾千萬人. 而學淳襲擊其金組, 募鉅金, 向市人, 又演說以朝鮮獨立. 一市人皆驚, 靡然騷動, 其膽勇乃如此. 九月, 與金寬德鄭鳳華等, 受國民府指揮, 至朔州之金山事務所, 脅鑛得青化金六百九十枚, 卽時價二千三百元也. 其後, 入李振武獨立軍, 與同志, 至朔州龍川間, 募金畧四千四百餘元, 與警官衝突者四, 殺警官者又五. 所以前後犯罪, 凡二十五種.

李三賢, 別名曰東烈, 曰韓忠國. 居碧潼郡吾北面化上洞. 高宗三十八年辛丑生. 初, 往滿洲, 次第入光復團及統軍統義正義等府. 後, 又入李振武朝鮮獨立軍.

金泰默, 別名曰金澤, 曰容默. 居昌城郡昌城面雲坪洞. 後, 移住遼寧省寬甸縣長領子. 高宗十三年丙子生. 初, 入光復團及國民府, 與李振武獨立軍, 數次入昌城, 募資金, 與同志, 共殺其密偵安某.

安國亨, 別名曰明保, 曰全學松. 居龜城郡西山面龍德洞. 後, 移住寬甸縣庫倉溝. 隆熙四年庚戌生. 年十六, 志朝鮮獨立, 單獨至滿洲, 入統義府. 後, 入正義府. 戊辰七月二十日, 殺密偵崔尙鎭. 庚午, 與李振武等, 組朝鮮獨立軍, 累入國, 募資金.

朴仁弘, 別名曰順官, 曰梧棒. 居楚山郡楚山面水砧洞. 隆熙元年丁未生. 甲子秋, 志獨立運動, 渡江至寬甸縣, 入朝鮮獨立團光武隊. 九月, 入義軍府, 翊年乙丑八月, 入正義府, 戊辰八月, 入國民府. 庚午, 與李振武等, 組朝鮮獨立軍, 其間累入義州碧潼等郡, 募資金. 時, 國民府幹部司馬骨等五人, 以共產主義, 暗自活躍, 府中攪亂. 有同志殺司馬骨, 仁弘爲把守.

尹河運, 別名曰尙龍. 居義州郡廣坪面上廣洞. 後, 移住遼寧省鳳城縣石頭城板西溝. 高宗四十一年甲辰生, 本農家也. 年二十二, 志獨立, 遂渡滿. 甲子, 入統義府, 乙丑十二月, 入正義府, 丙寅十月, 以家族之私情, 遂退府, 從事農業. 庚午, 復起入李振武獨立軍, 數次入國, 募資金.

李月老, 別名曰達. 居龍川郡楊光面山台洞. 後, 移住寬甸縣長嶺. 高宗三十三年丙申生. 年二十四, 遂渡滿, 從事農業. 丁卯, 入正義府, 爲地方責任者, 募義務金. 又爲地方裁判所事務官, 與獨立運動, 亦有關聯.

庚午冬, 安國亨朴仁弘, 爲安東署所逮. 新義州及安東縣兩署, 誘國亨仁弘曰, 汝使余捉李振武等, 可釋放, 安朴許之. 壬申二月, 振武等皆被逮, 而國亨仁弘不得釋, 與振武, 共付豫審. 癸酉三月三日, 菊池裁判長以强盜殺人不法逮捕放火等罪, 開公判. 先召李振武, 審理前後事實. 振武皆是認, 而至新延鑛之襲擊及殺人等事, 皆否認. 菊池以豫審記錄, 將欲追窮. 振武曰, 若以此爲主, 審理無必要, 遂抗對. 菊池但問其振武等五人, 其餘朴仁弘尹河運李月老三人不審問. 乃論告曰, 李振武洪學淳死刑. 皆不服, 遂控訴平壤. 甲戌一月二十九日, 覆審院開公判. 及審理, 振武突然而起曰, 吾人犯行必死, 又爲死刑, 不欲受審理, 遂取下控訴, 洪學淳受審理. 甲戌二月九日, 覆審院長院曰, 被告振武學淳等皆自首警署, 有若減刑, 然前後犯行, 畧百有餘次, 不可免極刑. 二十六日, 菊池乃言渡曰, 振武學淳亦死刑, 安國亨金泰默朴仁弘十二年, 李三賢七年, 尹河運四年, 李月老二年. 初, 振武之被逮, 非安國亨朴仁弘之所爲, 乃寧邊金三山之所爲, 而振武不知, 爲自首者也. 振武學淳三賢等八人, 皆獨立運動之直接派也. 振武學淳兩人竟遇害.

金昌俊

金昌俊, 至乙丑, 年三十一. 五月, 與部下三十七人, 襲擊其咸北嶺域駐在所, 殺日巡四人, 又絶其電線, 是以咸北一帶, 乃糜然騷動. 及被逮, 新義州法院, 判決以無期, 昌俊控訴, 平壤覆院亦以此判決.

尹又烈

尹又烈者, 居大邱南山町, 至丙寅, 年二十三. 初, 又烈搬抵京城, 學中東校及基督敎青年館英語科, 不成去, 往日本學正則校. 又烈曾以名閥, 其全家嘗排日, 是以又烈亦極力排之. 及歸國, 志社會, 見現社會不徹底, 常不平, 求共産及無政府虛無黨等三個主義書籍, 多讀之, 常欲有爲. 乙丑夏, 聞朝鮮青年總同盟大會開京城, 又烈亦往會. 見席上有湖南人朴興坤, 其志乃相符, 遂共鳴曰, 今日, 不可不取反對, 當擧事於爲政當局. 七月, 與興坤組一黨名曰虛無, 乃糾合其黨員幷資金. 興坤偶病不起, 又烈悲同志之不幸, 歎圖事之不成. 至是, 又烈亦病. 十月, 又烈恐志事不就, 乃曰, 朝鮮革命, 可行其直接. 十二月, 草宣言書至京, 見全一李相和二人, 考報知新聞及二個年鑑, 知宣言書可送之處. 三日, 謄宣言書三百餘通, 內而送新聞通信銀行會社, 外而送日本中國之各政黨及會社, 遂潛伏市內. 鍾路署聞之, 與全朝鮮警察相應援大索. 於是, 又烈知不免, 欲出奔海外, 往調達旅費, 歸路, 至昭格洞被逮. 及取調, 其同謀不過數人, 而平日關係團體亦甚衆, 乃大邱青年同盟及朝鮮青年總同盟執行委員大邱鐵城團慶北社會運動同盟朝鮮社會運動者同盟自由勞動者組合京城青年會等也.

初, 以保安及出版法違反判決二年, 丙寅冬, 大正殂, 以赦出獄.

張鎭元

張鎭元者, 平北人, 至丁卯, 年二十八. 鎭元十五學公普, 庚申三月, 畢業爲面書記. 己未, 軍資募集員數十來, 脅其父, 時, 無錢不能應, 募員捉鎭元而去. 是時, 呼萬歲及運動者, 警官皆捕之, 是以避入間島者, 爲自治, 組大韓青年團, 鼓吹排日. 於是, 鎭元亦入團. 辛酉五月, 鎭元與同志崔在京林日權等四人, 欲調達其軍資. 翊年六月, 入朝鮮募金四千兩. 於是, 知放浪爲不可, 往北京欲入學, 及至無學歷不能入. 乙丑春, 聞廣東大學納我人, 又往廣東, 時, 排英熾張, 各校皆休學亦不得. 二月一日, 鎭元與崔炳善金光善等, 議曰, 今朴齊乾, 爲日領館舌人小田之密偵, 害我運動, 此不可不除之. 往北江西路, 設洋服薪炭店, 察朴齊乾動靜. 十二月二十日, 鎭元與金光善等, 組義勇隊, 各持拳銃, 往野菜市. 見朴至欲捕之, 朴驚走, 鎭元等, 追射殺之, 中國巡警李枝山欲逮捕, 又殺之. 初, 金光善與同志李英善等三人, 謀爆破日領館. 丙寅四月八日, 乘自動車往領館, 投彈破壞煉瓦壁琉璃窓. 後, 三人復謀曰, 聞六月十日乃純宗因山. 是日, 內外官吏必多隨行, 當潛入京城以爲暗殺. 一日, 發上海, 至中道, 英官憲取締船窓, 捉鎭元等, 引渡日領, 警署送長崎裁判所. 丁卯三月二日, 判長三浦, 遂審問曰, 汝等之殺朴齊乾李枝山, 是何意. 鎭元曰, 朴吾實不知, 而日崔炳善金光善言余曰, 朴無端與吾不善, 當諭以和解, 請同去, 及往見, 朴欲亡去, 吾皆發炮, 不知其何人所殺死. 李其時吾不見, 何可知之. 鎭元一名沈元.

崔炳善者, 居上海共同租界. 初, 炳善爲雜貨行商及金銀細工. 年二十, 往基督青年館, 學工業科, 後, 至上海, 爲英人電公司機關手. 乙丑十二月, 有沒名書自四馬路東興樓而至, 乃往之, 有張沈元金光善二人曰, 今我同志爲獨立組義勇隊, 願君入隊. 炳善曰, 妻病臥, 有三子皆幼. 吾年又四十, 不可有爲, 遂拒絶. 丙寅二月一日, 爲貰家往閘北, 歸中路, 忽有炮聲回見之, 張有逐人甚急, 俄, 一流丸中吾右臂, 入工務局病院治療遂爲所逮. 是以殺密偵及中巡, 吾實不知. 判長曰, 豫審皆是認, 而今否認何也. 炳善曰, 此淫刑以也. 後日, 警押張鎭元, 至病院, 與炳善質曰, 張之拳銃非被告所賜乎. 炳善亦否認.

金光善者, 居上海四馬路東興樓菜館, 丁卯, 光善年二十八. 初, 學普校, 二十三往上海遊學. 及公判, 光善曰, 丙寅二月一日朝, 張沈元來共飯, 往野菜市, 謂余曰, 有人着쓰미이리洋服者,殊爲我譏察. 及至, 有一男子庶幾, 因指知沈元而歸. 忽聞炮聲, 乃見之, 張追其人甚急, 恐禍及己, 因亡去, 故暴破領館吾實不知. 判長曰, 捉其時車夫問之曰, 被告實其人, 又其鼻蝎, 不啻仔細, 何以否認. 光善笑曰, 鼻蝎者上海必不一人, 何以此爲問, 法庭皆大笑. 判長出六穴炮及彈丸以示之, 光善曰, 此皆李英善爲募金者, 非爲暗殺, 而拷問時是認, 不過以淫刑唯唯. 公判終, 松藤檢事曰, 朝鮮獨立, 現在以施政上觀之, 必知

其不可實現, 而乃如此者, 不徒其不當, 將遺毒社會. 乃求刑曰, 張鎭元崔炳善死, 金光善無期, 其罪名, 橫領殺人强盜及爆發物取締規則違反也. 丁卯陰三月二十四日, 言渡以炳善光善皆無期, 鎭元決死刑. 後, 鎭元爲減死無期, 炳善死, 光善亦無期.

金一山

金一山, 一名應先, 居大田郡柳川面大成里. 一說, 居沃川郡伊南面江淸里高宗癸未生, 剛勇過人, 體幹壯大. 初, 一山見外寇充斥, 國事日非, 嘗忿慨起義, 以爲欲剋復. 後, 知時不可爲, 遂解兵歸家. 尙有餘意, 作篩商遍歷國中, 以求其人. 日, 聞寧海有一壯士曰申乭石, 應先嘗欲一見. 癸亥, 往浦項見之, 言其志, 申曰, 吾丁未年間, 亦起義, 賊欲捕之, 乃避身至此, 辭不起. 應先歸, 因往滿洲之輯安縣, 入正義團, 往來上海滿洲, 以爲謀獨立. 偶與黃海道倡義團員桂義山及沃川全佐漢相見, 兩人曰, 朝鮮獨立, 暴破暗殺, 爲第一. 應先大喜共約. 至是, 正義團, 又使金一山等七人, 歸朝鮮擧事. 乙丑, 應先乃歸國. 應先向義將時, 有五個溺缸, 其間十餘年, 常持身不去. 至是, 往舒川水理組合, 見其妹夫鄭元得, 密得暴藥五瓶, 藏五個缸中以還家. 又至大田, 有日人田中賣洋藥, 應先遂買歸. 造六個暴彈, 十一月, 入鎭威山中試之. 初, 全佐漢與桂, 爲京畿道警察部高等課河崎田邊兩警部密偵, 使金應先謀此事, 欲立己功. 十二月, 佐漢至應先, 見其謀垂成, 先上京密告, 河崎召應先來入京. 翌日, 應先與金云用鄭明玉宋巖于等, 至龍山驛. 佐漢與河崎暗視其一行曰, 此皆其人也. 是時, 應先姑無投彈之志, 而丙寅一月二十二日, 欲實行者, 乃佐漢促成之也. 應先及入京, 乃定館于社稷洞某旅館. 二十九日, 各分擔其投彈所五處, 總督官邸桂義山投之, 總督府金應先投之, 京城府廳金云用投之, 朝鮮銀行及鍾路署, 鄭明玉宋巖于兩人投之, 各自分擔, 遂移館于淸進洞進一館. 是日, 往光興園, 以最後記念乃會食, 待其日暮, 將欲擧事. 至夜, 桂義山出外, 不過須臾, 京畿道警察部, 乃掩襲逮捕. 其首謀者金應先等四人, 皆逸走, 餘皆被逮, 此乃佐漢密告也. 初, 應先慮之, 又欲移館, 而館主督食費. 故應先乃出債而去, 歸路, 聞同志皆見捉, 與桂義山共走, 至奉天. 義山置應先于朝鮮館曰, 君須在此, 吾可暫出. 有頃, 河崎至, 逮應先, 送檢事局, 豫審. 是時, 全佐漢亦方在監中. 初, 佐漢密告使諸人被逮, 來至滿洲, 詐稱朴憲, 又欲立一計, 偶因金鳳俊南正, 始知有朝鮮獨立大本營, 而佐漢乃不入其本營, 與李應瑞, 往二道河子組一團, 又名之曰, 朝鮮獨立大本營, 以爲二道河, 與新民府相近, 不可幷立, 移去他所曰, 此地本危險, 不可無護身之具, 出入常帶鎗. 八月, 佐漢欲募集軍資, 與南正金正漢共持拳鎗及檄文, 至安東縣. 見李貞海之妹, 方在新義州通學, 佐漢請貞海, 使其妹將拳銃裹冊褓, 越國境, 至新義州. 復以小包送京城之樓下洞李泳德, 以翠雲町爲根據. 此亦佐漢密告田邊, 使金南兩人皆被逮, 然後佐漢欲獨自潛避. 九月五日, 乃被逮入監者也. 蓋進一館之事, 金應先乃主謀, 而反聽命於全桂兩人者何也, 此不可知之. 然應先在糊模暗昧之裡, 但隨人操縱, 似無其理, 而見其供招, 則不知其事實, 不啻丁寧. 是以全桂兩人, 常謂金應先曰, 此計若成功, 當與之萬元. 雖不然, 亦不失爲六七千元, 乃以利誘之, 實非所以可疑者乎. 及公判, 佐漢雖無供露骨的, 其爲密偵, 十分明白云. 佐漢其爲人荒譎, 眼采有殺氣. 松田檢事求刑曰, 金應先四年, 金云用宋巖于鄭明玉一年半, 鄭石祚禁錮三個月, 鄭元得六個月, 全佐漢五年罰金五十元, 金鳳俊一年半罰金五千元, 南正一年半. 又曰, 云用巖于明玉等, 皆善良農民, 而罹此禍網, 不可無同情. 全佐漢曾以密偵, 欲立其功, 使此良民陷此大罪, 亦不可無罰. 云用巖于, 居沃川郡伊南面伊院里, 至丁卯, 云用, 年三十二, 一名成根. 巖于, 年三十一, 一名在善. 鄭石祚, 居太田郡柳川面屯山里, 年四十六. 鄭元得, 居舒川郡鍾川面支石里, 年二十九. 桂義山, 居海州, 前倡義團冒險部員, 年三十五, 此乃進一館之派也. 全佐漢, 居沃川郡沃川面, 年二十九. 金鳳俊, 居江界郡公西面, 年二十四. 南正, 居瑞山郡大湖芝面, 年四十二, 此乃翠雲町之派也.

按孫武子曰, 善戰者, 致人而不致於人, 致人者, 操縱在我, 致於人者, 操縱不在我. 是以操縱在我, 則雖與荒譎奸巧, 而可無事, 操縱不在我, 則雖與忠信直正, 難如意, 況今世級不古, 荒譎多而忠信少. 故群慝出沒, 眩奪人神, 思其陷人, 如恐不及者乎. 初, 應先嘗一心討賊, 不顧其死, 旣以擧事成敗之間, 當吾自爲之, 何操縱每致於人爾也. 吾知全桂不惟不首鼠而已, 曾爲密偵, 欲立其功, 使人謀事, 渠自告發, 此慝之尤者固不足言. 應先在主謀, 不致人如此, 其見賣宜哉. 然而全佐漢, 外雖同謀, 內爲密偵, 被逮, 其刑似輕於應先, 而及言渡, 佐漢處六年, 應先處五年. 以此觀之, 奸巧之有益, 果安在哉. 直正雖禍, 亦不害爲義人, 夫士當以此爲法.

方漢相

方漢相者, 大邱府南山町人, 漢藥商, 高宗己亥生, 至丁卯, 年二十九. 乙丑七月, 漢相與同志申宰模, 見現代社會多組織, 常懷不平, 每欲待其機會, 實顯其社會主義. 至是, 遂募其同志鄭命俊徐學伊馬鳴鄭海龍安達得徐東星河鍾璡金東碩等八人, 組一團, 名曰眞友聯盟, 其主義乃無政府也. 與共産黨相爲姊妹, 共産黨乃뽈스비키之系統也, 眞友聯盟, 乃아나키슴之系統也. 遂與諸人謀實際運動, 一邊養成其리-더-, 使欲立其第一線. 又曰, 在朝鮮而欲如此運動, 當與日本主義者, 相聯絡, 切聞自我人社之員栗原一男黑化社員掠本運雄黑友會員金正根 初, 正根入朴烈之組黑友會, 烈入監後, 正根執牛耳 等, 丙寅一月, 以自我黑化黑友爲中心, 結合其黑旋風解放戰線自由勞動等社及關東勞動組合聯合會. 又其他各主義團體, 更組黑色青年聯盟, 東京置本部, 欲實行其破壞暗殺, 使同志之在日本朝鮮者, 皆激勵煽動. 今我眞友, 欲實顯其目的, 則當與日本及上海之散在同志, 共相提携. 三月, 漢相潛至東京, 見栗原掠本正根等, 求其聯絡. 四月, 與栗原等至大邱, 栗原等使眞友聯盟, 入黑色青年團以爲加盟. 九日, 同志十二人, 秘密會申宰模家, 乃議曰, 吾人當煽動其全朝鮮主義者, 使全

鮮之破壞氣分以爲沈深濃郁, 然後先擧其破壞之烽, 大邱道廳及警署裁判所停車場皆一擧破壞. 又道知事以下重要官憲, 亦皆暗殺, 然後日人市街地원町一帶又破壞, 繼而全鮮이無政府主義宣傳을實施하고자하고, 又與栗原至京城, 見平壤人金元, 請與上海金官善相聯絡, 以爲謀密輸爆彈. 五月, 安達得以竊盜被逮, 及取調, 給몰핀誘呑之. 於是, 達得遂喪性橫豎, 是以擧事前一周日, 十三人皆見逮, 付豫審. 至九朔, 始終決. 又抗告, 漢相在再審, 以肺病及肋膜炎, 辯護士孫致殷金完燮等, 申保釋, 而竟却下. 及公判, 漢相等皆出庭, 與親戚同志相握手, 言笑自若. 日人書記, 乃禁止, 被告皆大聲曰, 싸가, 書記更不敢. 又法官着席, 皆不起, 公判其答之, 皆如待奴隸, 一不用其敬語. 公判時, 以爲問官有言不敬, 一齊斷食, 問官皆劫之. 初, 開庭, 山澤檢事禁傍聽, 金完燮不可曰, 特殊階級, 何不禁, 而獨親戚及同志, 乃禁之也. 如此不公之判, 不可辯論, 遂退庭. 裁判長不得已, 乃許之. 至是, 馬鳴徐東星鄭命俊金正根四人, 請布施辰治以爲辯論, 申宰模禹海雲等八人, 不委託曰, 布施對吾公判, 若有誠意, 豫審決後, 當繼續辯論, 而彼乃曰, 今偶然辯論, 此無他, 布施以共産爲主, 吾人以無政府爲主, 其主義相不同. 故有此感情, 布施爲辯論, 吾人之有罪可無罪, 布施不辯論, 吾人之無罪可有罪乎. 遂謝絶. 丁卯陰五月十四日, 山澤求刑曰, 方漢相申宰模各監禁五年, 徐黑波鄭黑濤徐東星各四年, 金東碩河鍾璡馬鳴禹海雲三年, 栗原一男掠本運雄金正根十年 此下新聞欄三層, 皆墨版. 七月五日, 乃判決曰, 漢相宰模學伊正根五年, 東星馬鳴海雲栗原掠本三年, 命俊鍾璡東碩二年. 時, 方之母, 見其子漢相受刑五年, 乃泣之, 有警吏引其母出之, 漢相忿怒曰, 汝焉敢爾乎. 大聲叱之, 諸被告亦皆大叱. 於是, 法庭便作修羅

一場, 警吏更不敢. 秋, 漢相聞同志正根死, 以爲此 二字○, 乃失聲哭. 至是, 布施以共産黨辯護來京城, 及歸, 訪達殅. 申宰模曰, 如此怪事, 吾乃否定, 是以裁判吾爲否定, 法律吾爲否定, 吾身之存在亦爲否定. 由是, 吾身以爲二字○의二字○, 將欲投之于彼也. 馬鳴禹海雲, 鐵城團員, 申宰模, 勞動親睦會委員, 安達得徐黑波, 勇進團員, 徐東星, 前官吏, 皆居達城. 金東碩, 雜誌記者, 居善山, 鄭命俊居漆谷, 河鍾璡, 居咸陽, 栗原, 居東京, 橋本龍雄, 居豐多摩郡, 栗原橋本, 皆日本著述家, 金正根, 居東京, 亦著述. 鳴年二十三, 海雲二二, 宰模四四, 達得二五, 東星三二, 黑波二九, 鍾璡二七, 栗原二六, 橋本二七, 正根二八. 黑波, 學伊一名, 黑濤, 命俊一名.

共産黨

朴憲永, 居禮山, 林元根·金丹冶本名泰淵, 居花開. 初三人往露都莫斯科, 受共産大學. 及歸至上海, 見高麗共黨員呂運亨·李東輝, 又組高麗共産青年會. 癸亥春露國第三國際共産黨, 見高共相軋轢命解散. 呂運亨使憲永等歸京城, 組朝鮮共産青年會, 憲永等潛入至國境遂被逮, 囚新義州一年. 先是自己未三一人後, 世界之社會主義, 遂波及極東, 故京城始有各社會團體. 所謂新生活社, 是新思想研究會, 而後改爲火曜者也. 土曜會, 是無産者同盟也. 日本東京又有遊學生

組北風會, 此以北星·黑濤兩會爲前身者也. 蓋運動其獨立, 宣傳其主義, 皆一致而黨派各相爭, 不可統一. 至是憲永等至京, 組新興青年會, 與火曜會幹部金在鳳·洪增植·曺奉巖·兪鎭熙·朱鍾建·李準泰, 北風會幹部金若水, 宋奉瑀等, 組四團體合同委員會, 以爲欲統一. 適有京城有副業共進會, 乘此機又欲組朝鮮共黨. 初上海金立曾以國際共黨,往치타見韓馨權, 詐欺其露金四十萬元, 由是國際的信望因墜地, 雖不能組朝共, 然朝鮮之有共黨,由此三人而始, 世之所謂三人黨是也. 乙丑 一九二五年, 全國記者大會開京城, 是以各新聞支局主義者多至京, 憲永因糾合同志. 三月六日與曺奉巖·金丹冶·金在鳳, 以爲新義州連絡海外甚有便, 置國境聯絡部, 使朝鮮報新義州支局長獨孤佺爲連絡. 四月十五日與火曜, 幷其他幾個團體代表, 開朝鮮民衆運動者大會, 欲暗結其朝鮮共黨, 又以禁不果. 十七日金在鳳·金科全·兪鎭熙·金燦·金若水·趙東祜·金尙珠·曺奉巖·朱鍾建·宋奉瑀·尹德炳·獨孤佺·陳秉基·崔元澤·洪德裕·鄭雲海·鄭宇鎭會黃金町中國人料理店雅敍園, 皆奮然曰, 使朝鮮脫日本之羈絆, 又使共産之制欲實現其朝鮮, 當秘密結一社, 使趙東祜·曺奉巖·金燦爲銓衡委員, 金在鳳·金科全·兪鎭熙·鄭雲海·朱鍾建·趙東祜·金燦爲中央執行委員, 尹德炳·宋德滿·曺奉巖, 爲檢事委員, 組朝鮮共黨. 翊日金在鳳等, 開第一回委員會, 設秘書·組織·政治·經濟·人事·調査·宣傳·勞農七部, 各擔其責. 其共黨組織之時, 以爲朴憲永·金丹冶·林元根·洪增植等皆不參. 是日權五卨·朱世竹憲永夫人·洪增植·曺奉巖·金丹冶·林元根·林亨寬·金尙珠·申哲洙·張順明·陳秉基·曺利煥·朴吉陽·鄭敬昌·安相勳·金東明一名東光, 會薰井洞朴憲永方曰, 欲實現其共産, 當否認其私有, 欲宣傳其主義, 當敎養

其鬪士, 以一種教養機關, 組高麗共産青年會. 使洪增植·朴憲永·曺奉巖爲銓衡委員, 權五卨·洪增植·申哲洙·朴憲永·曺奉巖·金燦·金丹冶爲中央執行委員, 林亨寬·曺利煥·金東明爲檢事委員, 使權五卨制定其職制幷會則, 與朝共乃同根而異枝也. 五月十六日金在鳳·金科全等以基本機關別職業身分, 自京城以至國中海外, 設細胞團九個所. 其中皆置學生·勞農·言論機關·思想·女姓·五部. 京城以洪德裕·全政琯·閔昌植·全海·吳羲善爲委員, 慶南以金明奎·朴台弘爲委員, 全南以辛命俊·金基浩·申東浩爲委員, 金明奎·辛命俊等開全慶兩道委員會, 設教養·秘書·責任三部. 光州·順天·密陽各置郡細胞, 使崔安燮·金有聲·曺俊基隷屬光州, 鄭晉武·金完根·辛命俊隷屬密陽, 李榮珉·李昌淑·朴炳斗隷屬順天, 廉昌烈·朴來源·朴榮珉隷屬京城. 細胞又海外有日本·滿洲·上海·沿海等四郡. 日本以金正奎爲責任秘書, 滿洲以曺奉巖·宋奉瑀·朴應七爲責任秘書, 上海以趙東祜·金丹冶·崔元澤爲責任秘, 沿海以全燦爲責秘. 制黨則, 論議不相合, 竟不果. 使趙東祜送莫斯科, 欲得其國共承認, 東祜至上海不赴. 是時高青幹部權五卨又開委員會, 置秘書·組織·調查·教養·聯絡·國際六部, 各掌其任, 會員以三十歲以下爲定. 使曺奉巖送莫斯科, 與國共連絡. 及奉巖歸, 露國送資斧一千八百五十元, 請遊學生來入共大. 六月將朝高兩共之承認申請, 及 ○○○ 等書, 使獨孤佺送上海呂運亨, 傅致國共. 運亨使金在鳳·獨孤佺, 更與趙東祜聯絡. 八月五日, 馬山共黨來合朝共, 仍爲馬山細胞. 九日權五卨·林元根·朴憲永選會員安相勳·金命時女史, 金應基·鄭敬昌·崔春澤·高明子女史, 曺龍巖·朴知成·鄭炳旭·鄭雲·李永祚·金衡寬·張曙山·權五稷·金七星·張道明·姜翰等十七人, 送莫斯科遊學共大.

又組織其道郡聯盟, 以崔安燮·盧相烈·鄭淳悌爲全南執行委員, 是乃所以道幹部也. 光州·光陽·順天, 又各置聯盟, 是乃所以郡細胞也. 以崔安燮·金載中·鄭洪模·崔一峯隷屬光州細胞, 以鄭淳悌·許永壽隷屬順天細胞, 以鄭順和屬光陽, 益進展其黨勢. 先是新灣青年會設新義州, 卽京城火曜系統也. 獨孤佺亦爲委員, 十月二十二日, 獨孤佺與同志諸人, 往會員某婚宴時, 辯護士朴有楨·巡查鈴木支義·醫生宋啓夏, 亦來會共飲酒于京城食堂. 及酒酣相有言爭, 因一場擊鬪, 朴有楨遂告訴, 警官捉獨孤佺·林亨寬·金景瑞·金得麟·趙東根等十數人取調. 有人曰, 是夜全得麟脫赤色吐手, 奮擊地曰, 汝等能此可勝乎, 因大言. 警官曰, 此言甚不尋常. 搜金景瑞家, 得朴憲水之送上海呂運亨報告一章及秘密書類. 皆暗號故晝夜硏究, 至數十日而始得解, 乃大驚. 與鍾路署, 共逮朴憲永·林元根·朴吉陽·曺利煥·洪增植·張順明·申哲洙, 此皆高共也. 金若水 一名科全, 朱鍾建·徐延禧·宋奉瑀·尹德炳·兪鎭熙·陳秉基·金尙珠, 皆朝共也. 此乃第一次大檢擧也. 金丹治·曺奉巖·趙東祜皆脫走上海. 金恒俊走至平北, 爲道廳産業課雇員, 暗與金丹冶相連絡, 以道廳爲聯絡所. 金在鳳潛避各地, 知終不可免. 丙寅一九二六年三月五日, 與晉州新聞支局長姜達永·李準泰·李鳳洙·洪南杓·金哲洙·更組第二共黨, 責任秘書姜達永, 內務部李準泰, 組織部金哲洙·全德, 宣傳部李鳳洙·洪南杓·技術部權五卨, 檢事委員洪悳裕·金石駿·具然欽, 革命後援金哲洙·朴珉榮. 與滿洲·上海·日本·沿海等部相聯絡.

權五卨, 居安東郡盖日里, 雖與人同一其共黨, 然其實乃愛國志士也. 是以初見大韓不祀, 與民族主義者共謀獨立, 後知其不能, 使朝鮮依

赤化, 欲脫其日本覊絆, 與主義者歸新灣青年, 命爲赤化, 又與메ㅣ데ㅣ劃某種運動竟不遂. 組高靑以俟其機, 見十五日隆熙帝崩, 又有宋學先事, 滿城空氣悽慘, 乃忿奮曰, 來因山時, 各社會必不無事. 五卨亦運動作檄文, 題之以大韓獨立萬歲. 其大意蓋朝鮮人敎育當以朝鮮人本位爲之, 小作料當不納日人地主, 在獄之 ○○○當釋放也. 五卨與朴來源·閔昌植·李用宰·楊在植, 印刷其大韓獨立萬歲二萬枚, 朝鮮人本位·幷不納日人地主各六千枚, 大韓獨立運動者團結八千枚, 至是呂運亨·金丹冶所送檄文四千枚. 又至平北道廳, 金恒俊受之, 復送于安東縣運送店, 使店員姜延天, 藏貨物中送之京城. 時恒俊以博覽會出張京城, 使同志將檄文送洪一憲 五卨姓名. 五卨將前後檄文, 欲使朴來源至大田, 以鐵路線送三南散布. 使閔昌植至沙里院又元山, 以鐵道便送兩西幷咸北散布. 使李用宰·楊在植, 因開闢社新女性·新民等雜誌及商店廣告, 以郵便送總督府·裁判所·道廳又其他各官署. 其餘使學生幷洋襪職工, 因山時散布其龍輴所過之路, 藏天道敎本部以待之. 五月第二共黨後係幹部開委員會, 使姜達永·李準泰·權五卨·李鳳洙作黨則及豫算案, 五卨·鳳洙考露共黨則幷英國無産者靑年會則, 作朝鮮共黨之規. 又作三十萬三千八百元豫算案及說明·請求兩度書, 經金燦之手然後, 送國共請資金. 姜達永·李準泰募黨員. 六月四日, 鍾路署往大阪, 捉中國紙幣僞造犯三人, 授其家宅得檄文一枚. 及取調知檄文來自宣川鑛業者安基成, 遂捉安取調, 安與權五卨同里人也. 於是知其有密諜, 捉權五卨·朴來源, 押收其檄文三萬四千枚. 京城驛檄文四千枚, 此金丹冶所送. 初五卨以印刷借款五千元, 將檄文二枚, 與鑛主安基成, 今之事覺, 基成將一枚檄, 又與紙幣僞造犯者爲導火線也, 由是檢擧之暴風又

起. 姜達永亦知其不免, 大恐, 乃變裝以쌔나나行商, 遂潛避. 七月十七日, 達永過明治町, 因見逮. 第二次共黨又發覺. 是時, 朝高兩共之所屬團體署三千. 黨之全體, 有以若露西亞, 國共國中之各大都會, 皆有其黨也. 二十四日, 鍾路署大森部長率刑事數隊, 搜北部, 捉權五卨, 以至全國, 捉黨人三百餘名. 初, 新義州署捉朴憲永等十數人, 取調半載. 至是, 押送京城, 與權五卨等, 乃合同審理, 皆釋放. 但新灣會及京城主義者百一人付豫審. 此乃朝鮮未曾有之一大秘密結社也. 丁卯陽九月十三日, 始開公判. 日本社會皆聞之曰, 此在朝鮮弱小民族, 實初有之大公判. 農民組合送古屋貞雄, 自由法曹團送布施辰治及中村高一, 以爲辯護. 朝鮮勞動總同盟之在日本者送鄭南局李東宰, 新幹東京支會送姜小泉權大衡, 大衆新聞社送崔益翰爲傍聽. 檢事局陝窄, 往三號大法庭, 以爲公判. 慮其萬一, 裁判庭設木柵, 構內構外皆嚴重警戒. 郵便局書信往復, 停車場行人升降莫不監視. 在東京大阪之間者勿論, 是日, 韓日之人一禁不入京. 全城之各官公署及銀行會社皆有警備. 及開庭, 金景瑞趙東根金世淵金瑛禧白基浩五人皆釋放, 朱鍾建病保釋. 九十五人但出庭, 各被告見其親戚同志, 坐檻車皆撓手巾, 競爲目禮, 其景色甚悲壯. 中野檢事讀公訴事實曰, 此有治安妨害, 禁傍聽不公聞. 辯護士金泰榮曰, 朴憲永等二十人豫審, 初, 掛新義州法院, 而乃移送京城. 以裁判法第八條觀之, 此總督命新義州法院長至京審理者, 而今京判事審理是誰人所命也. 如此不法, 豫審不可成立, 極抗爭. 辯護士諸人亦皆曰, 丙寅春, 押朴憲永林元根等, 乘暗夜護送. 此不可以당면護送, 亦非其知者乎. 許憲又曰, 新義州雖幾許年可監禁, 京法院無此權. 憲永等至京, 乃一年半, 豫審此非所以甚不法者乎. 金炳魯主張요지하야육박하자, 裁

判長乃掩置審理. 金泰榮古屋李仁李升雨等復激論. 中野曰, 總督有以使新義州法院, 已傳達我監督之命, 則今日論辯不足爲問題. 李仁金炳魯奮起, 又駁論不已, 檢事遂閉庭, 棄却公訴. 由是公判遂杳然. 被告九十餘人, 皆有辯護, 而白光欽獨謝絶. 辯護士李昌輝曰, 法廷法壇, 是何等森嚴, 而判事背後, 有所謂特別傍聽, 雜坐無忌, 是何格禮. 此亦爲之禁傍聽乎. 金炳魯古屋李升雨金泰榮武智弘方等, 提出其四條願書, 一曰警戒緩和, 一曰病者保釋, 一曰公判公開, 一曰特別傍聽廢止. 時, 楊在植申哲洙金東富白光欽林亨寬曺利煥, 皆病不出庭, 乃分離審理. 李昌輝曰, 白光欽審理調書, 無適用之法, 以緊急데의로, 當書其適用法, 而今不書此, 不可審理. 而今與他被告, 欲分離審理, 何不法之至此也. 十五日二回公判, 朴憲永曰, 今我被告諸人, 皆無産階級之前圍分子. 今此裁判, 使多數警官, 警戒甚酷. 此不啻其壓迫我諸人, 便是壓迫我無産大衆全體. 且傍聽不爲公開, 但許其特別, 今日吾絶不開口. 裁判長曰, 今日公判, 多有公安妨害, 傍聽不得不禁. 辯護士皆曰, 如此公判, 可謂威壓的, 不可辯護, 總退庭. 又提出其四條願, 一曰今日法庭, 看守限十五, 警官一禁, 一曰鐵網撤廢, 一曰傍聽, 但以限判檢事兩人, 一曰許新聞記者幷家族入庭. 金泰榮曰, 頃者, 請公訴棄却, 雖法之當然, 而朴憲永等不欲復往新義州, 故乃分離審理. 遂續行公判. 時, 洪原之各社會, 送激勵文曰, 今日公判, 持國際的意義, 可謂朝鮮初有之歷史的大公判. 願積極辯護, 吾人多謝. 雖無內外, 而於古屋中村布施三氏益多. 十七日, 三回公判, 警戒雖解禁, 法庭構內尚依然嚴重. 金炳魯金泰榮姜世馨苦請公開, 而矢本不聽. 律士皆退庭不入. 由是裁判長及辯護士之間, 軋轢益甚. 時, 被告皆着韓衣, 而獨十餘人尚靑服. 女史鄭鍾鳴, 裁韓衣

各一襲差入. 初, 朱鍾健病保釋, 往平壤及釋王寺爲將理, 十二日夜, 乃至京逸走. 日本關西之朝鮮勞動總同盟聯合會大阪之朝鮮勞動組合幹部辛載鎔鄭東波鄭東鳴等, 爲此公判, 欲起其一大示威. 因事覺, 東鳴等九十五人皆被逮. 二十日, 四回公判, 屬秘密. 雖不能知之, 然公判不過五分, 突然法庭, 墨版. 是日, 警官之活動益甚, 法院內外警網益嚴焉. 初, 朴憲永常着强度眼鏡, 暫不去眼. 及退庭, 憲永爲看守巡査包圍而出, 眼不着鏡, 面甚虛白. 廉昌烈負人而出, 便若死人. 問官及律士, 一齊退庭, 皆面有悽愴, 未知今日法庭, 有何事變. 憲永昌烈及出, 皆入看守室, 急請監醫診療. 於是, 昌烈乃甦, 憲永亦鎭定. 有頃, 矢本復召兩人公判, 律士又退庭, 法庭因動撓. 夫人朱世竹欲面會, 矢本不聽. 十九日, 有一女史裁衣二襲, 沒名差入. 各團體之在日本者, 又送文, 激勵其辯護諸人. 二十二日五回, 大原刑務所長召律士金讚永曰, 去曉, 朴憲永突然有異狀, 請今日使諸被告, 無以此起鬧. 許憲金炳魯古屋朱世竹請面會憲永, 當局皆許可, 而朱獨不許. 許憲自監而來曰, 其內容吾不可言之, 而憲永之今不出庭, 非精神異狀又非外傷, 而如何間○○○○○. 世竹求一鏡差入, 而當局又不納. 由是波瀾重疊, 其勢益凜然. 裁判長不得已, 朴憲永獨分離審理. 是日, 問官不公判, 與律士但出入頻煩. 私服警官各帶殺氣, 警戒益嚴, 物情因竦然. 時, 我人之京都新支及勞動總同盟, 擧秘密裁判, 遂抗議于總督府. 又朝鮮之各社會及律士與被告, 皆抗議曰, 今日公判有國際的意義, 請公開. 問官又不聽. 傍聽自初乃嚴禁, 而警部補金冕圭入庭, 記審理. 律士見之, 遂起問題. 中野檢事召金冕圭, 取調. 冕圭曰, 受三輪指揮. 又召三輪取調, 而冕圭又依然入庭. 金炳魯許憲李仁李承雨古屋權承烈曰, 此侵害法權, 皆退庭, 公判遂閉. 日本之朝鮮勞動總同盟代表鄭南局, 東京新支代表姜小泉, 京都新支郭鍾烈, 擧公開禁止, 乃抗議于警務當局. 湖西記者團, 芙江勞動同盟, 燕岐青年會, 送孟義燮, 見古屋等, 以致其謝. 翊日六回, 律士又復總退. 是日, 朱世竹欲私食差入, 所主人曰, 今朝, 往刑務所, 當局曰, 朴憲永自前日突爾斷食, 点心不必持來. 世竹憂之, 持可請面會, 當局亦不聽. 二十七日七回, 律士開秘密會議, 使金炳魯古屋, 質問其金冕奎傍聽. 矢本曰, 此不可倉卒言之, 遂不言. 由是律士二十八人皆辭任, 請東京之自由法曹團, 使質問其總督, 法團使布施辰治, 以質問. 因喚起其日本全國之輿論. 二十九日, 矢本中止其八回公判, 往豫審庭密室, 呼個人審理. 律士曰, 此個人審理者, 必欲以威脅爲之, 又蹶起. 使古屋李承雨, 見長尾檢事正. 長尾曰, 金警部置之, 以他警爲傍聽, 如何, 古屋不聽. 於是, 長尾禁警官, 使被告皆自由陳述. 於是, 諸律士復出庭辯護. 是時, 金天海李青龍朱洛天等六百餘人會橫濱, 電報京城法院以抗議. 作決議文, 送總督及法院, 又作激勵文, 送諸律士法曹團, 以松谷與二爲特派辯護. 十月初四日九回, 新泰仁青年會東京勞動農民黨, 皆送文激勵其諸律士. 湖西記者團送特派員, 慰律士諸人. 高靈新支又送激勵文. 十日十一回, 布施提出五個條, 一曰朴憲永心神喪失以至廢人, 當不日保釋, 一曰病中被告亦皆保釋, 一曰記者入庭, 一曰每日開庭, 一曰使重要被告, 各筆記爲供. 十二日十二回, 憲永又不釋. 是日, 光州青盟金堤勞組迎日宜寧兩新支, 皆送文激勵. 此下一幅墨版 翊日, 白光欽保釋, 病欲入院, 突然發狂, 擧劍刺人曰, 汝們皆以警漢走狗, 害我同志, 或高聲唱朝鮮獨立及無産者萬歲. 甕津宣川兩青會, 激勵文又至. 初, 鍾路署高等係三輪主任和三吉野藤藏大森秀雄金冕圭等, 拷問甚慘. 權五卨姜達永全政琯洪

悳裕李準泰不勝其憤, 使布施古屋金炳魯李仁等, 擧不法拷問, 遂告訴. 某法官曰, 警官知法, 似無是. 然若有之, 此法律及人道, 皆一大罪惡, 不可無罰. 長尾又曰, 吾敎勿用淫刑, 而今用之, 因證據爲左右. 新義州新灣青會, 任實新支送激勵文. 十八日十五回, 乃審理其權五卨六十萬歲. 金泰榮見裁判長, 請公開, 矢本不聽. 古屋曰, 四警官其取調, 當如共黨, 其裏面皆發露. 日本勞動黨, 欲調查其司法權侵害不法拷問及法官之如何處理三個條, 送法學士加藤貫一. 加藤至京曰, 吾之此來, 不但調查其警官橫暴, 全以總督政治之○○○○을○○씨키는것으로, 帶使命而來. 二十日十六回公判, 又秘密. 是時, 加藤乃入庭, 而三輪吉野大森等又警戒如前. 宣川天道敎青年部全州勞聯裡里青會木浦新支大阪之朝鮮勞組西成支部全臺灣打倒○○○○○○等各團體, 皆送激勵文. 三輪等四警告訴, 已四五日, 而檢事元橋但取調其權五卨, 不取調四警. 律士又欲告訴, 法曺團又蹶起曰, 此四警不但無視其辯護, 乃蹂躪其人權, 不但蹂躪其人權, 又蹂躪其憲法, 其罪不可容貸. 豫審判事五井, 加○○諸被告, 皆如出一口. 諸律士曰, 雖檢事, 庭不可用如此不法, 而且在豫審, 五井乃敢行. 若五井豫審其間島共黨, 更加何等不法也. 李仁許憲古屋見高覆法三院長, 乃抗議. 二十一日, 馬山新支勞聯及青會送激勵文. 十七回, 公判亦秘密. 再翊四日, 元橋始取調四警. 李東宰姜小泉郭鍾烈等, 訪總督及總督府法務局長松寺警務局長利見檢事正長尾, 提出其抗議文. 是日, 大邱青盟晉州青會皆送文激勵. 加藤古屋金炳魯金泰榮見四警告訴, 因無聞, 往西監, 見權五卨姜達永洪德裕全政琯, 採栲問之實及證人, 方準備其第二告訴. 蓋此警官告訴, 其注目, 不但朝鮮, 其餘波又及日本. 辯護協會遂奮起, 電報京城某辯護士曰, 今我協會網

羅其全國律士三千餘人, 將欲細査其事實. 二十二日, 東京之我人青盟送抗議文于總督府警務局, 求共黨之無罪判決. 日本勞農勞動兩黨擧拷問, 乃抗議于田中首相朝鮮總督. 又使各支部, 喚起其日本全國輿論. 七日, 日本之朝鮮勞總大阪之朝鮮勞組, 向田中齋藤及京城法院, 請共黨無罪, 又請裁判公開. 翊日, 總督府政務總監湯淺倉平方在東京, 朝鮮勞總代表金漢卿東京新支代表趙憲泳大衆新聞社朴洛鍾與布施, 見湯淺, 乃嚴重質問. 三十日, 大阪朝鮮勞組河泉支部開委員會, 向首相總督及法院, 又抗議. 初, 四警告訴已半月, 而尙寂然, 諸律士乃正式申請曰, 拷問時證據, 有鍾路署取調室宿直室留置場丸椅子水道端署內竹刃腰掛角棒ㅆㅐ게ㅆㅡ藥鑵捕繩. 又京畿道警察部宿直室留置場丸椅子, 當取次檢證. 且取調時, 證人告訴人警官律士檢事, 當五角相對, 以爲審理. 更請總督府及世富院醫師, 當診察其被告, 則可以知之. 因請保釋, 矢本不聽. 於是, 保釋問題遂再燃. 十一月一日, 東京新支我人勞總遊學生學友會科學研究會女子青會女子興學會大衆新聞社等九個團體, 相聯合, 向總督及政務總監田中內閣矢本長尾元橋, 乃抗議曰, 拷問警官當嚴重處罰, 當局之處理, 又不可不監視. 於是, 元橋召證人姜亨順金英禧兩女史審理. 姜李準泰之夫人, 金女姓同友會員 十一日, 元橋以證人審理, 往西監而歸, 召吉野晃圭三輪大森取調. 朴憲永李在益申哲洙曺利煥白光欽皆病不審理. 時, 憲永失眞, 常欲自殺, 又請釋. 安邊青會送激勵文于古屋. 初, 四警告訴, 其注目不但其朝鮮已也. 以至日本臺滿及海外, 亦皆注目, 其爲事之重大, 果何如, 而元橋以證據不充分, 不起訴. 律士又以證人, 擧豫審判事五井書記佐佐木博士河上肇學務局長李軫鎬妓生崔錦蘭朴玉花等四十九人, 卽抗告覆審. 十七日二十八回, 矢本曰, 證

人若確實, 不必審理, 遂却下. 諸律士又更申請, 又却下. 於是, 律士遂申請其裁判長忌避, 總退庭. 矢本不得已, 乃提出其忌避書于民事部根本道成判事審理. 自丁卯陰十月二十九日至十二月十日吾不得見新聞

十二月二十一日, 李在益病, 欲請保釋, 朴吉陽亦病分離. 前後公判, 自開庭以來, 多至四十八回. 其間, 有司法權侵害拷問警官告訴裁判長忌避三個問題, 因大起波瀾. 自丙寅被逮, 至丁卯陽九月十三日, 滿三年, 公判始自一回, 以至結審, 其月數乃五個朔. 百一人之中, 五人病分離, 九十六人其審理乃二十八回, 求刑論告二日, 律士辯論十八日, 有法庭以來, 乃未有之一大公判也. 律士金炳魯金泰榮許憲布施古屋加藤李仁韓國鍾李承雨鄭求瑛金用茂李昌輝姜世馨韓相億等二十人皆無料辯護, 至忘寢食. 被告犯罪, 無時日無場所者太半. 是以事實多矛盾, 審理多障碍. 朴吉陽卒于獄. 朝鮮青盟與三十餘團體欲社會葬, 禁不果. 初, 趙東祜見金在鳳金若水等皆被逮, 遂逸走上海, 與金丹冶爲臨時上海部執行委員. 丁卯陰十二月晦日, 爲日領警所逮, 戊辰正月八日, 護送朝鮮. 及判決, 協中島兩陪席判事論告曰, 金在鳳姜達永六年, 權五卨五年, 李準泰金若水洪瑠植兪鎭熙金尙珠陳秉基鄭雲海趙東祜四年, 全政琯林元根三年六個月, 獨孤佺林亨寬申哲洙洪德裕朴來源閔昌植李鳳洙柳淵和三年, 尹德炳廉昌烈朴珉榮李智鐸金璟載宋琫禹盧相烈張順明二年六個月, 李炳立金明奎魚秀甲金正奎都容浩辛命俊崔安燮二年, 鄭淳悌李榮珉朴台弘蔡奎恒朴一秉金恒俊具昌會金有聲裵致文黃守龍金直成鄭晉武一年六個月, 李昌洙朴炳斗金琪鎬李相薰高允相李忠模姜均煥金演義裵成龍李承燁南海龍愼杓晟趙東爀曺俊基金完根趙鏞周權五尙李敏行金東富吳琪燮姜宗錄尹允三金容燦李鳳壽崔一峯鄭順和許永

壽鄭泰重金載中鄭洪模李延壽一年, 白明天十個月, 李用宰楊在植八個月猶豫二年. 各隨多小, 皆通算其未決日數, 共黨付公判以後, 其事實記錄八千九百十二頁, 公判調書四千八百七十四頁. 爲傍聽來者, 不特其親戚已也. 有同志自海外, 不遠其水陸萬里, 來集京城者, 便作人海. 西大門及鍾路署巡査數百騎馬隊數十, 自法庭內外, 以至鍾路, 皆密密圍之, 監視其行人往來. 市內各署總出動, 自鍾路至西大門刑務所, 畧數十里之間, 又連亘監視, 亦近來未有之一大警戒也. 新聞雜觀曰, 今日是共産黨公判耶. 警察官大演習耶. 騎馬巡査佩釼巡査變裝巡査, 與裁判所刑務所司令長官及鍾路署長森, 剡立街頭, 其自得之樣, 可謂巡査吾世上. 又曰, 今日裁判所, 可謂築刑事墻宿舍城. 初而築鐵網, 次而築守衛, 次而築巡査, 次而築看守, 是以警戒城壁疊疊不已, 使人空然生劫. 又曰, 透得了幾重關, 然後乃入法庭, 則又有庭丁巡査看守相警戒. 此可謂庭丁似警戒其巡査, 巡査似警戒其看守, 看守似警戒其被告格. 又有一可笑者, 傍聽客一動身, 巡査乃目動, 傍聽客一回頭, 巡査乃肩竦, 若無罪, 寧有是耶. 以此觀之, 天下其多罪者, 巡査第一.

按大學八條, 有治國平天下二章. 所謂國, 乃各國其國者也. 所謂天下, 非一國之天下, 乃天下之天下也. 如格物致知誠意正心修身齊家治國等七章, 皆擧其窮理正心修己治人之道以言之, 而惟平天下章, 獨言其財者, 何也. 盖平者, 無强無弱無高無低之謂也. 吾知其天下最難平之者, 是財也. 故天下之平與不平, 財爲之左右, 專在乎財. 是以財無私有, 則國無貧富. 國無貧富, 則天下無强弱高低. 天下無强弱高低, 則天下皆平之. 財有私有, 則國有貧富. 國有貧富, 則天下有

强弱高低. 天下有强弱高低, 則天下不能平矣. 切聞露國所謂共産之制, 民之私有皆爲國有, 欲使天下無貧富. 以此觀之, 大學之平天下, 或非以共産言之者耶. 今全世大界有所謂兩個主義, 一則共産主義也, 一則資本主義也. 此共産之制, 初, 俄人닉린이草創之, 甚至革命俄國. 又大洋東西, 餘派汎濫, 可謂無國無之, 而俄國之外其他諸國, 姑其勢不大振. 故每被資本者壓迫, 逮之囚之, 無虛日, 而共黨之隨逮隨起, 便是若雨後之荀, 生生不已. 平天下若無理則已, 苟有其理, 雖一日必共其産, 無貧無富無强無弱, 天下必平聖哉. 曾子何明見其萬世如指掌也. 然人情每好私而惡公, 雖共産其久之如私有, 不可知之. 凡天下事物, 久則必變, 理之常也. 所以財産自生民以來, 其爲私有, 以至今日, 則其來已久矣. 安得無一變也. 其爲久如此, 雖有變, 實非朝夕可期. 然以事物必變之理觀之, 早晩之間, 一變私爲共, 亦非其執契可俟者乎. 且共産之中, 又有養老恤孤二法, 與平天下章首節之旨, 乃忽然相合. 豈露人與聞其大學治平之道也歟. 今日共産主義是天下大勢也. 如燾之愚, 本非共黨, 又無先見天下大勢, 安敢妄議. 曾讀大學, 至平天下章之平字, 未嘗不致疑者累, 而終莫之得也. 近見共産之說, 有近似者, 故不顧僭妄, 乃如右云. 或曰, 子之所編忠烈錄, 而此共黨何以書之也. 曰, 彼主義者雖是共黨, 其實皆排日, 而謀獨立者. 故吾書之, 諒之否耶.

高麗革命黨

高麗革命黨, 乃正義·天道·衡平等三團幹部十六人之所組織者也. 初正義府以滿洲大野爲活舞之臺. 己未以後, 與內地天道·衡平兩敎社相應, 運動其獨立. 時天道敎宗法師洪秉基·崔東曦等亦在滿洲, 扶植其勢力. 乙丑八月, 崔東曦招衡平社員李東求謂曰, 吾人使朝鮮爲獨立, 又欲其赤化, 可秘密結革命黨以爲運動, 願君歸朝鮮糾合同志. 丙寅三月, 東求潛入京城乃募黨, 天道敎聯合會幹部金鳳國·宋憲·李東洛, 衡平社中央本部幹部張志弼·吳成煥·趙貴龍等皆應募. 二十三日, 李東求·金鳳國兩人至吉林. 二十九日, 與正義府代表鄭元欽·高轄信·李一心·玄正卿等, 會吉林城中梁起鐸方. …止… 組高麗革命黨, 置組織·宣傳·經理·幹事四部. 時會者十三人, 滿洲及朝鮮, 又置細胞團體, 旣而諸人皆從其黨則, 各自運動. 十二月, 李東洛往長春, 潛伏于東亞精米所. 又組織其細胞, 遂事覺爲日領警所逮, 黨則及名簿皆押收. 由是趙貴龍·張志弼·徐光勳·吳成煥在京被逮, 宋憲·金鳳國·洪秉基在滿被逮. 丁卯一九二七年二月二十一日, 李東郁又爲西署所逮. 三月十日, 責任秘書李東求·鄭元欽·方贊汶·李元植·李漢方·柳公三·朴基敦等, 在哈爾賓農業公司, 亦皆被逮. 前後十六人至新義州, 豫審一年, 以治維違反, 十五人乃起訴. 戊辰陰正月十八日, 開第二公判, 本多裁判長曰, 今諸被告手甲, 審問時當逐人解之, 不可先時皆解. 辨護士金炳魯曰, 若如此, 豫審決定書, 審理時每逐人讀之以聽之乎. 本多不聽. 召主犯李東求先審問曰, 今日公判, 世人皆注目, 不得不以愼重. 東求曰, 向時公判, 判事謂我曰,

被告當親切丁寧以審理. 以此觀之, 其於他日, 足爲參考. 其在審理, 亦爲捷逕. 力主之. 裁判長有若唐惶焉. 本多曰, 革黨之目的與組織時趣旨乃相同乎. 曰此大衆之自由, ○○○○○○ 非小數之利益을, 止. 以吾之人乃天信者, 尤欲實現其人類平等之新社會. 東求 止. 笑之曰, 然革黨之中, 亦有尊卑. 一般黨員, 不被其壓迫乎. 曰此非壓迫, 黨則本自如是, 謀大事, 不可無者也. 曰然則, 自中雖不曰壓迫, 他民族他人國, 能不有其壓迫乎. 曰是以吾人서로서로의 ○○○○ 한現在新社會, 欲改良者也. 問李元植曰, 大正七年戊午, 往中國, 十年辛酉五月, 入軍政署乎. 曰大正年號, 吾所不知. 吾之年二十五, 同家人往之. 曰翌年又爲統義府員, 後以第七隊中隊一等兵陞分隊長乎. 曰然. 曰後改統義府爲正義, 其時被告何居焉. 曰吾往莫斯科, 欲入共產大學, 無紹紒不果. 曰丙寅七月, 因高轄信乃入黨乎. 曰以候補入也. 曰十月二十六日, 與朴炳華往開原洪淳亨精米所, 請軍資一萬元, 翌日送部下有以受一千元乎. 曰然. 二十九日, 又使徐學承送洪淳亨, 請一千元. 又時計幷萬年筆乎. 曰但得百元及筆計. 曰十一月, 與方贊汶往開原之長壽街徐光培, 受小洋三千元及日貨五百七十元. 是日又往宋致寬方, 脅泰和街任重道得三百元乎. 曰此皆義捐非脅迫也. 又召金鳳國審理, 鳳國皆是認. 又自言其革黨發起. 曰然則黨之目的, 是何也. 曰彼社會는 ○○○○○ 皆民族主義, 不過治其病之枝葉而已. ○○○○ 는欲治其社會貧血之症. 惟吾黨治其病之根本, 欲得其世間大自由之完人也. 欲治此病, 非善診, 是不可得者乎. 曰此革命黨治社會之病, 可謂宜學博士也. 曰其病又何謂. 曰家族制度政治經濟及藝術之皆爲病. 曰何謂政治之病. 曰世界各國皆與一般人民, 共協議制定其法律, 而今日本則不然, 以現狀으로는 止. 傍聽者, 皆精

神爽然. 丁丑十二月十九日, 李東求·鄭元欽皆曰, 今日公判當用敬語, 辨護士當用李仁. 又不與我供述時間, 吾皆不言. 因含口不言. 第二公判, 元欽又拒絶曰, 吾是弱者, 但任其所爲而已. 竟含口不言, 以此法庭遂騷擾. 至三回, 元欽乃曰, 爲先吾有所言, 此下墨版. 又不言, 裁判長不得已使律師崔昌朝勸其供述. 元欽曰如吾人之弱, 墨版으로하라지요. 崔先生之言甚多謝. 因含淚拒絶. 崔昌朝曰, 被告雖不言, 有部下所供. 又前日被擊之巡査, 有供辭, 事實有無, 此可推知. 乙丑三月, 桓仁縣張某又襲擊其楚山碧潼楸木如海等警署駐所, 以至殺日警, 其罪雖大, 然此歸順者, 如金炳龍·梁秉七之言不足信. 檢事求刑曰, 鄭元欽死刑, 李元柱·方贊汶監禁十年, 李東求四年, 金鳳國·李東洛·李東郁七年, 宋憲·吳成煥·徐光勳·趙貴龍·洪秉基·朴基敦·柳公三·張志弼五年. 元欽聞死刑, 略無懼色, 但莞爾而已. 戊辰四月二十日, 言渡曰, 元欽無期, 元柱·贊汶八年, 東求七年, 宋憲五年, 成煥·東郁·秉基四年, 鳳國·東洛六年, 光勳三年, 基敦·公三二年, 貴龍·志弼無罪. 及控訴前後記錄, 至一萬五千餘枚. 問李東求曰, 被告等組革命黨是何爲. 曰自古所謂統治者, 不過擁護其特權資本兩個階級而已. 無産大衆에게것침업시하여오는, 果○○ 手段 ○○으로因하야, 使不堪其衣食住三者, 皆離散四方, 慘不忍見, 故欲以救濟. 曰初正義天道等三團何以合同. 曰所感若同, 其合自爾. 曰受露西亞援助乎. 曰何必露也, 各黨之所在皆是. 曰黨之綱領, 何也. 曰階級的社會制度否認, ○○○○○○○○을○○○○當하야○○하는無産大衆을○○하야, 取一致行動, 自由及平等, 此下四字墨版 人類愛, 理想的社會을, 建設하자한 것이다. 曰建設其理想的社會, 欲與露西亞有同一爲之者乎. 曰吾無識, 露西亞不知. 曰將來之方針, 果何如.

曰組基本的團體, 內而與主義者相團結, 外而與世界之無産大衆又團結, 破滅其階級資本兩個主義, 然後高建我革命之旗, 大鳴我革命之鼓, 使吾之理想的社會, 乃有以欲建設. 曰組革黨之時, 其所志又何如. 曰此非一個의○○○○○을建設, 乃以全世界的, ○○○○○○○○를 建設. 曰來日亦有意乎. 曰無産之大衆, 被壓迫之民族, 若號呼不平, 安得不以也. 李東郁·洪秉基·宋憲·吳成煥·徐光勳·朴基敦六人皆否認. 裁判長曰, 被告等非社會主義者, 是民族解放之運動者, 故特處輕刑. 乃曰東求五年, 鳳國四年, 憲·成煥·東郁三年, 秉基二年, 各二百日通算. 及退庭, 鳳國之幼女有立泣, 鳳國曰, 吾聞今年乃大凶, 吾在監中限三年得食而出, 汝無哭. 仰天大笑, 諸人亦皆大笑.

元欽, 居義州代下洞, 一姓名李用賢. 至戊辰, 元欽·公三, 年皆三十二. 公三居高興郡新松里. 元柱居吉林省磐山縣黑石鎭, 年三十五. 贊汶居奉天省通化縣快大茅子, 年二十六. 東求一名而笑, 居橫城郡永浦里, 年四十三. 鳳國一名素笑, 居成川郡一淸里. 東洛一名然于, 居平山郡釜亭里. 東郁一名蘇然, 居瑞興郡陵里. 宋憲一名而虛, 居京城臥龍洞, 年皆三十九. 成煥居仁川外里, 年三十四. 光勳居高陽郡城北里, 年二十八. 貴龍居天安郡下陽里, 年三十八. 秉基居京城崇仁洞, 年六十. 基敦居吉林哈爾濱道外左右十三道街, 年二十九. 志弼居京城雲泥洞, 年四十四. 初李東求·張志弼等, 爲前茅設衡平社.

按一屈一伸, 天之常理, 而惟我韓皮匠, 自來卑賤, 屈而不伸, 已五百有年所. 甚矣, 皮匠之屈也歟. 由其卑賤, 天亦不理之耶. 切嘗觀順興安璐所編己卯諸賢傳曰, 有隱君子, 匿於皮匠中, 靜庵趙先生, 知其賢, 時或問學共宿, 仍勸之仕, 而彼不應. 若靜庵者, 旣遇之乃如此, 則其賢可知. 而守分知命, 老死皮匠, 終不能聞. 其後三百餘年, 李東求·張志弼輩, 見其時變, 遂奮起設衡平之社, 與正義府·天道敎之運動團體, 騈肩提携, 以爲欲革命. 事雖不成, 反被囚辱, 視前日, 可謂脫地獄而升天堂. 是乃所以一屈, 則有一伸者耶. 然以不變者觀之, 則隱君子之見屈雖可恨, 皮匠之不伸者但四十萬, 以變者而觀之, 則張李之得伸雖可喜, 韓族之受屈者, 乃四千萬, 不其痛哉. 以堂堂檀箕禮義之邦, 顧今日四千萬之大衆, 受前日四十萬之大賤, 揆諸天理, 雖非其常, 山河異昔, 曆數已去, 於乎未知大衆, 其將何日果得伸. 若衡平, 與世界列强, 共驅馳於大洋東西也. 凡物小屈則小伸, 大屈則大伸, 故泰山喬岳, 每其咽喉, 如平地然後乃起. 今我韓之皮匠, 平地咽喉, 以五百年於此矣. 然則必有一泰山喬岳者出, 而姑無聞何也. 隱君子姓名, 乃不傳, 後削髮爲僧, 自號瓢海人, 稱瓢海大師.

宋學先

宋學先, 初名仁壽, 又曰學善. 聖根子, 太皇癸巳, 生于京城府天然洞. 後, 移住高陽郡延禧面阿峴北里. 性沈默不喜言, 故一生無與人言爭.

又不喜出入, 常居好潔, 日三洗足. 幼家貧, 只學公普. 年十三, 家益窘, 其父破産, 尊幼各散處. 自是, 學先乃去學放浪. 己酉, 學先爲戶田農具會社雇傭, 父聖根爲印刷職工. 於是, 父子所得, 乃若干給, 復合眷爲命凡七年. 日, 學先偶病解雇, 及愈, 又放浪無一定之業. 先是, 西州義士安重根殺伊藤博文於哈爾濱之港, 世人皆壯之, 誦道不已. 時, 學先年十七, 亦慕其爲人. 癸亥, 過泥峴本町, 見日人商店有安重根寫眞, 乃歎曰, 伊藤雖在我爲讐賊, 在彼有莫大之功者也. 重根殺之, 日人之讐重根如我人之讐伊藤, 而今有此眞, 是壯其義也. 吾亦殺齋藤總督, 使日人其慕仰如重根, 遂決心殺齋藤. 丙寅陰三月, 往京城寫眞館爲修理, 見有洋刀一枝遺竈下, 暗取之曰, 吾欲殺齋藤, 已積有年所, 而無利釼爲恨, 今日得此刀, 是天賜之. 暮, 懷歸磨而常服膺. 欲掩其迹謀, 爲菓子行商. 十五日乙酉, 隆熙帝崩. 長安士女哀痛皆如喪考妣. 總督府上下官吏莫不來弔. 學先以爲齋藤亦必來, 懷釼至金虎門. 俟之三日, 果自動車一臺從金虎門出來. 有人曰, 此總督. 於是, 學先大喜, 卽追至昌德宮警察署. 署南行一丁, 其車以人匝不能前, 更回而北臥龍洞, 緩緩而行. 學先躍上車左側昇降臺, 左手握車窓, 右手拔洋刀, 向其中央肥大之似總督者, 刺其胸腹. 在左者有見急蹶起. 學先恐有妨, 又刺腹殺之, 卽下車走. 有騎馬巡查追後, 至雲泥洞, 乃呼角而已. 韓人巡查突至欲捉之, 學先刺其胸踣地. 騎馬者又追至苑洞, 欲拔釼擊之, 忽墜其劍. 學先電拾之, 刺其左顱. 有憲兵擧六穴炮, 連四發, 警官數十乃叢集. 學先相大擊鬪, 仍刺日巡及一韓人, 而衆寡不敵, 竟被逮. 學先亦爲賊釼所傷, 鮮血滿頭淋漓. 及取調, 鍾路署長乃問曰, 國粹會支部長高山孝行府協議員佐藤虎次郎, 汝何故殺傷也. 學先曰, 吾殺之非高山, 乃總督, 而何爲高山.

署長大驚曰, 汝殺高山, 而言總督, 何也. 學先曰, 總督吾積年所甘心者也. 是以吾昔嘗見安重根寫眞在日人商店, 此殺伊藤以也. 由是吾亦欲殺齋藤, 邇來十數年之間, 或逗遛于南門驛場, 或徘徊于總督府前以待之, 而竟不得. 今乃得之, 何爲殺高山也. 署長大怒曰, 白晝殺人, 實强盜, 而欲殺總督而誤者, 是詐也. 學先曰, 大丈夫等殺人, 當殺巨的, 何以圖高山爲償肉計也. 是以强盜非吾意也. 署長疑其有共謀者, 益加取調. 及公判, 傍聽人數千殺到法庭內外, 便成一大混洞. 學先出庭, 傷創雖合, 面上劍痕尙縱橫, 非復昔日之學先也. 公判畢, 辯護士李仁曰, 被告元來若有心驚, 精神每滔, 不知水火, 請精神鑑定, 裁判長不聽. 檢事里見曰, 被告之謀殺總督, 全紊亂我國憲. 此不可容貸, 求死刑. 六月二十三日, 判事江藤又死刑. 學先曰, 死刑乎, 遂泰然更無一言. 十月十一日, 覆審判事末廣等慮其萬一, 召警官憲兵, 法庭內外備不虞. 開公判, 學先曰, 三月之事, 本非欲殺總督. 是日, 爲奉悼至金虎門, 見多數巡捕警戒甚嚴, 因有反感. 會高山乘自動車, 高聲制止群衆. 故吾激憤殺之. 十一月三日, 檢事河村曰, 學先之供覆審, 雖與前日相不同, 然謀殺總督, 不啻明白, 又殺傷其四人, 此不可不極刑, 乃論死. 日辯護士松本正寬曰, 年前, 梁權煥殺國民協會長閔元植, 中岡艮一殺總理原敬, 甚至無將如朴烈及金子文子, 而亦皆減刑, 願以此判決. 十日, 末廣不聽, 論死. 此下朝鮮報皆墨版 是日, 與萬歲學生, 乃同日公判, 亦異哉. 學先上告, 又却下. 及大正死, 以赦罪囚, 多減刑, 而學先其言渡在昭和元年十二月二十五日以後, 故乃不減. 丁卯陰四月十九日, 遇害. 聖根收屍, 往大峴火葬. 臨命時顚末, 付秘密不知. 先是, 中胸踣地者, 乃韓人吳弼煥, 尋死.

按鼎湖龍去, 長安士女無貴賤老少, 敦化金虎兩門之前, 無慮幾十萬人, 日雲集哀痛罔極, 皆如喪考妣. 又券番妓五百布裳草履哭. 平壤囚徒三百以在監絶食哭. 以至各省列郡亦莫不號泣. 半島江山浮在哭聲, 果未知今日此哭, 爲隆熙耶, 爲大韓耶, 爲列祖在天之靈耶. 於乎, 今爲吾韓人者, 自黎脫以來, 皆欲一哭, 而恭唯我高宗大行之後, 實無可哭之地矣. 然則今日安得不一場痛哭. 無論誰爲之哭, 於此, 足以見同胞尙爾有於戱之感也. 雖然, 朱子曰, 不復讐討賊, 雖衣衾棺槨極於隆厚, 實與委壑無異. 今我韓不討賊矣, 不復讐矣. 以此觀之, 珠襦玉匣而亦無補, 而況其哭乎. 所以宋學先一釼, 忽出於滿城嗚咽之中. 苟學先果殺其齋藤, 以爲討賊復讐, 則今日大行歌之舞之, 雖不哭, 亦無妨, 而不意誤擧, 又殺其身. 此非所以千古志士之恨耶. 且齋藤來朝鮮, 一驚於姜宇奎, 一驚於金益相, 一驚於鴨綠江. 又一驚於宋學先, 而皆不中, 其亦命也歟.

金永德

金永德, 光山人, 居京城松月洞, 官至判書. 庚戌合倂, 公痛其國亡, 不欲罔僕, 乃自殺. 家因濩落, 其子健仲, 渡日本, 至大阪浪速區木津, 所爲勞動. 丙寅陰三月十五日, 聞隆熙帝崩, 卽還歸旅館, 遂發喪, 大聲痛哭, 至數時間. 作遺書四通, 置案, 因飮藥, 欲自殺. 同社人見之,急救之, 送院治療, 遂不死. 時, 健仲, 爲浪速區某會社外交員云.

丙寅萬歲

李先鎬者, 居禮安郡浮浦里, 聲音暢亮, 有青年雄辯之稱. 丙寅, 先鎬年二十一. 初, 嘗爲科學研究會常務委員. 丙寅春, 純宗昇遐, 六月十日爲因山. 先鎬以爲己未三一擧國皆唱萬歲, 今日因山, 安得無萬歲乎. 方募其同志, 會聞李天鎭洪明植權五尙李柄立朴河均朴斗鍾等, 亦爲運動. 往朝鮮敎育會館, 乃相與共謀, 以爲會館耳目有繽紛, 往平洞金鍾讚家, 印刷檄文六千枚, 以洋木造太極旗三十本, 約十日以擧事, 遂配布同志. 五月下旬, 金載文往海英社, 印檄文五萬枚, 黃廷煥給叔父借謄版, 寫四千章, 使郭載炯送男女各校. 至十日, 聖輴發昌德宮過鍾路, 有青年一人着學生服, 出群衆之中, 散布檄文, 高唱其大韓獨立萬歲. 在傍學生, 又群起唱和. 於是, 金圭鳳李錫薰李東煥朴善錫洪明植朱孔祖等五六十人, 皆被逮. 有頃, 聖輴過觀水橋, 有學生五十散布檄文, 又高唱萬歲, 亦皆被逮. 鍾路署, 與法院檢事福田, 相協力取調. 學務局長李軫鎬, 急至鍾路署, 長時協議而去. 是時, 大轝過黃金町師範校, 又朴斗鍾等數人, 着白周衣, 突爾出衆中, 散布檄文, 大唱萬歲, 青年數十亦被逮. 於是, 各署被逮者, 略二百餘人, 中央高普生百餘, 延禧專門生三十, 普成專門生十, 世富蘭偲專

門生十五, 女學生三, 電車運轉手一, 又紳士若干. 大轝過訓練院, 有學生一人, 揮大韓國旗, 又唱萬歲. 午後, 大轝方欲出東大門, 婦人病院區內有學生, 又唱萬歲, 延專生二人, 中央高普生一, 紳士一, 亦皆東署所逮. 二時, 過昌信洞採石場, 有一老人, 又唱萬歲, 此乃平安之熙川人, 去己未, 亦爲運動監禁一年, 是日斷指, 以血書韓紙爲國旗, 又呼萬歲. 鍾路署, 此必以爲有其人, 益加取調. 過新設里, 有學生一人, 唱萬歲, 過東關廟, 朴龍圭郭在炯黃廷煥李東煥等四人, 散布檄文七百枚, 又唱萬歲. 至是, 培栽高普生文昌模孫盛燁等, 見李先鎬諸人唱萬歲, 不能達目的, 大忿慨, 與六個高普代表數十, 會彼魚善聖經學院, 乃密謀印刷檄文數萬枚, 以爲欲再擧, 使全鮮其勃發如三一, 有幾人反對者乃不果. 火檄文, 滅其迹, 反對者, 又密告, 文昌模金祚永黃奎燮廉弼柱孫盛燁吳鉉埈金東鎭車鎭浩等八人, 皆被逮. 昌模其運動前後, 凡三, 己未三一, 乃一也, 十日因山時, 乃二也, 彼魚善事, 乃三也. 今八人皆主謀, 而其責, 獨昌模皆自擔焉. 取調畢, 前後被逮者, 皆釋放, 獨李先鎬等十一人, 以制令及出版法違反, 遂起訴. 十一月二日, 地方院單獨部江藤判事召警官, 法庭內外, 爲嚴重警戒. 先召李柄立問曰, 呼萬歲, 是何意.曰, 此雖三尺童子, 皆可知之, 裁判長獨不知乎. 是以 二十一字○ 줄알기때문의, 乃如此呼之. 然則非希望其獨立者乎. 曰, 勿論, 朝鮮民族之所去路 十字○. 又曰, 社會主義, 乃何以思之. 曰, 主義書籍, 雖小有讀, 得其仔細吾不知之. 曰, 檄文, 誰作之. 曰, 吾是也. 曰, 萬歲以何目的呼之也. 曰, 此與前言如之. 則 三字○, 又十三字○, 又六字○ 하여야겟기애그리하엿소. 曰, 此後, 亦欲有此乎. 曰, 勿論. 裁判長亦興奮. 又問朴斗鍾, 其言與李柄立, 略相似 四字○ 으로셔 八字○, 又十二字○ 又曰, 社會主義, 今何以思

之也. 斗鍾曰, 曾無硏究, 故今不知. 吾從此而欲硏究也. 又曰, 此事, 自何日爲始也. 曰, 六月七日, 乃大呼萬歲, 欲發表其世界也. 又問朴河均, 河均曰, 吾不善日語, 今日, 當以韓日兩語答之. 乃曰, 己未三一, 亦爲運動, 監禁一年, 至假出獄, 突然以韓語言之, 傍聽皆大笑. 又曰, 主義書籍, 或不讀耶. 曰, 嘗求河上肇博士社會組織及社會革命等冊以讀之也. 又曰, 見此朝鮮之顯狀, 得非有不滿者乎. 曰, 勿論. 且曰, 我朝鮮之人, 其政治上으로나, 經濟上으로나 八字○ 이니까, 不可如何以形言也. 是以吾嘗見京城日報, 其社說對望哭者, 朝鮮人之眞定底意思와 背馳되는 記辭乃有之. 故爲忿慨. 所謂不穩文書, 是朝鮮獨立文書, 非不穩文書也. 其時, 以獨立問題有張皇問答, 而記者, 不能自由發表也. 江藤曰, 科學硏究會, 其意何歟. 李先鎬曰, 學生相會以硏究科學. 又曰, 今日亦有此獨立思想乎. 曰然九字○ 에게는 十字○, 又五字○ 까닭에 至今도 十一字○. 被告皆曰, 吾人之唯一生路, 是朝鮮獨立. 裁判長爲之失色. 三日, 江藤又曰, 而今皆不爲悔乎. 曰, 出獄後, 若有機會, 獨立運動皆不可廢. 又曰, 是何意. 曰, 此不但爲獨立, 若如此而往, 吾無産大衆, 不可得生, 徒萬歲何益. 是以吾社會, 視獨立益加意運動. 聞者, 皆肅然. 又曰, 是何爲. 李東煥曰, 此使朝鮮, 欲促進其自覺, 鼓吹其獨立精神. 江藤曰, 被告等, 皆傲慢太甚, 少無悔心, 遂求刑曰, 李柄立監禁三年, 李先鎬李天鎭朴斗鍾二年, 柳冕熙一年. 與宋學先乃同日判決, 亦異哉. 辯護士姜世馨曰, 昨日公判, 以政治運動辨釋, 答之者只有一人而已. 其餘十人, 又皆有男子人格, 雖重刑, 必不改其思想, 不如以輕勘爲感化. 李仁曰, 被告, 今無政府主唱之, 時, 爲帝國主義, 此不可無同情. 十七日, 江藤言渡曰, 李先鎬等十人, 處五年間執行猶豫. 朴河均有前科, 監禁一年, 算

入未決拘留六十日. 又曰, 被告, 皆將來洋洋, 故特此同情. 自今以後, 更無爲如此行動. 朴河均郭載炯金載文黃廷煥李東煥李柄立朴斗鍾李天鎭柳冕熙朴龍圭, 亦皆京城人. 朴河均李柄立, 延禧校專門生, 年皆二十四. 李先鎬李東煥柳冕熙朴龍圭, 中央高普生, 先鎬冕熙, 年皆二十三, 東煥二十六, 龍圭二十一, 郭載炯金載文黃廷煥, 中東校特科生, 載炯十九, 載文二十一, 廷煥二十二. 朴斗鍾, 基督敎青年館英語科生, 李天鎭, 京城大學豫備生, 皆二十三. 又仁川萬國公園, 有青年數十, 唱萬歲. 全北高敞之公普生, 亦呼萬歲. 初, 柳冕熙以赦出獄, 李先鎬郭載炯李天鎭等十一人, 皆滿期, 而李柄立以爲共産黨有關聯, 不得釋, 朴河均移監咸興, 但九人乃出獄.

按孟子曰, 能言拒楊墨者, 皆聖人之徒, 其言可謂戚矣. 當是時, 楊墨之徒, 彌滿天下, 其禍甚於洪水猛獸, 而孟子辟之, 其徒弟不過樂正子公孫丑若爾人而已. 其言, 安得不爾也. 今日之猖獗其禍, 亦非楊墨之比也. 是以惟我大韓獨立, 二千萬同胞無男女老少, 皆惡戰苦鬪, 雖犧牲其性命, 誠難其乞蛙於蛇口, 求肉於虎牙, 而且高者, 浸於騫騰, 下者, 淪於殖貨, 無一人擡頭而起. 所謂林下粗有其望者, 皆畏首畏尾, 如三日新婦樣子, 不敢一言. 雖海內海外, 有此多少志士, 苦心晝夜, 瀝血風霜, 其孑孑無援, 便是若楊墨之世孟子之徒, 誠可慨也爾. 然此風聲之能鼓動人心, 亦不但能言之爲一助, 以在上數者而觀, 實非所以義理之徒歟.

李壽興

李壽興, 一名聖佐, 係出全州. 高宗乙巳, 生于利川郡邑內面倉前里. 初, 父日瑩, 已三娶而無子, 只有二女. 至是又喪配, 日瑩欲娶妻而時年五十有餘, 求不可得. 日聞原州有李閨, 遂請婚. 李看郎, 日瑩以人代之. 及婚乃染白而娶. 至十年生一子, 是壽興. 以晩得甚愛之, 宗族不遇之. 日其父搬抵京城, 李每以其夫年老常不滿, 及至京不修帷箔, 時壽興年十四. 初, 壽興以爲吾母雖卑微, 吾修身飭行, 宗族必遇我, 常以立揚自厲. 不意其母又改醮, 壽興嘆曰, 吾躬命至此, 莫如出家爲僧, 以終吾身. 入圓寂山爲僧三年, 日父至寺, 抱壽興哭之曰, 此非汝之過, 乃吾之罪. 汝須出山娶妻, 以待方來. 且放鬻家資, 可數三萬金, 汝商則商之, 學則學之. 壽興默然久之, 乃奉父還家, 而常不平釘胸, 不得其情. 因往鷺梁, 爲人雇傭. 壽興曰, 如此而生, 不若無訛而死. 欲投水自殺, 一日夜至漢江鐵橋因投水, 適巡視警官急救之, 得不死. 然則吾可遠遊海外. 癸亥三月, 往中國之上海, 學士官校, 復歸滿洲, 入大韓統義府. 又與同志組駐滿陸軍參義府, 以爲欲獨立, 而資糧常乏, 不得運動, 志募金. 丙寅五月, 徒步入朝鮮, 中路至黃海道平山, 見金商烈, 遂請資不得. 六月六日, 往撥站里咸聖鎬, 又請資而咸不應, 壽興發鎗脅之卽亡去. 嘗利川有柳澤秀兄弟, 乃知己也. 壽興將向澤秀而來, 十日先至京. 時則純宗因山之後, 初又有宋學先事, 滿城空氣悽慘. 於是壽興心有忿慨, 詐作勞動者, 過東小門派出所前, 所佩拳鎗出現, 壽興以爲彼見之必不無事, 吾當先發制人, 出拳鎗射之, 連七發六中. 又向駐所亂射, 仍走礡石峴. 翊日至澤秀, 聞其父在水原往見之. 初澤秀兄弟, 與壽興相聯絡, 見壽興至, 大喜謀擧事, 而亦無資金. 九月七日, 壽興與澤秀, 謀襲擊銀行, 九日至安城, 因公休不果. 卽往東里朴承六家, 使澤秀立門外, 自入內見其長男泰秉, 乃請資, 朴不聽, 壽興恐事泄殺之. 有雇傭二人, 聞鎗聲走至, 又各射一鎗. 澤秀亦入內搜之, 見其囊中有金六百元, 欲取之. 壽興曰, 彼不聽, 故吾殺之, 而又奪金, 非道理. 且吾人謀獨立, 而今殺人取金, 人必以吾爲强盜, 若罹警網, 恐不免. 遂不取而去. 至和谷姜兢周家, 因變裝歸利川. 詐稱新聞記者, 往警署問犯人動靜, 其膽大蓋如此. 是時不但官憲之搜索益嚴, 資金之窮乏日甚, 自外國欲售入武器而不可得. 二十八日, 往驪州外絲里李敏應, 但與錢六元, 壽興不受. 十月二十一日, 壽興獨往利川之柏沙面, 欲襲擊其殖産會社, 見駐所在其側曰, 當先擊其駐所然後可着手. 遂襲擊, 主任森松乃越墻而走, 壽興射不中. 時日女聞鎗聲, 出門四見, 壽興擬拳鎗, 日女大驚入. 至是森松走入面室, 壽興至面室索之. 但書記宋天義驚走, 壽興發鎗射之, 天義卽死. 壽興泰然出面所, 望圓寂山而去. 潛至水原, 改着黃色洋服至京城, 時澤秀亦至. 二十五日, 澤秀至授恩洞大成典當鋪出鎗脅之, 鋪主全基榮出五百元. 澤秀出門, 基榮曰, 彼拳鎗, 果其眞者耶. 不然, 資金不必與之. 澤秀聞之復突入, 將資金擲之曰, 汝徒知錢, 受此拳鎗洗禮. 乃發鎗殺之. 時壽興, 聞父死, 奔水原發喪, 先月四日已死之也. 壽興每避走, 行由道山逕, 或爲僧或作面所役員, 及樵夫喪人流丐, 變化莫測. 於是賊以京畿道警察部爲搜索本部, 江原道及水原忠州之間, 張搜查網, 使警官二千餘人, 各持拳鎗, 以搜查而竟不得, 但經費數萬元而已. 日利川署長河崎, 聞犯人身長不過五尺, 管內有其身長五尺者皆查之, 於是壽興遂被疑. 十一月六日夜, 壽興宿邑內堂叔家, 翊日警官逮壽興. 道警部野村·鍾路署警部吉野來取調, 搜柳湳秀家, 押收拳鎗一門彈丸百餘發. 往其妹夫姜兢周家, 又押收彈丸五十餘發拳鎗一門. 十三日, 押送京城, 及至廣津, 各寫眞班來集. 刑事唐慌, 脫帽以遮面, 壽興脫落其帽, 面出車外以示之. 付豫審三年. 至戊辰五月十一日, 開公判, 壽興與辯護士書曰, 如拙己, 不足以區區辯護. 借或有更生之道, 莫如彼斷頭臺上, 濺血作淸魂. 苟存汚濁之世, 以終恥辱之生, 非吾願也. 澤湳兩柳無罪, 盡力辯護, 則吾死當結草. 及審理, 壽興乃曰, 吾之入朝鮮, 欲暗殺大官, 變革國體. 曰然則受參議府命令乎. 曰不然, 吾以單獨, 欲效安重根之殺伊藤也. 曰大官是誰. 曰在現職者皆是也. 前後事實, 壽興一一直供, 無所顧忌, 惟東小門及平山等事, 皆極口否認. 繼而問柳澤秀曰, 被告與李壽興, 往安城殺朴泰秉乎. 曰吾雖往, 絶不發鎗. 曰大成鋪全基榮, 何故殺之. 曰此全欲捕我也. 曰請資, 欲用之何處. 曰用獨立. 初出庭, 澤秀見其弟湳秀, 放聲大哭. 又問柳湳秀曰, 被告曾爲總督府急使乎. 曰然. 拳鎗被逮時, 果置之家乎. 曰此欲止其所爲, 乃奪之也, 非藏之也. 是以壽興欲射我, 而吾奪之置書床舌盒. 公判畢, 檢事曰, 李壽興·柳澤秀, 其罪乃治安維持法違反及國體變革, 求死刑. 湳秀, 監禁二年. 至言渡亦死刑, 二人皆泰然, 受死刑而不控訴者, 有法廷以來, 但許蔿·姜宇奎·李壽興三人而已. 壽興之事, 朝鮮報號外, 劈頭小墨版, 又其下半面皆墨版, 此安在鴻以編輯揭載者也. 此非丙寅冬, 乃丁卯春間號云.

澤秀, 居利川邑內面中里, 柳昌珪二男. 己巳陰正月十九日, 壽興與澤秀共遇害, 至十六分絶命. 壽興年二十四, 澤秀年二十九. 壽興在監中, 或作詩以言志而不發表, 人不得以知之. 二十一日, 家族收壽輿屍以火浴.

按今人皆以爲讀書無益. 讀書果何以無益也. 昔宋范文正公, 有其母再適, 文正不死, 致位樞密, 爲宋名臣, 誰能以其母而敢侮之乎. 切觀壽興就供, 其死便立至而略無懼色曰, 吾之募金購武器, 欲殺總督. 眞壯快然. 此壽興見其母去, 惟耻之, 欲投江而死, 而竟不得焉, 則又爲獨立團, 殺無辜之同胞幾人, 因被逮者也. 古人云畏死事不成, 旣欲死如壽興, 則天下有何事不爲, 有何業不就. 是以壽興移死之心, 做不世之事業, 有以如文正, 則如其母之去, 無足愧者, 而壽興不學, 但知吾之有母去, 而不能知古有文正, 故門戶之不淨, 族親之不遇, 常釘此心胸, 不得其情. 大丈夫萬里前程, 以欲殺總督, 空言四字, 爲之戕焉, 豈非惜哉. 於乎壽興初若讀書, 知同其所遭者, 古有文正, 爲事業以湔恥, 則壽興必不死, 以志事業. 然則孰謂讀書果無益也. 或曰文正當佑文之世乃事業, 今則板蕩, 何以爲事業也. 余曰不然, 討賊復讎, 非春秋之大義乎. 吾知壽興曾以宗英, 又出脚獨立. 等死爾, 其驚天動地, 有以若李儁之剚腹海牙, 安重根之殺賊伊藤, 則千古芳名, 其事業何必此樞密而已耶. 於乎不幸崇祊至此, 利川倉前之李, 居在近畿, 當與同國休戚, 而前後無一聞, 其視之若秦瘠. 至壽興吹毫覓疵, 分其長短, 不樂成人之美, 抑獨何心. 此非以卑微出爾耶. 切聞倉李, 世有簪纓, 利之宿閥, 而無壽興之時, 通國猶不能知利川有倉李. 今因壽興始知之, 以倉李觀之, 卑微出, 亦不可無者也.

羅錫疇

羅錫疇, 居黃海道載寧郡北栗面進礎里, 高宗己丑生. 初, 錫疇以나무리벌로爲배경以生長者也. 其爲人悍勇善冒險. 錫疇諸般周圍, 有不滿之感, 又有獨立之志, 常懷其不平. 己未春, 見獨立萬歲大起, 與同志韓大弘等, 往來安樂沙里院黃州之間, 多行强奪. 其父常叱責, 錫疇一放浪不顧. 庚申九月二十二日, 往中國, 此不必論其是非, 而錫疇其心, 必有其主見者也. 錫疇遂至上海, 入獨立團, 與北京天津諸同志, 相聯絡以爲運動. 見經濟窘乏, 不可活躍, 又入義烈團, 欲擧破壞暗殺, 而無資金不果. 丙寅一月, 襲擊北京富戶. 四月, 儒林代表金昌淑, 至天津佛照樓, 見錫疇, 與資金及暴彈曰, 今日之欲破壞暗殺者, 豈特其銀行及拓殖已也. 吾向歸朝鮮, 其禍滋甚, 同胞盡魚肉. 願先生投一彈以救之. 錫疇奮然曰, 此吾志, 當先擧獨立之烽. 十二月二十六日, 錫疇變裝以中國苦力服, 詐稱芝罘利通丸公司, 往芝罘乘商船戎克號. 至中流, 朗吟大院君詩一首曰, 兀然寄坐火輪船, 刀水劒山秋月天. 夢裡故鄕漸漸遠, 無涯宇宙輕輕前. 初生應樂庚辰歲, 老去那堪壬午年. 窮境安危人莫道, 神明臨質十分先. 翊日, 至仁川, 改名以馬某, 至中國旅館元和棧喫飯. 錫疇善華語, 與中國人少無異. 是以皆不知馬某之爲韓人羅錫疇也. 夜, 稱往鎭南浦, 至南門驛, 宿同春棧. 時, 日本大正殂昭和立. 由是各官衙皆休. 二十八日午, 錫疇乘此機, 入市內黃金町東拓支店, 詐問李永祐. 店員曰無永祐. 錫疇細察其社內, 因至殖産銀行營業課貸付室, 投一彈. 見其不發, 復至東拓, 及到玄關, 見副業協會員高木吉江在守衛室, 射拳銃, 中肩胛

背. 卽上二層屋土地改量課, 射技師長綾田豐及社員大森太城, 中右上膊胸. 復投下, 見東拓社員武智光朝鮮鐵道會社東拓支店事務所守衛松本筆一龍山天眞堂時計店員木村悅三等在下層, 又射拳銃. 武智中肩胛肺, 松本中胸肺臟, 木村卽死. 錫疇急走黃金町電車通. 時, 京畿警察部田畑警部補, 過東拓之前, 聞炮聲, 乃追奔, 錫疇又射殺之. 警部補土師橫田及巡査野口靑木古川唐峯朴容夏等急擊之. 於是, 錫疇知不免, 自引鎗擬胸三發而倒. 警吏將諸人, 送總督府病院, 爲應急手當, 武智等三人皆死. 是日, 錫疇亦踣地而死. 警官引致病院注射, 錫疇復蘇. 警官曰, 沒姓名, 徒死無益, 吾願聞. 錫疇曰, 羅錫疇. 又曰, 今日之事, 但自爲之耶, 有敎唆者耶. 曰, 金昌淑有敎唆. 遂溘然. 赤色爆彈二個西班牙製十連發拳銃一挺彈丸六十六發皆押收, 而初皆不知其事實. 丁卯五月, 李化翼被逮, 至新義州, 自言羅錫疇事甚詳. 於是, 始知錫疇與金昌淑共謀. 三十一日, 長男應燮至京, 見寫眞是認, 乃引渡收屍. 錫疇有父母, 又有三男二女. 朝鮮報載錫疇遺墨而模糊不可見. 應燮自其父變後, 常欲出走, 而每監視不能. 日, 應燮變姓名以白雲鶴, 至安東縣鎭江山公園, 撮影一章, 送其母, 往上海. 上海同志, 爲錫疇追悼. 此下皆墨版.

李化翼, 一名承春, 居黃海道長淵郡樂道面石長里. 庚申十二月, 與同志崔昌翰李起春金敬善等, 組獨立團. 翊年辛酉一月十一日, 與金敬善崔昌翰等持拳銃, 往牧日面郭琇, 募金百二十元. 三月一日, 與金敬善往羅堂里, 火孫承薰家. 二十日夜, 往鏡峴里李應燁, 乃請資而李不應, 起春火其家. 四月初, 往鶴峴里金炳淳募金, 炳淳請巡査欲捕之. 化翼因走, 至中國煙臺, 與羅錫疇始知之. 後, 知錫疇思想益熱, 遂爲刎頸交. 甲子三月, 往上海, 入義烈團. 丙寅十二月二十日, 錫疇至天津, 慨然謂化翼曰, 見今士氣沈滯, 無能爲者, 吾當爲獨立先鋒. 所謂京城銀行及東拓皆暴破, 使世人一驚, 請共事. 化翼許之. 聞二十八日, 錫疇至京城自殺, 仍不往. 丁卯五月, 化翼被逮北京, 渡日領館. 六月二十七日, 押送新義州, 付豫審. 判事爲場所檢證, 押化翼, 至長淵信川海州, 又至京, 査羅錫疇襲擊之地. 戊辰三月六日, 開公判, 呼證人二十, 以制令及暴發物取締令違反, 又强盜等罪, 本島檢事求刑無期. 六月二十七日, 判決以監禁十五年. 時, 化翼年二十九.

韓大弘, 居平原郡公平面退峴里. 至己未, 大弘年十九. 往滿洲, 學軍事及政治兩科, 爲寬甸縣統義府議員, 欲募軍資. 又謀暗殺大官, 與團員十餘人, 組光韓團. 辛酉, 入國境欲擧事, 遂被逮, 監禁七年, 至京城服役. 丙寅冬, 大正殂, 減刑出獄. 聞羅錫疇死, 大驚歎曰, 此人乃至此乎. 吾嘗與此人, 在沙里院, 共運動. 後, 自滿洲別後, 更不聞, 此人今至此乎. 追思昔日, 忽忽已七八年矣. 大弘在獄中, 其父見背, 至是, 乃追服云.

按或曰, 羅錫疇不過以閭巷匹夫, 不但無死之責, 又平日所爲, 多行不良. 一朝, 動金昌淑之言, 只以殺么麽數賊, 誤其躬命, 其死非浪乎哉. 余曰, 不然. 今日所謂東拓, 其禍汎濫半島, 同胞魚肉矣. 仁人君子見之, 孰不有欲其拯之之心也. 無其人者, 乃畏死爾. 吾知錫疇, 以罕世之義不世之勇, 乃生長於下州小邑僻陋之鄕, 窮愁潛寂, 其奇氣無所泄焉. 故或放膽州閭, 雖有一二不繩墨, 而及至中國, 見金昌淑等諸志士, 各運動獨立, 激昂奮發, 義氣如虹. 其冒險如赴樂地, 朱子所謂非秉彝好德之良心憤世嫉邪之壯志, 獨有得於天分之多者, 能挺身於白日大都之中, 不顧其死, 爲我民族, 殺讎賊如犬羊乎. 士君子負當世重名, 知勢必不免, 不能自決, 貽譏千古者何限, 則其死之難, 果何如, 而惟錫疇, 見追者在後, 不欲觀賊之僇辱, 又自決乃輕毛, 非罕世之義不世之勇, 能然乎. 自是之後, 新聞紙上, 不復見小作爭議矣. 然則世之爲小作者, 孰有不陰食其德於冥冥之中也. 昔, 楊朱拔一毛而利天下, 不爲, 而錫疇以死而利天下, 錫疇雖閭巷匹夫, 視其所謂君子何如, 視楊朱, 又何如也. 若錫疇, 眞義士也勇士也. 因爲之贊曰, 維士屹屹, 百夫之防. 遭時板蕩, 厥志慨慷. 懷鎗東來, 撑氣怒揚. 刲剔讎賊, 洽似犬羊. 時不利兮, 壯士云亡. 毅魄凜凜, 爲民族殤. 想其湮沈, 令人心傷. 撰此歷略, 告我東邦. 尙義責勇, 永世無疆. 李化翼韓大弘, 皆平日同志. 故今錫疇之下, 乃取次書之.

張鎭弘

張鎭弘, 一名聖旭, 係出仁同. 居漆谷郡仁同面玉溪洞. 高宗丁酉生. 爲人突兀有生氣. 壬子, 鎭弘年十七八, 朝鮮步兵隊爲上等兵, 嘗以民族主義, 熱望其朝鮮獨立. 丙辰十二月, 移居京城. 國際共産黨李乃成曰, 見今無産者皆塗炭, 當革其私有, 以爲共産. 如獨立不必爲

急願, 君將欲其共産, 如勞農露國, 入國際共黨決死隊, 從事其革命運動. 於是, 鎭弘入光復團, 志實顯其制. 戊午四月, 以李乃成紹紛, 西至滿洲, 見光復團金正默李國弼, 爛確其獨立之謀, 與國弼共赴露領하바롭스크, 會同胞七八十, 以訓練軍事. 翊年三月, 獨立萬歲大起朝鮮, 遂歸國遍歷各地, 摭萬歲事實爲一冊. 七月, 往仁川, 見米國軍艦乘組員金相哲, 與其冊曰, 今總督齋藤以武斷爲政, 暴虐甚. 故吾悲憤往來四方, 編輯此冊. 願公持此歸米國, 印布歐米各國, 使日本埋葬其國際的地位. 後, 因移居永川之校洞. 鎭弘嘗家貧, 爲賣藥行商. 性好手風琴, 適市每以風琴聚人以賣藥. 又善戲謔兮, 是以人待以笑料不齒, 而亦不顧. 是時, 慶山有李定基者, 亦志士也. 初, 定基見其叔父在北京, 爲張作霖顧問及某新聞主筆, 嘗欲募金, 往北京, 設出版社, 發行其思想雜誌幷檄文, 鼓吹其民族主義. 大邱又設支社, 密收資金, 購入暴彈, 以爲謀破壞暗殺. 乙丑正月, 定基至北京, 見國民黨正義府員南亨祐大韓獨立黨軍政署代表裵炳鉉義烈團員金昌淑. 皆曰, 今我韓獨立, 資金爲急. 其募金非破壞暗殺不可, 而國境有警備甚嚴, 輸入極不便. 定基曰, 此不憂, 吾叔父方在張作霖顧問, 如得身元證明可無事. 三人皆大喜, 將拳銃彈丸若干與之, 又敎暴彈製造法. 九月, 定基歸大邱, 與李源祿李源祺李源裕等, 結秘密社, 運動其革命. 於是, 鎭弘亦入團, 暗自活躍以俟其機. 丁卯三月, 鎭弘以李乃成紹紛, 往慶山見堀切茂三郞, 卽國際共黨特派員也. 堀切亦曰, 今欲共産, 當破壞其官署及銀行, 暗殺其大官幷富豪, 然後私有可革, 共産可必. 南鮮一帶君其圖之擧事, 而有不世之功, 吾黨當永久記念. 雖不幸, 黨中有家族救濟備, 君之家族, 不必爲慮. 鎭弘遂許諾. 陰四月二日, 至永川. 時, 堀切自滿洲而歸, 將暴彈及다이나마이트雷管五

本導火線四尺金五十元與之. 又教暴彈製造法, 請速擧事. 鎭弘造暴彈, 書其號曰, 昭和四年押第八六八. 又造小暴彈, 以爲作自殺之備. 往烽燧山試之, 其爆力十分强大. 同志鄭芳洛朴文善等請着手, 鎭弘不聽. 仍思一策, 欲使人投之, 以道廳警署朝銀殖銀等四處, 爲投彈之地. 往善山見宋再先, 求木箱四個. 使黃鎭璞書其上, 一曰慶北須藤知事殿, 一曰慶北警察部長殿, 一曰朝鮮銀行大邱支店長殿, 一曰殖産銀行大邱支店長殿. 又其下皆書曰, 蜂蜜五百斤入, 價格三元五十錢也. 大邱南山町三九番地, 吉田商會出. 十月十七日, 往大邱, 宿妹夫金商翰. 翊日, 遂變裝至德興旅館, 言宿迫得獨房. 開木箱出導火線, 各量其距里, 取其時子, 以懷爐灰, 定十五分或二十分爆發, 皆點火, 然後復納之箱, 裹以新聞, 縛以麻繩. 呼旅客案內者曰, 此皆密桶, 各傳致其道廳警署朝銀殖銀等四處, 出四十錢與之. 案內者携木箱先至朝銀, 將一箱給吉村潔主任曰, 此去庶務課長禮物, 遂信傳. 吉村曾以砲兵少尉, 見蜜箱有火藥臭, 乃探之, 果暴彈而時導火線幾燒盡. 吉村大驚, 發導火線棄之, 欲逮捕來人急出門. 其人持三個箱, 立待其傳達不去. 吉村卽奪几, 投銀行前路上. 俄, 有一箱暴發. 時乃正午, 而皆認以午炮. 及再發, 始知其暴彈. 警官馳至, 又市人來集, 須臾便作人海. 於是, 乃見之, 銀行之東壁琉璃窓七十餘枚皆破壞, 彈片越銀行, 至大邱旅館前場如雨下, 而但銀行給仕并警官四人中傷, 高四十尺電線, 又皆斷絶焉. 所捉青年送大邱署取調, 乃德興旅館引客者朴魯宣也. 警官急至館, 犯人已逃去, 但林禽一個在房中. 於是, 警察部及大邱署, 以至教習巡査及憲兵, 又地方官憲總出動, 護衛其道廳銀行及會社, 小有其殊常者皆逮捕. 巡査四散大索, 以被疑者捉馬錫鉉, 搜其家得文簿十八冊, 造几餘木及細鉅라꾸도-젠等

物. 又某處得古釜鐵片, 回春堂藥房得爆藥材多數. 及取調, 秘密結社又發覺, 捉李源祿李源祺李源裕曹再萬李京植金炯甲趙佑濟康鎭奎幷馬錫鉉等二人, 送法院付豫審. 此下一欄皆墨版 眞犯竟不得. 初, 鎭弘使朴送暴彈, 見其動靜. 有頃, 府中如鼎沸, 鎭弘乘自轉車, 遂逸走. 中路至海坪之槐谷洞金容巖店, 與黃鎭璞朴觀永等共飮酒, 將顚末告知. 歸龜尾本家, 持風琴往來四方, 其賣藥如平日. 十一月, 又欲再擧, 與族人張龍熙, 至安東之鳴洞, 宿金壽章方. 夜勸龍熙曰, 今欲促進其共産, 警署銀行皆投彈破壞, 可得成願. 君往安東邑以擧事, 龍熙許之. 於是, 歸永川, 使鄭芳洛朴文善, 送小林峯治, 求다이나마이트雷管導火線胃散鑵染粉入鑵及鐵片等物, 造三個暴彈. 復至安東, 與龍熙, 勸一朔內投之. 十二月五日, 與家族二人, 乃乘夜逃去, 隣里及警署皆不疑. 鎭弘自是至京, 寄書龜尾驛前金某曰, 吾平日多貽弊, 而不一報深愧. 戊辰一月, 往見金基用曰, 今之社會甚不合理, 使其共制, 欲如勞農露國, 不得不破壞暗殺. 故大邱投彈, 非人也, 乃吾也. 君亦與我往永川, 以破壞其警署, 暗殺其富人李仁錫, 基用亦許之. 是日, 鎭弘買熨斗, 造二個彈與之. 又敎投彈法. 仍走日本, 往來于東京大阪廣島間, 以避身者, 畧一年. 至是, 李定基自北京而歸, 至平壤被逮. 官憲取調, 得大邱投彈之緖, 使慶山署, 捉李定基妾李姓女取調. 於是, 其顚末皆發露. 慶北警察部聞之, 使警部崔錫鉉等, 送大阪, 捉張鎭弘. 於是, 堀切茂三郎及李乃成張龍熙皆自殺. 朴文善朴觀永黃國瑞鄭芳洛金商翰金基用李鳳植鄭龍海等, 皆被逮付豫審. 中外報乙巳陰十一月二十八日號皆墨版云

庚午陰正月六日, 遂公判. 其他事實鎭弘皆是認, 破壞暗殺, 乃否認焉. 大原檢事求刑曰, 鎭弘死刑, 基用 一名明淑 八年, 鎭璞觀永三年,

小林六個月, 龍海鳳植文善十個月, 芳洛八個月. 基用鳳植文善, 皆永川人. 明淑時年四十八, 漁業兼旅人宿. 鳳植年四十二, 亦旅人宿. 文善年五十三, 日稼業. 鎭璞觀永善山人, 鎭璞年四十三, 往日本兵庫縣, 爲板場及土工局諸事, 觀永年二十九農. 小林日本長野縣人, 年五十. 芳洛軍威人, 年四十. 及覆審, 基用減刑五年, 鎭弘又死. 鎭弘大怒, 擧石擊裁判長齋藤. 若直中齋藤必卽死, 而乃中胸無事. 鎭弘見其不中, 又擧椅子欲擊之, 爲看守制止. 及上告, 又死刑. 閏六月初六日, 鎭弘突然死. 刑務所長極口言病名曰, 腦充血, 褑衣衣之. 家族疑之, 欲請醫檢屍, 屍出獄, 罪囚千餘人一時高唱萬歲, 監中大亂. 未亡人姜氏不欲解剖, 不檢屍返柩. 家族但母夫人及其二子而已. 十二日, 葬栗洞先山. 弔客以警戒無一人, 不過警官家族幾人, 草草葬之.

按大邱投彈, 其計何其奇也. 其時, 鎭弘雖不成功, 其計之奇, 則古之范增陳平, 無以加焉, 鎭弘眞多智也. 堯夫詩曰, 施爲欲似千鈞弩, 磨礪當如百鍊金. 雖凡事而不千鈞之百鍊之, 其事亦不能不敗, 而況其破壞暗殺乎. 是以鎭弘投暴彈, 詐稱以蜜箱, 其爲事甚重大, 故其爲計甚細密. 愚意猶有所未盡者. 初, 暴彈四箱, 旣不送其一處, 欲分送其四處, 則其時, 當不用其一人, 用四人, 若一時俱送, 則雖失於銀行, 其或得之於道廳, 未可知之, 雖失於道廳, 其或得之於警署, 未可知之, 雖失於警署, 其或得之於殖産, 又未可知之, 而其計不過至銀行而止, 可勝歎哉. 以若鎭弘之智, 思之又思, 益加思索, 則愈出愈奇, 其計送一人之外, 必有送四人者, 而何不其施爲磨礪, 乃千鈞而百鍊也. 於乎鎭弘, 君之身在此世, 不過三十四歲, 而君之名在此世, 當千百歲而無窮. 區區肉身之暫聚而散, 無足可言, 苟天假其年, 縱橫一世, 盡其籌策, 則范奇陳奇, 着處可見, 而不幸短命, 安可無感. 是以余作此傳, 未嘗不閣筆太息者, 非一二也.

李東吉

李東吉, 居奉化郡桐陽里, 高宗辛亥生, 至丁卯, 年十七. 爲乃城普校生, 是時, 東吉書過激文句, 付電柱. 至是, 道知事過見之, 乃搜索取調, 送安東檢事局. 罪名乃皇室不敬, 其文句付秘密, 而乃帝國主義○○等, 過激文句也.

趙明河

趙明河, 居松禾郡下里面上泉里, 趙鏞禹二男, 高宗乙巳四月生. 自幼, 聰明溫順, 人皆稱之. 稍長, 學公普, 家貧更不學, 歷醫院衛生課及郡廳雇員. 明河常恨其不能晝學, 每持講議錄, 達夜觀玩. 庚申, 往

日本, 乃漂浪四方, 丙寅, 志苦學, 往大阪爲某電氣會社職工. 後, 往安達메리야스商店, 晝則視務, 夜則學商工校, 卒業, 因變名曰, 明河豐雄. 渡臺灣, 至臺中州初音町, 爲富國園商店雇傭. 戊辰五月十三日夜, 往朝鮮樓, 與妙妓薛順蘭, 共握手散步街頭, 東望故國, 各言其異域情懷遂達夜. 翊日, 久邇宮邦彦王, 以陸軍特命檢閱使, 至臺灣, 檢閱其臺中部隊, 午歸, 至臺中市驛場, 明河投暴彈 朝鮮報曰, 投短刀云 欲殺之, 竟不中被逮. 朝鮮山梨總督, 聞之大驚, 卽與臺灣總督上山, 相聯絡調查. 明河年十三離故鄕, 是時, 非要視察人物, 故不得端緖. 又上山依供辭及往復書, 知松禾金某吳某乃敎唆, 晦日, 使保安課長小林光政, 率警部二人, 出張松禾. 山梨復大驚應援. 小林至松禾, 捉被疑者審問, 亦無共犯. 上山以爲所管臺灣有如此不敬, 乃惶懼辭職. 及公判, 臺灣辨護士協會員安保金子兩人, 爲官選辨護. 十月十日遇害, 至十五分, 絶命, 時, 年二十四. 順蘭一名浪子, 亦朝鮮慶州人, 年二十五.

按爲國復讎, 是出自秉彛, 豈有其地. 切惟臺灣, 曾以中國爲日人所奪, 其情之戚, 亦如朝鮮. 我人之過臺灣者, 不幸同一其所遭, 則悲憤慷慨, 安得不益切其他所也. 是以趙明河欲殺其邦彦王, 竟不中, 徒殺其身, 實千古志士之恨也. 然邦彦乃日本之貴戚大臣也, 上山乃臺灣之總督也, 雖老師宿將, 擁大兵以臨境, 固不能容易撓奪, 而惟明河不過時年數十, 漂浪天涯, 以孑孑單身, 旣能使邦彦一驚, 又能使上山辭表, 可爲男子, 不虛生也. 見虎若窺其一斑, 則可以知全體文章, 何必其多乎哉. 明河擧如此大事, 其謀始之日, 後被訊之時, 必有其磊磊落落之所可觀可聽者, 不一二, 而此出於他國數萬里之外, 不得見全體, 但窺其一斑, 亦不可以無其感也.

金用才

金用才, 居平北熙川郡西面克城里. 後隨其父, 累遷至小白山定安洞居之. 至是用才家貧, 負炭事親. 後往西間島, 爲參議府員. 及歸與金燦涉·金義葉女史·金栗女等八人, 秘密結一團, 據小白山中, 共往來于丹陽·寧越·榮州間募資金. 是以欲逮捕, 小白東南警官晝夜往來不絶. 丁卯十二月四日, 用才至裵店, 栗女舍匿用才數日. 八日, 警官至石崙寺, 捉同志金燦涉·金義葉等三人取調, 不得端緖, 押送淸州, 受刑五年. 從犯六人, 又次第被逮送法院. 戊辰六月九日夜, 用才至寶發朴利述示拳銃曰, 吾方自上海而來, 請旅費. 得四十元. 復至元容甲曰, 吾乃假政府派遣員, 向於金谷遂放火又殺僧侶, 皆吾之爲也. 乃脅之, 元不應. 用才自丁卯五月以至今日, 其請資前後凡十六. 時警官之搜索雖甚嚴, 用才其往來如無人之境. 於是丹陽署使刑事隊作商人偵之, 聞用才至永春之南川. 八月三十日, 警官十六皆武裝以待之, 而用才不來, 遂逮捕其被疑者金顯九·朴敬化·趙君玉等三人取調. 於是始知參議府員在小白山密林中. 警官百餘人, 分四隊圍小白山, 搜之密林. 九月九日, 至兄弟峯下, 果有金用才·金斗培二人. 相交火久之, 二人皆中丸而死. 拳銃二門·彈丸百五十發·舊韓國旗一個皆押收. 先是用才嘗往來于忠淸·江原·慶尙三道之間, 其出沒如神, 人不可測, 故皆以爲用才有異術, 一世大噪, 由是警官之心骨皆寒. 世人之想望亦不淺, 不幸至此, 於乎悲夫. 時, 用才年二十九, 高宗庚子生.

光州學生事件

初, 全南羅州郡學生, 無韓·日人男女, 以汽車通學光州. 韓人朴準埰, 年十五高普生也, 日人福田修三, 中學生也. 平日雖無具體的行動, 中·高兩生, 嘗有反目. 己巳十月三日, 朴準埰至羅州驛, 見福田等三人, 過女高生朴奇玉爲籠絡. 奇玉時年十七, 準埰從妹, 準埰等五人, 以爲福田侮辱女生, 數福田相爭. 羅州警官森田不問其是非, 但痛叱準埰, 甚至毆打. 翊日準埰等數人至松亭里, 車中見福田, 且罵且毆, 車長制止, 雖無事, 車長亦護福田, 彈壓準埰, 由是高·中兩生, 甚有憾情. 十一月三日是明治節, 又全南蠶繭六萬石之祝賀會, 開光州. 府中雜沓, 高·中兩生, 皆慮之, 或數人·或十人, 作團而行. 至時高生鄭相烈·任漢吉·高光信·具龍祜·黃南玉等八人, 過須奇屋町郵便所前, 見中生齋藤俊夫·松永良雄等數十來, 南玉相有頡頏, 與任漢吉·具龍祜·金毅源·崔祥熙毆齋藤·松永, 追至光州驛, 又毆近藤修綱·谷五郎·佐藤秀雄. 時高生百餘人殺到城底里. 中生百餘人又馳之, 挾土橋對峙, 於時教員及消防隊制止. 四日, 中生島村某七人, 高生金相煥等二十餘人, 農生崔泰植數人, 皆被捉. 六日, 又高生二百餘人, 與農生會高普講堂, 各持兵器, 金向南·金普燮·金相煥·金喆根·康潤·金戊三等爲前茅. 高唱校歌及運動歌, 南至須奇屋町, 欲向中學而去, 以示威, 警官制止不得. 諸生過郵便局, 至東光山町, 師範生數十又拍手而出, 作隊隨後. 自錦溪渡光州川, 至瑞南里, 脅中生下村曾雄·安永一, 出井敏街, 至鄕社里小市場. 警官諭解散, 而金炳基·康潤錫等不聽, 入校農具室, 携出木棒, 又欲示威. 警官捉七十餘人囚獄, 學父兄憂之, 諭中·高兩生休學, 慰撫凡六日. 是時京城朝鮮學生及學生科學硏究會幷靑總代表三人, 以調査至光州, 又被逮. 九日, 三學期試驗, 女高生皆以白紙爲答, 男生又答白紙, 仍謀某計遂發覺. 警官以爲其背後有聯絡, 搜盧錫正家宅, 由是社會空氣益緊張. 校當局摘主謀者二十餘人, 退停學處將分者, 引渡警官, 諸生皆忿鬱. 十一日夜, 金普燮等五十人送局, 傷者九人, 釋放者四十二人, 其餘付豫審. 中生幾盡放免. 十二日, 高生吳快日等三百, 農生二十五人, 又奮起, 散布共産主義四種檄文曰, 嗟我學生大衆, 須勇敢以戰. 師範女高又合勢示威曰, 送局諸生, 不欲釋放, 我生全部, 皆爲處罰, 殺到刑務所. 二百餘名又被逮, 師範女高制止未然. 靑年張載性三人, 爲有煽動又捉之, 俄得放. 二百餘人送局, 高·農兩校無期停學. 十三日, 高普試驗. 二年級退學生欲試驗如前, 警官欲逮捕, 諸生又奮起, 故不得已下學後, 逮林吉良等數人. 突有女高生李光春躍上校臺, 長時演說, 又欲白紙答爲同盟, 辭旨甚悲壯, 教室一時化修羅場. 十五日, 以爲三年生張慶禮等與被撿者男生, 有所謂學生秘社, 警官數十捉張慶禮等諸人. 是日羅州捉李錦子·李光春, 全州捉女高生金錦蓮押送光州. 以白紙答案命徐在龍七人退學, 前後退學者, 凡六十五人. 及取調張慶禮·朴奉旬·南協·朴玉蓮·李錦子·李光春·高順禮·朴繼南·朴采熙·金貴先·金錦某十一人, 送刑務所, 金知順放免. 全南警察部長佐佐木曰, 頃者有本道撿擧以學生秘社, 而其中女高生亦多焉, 故以爲皆年幼置之. 至是又爲在監同志, 醵金欲差入. 又向敎員曰, 吾人欲貫徹其目的, 言甚無忌, 此不可任置. 初以秘社之嫌, 男女生及青年被逮者二百五十餘人. 十七日, 又捉高普·農業兩生二十人, 後四十九人付公判. 十九日, 女高多缺席, 乃休學. 初張載性之妹梅性以三年生, 恒被注目. 三十日, 警官搜各學及青年家宅, 以爲梅性等指揮此男女諸生, 捉梅性并金容浩. 師範生洪貴周及青年被逮亦多. 時中生雖被逮, 官憲皆擁護, 韓生彈壓無比. 是以輿論紛然, 又流言載路, 物情鬱怫. 於是木浦羅州各學, 皆爲同情, 盟休示威, 討光州署處置. 又餘波及全南一帶. 不但其諸生, 以至訓導亦皆同情. 鳳安普李東宣·谷城普金泰泳·長興普金基柱·南山普金鍾善·浦頭普林鍾大·馬山普魯厚根·達山崔相鎬·西倉河瑄喆·飛禽林鍾根九訓導, 又被逮. 餘波又及京城. 初京城青年會員車載貞·郭良勳·黃泰成·李恒發·任允宰·儆新生科學硏究會幹部權遺根·鄭鍾根·苦學生韓慶錫等, 秘密結一社, 又置細胞, 互相聯絡. 十一月一日, 聞光州生事, 大忿慨, 使朝鮮學生前衛同盟夫健·權遺根·朴日等, 送光州調查. 初光州青年同盟幹部張錫天, 在學生背後, 爲操縱. 及夫健至光州, 朴日·夫健皆被逮囚, 獨權遺根與張錫天共調查. 至京, 與車載貞等作檄文, 煽動其各學諸生, 張錫天仍捉囚京監. 於是學生前衛同盟責任秘書金泰來曰, 官憲不可不攻討, 被撿諸生不可不奪還, 欲如此, 不得不煽動其市內各學, 以行示威, 又使餘波遍及

國中, 大起騷動. 於是, 鄭鍾根權遺根與中東校五年生申用雨高普四年生李錫, 擧光州生奪還等六個條, 作宣言書幷檄文四萬餘枚, 略曰, 彼横暴之輩, 爲日人生命, 朝鮮人을 ○○하라는 슬로칸 미태서云云, 警官等을 總動員ᄒᆞ야 光州生四百餘人을 殘酷한 鐵鎖로 縛하얏다, 君等蹶起하라. 又曰撿束한 朝鮮生을 奪還하자. 植民地奴隷를 反對하자云云. 使柳丑運尹映淳, 散布市內各學校及新聞社新聞支會. 俄, 市內三十餘校學生一萬二千名, 皆高唱萬歲, 盟休示威, 次第蜂起, 其團體組織, 皆有規模. 其最爲激烈者, 惟男女十餘校也. 校別乃第二高普中東第一高普敬新普成中央徽文商業協成實業電機法政高等豫備淑明青年學館同德女高實踐女高女子商業貞信女高培花女高女子美術實業專修梨花女高培材高普梨花女專普成專門延禧專門世富醫專法學醫學專門簡易農業養正高普貞信進明等也. 及事發, 車載貞等一百四十三人, 爲鍾路署所逮. 初, 光州女高生, 皆監禁于學校宿舍. 是夜, 或悲歌或痛哭, 以徹夜. 至十二月五日, 京城第二高普生聞之, 生七百餘人, 提出其五個條, 同盟休學, 四十八人被逮. 六日, 中東生三四學年盟休, 唱萬歲示威, 被逮. 七日, 第一高普生九百十六中東生一千六百九十三名盟休, 唱萬歲, 六十名被逮. 黃海道載寧市, 檄文多貼付曰, 此光州生解結, 警察捉新幹會幹部金元浩等十餘人及新聞配達夫. 九日, 敬新生五百會校庭, 擧光州事一場演說. 然後高唱萬歲, 陣長蛇, 至惠化門內. 商業普成兩校, 又高唱萬歲, 以求同聲. 普成生七百餘人, 方上學, 皆荷冊褓, 齊出校庭, 亦演說, 高唱學生萬歲. 時, 警官數十, 包圍正門, 諸生乃突圍而出, 與敬信生相合勢, 至磚石峴. 自昌慶園, 亦至鍾路, 將向帝國大學. 警官數百捉之, 時, 九百五十人被逮. 是日, 中央高普生七百餘人, 皆會校庭. 突有學

生數人, 擧光州事演說. 諸生因奮起, 欲出市街行示威. 警官百餘馳至, 緊閉校門, 諸生不能出, 略百餘人出後苑, 至翠雲亭, 整齊其隊伍, 又擧光州及淸津生斷食事, 演說一場, 高唱萬歲, 與官立第二高普合勢, 過三淸洞, 至景武臺, 埋伏警官逮捕, 以數十臺自動車, 送京畿道警察部. 初, 中央二高兩生, 自總督府前, 至鍾路欲示威, 竟不果. 堅志洞女商生三百會敎室, 高唱萬歲, 皆脫帽踴躍, 破壞琉璃窓, 徐玉子金貞子二十餘人及敎員鄭泰述被逮. 協成實業兩生百餘人編二隊, 皆持赤旗, 高唱萬歲, 一隊進授恩洞團成社, 一隊至塔洞公園以示威, 十餘人被逮. 進明女生三百九十餘人, 亦至校, 高唱萬歲, 又痛哭. 苑洞徽文高普生七百八十, 前日試驗, 皆白紙答案. 是日, 又高唱萬歲, 欲出門外, 二十餘人被逮. 是日, 新義州高普生聞之, 三年生桂璟淳躍上校臺, 演說曰, 光州生解結之前, 吾諸生不可登校. 金斗星金理輝金道治金甲彬又上坍, 次第演說, 皆被逮. 九日, 開城高普生二百五十, 及閉式, 有一人乃登坍, 擧光州事演說, 其言甚過激, 諸生因奮起高喊, 欲出門示威, 爲警官所止. 此以下皆墨版. 庚午一月十日號中外報

好壽敦女高生, 又示威, 十人被撿. 新義州高普生, 又欲示威, 校當局使主謀者四年生李道治三年生桂瑗淳五年生金甲鎭退學, 二年生金斗星四年生金瑞熙, 皆無期停學. 是日, 釜山商校, 聞新義開城各學校爲光州生呼萬歲, 又提出其陳情書三條, 欲出門示威, 二年生金聖泰數人被逮, 每敎室書床, 皆有檄文, 以至女高普亦多檄文, 皆押收. 咸平農蠶兩生三十餘人亦盟休. 十日, 壽松洞淑明女高生四百餘人聞之, 皆至校, 有級長一人, 擧光州女生事演說, 諸生皆放聲大哭, 欲出門示威, 敎員制止, 不果, 皆入校室, 踞床俯首啼哭, 其聲嗚咽如鵑, 人不忍聞. 開城美理欽女生數十, 至警署, 高唱萬歲曰, 此爲光州生

同情, 高唱不已, 二十八人被逮. 好壽敦生數十, 又作隊示威, 十四人被逮. 十一日, 梨花女高生三百二十八人, 各持旗旒, 至培材高普, 唱萬歲, 欲出市街示威, 三年生林某等七人被逮, 西署原署長以下及消防隊, 出動鎭之, 貞洞一帶押收得獨立旗赤旗檄文. 時, 培材生方上學, 又齊出校庭, 呼萬歲, 與梨花生相應. 時, 警官森立校門, 不能出, 三十餘人躍出後門, 馳往西小門町, 高唱萬歲, 直走養正高普, 以爲欲互應, 中路, 至義州通, 十數人被逮, 其餘至養正, 亦被逮. 壽松洞實踐女生一百五十餘人至校, 又呼萬歲, 大爲騷動, 尹阿只等四十, 馳至安國洞商業女高, 唱萬歲欲互應, 而皆不應不果, 尹阿只十餘人被逮. 安國洞槿花女生百五十又至校, 唱萬歲, 欲出門示威, 警官緊閉校門, 在校中騷動. 此以下一校事實, 皆墨版, 不能知, 卽中外報己巳陰十二月十七日號也.

內資洞女子美術生八十餘人, 呼萬歲, 又痛哭. 弼雲洞培花女高生二百二十, 又皆出校庭, 呼萬歲痛哭, 欲出門示威, 警官制止, 不勝忿鬱, 皆打破琉璃窓. 同德女高生二百三十同盟休學, 至校庭演說, 欲出門示威, 鍾路署員欲逮捕, 則在後諸生皆高喊, ○○하는等如此者, 凡四五十. 是以其時, 不能捉一人, 是以商業女生與同德生相應高喊, 又梨花專門與梨花高普痛哭失聲. 是日, 咸興永生校中學生, 分三隊, 第一隊往軍營通呼萬歲, 與警官衝突負傷. 第二隊踰蟠龍山至私立女校, 唱萬歲, 女生數百欲出門幷唱, 直員閉門, 不果, 皆放聲大哭. 有男生二人, 破琉璃窓, 遂被逮, 其餘皆往郵便所前高唱. 女生又隨後而唱, 或放聲大哭. 於是, 男女諸生, 至本町, 與第三隊共示威, 警官及消防隊擊退之. 高普生又擧光州生甲山火田民及咸興水理組合等事, 作檄文散布, 欲示威, 與警官相衝突, 三十名被逮. 是日, 東萊

高普生盟休, 釜山第二商校欲再起, 事覺不果. 十二日, 馬山商業生謀示威, 又發覺, 主謀三人被逮. 是日, 釜山女高生, 擧十一條, 提出校當局, 翊日, 欲示威不果. 平北宣川郡信聖中生行示威盟休, 欲出市街運動, 與警官衝突. 京城法專醫專兩生, 又皆運動. 十四日, 培材生十九人, 拘留二十餘日. 市日, 公州高生高百祿朴演煥金桂興裵永福盧聖根金祥麟李明源韓利涉安永和韓三伊金應鉉李永浩金鶴壽金允弼孫昌煥李明鉉金鳳基李河一裵爀金景漢等爲光州生, 唱萬歲, 皆被逮. 永明校主黃仁植敎員朱炳乾, 以爲有煽動, 又被逮. 三年生申萬福等十人, 以盟休又被逮送院. 是日, 咸興公立商生四十, 皆持赤旗, 將檄文三千枚散布, 高唱萬歲示威, 二十餘人被逮. 自是, 男女諸生, 全不登校, 亦皆被逮. 元山青年同盟幹部南相孝金鍾國金永燮劉三峯德元靑盟幹部南相完等, 作檄文二千枚, 遂覆面配付, 使各學諸生爲運動. 元山署聞之, 捉靑年學館生金利鳳金光麟金良謙田德範鄭相玉韓吉男樓氏女高生南順男千貞福蔡安某高女生日本人, 又李貞淑皆被撿. 又盟休護校, 使警官爲警戒. 十五日, 捉梨花生五十六人. 是日, 槿花徽文泰中東梨花培才培花保育同德儆新貞信實踐美術等十四校, 又一齊奮起, 持赤旗出街頭, 高唱萬歲, 或痛哭. 市內各署總出動, 捉四百餘人, 其中二百, 送西監拘留, 由是京城物情鼎沸. 十六日, 協成實業生百餘人, 各持赤旗, 唱萬歲. 昌成洞進明生三百九十五人, 至校唱萬歲痛哭. 壽松洞淑明生三百餘人, 唱萬歲, 欲出門示威, 爲警官所止, 遂痛哭. 是日夜, 仁寺洞朝鮮劇場, 以秘密寫眞方滅火. 有中等生數人, 將光州事, 作檄文散布, 因高喊. 出版組合幹部金元植李赤曉金閱斌李胤榮金遲李仁東協同組合金成璹咸尙勳錢鎭漢槿友會許貞淑新幹會朴文熺李周淵金振國吳一澈, 以爲有策動, 皆捉之, 監禁于鍾路署二層室. 時, 天寒不炭火, 又不褥, 皆忿怒斷食. 元山樓氏女商生, 亦欲盟休, 因放學. 是日, 各女校, 皆持赤色獨立兩旗, 又復呼萬歲, 平壤女高幷其他各專門中學皆動搖. 至是, 女高盟休. 光成高普生以三學年爲中心皆退學. 崇實專門及高普各學, 又皆休校. 光成生南宮涉被拘. 元山公立商生突然盟休. 十七日, 基督敎青年館生一百五十, 會校庭呼萬歲, 作隊伍, 欲出鍾路示威, 警官制止. 貞洞培材生五百九十五人, 會校庭, 五年生中有赤旗, 諸生以此爲暗號, 皆高唱萬歲, 欲出街頭, 警官引入校中, 使不出入. 館洞實業生百餘, 會校呼萬歲. 徽文生七百餘人, 爲處分生復校及其他諸條, 提出其聲明書, 因同盟休學. 是日, 元山青年學館生八十登校, 卽日編隊,一行墨版, 中外日報 將光州事, 作檄文散布, 高唱萬歲, 因復高喊. 樓氏女高生一行墨版, 中外日報 又編隊伍, 一行墨版 男女兩生, 合勢高喊, 又呼萬歲, 欲出大道, 警官使解散. 商業生二百六十至校, 呼萬歲. 警官遂制止, 而諸生卽往海東軒, 十行墨版. 警官一百五十捉男女兩生署二百. 樓氏校女敎員柳今萬亦被逮. 是日, 晉州高普生三百餘人會校中, 高唱○○萬歲. 十行墨版, 己巳陰十二月十七日號 前川里農業生四字墨版, 至師範校, 高唱萬歲. 六字墨, 至第一普, 又高唱萬歲. 第一普男女兩生數百, 幷唱四字墨. 復至一新女高普, 六字墨唱朝鮮學生萬歲. 女高生又出迎幷唱, 欲出街頭. 校當局雖閉門制止, 而男女生四百餘人, 散布檄文, 至柴園女校, 二字墨高唱萬歲. 又至一新四字墨, 百餘警官力鎭之, 以爲其前後有策動, 捉靑盟委員長河振柳德天姜渭璜等及高普生八人. 大邱女高生三四學年, 擧光州事, 高唱萬歲. 校當局大爲良貝, 卽閉門不使出外, 其中重要者三十人勒留校室. 男女兩高與商業師範及明新女校, 皆一一搜索警戒. 往十六日, 有血書檄文, 自郵便至各學, 諸生皆奮然, 以其翊市日, 約示威. 青年許東薰將檄文一枚, 傳致校長. 因此事覺, 許因被逮, 諸生竟無事. 初, 大邱生之謀示威凡二也, 而皆未然而覺, 男女生被逮者畧六十餘人, 後, 皆放還. 仁川商業生會講堂, 呼萬歲. 署員捉主謀者三十二人, 及取調, 九人放歸. 是夜, 又捉三人. 十八日夜, 元山生皆釋放. 女生四人男生六人以主謀取調放免. 青盟員五人敎員一人, 亦以主謀欲取調送局. 是日, 慶南宜寧署因照會, 捉沈點俠, 送晉州. 沈以晉高三年生, 呼萬歲者也. 東萊高普三學期試驗, 一二三四學年皆盟休, 二年生二組又盟休, 退學三, 停學亦多. 平北定州五山生呼萬歲, 所管署捉百餘名, 翊朝, 皆放免. 記者劉永錫玉丙生及方達源李安息韓五權等十人, 送新義州檢事局. 十九日, 上海韓人共黨聞朝鮮有光州生萬歲, 與中國共黨三百餘人, 會南京路北泗川路, 散布檄文, 以電車及自動車, 或投石行示威. 工部局捉首謀者二十, 遂鎭之. 海州高普生朴鍾卿高英一青盟李秉田金鍾元吳龍天及記者楊順永等, 作檄文二千枚, 呼萬歲, 欲示威, 皆被逮. 洪城工業生崔元復吳鍾奎等, 擧光州生釋放, 作檄文, 翊市日, 散布呼萬歲, 欲示威, 四十餘人被逮. 及就囚, 飮食不美, 乃同盟斷食. 警署大驚, 使復食. 全南木浦商業生數百又忿慨, 斷電線, 行示威, 與警官衝突, 四十餘人檢束. 二十日, 初, 全州女高生郭永玉李玄淑柳興珠等七八人與各班, 相聯絡, 各持手旗, 至新興校, 相與唱萬歲, 事覺不果, 十數名被逮. 又工業生會梧木臺, 謀示威, 亦不果. 夜, 以不穩檄文, 付市內十八處, 翊日, 警官押收. 是日, 晉州高普生二十三人又被逮. 至是, 登校者但五學年數十而已, 其餘全不登校. 一新女高生, 是日, 乃示威, 提出五個條要求, 又過激文句付玉峯平安大安洞三處. 警官大驚, 驚戒其農業師範及柴園女校. 又第一第二各學, 是夜, 又付檄文于矗石樓及其他十數處, 爲光州生以也. 警官捉靑年數十高生三十餘人取調. 咸北會寧商業生呼萬歲, 欲出門外, 警官制止, 不果, 多被檢. 永興署押收其光州生擁護同盟檄文五百枚, 捉金斗翼金熙淵取調. 平壤崇仁生呼萬歲, 三人被檢. 二十一日, 試驗, 京城梨高一二三年生, 使委員七人, 向校當局曰, 今被檢生不登第, 吾諸生不應試. 被檢生與吾人共爲登第, 則乃齊應, 皆散去. 平壤崇實崇中光成平壤高普崇仁幷崇義正義兩女高等七個校, 中等男女諸生, 會母校, 次第呼萬歲曰, 此爲光州生同情, 起一大示威. 平壤大同兩署員, 閉校門, 使諸生不爲出入, 而或此或彼取次蜂起, 陸續不絶. 崇實生二十二崇中生二十光成生二崇仁生一人被逮. 是日號新聞上欄墨, 中外報 光成平壤高崇中平壤女高農業崇, 此下三欄墨, 己巳陰十二月二十四日號. 初, 中等男女十三校生, 又復動撓. 崇實生一百五十崇中生四百五十出校唱萬歲, 四十餘名被逮. 崇義女生開校窓, 呼萬歲. 正義女高撓帽撓帨而呼萬歲. 慶上里崇 又皆墨. 由是不得已各學皆休校. 前後被逮生畧一百九十五人, 百二十三名乃監禁, 六十餘人放免. 是日, 慶南統營普男女諸生會校室, 高唱萬歲, 各持手旗, 作隊伍, 欲出市街. 又水産生三十餘人, 高唱萬歲, 作隊伍, 欲出市街, 警官皆解散. 忠北淸州高生二百七十農生二百餘人, 各會校室, 散布檄文, 高唱萬歲, 欲出門外, 二十餘人被逮. 會寧農生九十又高唱萬歲, 皆被檢. 海州高生三百餘人, 高唱萬歲, 欲出校外, 警官五十引諸生, 入校內. 捉兩生三十三人, 又捉靑盟四人. 及取調, 分十六個所取調, 拘留乃二十九日, 餘皆放免. 木浦商業生又欲示威, 要光州生釋放, 三十餘人又檢束. 是日曉, 京之同德女生高玉璟洪玉仁韓貞姬等十餘男生十餘, 又被檢. 二十二日, 全南高敞高生二百餘人以市日爲期, 謀高唱, 二十餘人被逮, 又押收其證據. 及取調, 十一釋放, 十人拘留. 平南安州農生八十餘人會校庭, 又欲唱, 警官捉首謀者數人, 乃無事. 二十三日, 朝鮮共産黨滿洲總局, 將檄文數萬枚, 散布龍井市內. 日領警捉東興大成兩生數十取調. 中國臺灣及朝鮮人三國生, 相聯合, 往上海日領館附近, 散布檄文, 行一大示威. 甚至擊電車, 靑年學生三十餘人爲工務局所逮. 慶南泗川金海兩普生謀上學時, 呼萬歲, 警官鎭之. 初, 晉州在監生, 一日夜, 有以呼萬歲. 支局記者金基泰, 乃以此, 欲宣動人心, 是日, 又被逮. 二十四日, 全北南原署, 搜社會人家宅, 捉靑年同盟梁基鳳梁判權取調. 平北宣川郡信聖生百餘人動擾, 處退停學, 張乃淵停無期. 黃海道安岳郡靑年白樂九與學生事有關聯, 捉取調. 忠南大田郡, 初補習生高唱萬歲. 警官逮捕取調, 皆釋放. 但吳廣根三人停學無期. 是日, 捉女生及男生幾人取調. 江原道春川農生謀示威, 前日曉, 首謀數人被逮. 全州紀全女生呼萬歲, 二十九人被逮, 主謀一人拘留二十日, 一人拘十五日. 初, 學生將檄文, 付市內十數處以宣動. 是日, 警官捉高生柳突基湖英生白樂柱崔俊基李甲辰金萬南五人, 又押收證據. 時, 天寒, 學校爲在監生, 作寢具十餘, 欲差入, 獄吏不許, 不入. 二十五日, 新義州高生編行伍, 呼光州生同情萬歲. 警官捉高順吉金相懋朴龍得李穉龍李德明李禧晉吳賢權等十六人. 夜, 皆釋放, 高順吉金相懋六人, 以主謀方取調, 李禧晉李德明吳賢權退學. 晉州一新女生又謀再起, 三四學年二人河東靑年一人被檢. 前後被檢畧四十. 忠南禮山農生謀市日呼萬歲, 遂發覺, 十餘人被檢. 皆放免, 主謀韓萬錫李萬燮拘留取調. 咸北鏡城高普及農業兩生七百餘人, 散布檄文呼萬歲, 七十人被檢. 全州新興生唱萬歲, 四十被檢. 開城高普生又謀再擧, 李永善金基澤被檢. 二十六日, 全州農生會滑氷場, 謀示威, 七人被檢. 京之電機生七人被逮, 拘留以二十日及二十二日. 二十七日, 全南麗水郡水産生散布檄文, 唱萬歲. 警官逮學生八青年三取調. 青年呂運鍾金容煥以保安法違反, 送法院. 但拘檢其主謀三人. 二年生向校長曰, 被檢生若不釋, 皆誓不登校, 遂散歸. 校當局使二十一人無期停學. 一二年生全不登校, 後, 皆放免. 全北井邑農生七十餘人唱萬歲, 主謀九人被檢. 黃海道平山漏川市有檄文付面所及商店. 警官捉青年十一取調. 全州高生又謀某種計劃, 警官制止. 是日, 咸興青盟廉順石權完容石洞泉金炳默姜錫夏韓國心六人, 因學生示威, 乃被逮. 咸北淸津商生九十又萬歲, 二十被檢. 京之徽文中央高男女生七人被檢. 由是中央生每日出席者, 七零八落, 是日, 三年生全不登校. 夜, 金虎龍田致萬南明熙三人檢束. 延專生二百又盟休, 提出其決議二條曰, 在監生當釋放, 退停生當復校. 夜, 又檄文付各學及社會. 二十八日, 延生依然盟休, 登校者但十四, 學務課招市內各私立校校長曰, 今萬歲諸生, 不可無罰. 梨花生十二儆新生十六培材生二十三協成生十七貞信生十三槿花生二十五中央青年五中央生四徽文生十一電機生七淑明生六實踐生十二泰和生九商業生十七同德生六美術生二實業生一中東生一百九十九普成生三人皆退停學. 二十八日, 延生依然盟休. 是日, 登校者但十四. 北間島龍井恩津中生九十明津女生八十呼光州生萬歲. 是日午後, 東亞生二十又呼萬歲, 日領警捉七十餘人. 平北龍岡郡廣梁灣公生, 一齊欲高唱萬歲, 教員遂制止. 初, 級長朴鐵鳴, 向諸生高聲演說, 五年生吳春芽孃持立旗, 三唱萬歲, 七十餘兒童又齊呼. 於是, 廣梁灣遂騷然. 四年生一百三十餘人, 又高唱欲躍出門外, 教員制止, 而皆不聽盟休. 元山府公私立六個普, 欲一齊呼萬歲, 遂發覺不果. 警官百餘, 警戒其各普, 捉進誠女生金安羅·海星女生元柄浩等五人. 二十九日夜, 京之各學女生, 皆假出獄. 梨花生崔允淑金鎭賢崔福順咸德勳林敬愛尹玉粉金福林崔賢守安壬順李玉蓮楊元淑, 同德生韓貞姬許福祿洪玉仁高玉環朴璇淑, 商業生金貴任金環淑, 美術生朴基順, 槿花生金順禮金貴仁崔聖罄, 淑明生趙終玉, 槿友會許貞淑李順玉及實踐生一人, 以保違送局, 而獨李順玉以治違送局. 黃海道沙里院農生謀某種計劃, 二十餘人突然被檢. 三十日, 青年會車載貞等四十四人, 與檄文數千枚謄寫板一臺幷往復書送局. 庚午陰正月一日, 鏡城朱南普校唱萬歲, 四十餘人被檢. 大邱高生又謀第三次示威, 八人被檢. 二日, 鏡城漁男普唱萬歲, 五十被檢, 平壤上需普唱萬歲, 十二人停學六日. 間島龍井市東興生及上學全不受業, 齊出校門, 先頭立太極旗又立赤旗, 出市街散布檄文, 唱萬歲. 先至大成中學, 求其互應, 過永新中央及光明女高, 至英德國, 行示威, 五十餘人被檢. 諸生又作牌, 蹈行市內, 皆呼萬歲. 又二十餘人被檢. 至中路又高唱, 及至領警, 有婦女三人僧女一人, 又合唱, 皆被檢. 初, 東興大成兩生百餘人, 爲騎馬警官所逐, 皆入英國敎會籬內以避之, 宣敎師裵禮仕乃逐出被檢, 皆大忿慨. 及諸生就囚, 一般有志爲明信女生, 差入衣類. 初, 漁大津私普生二百餘人, 散布檄文千餘枚, 欲示威, 許應善等被逮不果. 翌日, 五六年生八九十人, 唱萬歲, 時, 一二年生, 又各持赤旗齊唱, 欲出市內, 皆被逮. 七日, 初徽文高生韓典勳與女商生宋桂月相聯絡, 煽動其槿花同德淑明泰和培花等女校, 爲實行, 是日夜, 西署捉韓典勳. 羅州實普兩生三百餘名, 以第二次唱光州生同情及朝鮮學生萬歲, 行示威, 五人被逮. 是日, 乃羅州市日, 普五六年生, 又唱同情萬歲, 元福俊等四十一人被檢. 朱乙溫普生五百餘人,

散布檄文千餘枚，高唱萬歲．新幹會員尹吉龍金拎三金貞赫及學生數十被逮．特科六年生，向校當局曰，被檢生若不釋，吾人將盟休，當局大驚，謀釋放．八日，間島延吉縣頭道溝市新興生七十餘人，周行市內，高唱萬歲，是日夕，又捉李興永金相玉．九日，全南木浦貞明女生，制赤旗檄文，謀示威．崔二善姜安息徐金福朴德順宋永恩等，未然皆被逮．咸北吉州郡德山普，期市日，謀示威唱萬歲，警官搜學生冊褓，得赤旗及檄文，捉金受祿董靑松崔萬松宋弘益韓億山金炳三宋頭岳金眞鐵李南岳金宋男金靑孫金啓得朴竹山崔吉等．是日，第二次萬歲生，皆以卽決，囚西監，至是滿期．協成生十三徽新生十六中東生百八十三人乃假出獄，及徽新生方出監，同校生八人共歡迎，及歸乘쌔-쓰，乃歌呼萬歲，東署捉八人．車載貞關係者，第一高朴鎭甲李錫盧龍昊，第二高權泰東，中東生李一信金炯錫朱時永郭二炯金仁培姜郁玉申田雨尹映淳，徽新生柳五運權遺根鄭鍾根，普成生金在龍李綺，○中央生姜大成沈弘澤朴容七，苦學生韓慶錫李正九鄭泰相郭良勳黃大田夫丙準李正夏李恒發李孝鎭金東日崔基潤沈遠燮金容讚尹忠植等三十五人，以有違治維法出版法，皆起訴．十一日，京之女生二十五人，自監釋放，而槿友會許貞淑梨專生李順玉商業生宋桂月美術生朴桂月梨高生三十一人，皆以後日更不作如此行動，遂署名得釋．京畿各學校以光州爲事退停者，前後畧六百六十六，退學九十三，無期停學三百七十六，有期二百．初，奇會俊以主謀，指揮其諸生，及諸生被逮，會俊在避匿之中，又指揮仍發覺，警官欲逮捕，會俊却之亡命．至京城親戚家，過數月，志遊學，渡玄海，往東京，而無學資，將欲苦學，而亦不得，又肺病不得已復歸朝鮮．變名以南震，漂浪東西，又欲爲再擧，警眼如星，豎兒漸逼，爲將理，往儒城溫

泉之柳泰基方, 爲療養. 甲戌十一月十二日, 遂不起而死. 臨命謂柳曰, 吾從叔奇世弘, 在京城樂園洞, 我死遂通訃爲埋地. 時, 世弘落鄕在起城, 十四日至, 收屍埋儒城共同墓地. 初, 會俊亡命五年, 病而不一日便臥, 以將理, 竟客死, 冤哉. 時, 年二十五. 十二日, 晉州一新女生, 以倭紀元節爲期, 又復欲示威萬歲, 一年生姜某二人被捉. 平南北倉公普五年生金聖基有殊常, 敎員搜書床, 得聯名書一枚, 問之聖基, 卽對曰, 此欲以呼朝鮮獨立萬歲. 警官捉主謀者取調. 十三日, 龍井市東興大成光明三年生二百餘名, 相合勢, 散布檄文, 唱萬歲行示威. 二十日夜, 晉州學生金燦基, 煽動學生, 市內各處, 貼付檄文, 警官捕捉取調, 燦基自白曰, 吾卽儒林團主犯金某之第二男, 小無忌. 庚午陰正月十五日以後, 不得見中外報, 故更不錄. 初, 新幹會, 聞光州官憲捉韓日兩生, 護日而彈韓, 乃曰, 此民族的反感, 吾社會不可默然無語. 會長許憲赴光州, 細査歸京, 開民衆大會, 欲彈覈其官憲, 遂以禁不果. 於是, 始自京城以至國中及海外, 各校諸生, 相繼而起, 爲光州生同情萬歲, 內外生被逮者, 無慮幾千人. 許憲李灌鎔洪命憙趙炳玉李源赫等, 益憤慨, 與新幹會檢査長權東鎭東亞報社長宋鎭禹朝鮮日報副社長安在鴻中外調査部長李時穆議曰, 光州官憲, 逮我諸生, 其擧甚不公平, 此不可無一者糾彈, 又被逮生不可不得釋. 或會民衆演說, 或作檄文散布, 因以行示威. 於是, 趙炳玉見天道敎靑年黨幹部趙基琹前新幹會京城支會長韓龍雲東亞報編輯局長朱耀翰中央基督敎靑年會幹部吳華英世富蘭偲病院宜師李容卨協成神學校牧師朴淵瑞, 及收師全弼淳議曰, 光州署之彈壓韓生, 全由挾私, 當擧此不法, 使我民衆皆知之, 又訴此意, 使當局爲反省, 各擔其責. 韓龍雲朱耀翰演說, 金東駿印刷檄文二萬枚散布, 官憲知之, 捉許憲. 十二月十三日, 李灌鎔洪命憙趙炳玉金東駿, 會勝春園, 作決議文, 以新聞布各界, 又作通知, 送國中之各新幹支會, 討光州署, 動民衆以示威, 皆被逮, 付豫審. 及公判, 光州辯護士宋和植金光高魚允斌金在千柳福永李政相宋台煥, 又自京來者金炳魯李仁李昌輝, 大邱金完燮, 皆立庭論辯, 此外其欲來者, 亦多有之, 今日公判, 乃光州未曾有之大公判也. 此下一校事實墨版, 不能知. 卽中外報己巳陰十二月十七日號.

初, 東京拓務省見光州事件調査書, 乃曰, 總督及一般社會, 其觀察有不同, 總督曰, 此不過以日鮮生些少衝突, 其蔓延至全國, 是乃統治上重大問題. 使保安課伊藤圖書課草深兩事務官派遣光州, 更爲調査, 使全南道廳準備其議會答辯. 壬申 陽十二月二十一日, 京城法院言渡張錫天二年, 以治安妨害不公開. 錫天, 居光州樓門里, 初, 學普成高普, 及農校後, 又入商大豫科, 遂中道而退, 從事靑年運動者也.

按光州學生與國之諸生徒, 其父母各不同, 然亦有其同父母者存, 以一父母於乾坤, 則莫非其兄弟也. 以一父母於吾君, 則莫非其赤子也. 切嘗觀大韓之末, 同胞之唱萬歲, 凡三, 而一則唱己未, 此高宗因山之時也, 一則唱丙寅, 此純宗因山之時也, 一則唱己巳, 此光州生囚獄之時也. 所以我同胞自己丙以來, 父母而乾坤皆有之, 獨吾君不有, 然則光生國生, 以其赤子莫非皆無父之孤乎. 往己巳之冬, 光日兩生, 相與共鬪, 起大騷動大惶懔, 而究其由, 則光是而日非, 論其傷, 則光多而日小, 光州署反護非而陷是, 擧小而擠多. 使光孤有抑鬱乃如此, 其情可爲戚矣. 大學絜矩章曰, 上恤孤, 而民不倍, 蓋無君之孤, 與無父之孤, 雖不同, 然其情之戚, 則無君無父小無異, 哀此光孤, 誰可恤之也. 全國生萬歲, 雖曰, 同情, 不過口出之一聲也, 其在光孤, 無所損益, 而光孤之囚, 一傳四方, 始自京城, 以至國中, 遠而至滿州上海, 無慮幾萬諸生, 皆以同族之愛, 不顧禍福, 各自奮起, 爭唱其光州學生同情萬歲. 於乎, 光孤無祿, 慈愛之君父, 雖不有, 友愛之兄弟, 尙有之也. 痛彼日酋, 逮之囚之, 以爲彈壓, 而其起如蜂, 無地不唱, 無人不唱, 萬歲高聲內外不絶, 以日之威, 能無慈而不無友耶. 時, 總督齋藤欲往東京, 乃不往, 命電話局, 使五分聞二電, 然則國生之爲光孤奮發, 非於此可知者乎. 噫, 無父之孤, 其情雖戚, 世界各國, 皆有君父, 以爲之恤, 而今我無君之孤, 不過孑孑同胞, 乃以孤恤孤, 又皆被逮, 或出學, 或囚獄, 此爲孤悲益甚, 而自不能無感也, 於於戱也.

梁泰成

梁泰成, 居全南道羅州邑. 至甲戌, 年二十四. 己巳十一月, 光州日人中學生, 與我之高普生有暗鬪. 初全朝鮮中等男女學校之內, 有全協係靑年同盟組職. 至是梁泰成見光·日兩生有暗鬪, 乃以共爲機會, 使協靑總動員以起, 其全朝鮮的學生萬歲中一人也. 爾來五年之間, 日搜査網不但朝鮮, 甚至日本全國. 初冬期休暇萬歲事件自然消滅, 泰成但受三年退學處分. 由是潛至東京, 卽入地下戰線. 壬申七月, 入日本共産黨, 以岩田義道勞農黨之리-더-, 猛爲活動. 癸酉, 爲北

部地區캠푸活動, 雖被逮, 而每以池鮮洙·金泰洙·安理一·李昌熙·李光烈等別名, 皆得釋. 時全協委員長小高保, 以共産黨行動隊員方活動. 梁泰成置아지트于千葉縣松戶町向山下齋藤方, 向小高保欲以加私刑, 竟不果. 甲戌二月七日, 往上野公園, 爲藤井警部所捉云.

李浩源

李浩源, 一名杉松, 或曰康德載, 居忠南公州郡長岐面月松里, 高宗辛卯生. 己未三一, 浩源唱萬歲受刑十年, 方服役于平壤監, 所謂以日本恩賜, 至戊辰行減刑出獄, 卽率家至奉天省新賓縣旺淸門. 時正義府立化興中學, 使浩源爲敎員. 於是浩源以爲育英, 向諸生鼓吹其獨立思想. 己巳十一月十五日, 朝鮮獨立黨巨頭玄正卿·玄益哲·李東林·李振卓·張承彦等, 開朝鮮獨立黨創立會于化興校, 浩源亦往會. 組織獨立黨, 推浩源爲中央執行委員. 於是組織敎養·宣傳·○○機關, 剝滅부루運動. 又勞動·農民·自治·軍事·敎育·及財政等政策, 定黨憲十條. 庚午八月十日, 第三回中央委員會開新賓縣沙尖, 浩源又爲中央黨務執行委員及宣傳委員竝敎養部執行委員. 滿洲情勢等, 多數팜프레트與宣傳單片多數印刷, 配付其勞動層. 辛未八月十七日, 黨人開第三回大會, 陞執行委員長兼政治部執行委員長.

張元濟 / 李奎星 / 李鍾淳 / 金俊澤

張元濟, 一名世湧, 或曰柳志. 初居江原道蔚珍郡蔚珍面, 後移住遼寧省新賓縣旺清門, 高宗壬寅生. 壬戌十月, 往桓仁縣, 入統義府. 丙寅四月, 往柳下縣三源浦, 爲東明校敎師. 庚午八月, 爲獨立黨中央執行委員及軍事委員會委員. 十一月, 陞獨立黨軍部司令長. 辛未四月, 爲常務執行委員兼勞動部執行委員.

李奎星, 一名島波, 高宗辛卯生. 初居平北楚山郡楚山面央大洞, 後移住新賓縣河南街. 自庚申以來因獨立團變遷, 以民族主義遂活動. 辛未十月, 使其部下李鳳錫·李敬錫·有殺害事及被逮求刑, 李浩源·李奎星七年, 其他四名各五年.

李鍾淳, 一名極天東, 高宗辛卯生. 初居慶南統營郡閑山面濂湖里, 後移住吉林省扶餘縣三家子.

金俊澤, 一名保安, 高宗乙丑生. 初居平南順天郡殷山面鎭山里, 後移住吉林縣竹通面孤楡樹.

崔汝貞

崔汝貞, 居平北鐵山郡餘閑面加峯洞, 隆熙丁未生. 至甲子, 年十八, 是歲汝貞西至滿洲新賓縣砂旬子, 入正義府第三中隊, 爲三等卒. 此乃共鳴于第一小隊長趙應傑·第二小隊長崔炳奎之目的主義也, 往來其附近地, 常視察其反動分子, 徵收其軍資金, 以爲從事, 圖其目的達成. 乙丑十月, 以病辭歸不德縣五家子, 依父母治病. 己巳十一月, 復至哈長鐵道陶賴昭驛北方乾八樹, 爲東亞共産黨領袖金光烈部下. 庚午十月二十日, 與金光烈·桂永春·金健赫·崔漢英·及劉奉華女史等五人, 志軍資募集及同志糾合, 至哈爾濱. 是月晦日, 以桂永春·金健赫之命, 往傳家甸北三道街, 襲擊其日人加藤梅吉之福德樓. 金健赫卽被逮, 崔汝貞·桂永春以中東鐵道, 走至만구, 因潛伏通遼. 自是之後, 警官嘗搜查. 癸酉秋, 汝貞爲四平街署員所逮, 谷國司法主任取調畢, 以一件書類, 陽八月十一日送領事館檢事局.

李冑奭

李冑奭, 居鳳山郡舍仁面大龍里, 李範奭弟也. 初伯兄範奭, 往中國之南京, 運動其民族主義. 辛未三月, 冑奭往滿洲, 自其兄受密令, 潛入至鳳山信川等地, 密募其南京軍官校生徒. 與其從兄賢奭, 共被逮至海州法院, 受刑二年.

李奉昌

李奉昌, 居京城府元町, 父曰鎭奎, 或曰沈球, 奉昌其次男也. 高宗三十七年庚子生. 後, 其父移居龍山之錦町, 時, 奉昌年十一. 學私立文彰校, 乃天道敎所立也. 及卒業, 爲日人菓子店職工. 是時, 滿鐵見習所在龍山驛, 奉昌十九乃入所見習. 甲子四月十四日, 病退. 乙丑十一月, 與其兄範泰東渡日本之大阪, 改名朝山昌一, 仍輾轉于神奈川及東京間, 以求職, 而旣以陷民族的邪推, 又其身崩酒, 以此竟不得職. 庚午十二月, 渡中國之上海, 又求職而亦不得. 方焦慮, 適有與獨立黨員共相遇, 奉昌亦嘗有其民族的邪推者也. 相與言之, 聞朝鮮獨立之說, 將欲其促進, 益自矯激, 其人曰, 吾黨之中, 如有往日本, 暗殺其天皇, 則惟我獨立必有其影響. 奉昌曰, 殺日帝則吾必死矣. 吾死而果獨立, 吾何愛一死, 遂慨然而諾. 翊年辛未十一月十七日, 携手榴彈二個, 以永川丸發上海. 十九日, 着神戶, 二十二日, 至東京淺草區, 留松淸町尾張屋旅館, 以俟其機. 日, 見新聞, 則壬申一月八日, 陸軍觀兵式, 設市外代代木練兵場. 是日, 天皇有行. 奉昌曰, 此可矣, 不可失是日. 早朝, 將二個彈藏于洋袴之左右포켓트, 至櫻田町警視

廳玄關之前. 奉拜者, 已雲集, 奉昌混群衆之中, 邀其還幸. 午前十一時, 鹵簿至, 奉昌立距離略十間, 投暴彈. 手榴, 至宮內大臣馬車附近而落, 不過車胴及御旗捧持者與近衛兵所乘馬各一頭被傷, 倭皇無事. 此奉昌指大臣車, 錯認其御料車也. 奉昌卽被逮, 總理大臣犬養毅以下全閣員及警視廳, 以爲國家有此大不敬事, 皆辭職. 天皇下優諭曰, 此時局, 危急之際, 不可一時無總理, 姑爲執政, 以待後日下命. 惟內閣留任, 而警視皆不留. 民政兩黨, 以爲內閣留任甚不忠, 遂反對, 物論紛然. 蓋國犯例有傲慢拒逆, 取調甚難, 而奉昌不然, 隨問隨答, 溫順自白. 故取調不難. 且共犯曾無一人焉. 訊問終, 宮城撿事, 正以爲李奉昌, 是大無将者, 其罪當刑法第七十三條, 可以屬大審院特別權限, 直送致于撿事總長. 總長依裁判所構成法及刑事訴訟法, 請大審院豫審院長, 命裁判所爲豫審. 六月三十日, 判事終取調, 將意見書及書類與證據品, 送大審院. 七月十九日, 大審院定公判, 九月五日, 準備公判, 受命判事禁傍聽. 召犯人訊問, 蓋大審院特別裁判, 每以院長爲裁判長, 故十六日, 院長和仁使○澤博士及山口貞昌, 爲官選辯護, 召憲兵警官二百餘人, 立法庭內外爲警戒. 開公判于刑事部第一號大法庭, 又禁傍聽. 時, 特別傍聽二百餘人, 皆退庭. 午後, 和仁審問, 失追撿事論告, 林撿事總長求刑, 兩辯護士辯論結審. 三十日, 乃公開, 故傍聽人數百, 自曉而至. 警察三百, 憲兵五十, 一搜查其身, 然後乃入庭. 及判決, 和仁將理由書, 低聲讀之, 宣告死刑. 奉昌小不變, 但點頭而已. 十月十日午前九時, 至市谷刑務所, 遇害, 卒年三十三. 往辛巳壬午年間, 範泰往咸北之淸津. 自是之後, 兄弟無消息, 庚午, 父歿而奉昌不知. 初, 奉昌至日本, 嘗往來于兵庫大阪神奈川等地, 至是, 兵庫縣知事白根竹介大阪府知事齋藤宗直神奈川知事遠藤掛作, 以爲有不謹其查察, 皆譴責. 自日本有大審院以來, 至此爲裁判者, 前後不過六人, 而日人四, 朝鮮人二, 前有朴烈, 後有李奉昌是也. 翊年癸酉一月八日, 觀兵式有東京, 是日, 奉昌之餘派, 又謀一擧, 爲警所知, 竟不果.

按日本之有大審院, 不知其久爲幾何, 而非大不敬, 不於此裁判. 故此院設始之後, 於此, 爲裁判者, 不過六人, 而其四乃日人也. 其二乃朝鮮人朴烈及李奉昌是也. 然則此院爲高果何若, 罪人之爲重又何若. 然四人在日本, 是無將者也, 二人在朝鮮, 是復讎者也. 是以其忠義, 便爭日月而軒天地. 此二人者, 不但其我人爲景仰, 日人亦景仰, 彼雖四人, 安敢其擬議此二人也. 然則二人之其望又可知也. 切嘗觀我人之射日人者, 可謂前後無慮, 而至於向其帝而投爆彈者, 乃李奉昌朴烈始也. 匹夫而謀殺萬乘, 古今但滄海力士幷李奉昌而已矣. 旣擧事其誤中, 雖不若得中之爲快, 然以匹夫使萬乘一驚, 如力士與奉昌是男子, 豈可論中與不中爲雌黃哉. 然力士其謀主有張良, 而惟奉昌無謀主耶. 供招不出, 新聞不載, 必無主矣. 若有之, 其果誰歟, 吾恨未可知也.

尹奉吉

尹奉吉者, 居忠南禮山郡德山面柹梁里, 尹璜長男, 爲人佳妙, 又有膽勇. 隆熙二年戊申生, 年十五娶裵氏, 是歲入普學, 二年而退, 學漢文. 丙寅二月七日, 偶出去, 家人不知之. 過五朔, 自中國之青島有書至. 又送金五十元, 使之償來時出債. 故始知奉吉往青島, 此送金, 奉吉至青島, 入洗濯所, 得賃金者也. 辛未二月, 至上海, 爲毛織工場職工, 後, 又爲中國人洗濯所外交員. 至是, 朝鮮獨立黨及中韓抗日同盟二團體在上海, 其勢甚盛. 奉吉亦入同盟, 其盟約有十三條. 奉吉常對日人巨頭, 以爲欲直接行動. 先時, 同盟聞東京有靖國神社大祭, 以爲此日, 東京高貴必咸集, 立一大陰謀. 二十二日, 以聯絡船上海丸, 送刺客二人, 因搜查不果, 而二人中一人, 乃尹奉吉云. 壬申一月八日, 李奉昌至東京, 向昭和投彈, 世人所謂東京有不敬事者, 卽此也, 奉昌亦與奉吉俱是同盟人也. 三月二十九日, 乃日本帝天長節也. 奉吉聞是日司令官及公使等, 會上海新公園, 爲天長節祝賀式. 乃曰, 此可矣, 不可失也. 將手榴彈二個, 一則入水筒, 一則入籩豆, 欲潛入. 時則上海大戰之中, 是以憲兵大隊將荻根中佐以下間瀨第一分隊長中村輜重小佐等, 立場之內外, 嚴密警戒. 其入場者, 每搜其身檢其物, 然後乃入之. 奉吉不可無事, 而初奉吉, 將爆彈入水筒籩豆, 詐爲祝賀者點心匣, 故竟得無事. 奉吉乃入場見之, 會者畢祝賀式, 皆合唱其國歌. 又欲入觀兵式, 奉吉以紳士服立臺下, 出籩豆彈, 投式臺上. 直後又有二人, 各投一彈, 一犯人, 中破片, 反被其傷. 該彈爆力偉大, 穿式臺出陷地數尺. 時, 祝賀諸人, 皆在臺上, 野村司令官, 中面上竝右眼, 又左手小指絶落, 川畑民團長, 中右胸右足, 卽絶命, 白川軍司令官, 遍中全體, 其頻尤甚, 重光公使, 全身中六十六個, 五月六日死. 於是, 日人之後先死者, 略四五人, 此皆日本之有數人物也. 其餘植田○團長中脚, 村井總領事中足, 河端民團長友野民團書記長, 中前○及兩足. 又憲兵及來賓十餘人, 亦皆負傷. 犯人則逮捕取調, 乃朝鮮人尹奉吉, 時, 年二十五也. 係統自白以朝鮮共産黨, 式臺下籩豆箱中, 有其重略四斤爆彈一個又發見, 其直徑略二寸假量, 造以白色者也. 憲兵本部, 使第一分隊, 送新公園, 請與佛租界工部局, 襲擊其朝鮮獨立運動本府及其他朝鮮人所在與共同租界, 仍逮捕其容疑者略四十餘人, 外國人女子一, 露西亞及米人各一, 朝鮮及中國人, 各十數名, 合二十四人, 工部局引渡日本. 昭和七年壬申一日號東亞報有墨版, 越三日號又有墨版, 又五月一日號朝鮮報有墨版三處.

按日人伊庭殺總理大臣星亨, 中岡艮一殺總理原敬, 其事實皆發表不諱, 而灘波大助之射攝政, 多墨版. 今於奉吉, 又多墨版, 此兩件事, 非墨版, 必有其可見可觀者多, 而今不可得, 甚訝鬱.

三十日, 日本開停戰會議, 聯盟各國, 將欲調印. 日代表以上海爲中國地, 今之事變, 將欲嫁禍中國. 聯盟側曰, 事件乃發生於日本軍占據地, 犯人且朝鮮人, 使中國負其責, 甚不可. 日人有支障, 不開會, 乃無期延期. 日人慮犯人背後, 或有義士等爲作變, 益緊張焉. 憲兵隊, 嚴重取調, 而奉吉但曰, 吾之所爲, 不過與朝鮮人兩名, 志獨立運動而爲之, 仍噈口不言. 陸軍省, 請憲兵隊曰, 犯人大略取調, 然後附軍法會議爲豫審. 五月二十五日, 花里赤木兩警視, 往憲兵隊, 開軍法會議曰, 尹奉吉所投之彈, 非中國軍府專門家, 不可製造, 此奉吉必自中國抗日會得之. 將其時不發者一彈, 送日本軍府專門家爲調査, 押奉吉送日本之長崎. 二十八日, 奉吉竝白川大將屍體, 共載大洋丸, 發上海, 翌日, 着神戶. 中村中尉以下警官數人, 自大阪憲兵隊至神戶, 押尹奉吉過玉造門口, 囚大阪衛戍監. 六日二十一日, 軍法會議, 不豫審, 直決以死刑. 丙戌春, 臨時政府要員金九, 自中國歸, 召奉吉婦人裵氏及其子二人見之, 乃謂曰, 汝二人, 皆名父之子, 將來善爲勉學, 不墜汝家之聲. 六月十六日, 李奉昌尹奉吉白貞基三烈士之遺骸, 自日本至京城, 乃奉安于壽松洞太古寺, 以待其葬日.

按第一次歐洲大戰初, 사리이之拳銃一發, 爲導火線. 今年壬申, 有露人풀고이그릅, 殺佛國之드메大統領. 日本有韓人李奉昌射昭和. 又海軍中尉古賀等殺犬養總理. 又上海有韓人尹奉吉殺白川等諸大將. 未知此四個拳銃, 後日之全世界, 有以果何等大戰也. 此四炮之中, 除露人一砲, 其餘皆在日本而發, 亦甚怪也.

又竊觀上海之役, 中國動數萬大兵, 與日開仗, 而不能殺日大將一人. 英米法德之國際聯盟, 有停戰會議, 而日人支障, 亦不得. 惟奉吉不過以拳銃一挺, 屠殺其白川等大將如群羊. 故所謂大戰, 乃不停而自停. 蓋暗殺與大戰議會, 其爲事雖不同, 然數萬大兵之所不能, 奉吉乃能之, 國際聯盟之所不得, 奉吉又得之, 此不但使日本爲驚, 可以使中國爲一驚, 不但使中國爲驚, 亦可以使聯盟爲一驚, 是乃非二十世紀血史上未曾有之事乎.

或又曰, 今合邦已久, 幾乎至忘域, 李尹二人, 何以投彈, 誤爲殺身也, 多譏笑不已. 此亦爲之人乎. 昔齊襄公, 復九世之讎, 而春秋是之. 今之去庚戌合邦, 不過二十有四歲矣. 然則視九世便其日, 視齊襄益痛快. 此李尹所擧, 固忠貫日月, 義凜霜雪. 噫彼之人, 不惟不褒揚, 反自譏笑, 爲吾前王之臣民者, 無於戲之感, 有至此之甚耶. 吾以爲奉吉, 其狀貌, 有魁梧奇偉, 見其寫眞, 其爲人, 乃如婦人女子, 而稱其志氣, 於乎, 此其所以爲奉吉歟. 又初, 日賊旣以食朝鮮, 又欲食中國, 狐媚多年, 又復起兵, 侵掠無比, 殺戮塗地. 蔣主席介石, 見其勢急, 自南京移都重慶, 晝宵爲憂. 至是, 尹奉吉一彈, 投上海新公園, 自是之後, 中國無日賊之侵. 以此觀之, 奉吉在朝鮮, 不但其有功, 在中國, 其功亦大矣. 五月二十九日, 佛敎中央總務院, 爲三烈士設式追悼. 六月晦日, 將欲行葬儀, 因雨不果. 至六日, 政界要人社會有志以至市民合百萬會太古寺, 以國民葬往孝昌園葬之, 皆追悼, 哭聲震天地.

李德柱

李德柱, 黃海道信川人也. 初, 德柱往中國之上海, 與同志諸人, 組韓人靑年黨, 乃政治的秘密結社也. 以爲謀朝鮮獨立, 欲暗殺其宇垣總督. 壬申陽三月, 持拳銃及彈丸二十五發, 以海路就信川, 以俟其機. 未然之前, 爲警官所逮. 及判決, 以治安維持法違反殺人預備銃砲火藥取締令及同令施行規則違反罪, 海州法院宣告監禁七年. 德柱不服控訴, 八月四日, 移監平壤. 同犯兪鎭萬, 因德柱招, 海州署, 使上海領事館逮捕, 至海州. 至是, 與德柱共付公判, 乃受刑六年, 又控訴平壤, 兪鎭萬, 居忠南, 時, 年二十二.

李青天

初, 李青天爲日本陸軍中尉, 後, 志大韓獨立. 丙辰秋, 往滿州, 與獨立團共運動, 爲各團體之軍事部委員長. 自滿州事變以後, 木蘭及拉林等地, 有反滿洲國軍. 李青天指揮其反滿軍及獨立團, 與吉林軍累戰, 一時, 使吉林軍有打擊. 邇來爲北滿軍討伐, 無以振興, 李青天不得已, 至五常, 解兵, 欲訪王德林, 往東安. 至立嶺子驛東方, 爲馬賊襲擊, 盡奪其金品, 又其從者二人, 爲銃殺. 李青天本名池大永 亨. 先是, 李青天在北滿, 正義新民國民等府重要幹部, 以爲運動. 自滿州事變以後, 至中東線南部線, 以東木蘭爲據, 與滿洲國吉林軍相對抗. 後, 復至拉林, 累次襲擊雙城, 與中國抗日團, 相聯絡, 運動其獨立云.

李青天, 獨立團首領也, 王德林, 反滿軍首領也. 青天訪王德林, 至青嶺子附近, 有馬賊所殺之說, 非眞也, 乃僞也, 此不過其避身之計也. 依警務局入來情報, 則初國民府麾下三百餘名, 首領梁瑞鳳爲指揮, 至是, 以北滿之事變關係, 不可持向來情勢, 開黨議推參謀將李青天爲首領, 使軍容有更新. 又自某處得軍資, 選麾下壯士, 分送其日本朝鮮滿洲三處, 謀暗殺其大官, 破壞其官廳, 又募集其軍資. 於是, 警務局, 聞先發隊已至朝鮮, 使平北警察部嚴密其國境警備. 初, 國民府累被滿州討伐, 而少不頓挫, 其勢反益擴大. 癸酉二月五日, 國民府將移會新賓縣大西邊門, 開會議, 國民府中央執行委員會委員長黃某副委員長梁瑞鳳總司令梁河山各遊擊隊長等, 相確更定其部署曰, 遊擊隊無力, 改遊擊隊爲中隊, 以軍資募集及同志勸誘, 開始其積極的行動, 滿軍之警備狀況, 益加偵察, 與間島共黨中國共黨, 密接其情報, 求其援助, 乃決議也.

東亞血成同盟之重要幹部, 乃李青天也. 初, 反滿反日等團體, 亘河城縣一帶. 壬申九月, 李青天糾合其各團體, 爲某種運動. 後, 避警官之目, 往北平及上海, 以爲悠浪. 翌年癸酉後, 潛入至滿州之치치하르, 復往露領, 爲其某祕密運動. 後, 依別報, 則前團體與馬家溝爲根據者, 某某團體相聯合活動. 今秋, 謀妨害其國鐵運行, 日滿當局聞之, 緊張警戒齊齊哈爾及露領方面出入, 運動其某重大計劃云. 李青天部下趙永元安鍾鳴二人, 爲奉天領事館警察署所逮捕, 至新義州取調. 趙永元, 曾以李青天直屬部下, 方在某種活動之中, 乃被逮者也.

邊洛奎

邊洛奎, 或曰李靑山, 曰李時明, 又曰學奎. 高宗三十年癸巳, 生于德川郡豐德面長林里. 後, 往滿洲之桓仁縣南馬圈子蚊子溝居焉. 己未三一, 見獨立萬歲大起, 翊年庚申, 西至滿洲, 入○○靑年黨, 又入國民府, 運動獨立. 後, 又入中國軍, 爲陸軍大尉. 時, 日人至長春, 立淸帝宣統卽皇帝位, 國號曰滿洲, 承認獨立. 於是, 中韓兩國之人, 各自蜂起, 東邊道爲之騷亂, 此乃所以反日反滿之軍也. 時, 洛奎入中國便衣隊活動, 國民府召洛奎謂曰, 今資金乏絶, 獨立不振, 願君歸朝鮮, 募資金幷黨員. 壬申六月, 洛奎與同志金光海金炳洙等, 携拳銃, 始自碧潼, 遂潛入至龜城. 聞鑛主崔昌學有鉅金, 欲摺致募金, 至則昌學適出外, 不果, 因歸滿洲. 九月, 三人更入國, 欲摺致而昌學不在又不果, 乃曰, 今以活動舞臺, 將欲其擴張, 當先募其同志幷資金, 三人各分其所而往. 金光海往平南, 金炳洙往龜城朔州募, 金允根邊洛奎往寧邊昌城募, 朴鳳洙金斗運等, 設機關爲聯絡. 十一月, 三人共至朔州, 聞賭博有龍淵洞, 襲擊賭博場, 取百六十有餘. 十二月, 向金明文等六富人送强要文, 自金允根得一百五十元, 至龜城, 爲巡査發見, 射拳銃而走. 二十三日, 洛奎至金一鳳所, 與張仁濬劉泳奎及崔某等, 祕密結一社曰無名, 洛奎爲總司令, 使金一鳳爲冒險責任者, 使劉泳奎爲同志糾合責任者, 張仁濬爲冒險隊員會計責任者. 部署旣定, 洛奎將拳銃一丁及彈丸若干, 與張仁濬乃募金. 二十七日, 張仁濬金一鳳聞寧邊郡自作里有大賭博, 與同志朴鳳洙共謀襲擊, 竟不果. 癸酉一月二日, 洛奎請還拳銃, 仁濬不還之, 請其叔父一鳳曰,

令侄方欲渡滿, 而無旅費, 願持此拳銃一爲募金. 二月四日, 兩人覆面, 至德川王澤俊脅之, 募金百餘元. 德川署聞之大驚, 與平之南北兩警察部相大索, 言者乃曰, 有一人至寧邊邑, 以十元幣四枚, 買物件甚殊常. 德川署員往寧邊之龍淵洞改良書塾, 捉敎員張仁濬及金一鳳取調, 知武器在摩天嶺岩穴中. 八日, 至其處押收, 得拳銃一丁彈丸二十八다이나마이트五工業用雷管七黑色導火線六尺十元幣四枚. 復至書塾, 索爆發藥六個. 前田部長示一鳳曰, 此何物. 一鳳急取爆藥, 入口嚼之, 口鼻頷皆破落卽死, 此一鳳恐事洩, 以一死守祕密者也. 一鳳居寧邊, 高宗二十六年庚寅生, 至是, 年四十四. 往己未春, 見獨立萬歲大起, 標榜時局, 爲强盜服役七年. 及出獄, 因服田, 昨年, 爲道路公司勞動. 侄子仁濬, 亦以己未運動, 又有前科. 後, 往北間島龍井村, 入大成中學, 一鳳召仁濬, 至寧邊, 爲書塾敎員, 與邊洛奎共活動, 竟至此者也. 由是, 德川署投彈亦發露. 至九日, 劉泳奎金俊弼劉雲奎等三人, 皆被逮, 邊洛奎乃逸走, 不促. 是月, 洛奎至龜城之東山洞, 巡查欲搜索, 洛奎乃發砲走去, 潛伏于昌城申直三所, 使金燦成送大楡洞金鑛偵察. 三月二十九日夜, 與朴鳳洙, 往朔州李鳳柱募金四十二元, 至寧邊山中, 謀僞造通貨, 使李仁濟購器械. 四月十二日, 邊洛奎朴鳳洙被逮于昌城, 金允根楊炳昌被逮于朔州. 於是, 拳銃一丁金四十餘元朝鮮獨立軍司令府軍資金募集劵領收證四十一枚司令府指令一百枚幷檄文皆押收. 翊四日, 押送于新義州警察部. 時, 洛奎與其妻金光月幼子亨燮幷行去, 見者皆憐之. 至是, 金俊弼劉泳奎之被逮, 在洛奎之前. 故先付公判. 五月十二日, 大森檢事求刑曰, 俊弼六年, 泳奎五年, 張仁濬四年. 翊五日, 洛奎等始送局, 七月二十六日, 開公判, 裁判長菊池求刑曰, 洛奎十年, 金燦成七年, 朴

鳳洙五年, 金允根楊炳昌三年半, 其罪名治安維持銃砲火藥取締規則違反及强盜殺人未遂通貨僞造等也.

趙鏞夏

趙鏞夏, 號求心, 居京畿道漣川郡南面立岩里. 高宗十八年辛巳生, 自幼聰穎絶倫, 年十六學官立佛語校, 俄典學于官立法律校, 十九卒業, 兼語學善英·佛·中·獨四國語. 及金晩秀爲佛公使, 公以參事官乃赴. 光武三年己亥閔宗默爲獨逸公使, 公亦以書記生往之, 三十五年陞三等書記官. 乙巳十一月十七日, 日本締結保護約五條, 撤廢公使, 公因破歸. 上除竹山郡守, 歷典其利川·麻田二郡. 時全北金堤郡守, 於總督殘忍之政, 懷不平, 有所感激, 公自麻田乃投紱而歸. 庚戌見日賊合邦, 不欲居朝鮮. 壬子渡米洲至布哇, 與同胞組韓國獨立團以爲運動. 丙辰十月, 歸北京, 與獨人謀鑛業不果, 仍歸國. 未幾復至上海, 是時有臨時政府機關紙, 公將此紙往布哇配付同胞, 設韓人協會, 援上海臨時政府. 又上海有中韓同盟, 卽抗日會也, 公亦入同盟. 至是臨時政府外務總長趙素昂鏞殷, 乃其弟也. 兄弟在涯角相聯絡. 壬申 九月帶某國之重大使命至上海, 使抗日團將欲其强化, 密航上海. 是時日本之諜報機關在布哇聞之, 手配神戶署曰, 趙鏞夏持某當局之官許召介及上海某富戶之資金調達狀, 方上海而去. 十月十二

日公至神戶, 爲水上署所逮, 兵庫署取調三朔. 有京城法院之令, 押送朝鮮京畿道警察部取調. 十四日突爾送局, 其罪乃治安維持法違反也. 撿事取調, 每以警察部指揮爲審問, 呼安昌浩, 訊布哇獨立運動之實. 初公以海外運動之巨頭爲運動, 已至二十年之久. 庚午見日本攻中國之上海, 由是中·日失和, 公與某國共密謀, 至上海與其弟素昂, 將欲爲直接行動乃被逮.事之이스켈必浩大, 而取調極簡單. 二十四日卽付公判, 癸酉三月三十一日, 佐佐木撿事求刑二年半, 山下裁判長亦以求刑言渡, 通算未決日數三十. 公不控訴服役. 時傍聽但許其家族. 初公發上海至神戶時, 與艦長엔더손有相持. 在監中病冷腹, 公與友人書曰, 敬呈樹州仁哥, 以表萍水之緣, 且憶其伯氏穀明雲泥之跡. 子女三男妹在上海.

愼秉恒

愼秉恒, 一名兪亨日, 居慶南居昌郡南下面武院洞. 甲戌時年一十五. 癸酉九月, 西至上海, 以某方面重要人之斡旋, 入南京之軍官學校朝鮮獨立部, 受業一年. 及卒業, 帶某種之使命, 圖入國, 遂發覺, 爲上海領事官警察署所逮捕. 經日本長崎, 押送于慶南警察部, 取調其事實. 與朴文禧元軍官學校事件相關聯. 朴, 癸酉三月, 爲釜山署所逮. 方在監禁二年服役中云.

金邦佑 / 安貞得

金邦佑, 生于慶北永川. 年十一, 隨父母搬移住大邱東雲町, 學私立講習所. 數年前訪其姊永姬于新京, 爲카페뽀이. 因義烈團員金壽吉勸誘, 壬申春往中國之南京, 見義烈團長金元鳳, 以其推薦, 往南京城外江蘇省江寧鎭, 入朝鮮獨立幹部學校○○. 學共産主義及軍事敎鍊, 又以實際學銃器及爆彈製造法. 又以射拳銃, 學殺人之法. 癸酉九月, 遂卒業, 金元鳳謂邦佑曰, 君因潛入朝鮮, 爲直接行動. 得資金竝指令至上海, 募同志數名, 送幹部學校, 爲朝鮮獨立以活動. 癸酉十月, 爲領事館警察所逮捕, 以阿片商乃無事得釋. 以其紹介爲其某카페뽀이, 其後又事覺被逮.

安貞得, 初學京城培材高普. 壬申往上海, 爲電車監督. 入獨立幹部學校, 乃卒業爲義烈團員. 亦至上海, 糾合其同志, 欲潛入其朝鮮, 謀直接行動. 與金邦佑兩人, 皆爲上海日領事館警察所逮捕, 護送至京畿道警察部高等課取調. 甲戌十一月九日, 取調畢, 以治安維持法違反, 送于京城檢事局, 時年二十四云.

盧錫聖

盧錫聖, 居江西郡星台面下庄里, 辛亥生. 錫聖至南京, 畢軍官學校, 入義烈團. 其首領金若山, 命錫聖, 至朝鮮, 募集其軍官校生徒. 癸酉十一月, 潛入至江西, 募李和淳·宋炳武等十餘人. 又秘密結赤色勞動組合, 鼓吹其赤色思想. 甲戌七月, 爲江西署所逮, 及取調平壤法, 以盧錫聖·李化淳兩人爲起訴, 其餘皆釋放也. 甲戌十二月四日, 盧錫聖·李化淳二人, 岩城檢事求刑二年半云.

尹公欽

尹公欽, 居博川郡西面金鶴洞, 一名李契. 高宗甲辰生, 乃一等飛行士也. 甲戌六月一日, 自南京至定州邑, 提出其居住屆, 又申請其飛行士免狀下付曰, 民間航空事業, 將欲以貢獻. 爲陸軍飛行機拂下運動, 定州署疑之, 乃探查, 果南京軍官學校出身也. 於是與平北警察署部相聯絡, 六月二十八日, 至京城嘉會洞, 遂逮捕取調. 初公欽與軍官學校卒業生金燦瑞·吳龍成·金亨烈, 爲義烈團派遣員, 潛入朝鮮者, 因發覺皆逮捕. 又京城·平南·日本等各地, 捉軍校共鳴者, 軍官學校第三期募集生, 又與三人關聯者, 及共産主義參加者等百餘名青年. 初公欽至朝鮮, 與義烈團本部, 相聯絡通信, 內外相應. 且公欽曾在日本, 以一等飛行士, 至是申請其免許狀, 乃運動其陸軍機拂下, 欲輸入其武器, 又與勤勞大衆共團結, 運動其共產主義, 暗殺其大官, 又投彈其各官廳, 以攪亂其治安者也. 義烈團又欲其內外聯絡, 使桂秋成爲宣川責任者, 金奉江爲龍岡責任者, 派遣朝鮮, 爲共產主義地下工作. 參入此運動者, 略六十餘名, 皆被逮. 桂秋成·金奉江與公欽等四人, 十一月九日乃送局. 初義烈團之使命, 以爲一千九百三十五六年, 是非常之時, 派遣此密使, 內而轉結其朝鮮大衆, 外而爲直接行動, 欲得其朝鮮之光復者也.

跋

此篇之所以名騎驢隨筆者, 何也. 蓋嘗取皇明末騎驢道士之爲也. 往乙未年間, 坦堂金先生自湖西來居吾鄕也. 余日往親灸, 先生嘗謂曰, 昔土賊李自成, 起兵犯闕, 大明遂亡. 上自皇帝, 下至縉紳匹庶, 皆爲國殉死者嘗無慮百千. 及淸奴入據中國, 又下薙髮之令曰, 薙生, 不薙死. 有一士人畏其死被削, 而其心則尙有在矣. 是以乃晦其姓名, 騎驢遍天下, 搜輯其殉節者事實, 以傳世, 時人謂之騎驢道士. 至是余無分數, 而乃聽以銘心. 其後未幾, 不幸我韓, 自乙庚來, 其亡亦如皇明. 於是忠臣義士, 不勝其憤慨, 或殉節·或擧義·或去海外以圖其光復, 其忠節在我, 雖與日月爭光, 在日賊, 皆其所諱惡也. 是以一上口滋筆, 其禍立至, 人如畏禍, 無採摭而傳世, 凜凜之忠, 巍巍之節, 不幾年湮沒無聞, 此豈非後死者之責耶. 如壽, 曾以萎劣, 欲殉節, 而無其所, 欲擧義, 而無智略, 欲海外光復, 而無資力, 皆不能得, 而其好義之心, 尙有所未泯矣. 是以敢效古之騎驢道士, 湖關畿嶺, 不辭艱險, 不憚勞苦, 積歲窮年, 廣搜博訪, 所編乃成. 囑權斯文相翊氏爲弁首之文,有志刊行, 而時則賊勢猖獗, 生意不得, 將欲藏之山川, 以俟千秋. 不意皇天悔禍, 三韓日月復明于世, 所當謀印之不暇, 而顧所編, 如在內諸公, 雖已盡錄, 今至五冊, 在外諸公姑未求得, 爲求此赴京. 會某某志士, 適來會于京. 此人皆爲海外多年者, 是以因此諸人, 求在外諸公之實, 乃將成完篇. 諸人又將醵金刊行去. 噫吾無足跡, 湖關畿嶺之蹟, 不可搜輯. 人無謀印, 諸公卓犖之節, 不得傳後. 惟彼諸人, 雖無燾之所足跡, 而周刊行, 使諸公之芳名, 不爲湮滅於窮茅煙塵冷寂之中, 其功亦大矣. 使燾之積歲窮年遍歷國中之勞, 乃得褒揚於世, 其感亦深矣. 是以略記顚末, 以寓此公私萬一之謝.
著者識.

기려수필의 정본화 및 번역 연구진

연구책임자 이향배(충남대학교 한문학과 교수)
공동연구원 김상기(충남대학교 국사학과 교수)
변주승(전주대학교 역사문화콘텐츠학과 교수)
박민영(독립기념관 한국독립운동사연구소 선임연구원)
강원모(충남대학교 한자문화연구소 선임연구원)
정만호(충남대학교 한자문화연구소 선임연구원)
전임연구원 김도훈(국민대학교 국사학과 문학박사)
이재숙(충남대학교 한문학과 강사)
연구보조원 이관성(충남대학교 한문학과 강사)
이송희(충남대학교 한문학과 강사)
안정은(성균관대학교 대학원 한문학과 박사과정)

기려수필 4
송상도 지음

2014년 8월 30일 초판 1쇄 발행

펴낸곳 도서출판 문진 | 등록 2002. 5. 6. 제2006-000011호
주소 대전광역시 유성구 대학로 31 한진리조트오피스텔 2004호
전화 042-933-6510 | 팩스 042-367-5510
출력 현대그래픽스 | 제본 은정제책사
표지한글제자 여산 이성배

값 30,000원
ISBN 978-89-92229-75-3 94900
978-89-92229-71-5 (세트)

이 도서의 국립중앙도서관 출판예정도서목록(CIP)은 e-CIP 홈페이지(http://seoji.nl.go.kr)와 국가자료공동목록 시스템(http://www.nl.go.kr/kolisnet)에서 이용하실 수 있습니다. (CIP제어번호: CIP2014025751)